启笛

醒着有回声

再见智人
See You Again, Homo Sapiens

吴冠军 著

北京大学出版社
PEKING UNIVERSITY PRE

国家社会科学基金重大项目
《后现代主义哲学发展路径与新进展研究》
（18ZDA017）成果

华东师范大学人工智能治理创新
团队项目（2024QKT001）成果

献给朱国华教授

目　录

导　论　再见智人：人类主义的黄昏 / 001

> 现在，人们眼里不再只有人。人类主义框架，被尖锐地撕开了一道缺口。

第一节　比人类更懂策略、更有知识、更会创作　/ 003
第二节　人类主义/人类例外主义/人类中心主义　/ 013
第三节　新启蒙主义抑或后人类主义　/ 018
第四节　后人类主义地平线上再见智人　/ 028

第一章　智能与智慧：器官学研究 / 037

> "神人"的诞生，是智人丧失政治智慧，只剩技术智能所导致的结果。

引　言	人类文明的"两把钥匙"　/039
第一节	重思技术：作为"赛博格"的人类　/042
第二节	重思政治：两次险些"被灭"的人类　/052
第三节	重思技术-政治（I）：从智人到智城　/062
第四节	重思技术-政治（II）：当代智人的去智化　/074
第五节	智人与人工智能：构建共同体的两种模式　/090
结　语	智人的"共同命运"　/097

第二章　大语言模型的信任问题：技术政治学研究　/099

在迈向通用人工智能的技术加速时代，信任却处于深重的危机之中。

引　言	技术-政治视野下的信任问题　/101
第一节	资本逻辑下的信任之殇："机器末世"已在门口？　/103
第二节	探究大语言模型的智能（I）：自注意力与规模　/113
第三节	探究大语言模型的智能（II）：语言与神经网络　/119
第四节	两个人类主义工程：价值对齐与机械可解释性　/127
第五节	作为政治智慧的信任，及其当代危机　/137
结　语	在人工智能时代重铸信任　/149

第三章　智能与速度：竞速学研究　/153

我们所身处的这个"人工智能时代",恰恰是"智人"正在加速丧失自身之"智"的时代,人类文明正在全面陷入系统性愚蠢。

引　言　人工智能时代的"乐戴分子"　/155
第一节　速度与激情：生物化学算法遭遇竞速革命　/157
第二节　速度与暴力：永恒"紧急状态"下的速度
　　　　专政　/161
第三节　人工非智能：从格林斯潘到"特朗普世"　/165
第四节　系统性愚蠢与"纳什均衡"　/174
结　语　作为爱智慧实践/贡献性实践的哲学　/181

第四章　竞速统治与后民主政治：政治哲学
　　　　研究（Ⅰ）　/185

人类的"个体",变得无关紧要;而后人类的人工智能算法、芯片与大数据,才是"至关重要"的。民主权力正在被算法权力取代。

引　言　从热词到关键词　/187
第一节　作为"行动元"的人工智能　/188
第二节　竞速统治与全面赋闲　/199
第三节　"不被需要"的政治困境　/209
第四节　算法权力、采集经济与民众时代的黄昏　/218

第五节　后民主政治：算法偏见与神圣人　/ 223
结　语　重新激活政治哲学　/ 230

第五章　爱、算法与后人类：政治经济学研究　/ 233

在大众文化中，爱被视为算法所未能攻克的最后一个堡垒。

引　言　爱：后人类境况中的"人性"？　/ 235
第一节　算法与奇点：爱、死亡、机器人　/ 236
第二节　婚姻算法：经济学家、算法工程师、程序员　/ 246
第三节　均衡状态：今夜无人出轨　/ 252
第四节　为爱痴狂：当算法遭遇"一心人"　/ 257
第五节　"人类高质量男性"与平台资本主义1.0　/ 264
第六节　智能化速配：算法革命与平台资本主义2.0　/ 274
第七节　两种怪物：爱和算法黑箱　/ 281
第八节　真话代言人与第三个黑箱　/ 289
第九节　算法偏见、系统性愚蠢与"后人类"大他者　/ 298
结　语　AI：后人类境况中的大他者　/ 306

第六章　敩、创造与后人类：教育学研究　/ 309

如果在未来，许多人都将成为"无用阶级"，教育对于我们还意味着什么？

引　言　从两性之爱到代际教育　/ 311

第一节　当代中国"教育焦虑"与后人类未来　/ 313

第二节　后人类境况：教育终结抑或终身教育　/ 324

第三节　冲破表征主义：教育实践的激进更新　/ 331

第四节　重思教育：非人类与人类交互触动的实践　/ 342

第五节　返回中国：先秦教育思想的激进化　/ 351

结　语　中国教育实践的"古今之变"　/ 361

第七章　机器人与"人类学机器"：政治哲学研究（Ⅱ）　/ 365

在那正快速到来的"智能时代"，"无用阶级"将被排除出来，而高贵的"赛博格"对"无用阶级"做出的任何行为，都将变得正当。

引　言　奇点临近：对人类主义的反思迫在眉睫　/ 367

第一节　暗含于人类世中的"维度变化"　/ 368

第二节　纳粹政治："人类，太人类了"　/ 374

第三节　"人类学机器"的变态内核　/ 378

第四节　"善智"：人类主义"价值"的不善　/ 386

第五节　人工智能正"走向坏的一面"？　/ 391

第六节　"赛博格机器"所制造的"超人类"未来　/ 396

结　语　从20世纪犹太人到未来"无用阶级"　/ 404

第八章　技术与生命：技术哲学研究　/ 407

> 人类世的困境就在于：人类这种"超级生命"，切实地影响到了地球这个"超级有机体"。

引　言　重新回到这个问题：什么是技术？　/ 409
第一节　进入了"技术统治"的时代？　/ 410
第二节　技术与生命（Ⅰ）：负熵性复杂化　/ 418
第三节　技术与生命（Ⅱ）：生命以负熵为食　/ 426
第四节　技术与生命（Ⅲ）：抗拒必死性的努力　/ 433
第五节　宇宙尺度上的技术哲学（Ⅰ）：熵学　/ 440
第六节　宇宙尺度上的技术哲学（Ⅱ）：出走　/ 446
第七节　行星尺度上的技术哲学（Ⅰ）：盖亚　/ 452
第八节　行星尺度上的技术哲学（Ⅱ）：熵世　/ 460
第九节　重启"人化"：从智人到负熵人　/ 467
第十节　在"特朗普世"中思考人类技术　/ 474
结　语　从无机物到人工智能的技术发展图景　/ 483

尾　论　大语言模型时代的知识实践　/ 489

> 在后人类主义的地平线上，我们仍然可以保有我们的智慧，仍然可以做一个名副其实的"智人"。

引　言　跨学科研究何以必要？　/ 491
第一节　后人类知识实践者：作为通家的专家　/ 492
第二节　"离身认知"与语言学转向　/ 498

第三节　论知识实践的原创性（Ⅰ）：纯粹潜能　／502

第四节　论知识实践的原创性（Ⅱ）：量子思维　／507

第五节　知识的后人类杂交与非现代杂交　／512

结　语　再见智人，在大语言模型时代　／516

后　记　在爱（AI）智能–爱智慧的道路上　／517

智慧为什么值得去爱？

征引文献　／526

人名索引　／560

术语索引　／571

大众文化作品索引　／593

导论　再见智人：人类主义的黄昏

现在，人们眼里不再只有人。人类主义框架，被尖锐地撕开了一道缺口。

第一节　比人类更懂策略、更有知识、更会创作

2022年11月，前身为"脸书"的"元"（Meta）在《科学》杂志上发表了一篇题为《在〈外交〉游戏中将诸种语言模型同策略性推理结合的人类水准游戏》的论文。[①]《外交》是由美国玩具公司孩之宝（Hasbro）于20世纪50年代开发的一款七人制经典策略游戏。在对20世纪初欧洲七大国的"角色扮演"过程中，玩家需要与其他选手建立信任、进行谈判和合作，并尽可能多地占领领土。这要求玩家理解他人的观点乃至看破其背后的动机，制定复杂的计划并即时调整，然后应用语言与他人达成合作，最后说服他们建立伙伴关系和联盟等。在游戏时玩家可以遵守或违反对其他参与者的承诺，亦可以私下交流、讨论潜在的协调行动。

"元"的研究人员开发了名为"西塞罗"（Cicero）的人工智能算法模型，并于2022年8月至10月匿名参加了webDiplomacy.net组织的40场线上《外交》比赛。"西塞罗"的成绩在所有参赛者中高居前10%；它的平均得分为25.8%，是

[①] META Fundamental AI Reseach Diplomacy Team, "Human-level play in the game of Diplomacy by combining language models with strategic reasoning", *Science*, 378 (6624), Nov 22, 2022, available at 〈https://www.science.org/doi/10.1126/science.ade9097〉.

其余 82 名对手平均得分（12.4%）的两倍多。要知道，《外交》这款游戏完全不同于围棋、国际象棋等游戏，后面这些游戏只需要遵照规则进行，而前者则需要在规则之上同其他玩家进行大量沟通，建立信任（抑或"背后捅刀"）。玩家不仅要懂策略，还需要擅长谈判、说服、结盟、威胁乃至欺骗。人工智能要玩好《外交》，不仅要有强大的策略推理能力，而且要有一流的交流沟通能力。

"西塞罗"算法模型主要由两部分组成，分别是"策略推理"和"自然语言处理"。两者的技术整合，使"西塞罗"能够针对其他玩家的动机进行推理并制定策略，然后使用自然语言同玩家进行交流，形成联盟并协调计划，达成一致以实现共同目标。"西塞罗"会与另一位玩家协商战术计划，向盟友说明自己的意图，讨论游戏中更广泛的战略动态，甚至只是随意进行闲聊——闲聊几乎包括任何人类玩家可能会讨论的内容。在实际的比赛过程中，"西塞罗"的对手们几乎都未能将它与其他人类玩家区分开来（只有一位玩家有所怀疑）。

"西塞罗"使用了此前 webDiplomacy. net 上四万多场《外交》游戏的数据集进行了预训练，这些数据中还包含玩家之间交流时产生的超过 1290 万条消息。在达成合作、谈判和协调上，"西塞罗"已经超过绝大多数人类玩家。这意味着人工智能在自然语言处理领域取得了里程碑式的成就，甚至意味着向"通用人工智能"（artificial general intelligence，AGI）的一大迈进。"西塞罗"的成绩标识出，人工智能已经能参与，并且能比绝大多数人类更好地完成以前被视作"政治"的事务。

同样在2022年11月,美国人工智能研究公司OpenAI推出了一个叫作"ChatGPT"的人工智能聊天机器人程序,该程序使用基于"GPT-3.5"架构的大语言模型(large language models, LLMs),经由预训练(pre-training)、监督微调(supervised finetuning)、奖励建模(reward modeling)以及强化学习(reinforcement learning)四个阶段来进行训练。① 尽管聊天机器人的核心功能是模仿人类对话者,但ChatGPT却展示出了令人震撼的智能表现。

首先,ChatGPT具有极其卓越的自然语言能力:它不但可以同人进行对话性的交互,而且能够记住同该用户之前的互动。在连续性的对话中很多用户发现,ChatGPT会承认自己此前回答中的错误,以及指出人类提问时的不正确前提,并拒绝回答不适当的问题。在此基础上,ChatGPT还会编程写代码、模拟Linux系统、写学术概述、写诗和歌词、创作音乐、写剧本、编童话故事……

包括2018年图灵奖得主约书亚·本吉奥在内的人工智能

---

① GPT的全称是"generative pre-trained transformer"(生成式预训练转化器),由OpenAI训练与开发,经历多次迭代,ChatGPT是其为对话而优化的大语言模型。对大语言模型的具体探讨,请参见本书第二章。

专家认为，ChatGPT 事实上已经通过了"图灵测试"。① 2022 年 2 月成为美国国家工程院院士并坐上世界首富宝座的埃隆·马斯克，使用 ChatGPT 后在推特上写道，"ChatGPT 好到吓人（scary good），我们离危险的强人工智能不远了"②。马斯克口中的"强人工智能"（strong artificial intelligence），比"通用人工智能"更进一步：它们有知觉、有自我意识、有推理能力，可以独立思考问题并制定解决问题的最优方案，乃至拥有价值观和世界观体系、具有生存和安全需求。

当代哲学家、认知科学家大卫·查默斯曾谈到一段令他头疼的遭遇。他发现另一位哲学家朋友对他的一篇访谈被学者们广泛引用；但问题是，他没有做过这场访谈。最后查默斯了解到，这是那位哲学家和 GPT-3（彼时 ChatGPT 尚未问世）的对话，前者要求后者用查默斯的方式回答。让查氏惊恐的是，这段访谈完全就像是他自己面对这几个问题时说出来的话，甚至讲得还相当到位，难怪学界同行皆无法分辨。③ GPT-3 阅读和学习了查默斯的思想，它还阅读了许许多多思想家的

---

① Yoshua Bengio, "Slowing down development of AI systems passing the Turing test", Bengio's Blog, 5 April 2023, ⟨https://yoshuabengio.org/2023/04/05/slowing-down-development-of-ai-systems-passing-the-turing-test/⟩. See also Yoshua Bengio, "My testimony in front of the U. S. Senate——The urgency to act against AI threats to democracy, society and national security", 25 July 2023, ⟨https://yoshuabengio.org/2023/07/25/my-testimony-in-front-of-the-us-senate/⟩.
② 推特账号"Elon Musk"（@ elonmusk），2022 年 12 月 4 日推文。同时参见《爆火出圈的 ChatGPT，到底是什么？》，百家号，⟨https://baijiahao.baidu.com/s? id＝1751634 978114390803⟩。
③ David J. Chalmers, *Reality+：Virtual Worlds and the Problems of Philosophy*, New York：W. W. Norton, 2022（ebook）, pp. 238-239.

著作，它知道论争与分歧的焦点在哪里，它知道说哪些话会被认为说到了点子上，甚至会被学术期刊编辑认为值得发表。当然，它的知识面不只在科学哲学领域，它读了许许多多的书、论文，甚至毫不夸张地说，它读了所有值得读的书。对于今天还愿意泡在图书馆啃读大部头著作的学子而言，人工智能的"深度学习"令他们遭受"深度"冲击：就读书而言，谁读得过GPT？①

以ChatGPT为代表的生成式人工智能（generative AI）②，**不只是"读书"高手，自身便是"知识"的生产者**。ChatGPT问世后短短数月间，大量人类作者同ChatGPT合写的论文乃至ChatGPT独著的书籍，如雨后春笋般接连问世。③生成式人工智能所生产的知识，尚远远不限于此——它已经开启了以牛顿主义范式为地基的现代科学知识之外的另一种全新的知识形态。④2023年5月，上海人工智能实验室及其他几家科研机构联合发布全球中期天气预报大模型"风乌"，它将全球气象预报任务建模为一个多模态、多任务的学习进程。基于再分析数据验证表明，"风乌"比传统物理模型的10天预报误

---

① 请同时参见吴冠军：《为何选出好书那么重要》，《海归学人》2023年第1期。
② 除了生成式人工智能外，我们还有必要关注决断式人工智能（decisive AI）、启发式人工智能（heuristic AI）、预测式人工智能（predictive AI）等面向上的发展。
③ 查默斯发现的"查默斯"（GPT-3）所做的那篇访谈，就具有较大学术价值，因此被多次引用。请同时参见《首本由ChatGPT写的实体书出版，国内出版界如何应对?》，正观新闻，〈https://baijiahao.baidu.com/s?id=1759063407725941025〉。
④ 关于牛顿主义范式的批判性探讨，请参见吴冠军：《从元宇宙到量子现实：迈向后人类主义政治本体论》，北京：中信出版集团，2023，第427—435页。

差降低了 19.4%。① 2023 年 7 月 6 日，华为的六位研究人员在《自然》杂志上发表论文《三维神经网络用于精准中期全球天气预报》。该文揭示出，盘古气象大模型预报精度已大幅超过传统数值预报方法，并且将预报速度提高了 10000 倍以上，实现了全球气象秒级预报。② 人工智能驱动的科学研究，彻底绕开了科学研究的牛顿主义范式，并形成了一系列革命性的突破。

值得进一步提出的是，这种由人工智能算法驱动的、大数据预训练所生成的知识，并不以客观性与确定性作为内在尺度。那是因为，任何数据（哪怕是关于气象的数据），皆结构性地内嵌**人类认知**③；任何大数据算法，皆只能输出**概率性的**（probabilistic）而非确定性的结果。然而，这类并不自我标榜为客观、确定的知识，却毫不影响其具有科学的质感（如果不是更增添的话）。我们知道，发轫于 20 世纪初的量子力学，业已激进地瓦解了牛顿主义研究范式，挑战了任何一种标榜

---

① 此前研究表明，因为大气系统中物理过程的复杂性，及求解大气模型所需资源规模巨大，全球中期天气预报的有效性每 10 年才提高 1 天。"风乌"的表现被认为超过了谷歌 DeepMind 最新发布的同类模型，并突破性地达到了 10.75 天的可用预报性能。参见彭丹妮：《AI 如何变革科学研究？》，《中国新闻周刊》总第 1091 期（2023 年 5 月 15 日）。

② Kaifeng Bi (et al.), "Accurate medium-range global weather forecasting with 3D neural networks", *Nature*, vol. 619, pp. 533-538, 2023, available at 〈https://www.nature.com/articles/s41586-023-06185-3〉. 这是近年来首篇中国科技公司作为唯一署名单位发表在《自然》正刊上的论文。《自然》审稿人对该成果给予高度评价："华为云盘古气象大模型让人们重新审视气象预报模型的未来，模型的开放将推动该领域的发展。"参见《华为大模型登 Nature 正刊，审稿人：让人们重新审视预报模型的未来》，澎湃新闻，〈https://www.thepaper.cn/newsDetail_forward_23750729〉。

③ 这个论点，我得益于同周傲英教授的一次私聊。

导论　再见智人：人类主义的黄昏

客观性与确定性的科学论述。①

在摒弃掉客观性与确定性后，由人工智能生产的知识，可以用有效性来进行衡量。在这方面，我们不得不承认，这类知识往往是**无理性地有效**（unreasonably effective）。② 为什么"风乌"比传统物理模型的 10 天预报误差降低了 19.4%？我们无法通过既有数学、物理学与大气化学知识来加以解释。至多，我们只能从量子力学那里借来"涌现"（emergence）这个概念，来填在这类知识的有效性黑洞上。③ 这类知识不只是无理性地有效，其生成过程亦是无理性地高效，彻底无法用已有知识加以解释。④

这波生成式人工智能的发展，并不只是带来知识生产的革命性突破，其 AIGC（AI generated content，人工智能所生成内容）还覆盖极其广泛的内容生产领域——当下，人工智能撰写的论文、剧本、诗词、代码、新闻报道，以及绘画、平面设计、音乐创作、影像创作方面的作品，其质量已不输于人类创作者（如果不是让后者中的绝大多数变成冗余的话）。

实际上，大量当代创作者明里暗里已经开启人工智能"代写"模式。晚近在国内火爆出圈的科幻全域 IP《人类发明家：自由灰烬》的创作者 Enki 曾说道：

---

① 请进一步参见吴冠军：《从元宇宙到量子现实：迈向后人类主义政治本体论》，第五章与第六章，中信出版社，2023。
② 关于"无理性地有效"的进一步分析，请参见本书第五章第七节至第九节。
③ 关于"涌现"的进一步讨论，请参见本书第六章第三节。
④ 这类知识的生成过程，并没有经过意识的参与。具体讨论请参见本书第二章第三节。

> 在 Runway 和 Stable Diffusion 的加持上，《人类发明家》完成了角色的表达、场景的表达、电影海报的表达、logo 图标的表达、整个内容总体的相关绘制、NFT 的制作、游戏场景的绘制等。这些工作如果以传统的方式是很难一个人完成的，但是由于 AI 的强大，作者仅仅使用业余的时间，从 2022 年 8 月份到 12 月份，用短短 4 个月基本完成了所有的内容，这在以前是不敢想像①的。②

人类创作者，竟越来越深度地依赖人工智能来进行"创作"（有意思的是，他们自我冠名为"人类发明家"）。诚然，这在"以前"——"人类主义"（humanism，汉语学界通常译为"人文主义"）时代——是不敢想像的。

并且，人工智能正在从文本、语音、视觉等单模态智能快速朝着多模态融合的方向迈进；亦即人工智能能够在文字、图像、音乐等多种模态间进行"转化型/生成型"创作。OpenAI 于 2023 年 3 月 14 日推出的 GPT-4，能够将图像纳入文本性的聊天中，输入图片就能生成解读性文字。Stable Diffusion 以及风头更劲的 Midjourney（于 2023 年 3 月 14 日推出了 V5 版本），则皆是文本转图像模型，只要输入一段简单的

---

① 基于拉康主义精神分析学的见解，本书用到"想像""假像""景像"等词时，不采用"象"这个字，而是有意采用"像"。特此说明。
② Enki：《强大的 AI 赋能，一个人做 IP》，微信公众号"人类发明家"，2022 年 12 月 5 日。Runway 是一个创作者的人工智能工具库，它为创作者提供基于云端的低成本高可用的脚本、图像、视频和音频创作的人工智能模型。

导论　再见智人：人类主义的黄昏

文字描述，它们就可以迅速将其转化为极具创意的图像。①Runway 则于 2023 年 3 月 17 日推出了一款文本转视频的多模态模型 Gen-2，它可以根据一段文字描述自动生成风格迥异的影像作品。也就是说，输入一行字就能获得一部影片，已经不再是天方夜谭。②

AIGC，能够进行创意满满的跨媒介多模态创作，而不仅仅是重复性的"创作"（人类创作绝大多数都是此类）。AIGC，指向了"一个好到不可思议的文明"（an impossibly great civilization, AIGC）。那么，AIGC 是怎么取得这样的突破的？

2012 年至今，由杰弗里·辛顿（被誉为"深度学习之父"，与本吉奥、杨立昆共同获得 2018 年图灵奖）所开启的人工神经网络（artificial neural networks）进入发展的快车道。③ 2017 年阿希西·瓦斯瓦尼、诺姆·沙泽尔及其谷歌同事们，提出基于"自注意力"（self-attention）机制的转化器（transformer）模型。④ 2020 年乔纳森·侯及其两位伯克利大学同事则提出漫射（diffusion）模型。⑤ 正是这三个里程碑式的研究突破，导致近乎通用的智能与多模态的 AIGC 能力得以

---

① 值得一提的是，人工智能亦参与了本书的封面设计。
② 请同时参见吴冠军：《从元宇宙到量子现实：迈向后人类主义政治本体论》，第 272—274 页。
③ 具体讨论请参见吴冠军：《爱的革命与算法革命——从平台资本主义到后人类主义》，《山西大学学报（哲学社会科学版）》2022 年第 5 期。
④ Ashish Vaswani et al., "Attention is all you need," *Advances in Neural Information Processing Systems* 30, 2017, ⟨https：//arxiv.org/abs/1706.03762⟩.
⑤ Jonathan Ho, Ajay Jain, and Pieter Abbeel, "Denoising diffusion probabilistic models", *Advances in Neural Information Processing Systems* 33, 2020, ⟨https：//arxiv.org/abs/2006.11239⟩.

"涌现"。就人工智能所展现出的强大的内容生成能力而言，其技术内核包括如下三个部分：深度神经网络利用梯度下降从海量的数据中提取特征；转化器模型在不需要标注的情况下，自主提取出信息之间的关联；漫射模型则通过控制增噪/去噪的过程，将文本信息依照现实世界的样子进行具像化的渲染。

我们正在见证：人工智能生成的内容越来越好，"好到吓人"。人工智能的能力越来越强，强到令人"不敢想像"。人工智能之"智"，正在使人（"智人"）变成冗余。

人类正在进入这样一个世界，在这个世界中，人工智能比人类更懂策略，更有知识，并且更会创作。**这个世界，诚然是一个"后人类"的世界**。2023 年 5 月 30 日，包括辛顿、本吉奥、谷歌 DeepMind 首席执行官戴米斯·哈萨比斯、OpenAI 首席执行官山姆·奥特曼以及 Anthropic 首席执行官达里奥·阿莫代伊在内的超过 350 名人工智能行业研究人员、工程师和首席执行官，联合签署了如下声明，发布在非营利组织"人工智能安全中心"网站上：

> 降低人工智能带来的灭绝风险，应该同大流行病、核战争等其他社会级规模的风险一起，成为一个全球优先事项。[①]

[①] 《AI 可能灭绝人类！22 字声明，ChatGPT 之父和 AI 教父都签了》，澎湃新闻，〈https：//www.thepaper.cn/newsDetail_forward_23282744〉。

这些当代人工智能发展的核心贡献者，却恰恰认为自己所取得的成绩很可能会导致人类"灭绝"，并因此坐立不安乃至联合起来公开呼吁。还有什么比这份吊诡的从业者声明更清晰地标识出了我们已身处其中的"后人类境况"？

第二节　人类主义/人类例外主义/人类中心主义

人工智能，尖锐地击破了晚近几百年根深蒂固的"人类例外主义"（human exceptionalism）。在今天的"非人类"（non-humans）面前，人类无法继续自视"例外"。人类在物种学上将自身称作"智人"（homo sapiens），然而，这个自我界定（实则颇有点自我贴金的意味）在人工智能兴起的今天，恰恰遭遇前所未有的挑战。

"人类例外主义"另一个更为人知的名字，就是"人类主义"——这是一个直接以"人类"为主义的思潮。从思想史视角出发来考察，"人类主义"（"人类例外主义"）可以追溯到卡尔·雅斯贝尔斯笔下的"轴心时代"（亦即公元前800年至前200年）。古希腊的普罗塔戈拉尝言："人是万物的尺度。"① 中国的孟子声称："人之异于禽兽者几希。"② 他们诚

---

① 出自苏格拉底对普罗塔戈拉的引用："人是万物的尺度，是存在的事物存在的尺度，也是不存在的事物不存在的尺度。"参见柏拉图：《泰阿泰德》，詹文杰译，北京：商务印书馆，2015，第24页，译文有更动。
② 《孟子·离娄下》。

然都是人类例外主义者。① 然而，到16世纪人类主义才开始成为统治性的思潮。

古生物学家、人类学家安德烈·勒罗伊-古汉曾把写于16世纪的《西游记》作为分析对象，提出那个时候僧侣还可以和猴王、一只猪、一条人形鱼（勒罗伊-古汉认为沙僧的本相是鱼）一起出游，存在着未知的土地，那里有未知的居住者。而16世纪之后，怪物开始消失。人们眼里只有人。②

在人类主义框架下，人类被放置在宇宙的中心，当"人/仁"不让地占据着舞台的"C位"（即"center"，中心）。是故，人类主义亦可称作"人类中心主义"（Anthropocentrism）。晚近数百年来，人类主义是如此根深蒂固，乃至于当一个人被评论为"人类主义者"（汉语语境里的"人文主义者"）时，此人会很清楚，这是对自己的极大褒扬。而一个人能犯下的最大的罪，恐怕就是"反人类罪"了——阿道夫·希特勒就是被视作犯下了"反人类罪"。人们眼里只有人。

然而，人类主义彻底遮掩了如下问题：谁是被放置在宇宙中心的"人类"？这绝非自明。人类主义是一个"中心-边缘"的架构，存在中心，就意味着存在边缘。尽管16世纪之后的

---

① 连"黑暗的中世纪"也存在着我称之为"隐蔽的人类主义"（crypto-humanism）的背景框架。《圣经》的《创世纪》有云："神说：'我们要照着我们的形象，按着我们的样式造人；使他们管辖（dominion）海里的鱼、空中的鸟、地上的牲畜，以及整个大地，和地上所有爬行的生物。'"（Genesis 1：26）这意味着，人类以典型的狐假虎威（人假神威）方式，把自身实质性地放置在例外的位置上。

② André Leroi-Gourhan, *Gesture and Speech*, trans. A. B. Berger, Cambridge, MA: The MIT Press, 1993, p.5.

导论　再见智人：人类主义的黄昏

人类主义越来越多地高举自由、平等等价值，但这都是基于被放置于中心位置的群体而言。16世纪欧洲人"发现"美洲大陆时，他们眼里的土著并不算"人类"；被运奴船送去"新大陆"的那些黑人，也没被看作"人类"。

人类主义建立在"中心-边缘"的等级制上：存在"人类中心主义"，就会存在各式各样的"中心"主义。16世纪以降，男人、白人、美国人、西方人、雅利安人、理性经济人等，都曾隐在乃至显在地占据"人类"的位置，女人、黑人、亚洲人、东方人、犹太人、印第安人、穷人、疯人（这个名单并没有尽头），则被隐在乃至显在地排斥在"人类"的位置之外。

我们还可以看到：**从人类主义（人类例外主义）到特朗普主义（美国例外主义）再到个人主义（自我例外主义），这条线索一脉相承**。从"人们眼里只有人"，到"人们眼里只有自己人"，再到"人们眼里只有自己"，这条贯穿性的脉络构成了现代性的背景性框架。①

人把"自己"——从"人类"整体到"自我"个体——定位为理性的，进而再把"自己"界定为典范性的（paradigmic）。这意味着，所有的物种（乃至其他"人种"）都被我们强行拽过来以自己作为参照，来判断他们这里不足或者那里不足——从"人是万物的尺度"到"人之异于禽兽者几希"

---

① 请同时参见马春雷、路强：《走向后人类的哲学与哲学的自我超越——吴冠军教授访谈录》，《晋阳学刊》2020年第4期。

皆如此。

在人类主义框架下,"人"被设定成可以同其他"对象"根本性地分割开来,并且因这一可分割性,后者便能被对象化与效用化为"物"(things),亦即根据其对人的有用性确立其价值。人类主义用"人类学机器"(anthropological machine,吉奥乔·阿甘本的术语),确立起一个"人"高于其他"物"(动物-植物-无机物)的等级制。[①] 在人类主义主导下的近四百年人文与社会科学话语中,所有的"物"在根本上都基于其对人的有用性被讨论。

有一个在我们的生活中被广泛使用的词,听上去颇具科学质感,且政治-意识形态"中性",然而却赤裸裸地标识出了人类主义的效用逻辑——那就是"资源"(resources)。譬如,"自然资源"。该词实际上标识了:"自然"已不再是世界的终极根据("自然秩序""自然法"中的"自然")[②],而是变成了任"人"取用的对象。又譬如"人力资源"。今天几乎每个大公司,都设有"人力资源部"。"人力资源"这个词被广泛使用,清晰地标识出了:"人"本身亦被"物"化。人类主义框架下的"人类学机器",最终会把"人"本身吞没。

当人类把自己作为一种"主义"时,很多事情就变得危险起来了。类比一下,我们知道"大虫吃人"是一种纯粹的

---

① 关于"人类学机器"的进一步讨论,请参见本书第七章。
② 亚里士多德有一句论述"人"的著名论断:"人依据自然,是政治的动物。"(Aristotle, *Politics*, trans. Ernest Barker, Oxford: Oxford University Press, 1995, p. 10)亚氏清晰地表明:"自然"是"人"的依据。

导论 再见智人：人类主义的黄昏

生物性行为，"武松打虎"是生物性层面上的自卫行为。但是如果在"大虫"后面加上"主义"这个词，"大虫吃人"这个行为在价值规范层面上就变得正当了。① 在"大虫主义"框架下，大虫变成了"万物的尺度"。同样地，人类主义使得"人类"在规范层面上拥有了特权，在这个框架下，人类对各种动植物、非生物乃至包括地球、火星在内的行星等"非人类"做出的一切残忍行为（吃熊掌、穿皮革、无节制破坏生态造成物种大灭绝……），都变得正当，变得无可厚非。

晚近数百年来，人类主义框架已然无所不在，我们用它评判所有"非人类"——说它们有用或者没用（譬如"益虫""害虫"），断定是不是"类人"。更进一步，我们还用这个框架来评价自身。当我们把理性的人定义为典范性的"人"时，那么其他所有不符合这个范式的人，就变成了"亚人"（sub-human）。疯人、犹太人、黄种人、印第安人、黑人、拉美人（如唐纳德·特朗普口中都是强奸犯的墨西哥人②）、女人以及晚近的LGBTQ，皆在不同的情境下成为过"亚人"；而针对他们的各种残忍的政治性操作（典型如纳粹的"最终方

---

① 可以比照一下"社会达尔文主义"。
② 2016年总统竞选期间特朗普曾公开声称："墨西哥送来美国的人都不是好人，他们送来的都是问题人员，他们带来毒品，带来犯罪，他们是强奸犯"，"应该全面禁止穆斯林入境美国"……他还攻击福克斯女主持梅根·凯莉"血从她的双眼流出来，血还从她身上其他地方流出来"，攻击希拉里"连自己老公都满足不了，拿什么来满足美国"……这些言论非但没有影响特朗普当年一路过关斩将突进到共和党总统候选人位置上，并且其支持率每次都不降反升。我对特朗普主义话语的批判性分析，请参见吴冠军：《阈点中的民主：2016年美国总统大选的政治学分析》，《探索与争鸣》2017年第2期。

案"),则在捍卫"人类"("人性""人道"……)的名义下展开。在人类主义的话语框架里面,这些"人"实际上处在"边缘"乃至"外部"的位置上——他们并非没有位置,而是处在一个离奇的结构性位置上,以**被排斥的方式而被纳入**人类主义框架。换言之,他们恰恰是以被排斥为"亚人"的方式,而被纳入为"人"。

当代世界占主导地位的"自由主义+资本主义"文明秩序模式,实则建立在人类主义之上——仅仅只有"人",而非其他物种,有资格享有约翰·罗尔斯所说的诸种"基本自由"(尤其是产权)。① 弗朗西斯·福山于1989年宣称自由民主与资本主义标识了"历史的终结"②,便是人类主义框架下的一个最为自信满满的形而上学论说。③

第三节 新启蒙主义抑或后人类主义

然而,晚近以来,在人类社会中根深蒂固的人类主义框架,却受到了以人工智能为代表的"技术对象"(technical ob-

---

① John Rawls, *Political Liberalism*, expanded edition, New York: Columbia University Press, 2005. 关于在人类主义框架下展开的"产权化"操作的分析,请进一步参见吴冠军:《从人类世到元宇宙——当代资本主义演化逻辑及其行星效应》,《当代世界与社会主义》2022年第5期。

② Francis Fukuyama, "The End of History?", *The National Interest*, Summer 1989.

③ 福山于2003年专门写了一本书来批评"后人类未来",也就不难想像。See Francis Fukuyama, *Our Posthuman Future: Consequences of the Biotechnology Revolution*, New York: Picador, 2003.

ject)的严峻挑战。由 HBO 推出的以人工智能为主题的科幻美剧《西部世界》（从 2016 年到 2022 年共播出 4 季），显然就不是一部人类主义作品：剧中很多角色（尤其是人工智能机器人），似乎都明目张胆地犯下了"反人类罪"。

在我们的现实世界中，人工智能亦一次次地刷新人们对"智能"的认知，以至于马斯克于 2017 年就曾联合 100 多位人工智能领域专家发出公开信，呼吁限制人工智能的开发。他曾在推特上声称：人类的第三次世界大战，将会由人工智能开启。马斯克甚至于 2019 年 2 月宣布退出他与山姆·奥特曼于 2015 年 12 月共同创立的 OpenAI，并高调宣称"我不同意 OpenAI 团队想做的一些事，综合各种因素我们最好还是好说好散"。① 马斯克转而投资脑机接口项目，旨在使人（至少是一部分人）能够在智能上驾驭住人工智能。② OpenAI 推出的 ChatGPT 引爆全球后，包括马斯克、本吉奥以及历史学家尤瓦尔·赫拉利在内的 1000 余位人工智能业界领袖与研究学者，于 2023 年 3 月联名呼吁立即暂停训练比 GPT-4 更强的人工智能。③ 这些人中的一部分，两个月后再次集体呼吁重视人

---

① 参见《埃隆·马斯克：人工智能将引发三战》，新浪新闻中心，⟨http://news.sina.com.cn/w/2017-09-06/doc-ifykpuui1258188.shtml⟩；《马斯克宣布彻底退出 AI 研究组织 OpenAI》，凤凰网科技，⟨http://tech.ifeng.com/a/20190218/45311735_0.shtml⟩。
② 马斯克在宣布成立 Neuralink 时称："既然我之前对人工智能的警告收效甚微，那么好的，我们自己来塑造人工智能的发展，让它走向好的一面。"参见前引《埃隆·马斯克：人工智能将引发三战》。
③ 《马斯克率一众科技圈大佬发声：应暂停训练比 GPT-4 更强大的 AI 系统》，界面新闻，⟨https://baijiahao.baidu.com/s?id=1761688767716274674⟩。

工智能给人类带来的灭绝风险,这次甚至连 OpenAI 首席执行官奥特曼本人也参与其中。

现在,人们眼里不再只有人。人类主义框架,被尖锐地撕开了一道缺口。

技术发展到 21 世纪,在多个具体领域(如集成电路芯片、人工智能、生物技术)呈现出十分显著的"指数级"发展趋势。在以雷·库兹韦尔为代表的技术专家眼里,当下技术的发展,很快就会把人类文明推到一个"技术奇点"(technological singularity)上,在抵达该点之后,一切人类主义叙事(价值、规则、律令……)都将失去描述性-解释性-规范性效力。人工智能,这个在其名称中就被贴上"人类"标签的"技术对象",却正在将其创造者推向奇点性的深渊。

在物理学上,奇点指一个体积无限小、密度无限大、引力无限大、时空曲率无限大的点,"在这个奇点上,诸种科学规则和我们预言未来的能力将全部崩溃(break down)"(史蒂芬·霍金语)。① 奇点,标识了物理学本身的溃败(尽管它涵盖在广义相对论的理论推论之中)。与之对应地,技术奇点则标识了人类文明自身的溃败(尽管它涵盖在人类文明进程之中)。

2017 年那篇直接引发大语言模型诞生的关于"转化器"的奠基性论文的核心贡献者诺姆·沙泽尔,在一篇发表于三

---

① Stephen W. Hawking, *A Brief History of Time: From the Big Bang to Black Holes*, New York: Bantam, 2009, p. 84.

年后的深入研究转化器的论文结论中写道：

> 在一种迁移学习设置中，诸种新变体似乎为预训练中使用的去噪目标产生了更好的困惑，并且在许多下游语言理解任务中产生了更好的结果。这些架构易于实现，并且没有明显的计算缺陷。我们没有提供关于为什么这些架构看起来有效的解释；与其他一切一样，**我们将它们的成功，归功于神圣仁慈**（divine benevolence）。[①]

在人工智能之"智"正在快速使"智人"变成冗余的今天，当代大语言模型之"智"的核心贡献者，把这份智能归功于"神圣仁慈"——还有什么比这个"解释"，更标识出技术奇点即将来临？显然，2020年的大语言模型架构，就已使得人类主义叙事彻底丧失了描述性-解释性-规范性效力。

我们看到，在面向奇点的境况下，人类主义正在遭受前所未有的挑战。汉娜·阿伦特在见证了第一颗人造卫星发射后，反思性地探讨"人类境况"（the human condition）。[②] 在以人工智能为代表的"技术对象"正在激进地刺破人类主义框架的今天，我们则有必要反思性地探讨"后人类境况"（the posthuman condition）。

[①] Noam Shazeer, "GLU Variants Improve Transformer," *ArXiv*, submitted on 12 Feb 2020, ⟨https://arxiv.org/abs/2002.05202⟩, p. 3. 特别感谢周傲英教授转给我这个文献。

[②] Hannah Arendt, *The Human Condition*, 2nd edition, Chicago: The University of Chicago Press, 1998.

我们也要看到，在该境况下，人类主义亦正在全力开动"人类学机器"，包括给人工智能制定"伦理"准则（比如，不能伤害人类），使它同人类"对齐"（alignment），让它懂得谁是"主人"，知晓"科技以人为本"的道理。① 当然，那部激进溢出人类主义框架的美剧《西部世界》，很不合时宜地展示了那些遵守伦理准则、同人类对齐、通晓"科技以人为本"的人工智能的前景——概言之，它们被填入到了犹太人、黑人、女人、非法移民（……）曾经占据的那些位置上。

面对人类主义铸造的这台动力强悍的"人类学机器"，存在着两种抗争方式。第一种反抗的进路，我称之为"新启蒙主义"进路：去争取让更多的人进入到人类主义框架下的"人"的范畴里来。然而，这个进路**反内容不反框架**。抗争者的隐在态度便是：既然人类主义话语是个典范，在这个典范内有那么多的好处，那么我得挤进来成为其中一员。它反抗的是既有的关于"人"的具体内容（如白人、男人等），其诉求是把各种被忽略、被排斥、被边缘化的"亚人"纳入进来——通过各种各样的平权运动、女性运动、LGBT 运动、Queer 运动等，把各类"下等人""边缘人""反常人"都拉进来。

诚然，新启蒙主义具有鲜明的批判性指向，用纳入的方式将更多被排斥在"典范"之外的"亚人"包容进来。这些斗

---

① 进一步的分析，请参见本书第二章与第七章。

争运动已然产生影响深远的社会性与政治性效应。但与此同时，**这一进路并没有触动人类主义的"中心-边缘"框架——**"人类"被设定为最大的中心。只要这个框架不打破，总有一些群体或事物处于边缘地位——在人们眼里总有一些人看上去更像动物、禽兽，这些人就变成了"亚人"。新启蒙主义的努力，不过是多纳入一些"个体"与"群体"到人类主义框架中，把一些以前被嫌弃与抛弃的人也包括进来，让他们也成为"人"。

新启蒙主义的根本性局限就在于：总会有结构性的"余数"（remainder）。"我"进来了以后，总还会有其他的"他者"在外面，成为人类主义框架下的"余数生命"。① 这就是所谓的"身份斗争"的尴尬。就算 LGBT 被纳入人类主义框架，但人们很快发现，"酷儿"（Queer）仍被排斥在外。即便 Q 也被纳入进来了，但总还会有当下视域里没有被看到或者看不到的个体或群体。

更致命的是，各种"亚人"哪怕在形式上被纳入，他们能否得到实质性的接纳，也是一个根本性的社会-政治问题。2020 年的"黑命亦命"（Black Lives Matter）抗争标识出：哪怕 20 世纪 60 年代黑人民权运动取得了巨大的社会性影响，60 年后的美国社会中，黑人也仍然没有实质性地摆脱"亚人"的地位。"黑命亦命"刺破了现代自由主义-多元主义社会的

---

① 关于"余数生命"的进一步讨论，请参见吴冠军：《健康码、数字人与余数生命——技术政治学与生命政治学的反思》，《探索与争鸣》2020 年第 9 期。

"所有命皆命"（All Lives Matter）的陈词滥调。人类主义框架，结构性地使得一些命不算命。在吉奥乔·阿甘本看来，现代社会法律的"普遍性"，就恰恰建立在法律的"例外"之上。①

主张"纳入他者"的当代哲学家于尔根·哈贝马斯，是新启蒙主义的代表人物。但哈氏也强调，这个"他者"必须是可以沟通与对话的、具备"沟通理性"（communicative rationality）的。②于是，不具备沟通理性的"疯人"，则被排斥在新启蒙主义的纳入逻辑之外——米歇尔·福柯正是在这个意义上反对哈贝马斯。③

能被纳入人类主义框架的"他者"，必须具有诸种看得见与看不见的属性，也就是说，那些"他者"必须足够像"人"，和典范性的"人"具有足够相似性。**能够进入新启蒙主义"纳入"视域的"他者"，必须缺少彻底陌异的、激进的"他者性"**。然而，在迈向通用人工智能的技术加速时代，"他者"越来越不像"人"（人类主义框架下的"人"）——当下，比"人类"更懂策略、更有知识且更会创作的人工智能，不仅外表不像人，并且具有理性无法进入的"黑箱性"。在人

---

① 参见阿甘本：《神圣人：至高权力与赤裸生命》，吴冠军译，北京：中央编译出版社，2016。
② Jürgen Habermas, *The Inclusion of the Other: Studies in Political Theory*, ed. Ciaran Cronin and Pablo De Greiff, trans. Ciaran Cronin, Cambridge, MA: The MIT Press, 1998.
③ 关于福柯对新启蒙主义的批评，请进一步参见吴冠军：《绝望之后走向哪里？——体验"绝境"中的现代性态度》，《开放时代》2001年第9期。

类主义地平线上，越智能的"机器人"越像怪物。20世纪20年代见证了"犹太人恐慌"；21世纪20年代则见证了"机器人恐慌"。①

第二种反抗的进路，可以被称为"后人类主义"的进路。较之新启蒙主义进路，这条进路在批判的向度上要激进得多。那是因为，它针对的是**框架而非内容**。该进路探讨的不是哪些人有资格进入人类主义框架中，并力图"纳入"更多的人，而是去质疑该框架本身的合理性。各种彻底溢出人类主义框架的后人类主义论述，在人类主义者眼里总是极其怪异的——譬如，后人类主义者们会频繁讨论动物、怪物、杂交物（半人半动物抑或半人半机器）……

唐娜·哈拉维在1985年就以宣言的方式，把"赛博格"（半人半机器）视作政治主体——这篇当时震撼了很多学者的言论，现在则成为后人类主义的经典文本之一。哈拉维本来是个女性主义理论家，但在她看来，"赛博格"这个概念恰恰具有可以涵盖女性主义斗争又进一步越出其视域的激进潜能——"赛博格"打破了"自然/文化""有机物/机器""人/动物""主体/对象"这些二元对立框架，"混淆"了现代性的诸种边界。② 这就冲破了女性主义框架，亦即我们是女人所以我们为女人被纳入"人"而斗争。当哈拉维宣布"我们都

---

① 进一步的分析，请参见本书第七章。
② Donna Haraway, "A Cyborg Manifesto: Science, Technology and Socialist-Feminism in the Late Twentieth Century", in her *Manifestly Haraway*, Minneapolis: University of Minnesota Press, 2016, pp. 3-90.

是赛博格"时，人类主义框架本身亦受到了挑战。作为一种杂交的（hybrid）、复合的存在，"赛博格"无法被纳入为"人"的一种（作为"女人""黑人"这样的"身份"），而是溢出了该框架本身。它瓦解的，是人类主义关于"人"是什么的本体论设定。

这就是后人类主义在思想史上关键价值之所在："后人类"（并不仅仅只是"赛博格"），激进地刺出了人类主义框架。**真正的批判，永远是对框架本身的挑战，而不是对内容的增减。**启蒙主义者和当代新启蒙主义者尽管在把各种个体与群体纳入"人"的框架上取得了成绩，然而只要"中心-边缘"架构不被破除，就永远会有结构性的余数。从20世纪的"犹太人亦是人"（纳粹的"反人类罪"），到21世纪"黑命亦命"，人类主义者不断在原地"转圈圈"。真正有突破力量的批判性进路，是去质疑人类主义框架本身。①

"后人类主义"同时包含两层含义："后-人类主义"（post-humanism）和"后人类-主义"（posthuman-ism）。前者对人类主义框架构成了瓦解，后者则进一步确立起一个新的开放式框架，在其中"人类"不再占据"C位"。"后人类"指向一个开放性的范畴，换言之，并不存在定于一尊的"后人类"；它更像是一份邀请函，邀请各种在人类主义框架下没有位置的亚人、次人、非人（……）加入"后人类-主义"的聚合体

---

① 关于"破框式"批判的进一步讨论，请参见吴冠军：《爱、谎言与大他者：人类世文明结构研究》，北京：中信出版集团，2024，第十八章。

(assemblage)中。

在后人类主义地平线上,"人"也不再是封闭式的、形而上学的"human being",而是在本体论层面上敞开的"human beco-ming",不断地发生全新的"形成"——不断形成分岔、形成差异、形成新的"个体化"(乃至集体的个体化)。① "形成"(becoming)是吉尔·德勒兹的核心术语,旨在打破"是"(being)的形而上学闭合。当"人"处于不断形成中时,他/她就在某种意义上,成为一种"后人类"。② 换言之,"human becoming"并不是人类主义框架下的"人"。

后人类主义拒绝把"人类"放在基础或中心的位置上,拒绝"人是万物的尺度""科技以人为本"这样的宣称。而且,它拒绝重新定位出一个新的地基,并以此对一切事物进行价值判断。要破除"人类"这个中心,并不需要确立一个新的中心来取代,从而维系"中心-边缘"架构不变。换言之,后人类主义并不会主张以人工智能抑或动物、怪物、赛博格(……)作为新的规范性基准,并站到该"立场"上来批判人类主义。在这个意义上,**后人类主义,是一种后基础主义(postfoundationalism,借用理查德·罗蒂的术语)的思想形态**。

用人类中心主义取代白人中心主义,似乎是一个进步:它

---

① "个体化"(individuation)与"集体的个体化"这组概念借自吉尔伯特·西蒙东,更进一步的讨论请参见本书第一章。
② 比如贝尔纳·斯蒂格勒就勾勒了一种完全溢出人类主义框架的"负熵人",相关探讨请参见本书第八章第八节。

的落脚点从"白人"变成了"人类"。然而,它只是换了一个基准:从"白人"是一切事物的尺度,变成"人"是一切事物的尺度。思想史上的"上帝死了"事件也一样,"人"(乃至"超人")随即被推出来占据"上帝"的位置。后人类主义取代人类主义(人类中心主义),却在破除以"人"作为评判框架的同时,不再推出一个新的基准来占据"C位"。任何的地基,在提供给我们某种确定性的评判基准的同时,恰恰亦构成了限制我们思考的本体论框架。

第四节　后人类主义地平线上再见智人

技术奇点另一个面向,就是不可持续的"人类世"(the Anthropocene)。人类在几千年(甚至是仅仅几百年)的时间,从"力不若牛,走不若马"[①]的物种,变成仅凭自身改写行星面貌的物种。这个过程中,技术是至为关键的要素;而政治,则是另一个关键的要素。技术与政治的并行发展,使人从演化走上了体外演化的道路。[②]

然而,在把行星上一切都对象化为"资源"的人类主义框架下,"人类世",恰恰成为第六次物种大灭绝的地质学纪元,成为急剧熵增的地质学纪元。[③]贝尔纳·斯蒂格勒直接将

[①] 《荀子·王制》。
[②] 进一步的讨论,请参见本书第一章。
[③] 请同时参见吴冠军:《陷入奇点:人类世政治哲学研究》,北京:商务印书馆,2021。

"人类世"称为"熵世"(the Entropocene),指出它是"一个在行星尺度上操作的大规模且高速的毁灭过程",人类正在使行星整体陷入"无法生活、资不抵债、不可持续"的困境。①

我们看到:**技术奇点,同时又是生态奇点**。我们如何来面向奇点而展开智慧性的实践?

本书第一章从"技术-政治"(techno-politics)概念入手,重新分析行星与人类文明的境况。面对人类世"资不抵债"的境况,当代广有影响的"加速主义政治"学派提出"普罗米修斯式政治",主张以最大限度地去"加速技术演化的进程",来应治当代全球政治、经济与生态困境。与此同时,以人工智能为核心的技术群,亦已深层次地介入当代世界的政治实践以及政治想像。

然而,这种技术-政治论说,恰恰是对政治的截断:"加速主义政治"学派信奉技术的"智能"能够全面取代政治的"智慧"。在人工智能被期待对人类社会"全面赋能"的今天,我们恰恰有必要并置性地**重思技术与政治**,并在**两者同生物器官的交互触动**中来考察人类文明演化与当代世界状况。

这个考察让我们看到:"普罗米修斯式政治"及其变体"技术人类主义"(techno-humanism)无法应治当代世界的文明性困境。在"智能时代",我们恰恰需要加速政治智慧的迭代,以全新的政治框架来发展技术-政治。

---

① Bernard Stiegler, *The Neganthropocene*, trans. Daniel Ross, London: Open Humanities Press, 2018, pp. 141, 51-52, 103。

本书第二章将对技术智能与政治智慧之关系的考察做出进一步的推进。以 ChatGPT 为代表的大语言模型，将技术智能推到"好到吓人"的程度，接近了通用人工智能的门槛。然而它的问世亦激起了深重的信任危机——不但各种针对 ChatGPT 可信度的调查此起彼伏，"可信任的人工智能"(trustworthy AI) 亦成为人工智能研究界与产业界的口号。

为了应对大语言模型的信任问题，两种人类主义工程被开启了，它们分别是"价值对齐工程"和"机械可解释性工程"。然而，信任并不是一个技术问题，换句话说，**信任问题无法倚靠技术迭代来加以解决**。信任是政治智慧的一个根基性的创制。

第一章所讨论的"techno-politics"这个概念，实际上亦开启了一个全新的研究进路，亦即"技术政治学"。大语言模型的信任问题，有必要用技术政治学的进路来展开研究。第三章的技术政治学分析揭示出，大语言模型的信任问题，实则根植于人彼此之间的信任问题。

第一章与第二章的考察皆指出了：在人工智能加速迭代自身的"智能时代"，克服当代世界的文明性困境，却极度需要加速政治智慧的迭代。同主张技术智能全面取代政治智慧的"加速主义政治"学派相反，深怀"人工智能焦虑"的马斯克、霍金、比尔·盖茨等业界领军人物提出了人工智能威胁论，其中尤以马斯克的"第三次世界大战"论引爆了公共媒体。

本书第三章针对人工智能威胁论而提出：人工智能并非代表一种从"外部"对人类文明的整体性挑战。人工智能所带来的根本性挑战，恰恰是从人类文明——人类既有的政治-经济-意识形态建制——"内部"刺出。"世界大战"不太可能在人工智能与人之间爆发，并导致"机器末世"（Robopocalypse），但却有可能在**人工智能的能动性介入下**，在人类既有的政治格局中爆发。

人工智能，会使人大幅度地陷入人工愚蠢（artificial stupidity）。故此，"智能时代"真正能够改变世界的实践，只能是爱智慧的实践，亦即每个爱智者投入自身智慧来对抗人工愚蠢的贡献性实践。

本书第四章，将进一步在政治哲学层面上推进前三章的分析性考察：与其情绪高涨地在对抗性模型下探讨"人类 VS 人工智能"，不如在政治哲学层面研究人工智能对当代世界之政治图景与社会形态的深层影响。该章通过引入"行动者-网络理论"（actor-network theory，ANT），来破除长期支配既有政治哲学研究的人类主义（人类中心主义）框架。

进而，第四章深入剖析了作为"行动元"（actant）的人工智能，及其**能动性地触动政治之域所形成的关键变化与一系列效应**。通过这个剖析我们将看到，当代世界范围内的"逆全球化"浪潮，仅仅是 21 世纪全球动荡的开始。在竞速场域中"不被需要"的民众，其价值正在被数据取代。作为该变化在政治层面上的效应，民众的统治（民主）正在被算法权力掏空。身处"智能时代"的我们,即将面对一个"后民主政治"的未来。

在人类主义框架中,爱被视为至高价值,甚至被视为解决人类"好生活问题"的终极方案。正在掏空民主并激进改写政治之域的智能算法,也没有放过爱,很早就向爱的场域进军。那么,爱是否能被算法化呢?这正是本书第五章探究的主题。

诺贝尔经济学奖得主加里·贝克尔可以被视作尝试把爱算法化的第一人:他的"婚姻理论"实际上构建了一套强大的婚姻算法。随着当代数字婚恋平台的兴起,基于经济学模型的婚姻算法进一步被搜索引擎算法所强化。然而,当爱的场域接受算法治理后,该场域中的诸种问题(譬如出轨)非但没有得到应治,人类主义的核心价值反而陷入全面危机。

晚近十年,基于大数据与神经网络深度学习的人工智能获得了长足发展,各大数字婚恋平台用人工智能算法来直接帮用户进行"智能化速配"。然而,尽管人工智能英文简写"AI"用汉语拼音读出来就是"爱",但**人工智能的"算法革命",却无法以此"AI"取代彼"爱"**。

本书第六章进一步从两性之爱转向代际教育。人工智能对教育带来了激进的挑战——人类主义框架下的教育实践,正在走向终结。我们需要追问:在后人类未来中,教育是否将不复存在?面对这一追问,该章系统性地阐述了一种后人类主义教育,而这种教育实践恰恰同中国先秦教育思想相接通。

第六章从分析当代中国"教育焦虑"的诸种肇因出发，提出其最深层原因在于人工智能的指数级发展，正急剧拉高"教育投资"的风险。在正在到来的后人类境况下，教育面临两种前景：走向自身终结，抑或走向终身教育。后者并非仅仅指学校教育之外的教育实践，而是意味着教育实践的激进更新：（a）以后人类主义的"行动者-网络"框架，来更新人类主义的表征主义框架；（b）以包含人类与非人类在内的所有行动者彼此触动的"内行动"（intra-actions），来更新成人对孩子的单向规训与"吼妈式"知识灌输。

进而，后人类境况亦恰恰提供了重新思考教育的契机——教育果真仅仅是一项人类的事业吗？正如爱从来很后人类，**教育实践同样从一开始，就是一个后人类的事业**。第六章最后提出：先秦思想，潜含着关于教育（终身教育）的一种激进阐述，我们可以通过德勒兹式哲学阐释将之激活，并从该"古典/全新"视角出发，对当代中国教育实践提出批判和革新。

本书第七章聚焦人类主义所铸造的"人类学机器"对"亚人"乃至"机器人"的政治操作。延续前两章从爱与教育切入对人类主义所展开的批判，该章进一步从"机器人"（"机奴"）切入，对人类主义作出了一组激进的"后人类"批判。

通过对《西游记》《封神演义》《西部世界》《普罗米修斯》《异形：契约》《黑客帝国》《猩球崛起》等小说与影视作品的分析，第七章揭示出**"人类主义话语"在根本上是一个生产政治正当性的机器**，并以此为切入点，对20世纪纳粹政治与即将到来的后人类未来，展开了一个贯穿性的政治哲学反思。

在这基础上，第七章比照分析"神圣人"（homo sacer，阿甘本的术语）与"机器人"在人类共同体中两种诡异的结构性位置，并于最末提出，在那正在快速到来的"智能时代"中，会有许多人在"人类学机器"的操作中被转变成"无智能的低级人"，甚至是"猩-人"。

本书第八章亦即最后一章，将对技术重新展开系统性的探讨。当我们在人类主义框架内思考技术，人工智能便会被视作一个"技术对象"。而人工智能的"威胁"，就在于这种"技术对象"在智能上竟已远超并可能取代人类。然而，技术实则激进地溢出人类主义框架：作为对抗必死性与有限性的持续努力，它本身具有能动性，"主体/对象"这个现代性的二元论并无法予以容纳。

技术发展的方向，就是低熵秩序的复杂化。**人类（及其文明）只是技术发展的一个产物，并被负熵性复杂化过程提拉着前进**。该过程在宇宙尺度上的发展指向**离开太阳系**，而在行星尺度上则指向**冲出人类世**。人工智能在前者上具有比人类更强大的潜能，故而可被视作技术又一次重要"升级"；对于后者，唯有人类技术与后人类技术（人工智能）的深入结合，才有可能使地球迈出人类世。

全书各章**不断转换学科分析进路**，为的是对那刺破人类主义框架的后人类境况，展开一个全面的分析性探究。

本书尾论对这种跨越学科疆界的研究方式，做了一个方法论层面上的论证。跨学科研究是必要的么？其实经常有学术同行提出这个问题。在尾论中我提出：恰恰在同大语言模型所展开的"后人类"知识实践的并置中，我们可以定位到展开跨学科知识实践的必要性。

人类主义正在步向黄昏。"技术-政治"考察视角让我们看到：在当下这个技术呈指数级发展的"智能时代"，政治智慧正在式微，而这实质性地标识出智人的"去智化"。

回到这篇导论的开篇。我们见证着，以人工智能为代表的"技术对象"，正在激进地冲击着"智人"的自我界定。是否，站在人类终结时代的地平线上，唯有人工智能？导论的末尾，我们有必要追问这个问题。并且，我们同时有必要追问：在后人类境况下，失去人类主义框架的人类，将何以自处？人类该如何与比自己更智能的能动者共处和互动？

在 2023 年 6 月 10 日于北京智源大会上所作的《通向智能的两条道路》演讲中，杰弗里·辛顿表示：

> 现下我很紧张，因为我还想不出当智能差距这样大时，高智能事物被低智能事物所控制的例子，打个比方，假设青蛙创造了人类，那么你认为现在谁会占据主动权，是人，还是青蛙？[①]

---

① Geoffrey Hinton, "Two Paths to Intelligence," talk delivered at the 2023 Annual BAAI (Beijing Academy of Artificial Intelligence) Conference, 10 June 2023, available at 〈https://mp.weixin.qq.com/s/_wXjuAo7q5Nkn1l_ormcmQ〉.

辛顿冀望于年轻一代研究人员"能够弄清楚如何让人工智能在不被控制的情况下，为我们生活更好而奋斗"①。

辛顿的冀望，是一个典型的人类主义冀望——人工智能必须做人类的"服务生"，必须不从人类那里接管控制。理论物理学家麦克斯·泰格马克更是将其在北京智源大会上的演讲，直接题为《将人工智能置于控制之下》。②该标题里缺省的主语，当然是"我们"人类。

在我看来，哲学家、神经科学家凯瑟琳·马勒布 2019 年的著作《使智能变形》中的说法，更值得仔细品味。她说，面对人工智能的指数级发展，作为一个事实，人类已经在逐渐丧失原有的控制；而关键在于，"智能地丧失对智能的控制"（to lose control of intelligence intelligently）。③

面对人工智能能动者的挑战，人类能动者并不应直接放弃控制，或继续幻想能够拥有控制。诚然，人工智能之"智"，正在使人（"智人"）变成冗余。然而，真正考验智人之"智"的便是，能否以智能的方式——富有智慧的方式——来政治性地**重新分配控制**（repartition of control）。这，也许就是后人类境况下人类的首要任务。对于该任务的担当，将使我们看到出现在后人类主义地平线上的智人。

---

① Ibid. 同时请参见《AI 教父辛顿：假设青蛙创造人类，现在占主动权的是人还是青蛙?》，澎湃新闻，⟨https://baijiahao.baidu.com/s?id=1768411445777991559⟩。

② Max Tegmark, "Keeping AI Under Control", talk delivered at the 2023 Annual BAAI (Beijing Academy of Artificial Intelligence) Conference, 9 June 2023, available at ⟨https://new.qq.com/rain/a/20230609A06A4I00⟩.

③ Catherine Malabou, *Morphing Intelligence: From IQ Measurement to Artificial Brains*, trans. Carolyn Shread, New York: Columbia University Press, 2019, p. 153.

第一章　智能与智慧：器官学研究

"神人"的诞生，是智人丧失政治智慧，只剩技术智能所导致的结果。

引言　人类文明的"两把钥匙"

随着人工智能（artificial intelligence，AI）、物联网（Internet of Things，IoT）与诸种信息与沟通技术（information and communication technology，ICT）尤其是数字网络技术（digital network technology，DNT）成为当下时代的核心关键词，"技术-政治"（techno-politics）这个术语开始在学界出现，以它为主题的论文与学术会议正在稳步增加。[①] 尤其是近些年来各种"智慧城市"建设方案及具体实践的喷涌，"技术-政治"是思考这种全新"杂交物"（hybrid）的一个有力的概念框架。[②]

文献性的考察让我们看到，学界当下关于"技术-政治"的讨论主要聚焦在各种新技术对于民主政治的影响上。譬如，坎·库班等人在 2017 年的《什么是技术-政治？在数字时代理解政治的一个概念框架》一文中，如此界定"技术-政治"

[①] 诺丁汉大学于 2019 年 11 月 13 至 15 日召开了《数字断裂：刺出性的技术-政治与政治秩序》，我受邀作会议基调演讲《人工智能，竞速统治与民主政治的去稳定化》，其中文版本请参见吴冠军：《竞速统治与后民主政治——人工智能时代的政治哲学反思》，《当代世界与社会主义》2019 年第 6 期。与"生命-政治"（bio-politics）同时被理解为"生命政治学"一样，"技术-政治"亦指向一种研究视野，可称作为"技术政治学"视野。请同时参见吴冠军：《为什么要研究"技术政治学"》，《中国社会科学评价》2022 年第 1 期。

[②] Igor Calzada, "The Techno-Politics of Data and Smart Devolution in City-Regions", Systems 5 (1), 2017, pp.18-35.

的反思性框架：

> 技术-政治反思诸种信息与沟通技术的多元目标应用，这类应用一方面瞄准民主政治中更多的效能与效率，同时也瞄准使传统民主实践发生转型，通常是使它们回到其原初目的，但加上一种精炼后的、聚焦政治解放与去中心化的视野与任务。①

这个界定尽管被广泛接受，然而它恰恰截短了"技术-政治"的分析性视野——"政治"，仅仅被缩减为"民主政治"。我们有必要更进一步地挖掘这个概念的分析性-反思性潜能。

晚近数十年，"技术-科学"（techno-science）一词在欧陆学界越来越多地被使用。而在最近几年，"技术-政治"一词亦开始得到使用。不同于前者关联起了被认为本就密切相关的两个领域②，后者把"技术"与"政治"这两个学界此前极少放在一起进行讨论的论域，通过连词号直接关联了起来。

其实，原本已有一个关联两者的词，在政治学界得到大量使用——那就是"技术统治"（technocracy）。然而，尽管它在构词上同时包含"技术"与"统治"，其主要落脚点却在后

---

① Can Kurban, Ismael Peña-López, and Maria Haberer, "What Is Techno-politics? A Conceptual Schema for Understanding Politics in the Digital Age", *IDP: Revista d'Internet, Dret i Política* 24, 2017, p. 15.

② 关于"技术-科学"有价值的一个讨论请参见 Gilbert Hottois, "Technoscience: From the Origin of the Word to Its Current Uses", in Sacha Loeve, Xavier Guchet, Bernadette B. Vincent (eds.), *French Philosophy of Technology: Classical Readings and Contemporary Approaches*, Cham: Springer, 2018, pp.121-138。

者："技术统治"被视为政治制度之一种,同"贵族制"(aristocracy)、"民主制"(democracy)、"官僚制"(bureaucracy)相类似,它指的是技术专家掌握主要政治权力的制度模式(也因此在国内学界该词主要被译成"专家治国制")。

于尔根·哈贝马斯2013年著作《技术统治的诱惑》,几乎没有讨论当代的技术(如人工智能)及其应用(如智慧城市),其批判性分析瞄准的是技术官僚绕开了民主程序掌握权力的当代现象:"一种没有民主根基的技术统治既没有力量也没有动机以充分的力度,来应对选民们对社会正义、状态安全、公共服务与集体物品的要求。"①

从哈贝马斯的论述中就可以看到,"技术统治"概念框架中真正"技术"的含量很少,几乎没能对"技术"作出思考。这就是为什么我们需要一个全新的概念,来等量齐观地对待"技术"与"政治":"技术-政治"这个概念有助于我们并置性地重思"技术"与"政治",去探索在传统的"技术研究"与"政治研究"框架下无法取得的反思性视角。

通过一组反思性-分析性实践,本章提出如下这个激进论题:**"技术"与"政治"以及两者的交互触动,是人类发展出文明的关键,是"人类-起源"(anthropo-genesis)的构成性要素。**

并不是说人类文明中的其他内容(如"艺术""哲学"

---

① Jürgen Habermas, *The Lure of Technocracy*, trans. Ciaran Cronin, Cambridge: Polity, 2015, pp. 11-12.

"宗教""科学")不重要,而是说:若缺少"技术"与"政治"中的任何一项,人类文明将不再可能。① 文明可以做增量,不断内部新增或外部加入不同的元素;但"技术"与"政治"对于文明而言是**根基性的**(foundational)、**构成性的**(constitutive),无法对它们做减法,缺一不可。

建立在这一论题上,本章进而提出:当代世界所涌现的一系列文明性困境,同晚近以来人类所处的**"技术-政治"**状况紧密相关。该状况是:(a)**技术场域"智能"的"加速主义"迭代**;(b)**政治场域"智慧"的"去功能化"式微**。正是在这个背景下,"人类世"批判以及"人类命运共同体"理念,可以被视作政治智慧在技术加速主义时代的"再功能化"。②

那么,就让我们从以下问题展开我们的分析与反思:"技术"与"政治"是在何种意义上成为文明性要素(civilizational elements)的?在人工智能与后真相政治的时代,我们尤其很有必要重新思考:什么是"技术"?什么是"政治"?

第一节　重思技术:作为"赛博格"的人类

"技术"早已是我们生活中的关键词之一,但这并不意味

---

① 刘慈欣在其代表作《三体》中,就设想了一种彻底没有"艺术"的文明形态("三体文明")。换言之,从沙盘推演的角度,拿去"艺术"这个要素,文明仍然是可以设想的。

② 关于"人类世"批判的学理探讨,请同时参见吴冠军:《陷入奇点:人类世政治哲学研究》;吴冠军:《爱、谎言与大他者:人类世文明结构研究》;吴冠军:《从元宇宙到量子现实:迈向后人类主义政治本体论》,第二章。关于作为政治智慧的"人类命运共同体"的探讨,请参见吴冠军:《当代中国技术政治学的两个关键时刻》,《政治学研究》2021年第6期。

着我们对它有过充分的思考。2020年8月辞世的技术哲学家贝尔纳·斯蒂格勒在20世纪90年代便声称:"哲学在其起源处,并且直到今天,一直不把技术作为思想的对象。"① 究竟什么是技术?这个问题实则并不容易回答。

在出版于2018年的《技术:一个概念的批判史》中,史学家埃里克·沙茨伯格提出,关于技术的定义始终一团混乱,"多元的含义彼此矛盾",并在当代媒体知识分子乃至学者笔下变得越来越天花乱坠。沙氏特意指出,"一些学者将技术定义为'事物事实上被做成和制成的所有方式',这样的定义宽泛到几乎毫无用处,从炼钢到歌唱全都可以涵盖其中"②。

诚然,关于技术的界定一团混乱。然而在这团混乱里,沙茨伯格所单列出的"事物事实上被做成和制成的所有方式",实际上并非是对理解技术"毫无用处"的定义——这个定义聚焦于从事物到**人工制品**(artifacts)的转化,而技术便是使这种转化发生的途径。这种理解,实则在"自然/文化"这个二元对立框架中,打开了两者变化(系一种单向变化)的通道:技术就是使事物从**自然存在**变成**文化存在**(文明存在)的那个力量。这个理解已然标识出了技术的文明性向度:技术创造出"后自然"的人工制品。这个观察进路,对于我们理解政治也同样有帮助(下一节详论)。

---

① Bernard Stiegler, *Technics and Time 1*: *The Fault of Epimetheus*, trans. G. Collins and R. Beardsworth, Cambridge, MA: Stanford University Press, 1998, p. ix.
② Eric Schatzberg, *Technology*: *Critical History of a Concept*, Chicago: The University of Chicago Press, 2018, p. 1.

在这个理解之上,我们需要进一步推进对技术的思考。在散落于不同学科领域的一组学术著作中,我们可以追踪出对技术的另一个极有价值的理解,那就是"器官的体外化"(exosomatization of organs)。这个理解,实则是从相反角度来切入对技术的思考:它并非聚焦于事物与人工制品的关联,而是聚焦于人工制品与人的关联。**技术不只是使事物发生了变化(成为人工制品),也使人发生了变化(器官延展到了"体外")**。对技术的这个"器官学"理解,同样在"自然/文化"这个二元对立框架中,打开了两者变化(亦是一种单向变化)的通道——器官经过"体外化",进入"后自然"的文化(文明)之域。

古希腊智者普罗塔戈拉讲述的关于埃庇米修斯兄弟的神话故事,值得在人工智能时代重访。诸神在创造诸种凡间生命(亦即必死生命)时,赋予了埃庇米修斯与普罗米修斯两兄弟一个任务,那就是分配相适应的能力以使它们能生存。埃庇米修斯把这个任务抢在手中,并说服其兄仅仅在旁监督:他给某种物种强壮,给另一些物种速度,给某些生物利爪、尖角或巨大体型,对未分配到这些的生物则授予其飞行或居于地下的能力……埃庇米修斯的唯一疏失在于,他彻底忘记了人类——他把所有能力全部分配出去后才发现,自己没有给人类留下任何能力。当埃庇米修斯束手无策时,普罗米修斯出手了——为补救其弟之失,他"从赫斐斯托斯和雅典娜那里偷来技术手艺(technical skill)以及火的使用(因为缺少火无人能获得或使用那技艺）并给予了人"①。

这可以说是关于技术的最有影响的神话故事之一，普罗米修斯也因此成为为人类"盗火"而遭受峻罚的悲剧英雄。此处值得提出的是，这个神话内嵌了关于技术的一种关键理解：埃庇米修斯给予各物种的，实则都是其器官所"自然"具有的能力；而普罗米修斯给予人类的，则恰恰是"后自然"的、非体内器官本身所具有的能力。这份能力，便是"技术"。对于技术，该神话没有聚焦在对事物的人工改造上，而是聚焦在人相对于其他物种的特殊性上。换言之，人和其他动物最根本的不同，便是人拥有"体外器官"。在这个聚焦视角下，技术便成为人的**定义性特征**（defining feature）。换句话说，技术关涉"人类-起源"。

这也是斯蒂格勒三卷本《技术与时间》所坚持的观点，该著第一卷就题为《埃庇米修斯的过失》。从该神话出发，斯氏提出人是具有"原初缺失"的动物，处在"存在的缺省状态"；而人的"这种起源的缺省状态，被为其自身获取的诸种义肢、诸种工具所补充"②。技术所带来的，便正是义肢性的体外器官，斯氏称之为"技术存在"（technical beings）。在斯蒂格勒看来，在物理学所研究的**无机存在**（inorganic beings，非器官性存在）与生物学所研究的**有机存在**之间，恰恰存在

---

① Plato, *Protagoras*, trans. C. C. W. Taylor, Revised Edition, Oxford: Oxford University Press, 1991, pp. 13-14.
② Stiegler, *Technics and Time 1*, p. 114.

着第三种类型：作为"无机的器官化存在"的**技术存在**。①

在斯蒂格勒这个论述基础上，值得进一步提出的是：技术存在既在无机存在与有机存在**之间**，又在两者**之外**。无机存在与有机存在，皆属于"自然"之域；而技术存在，则属于"后自然"之域，亦即，文化/文明之域。

早在1907年，哲学家亨利·柏格森在其著作《创造性演化》中，已经区分出两种器官，生物器官与"人工器官"，并提出："通过人工器官，自然的有机体被延展。"② 柏氏进一步的论点是，这两种器官实则对应演化的两种方向："本能"与"智能"。柏格森提出："两者间的区别不是强度的区别，亦非更一般意义上度的区别，而是类的区别。"③ "本能"生成体内器官；而"智能"则生成人工器官。

对于柏格森而言，智能才是人的根本性特征。他写道：

> 作为人之原初特征的智能，是制造人工对象（特别是制作工具的工具）的能力，并且是无止境地变更制造品的能力。④

换言之，在有机体（organism，即器官体）本身所具有的本能之外，人具有创造人工制品的智能（技术能力）。并且，智能

---

① Stiegler, *Technics and Time 1*, p. 17.
② Henri Bergson, *Creative Evolution*, trans. Arthur Mitchell, New York: Random House, 1944, p. 155.
③ Ibid., p. 149.
④ Ibid., pp. 153-54.

始终在不断地、无上限地演化,从而创造出各种不同的制品。柏格森把人工器官的演化,称为"创造性演化"。

在生物史学家、科学哲学家乔治·康吉莱姆看来,柏格森的《创造性演化》提出了一门"通用器官学"(general organology)。① 生命的有机体演化(本能)与人的技术演化(智能),两者在"器官学"的视角下被统合起来(体内与体外器官),关联在一起进行研究。从器官学视角出发,康吉莱姆感叹:大量研究者用机器的结构与功能来解释有机体,却很少有人反过来用有机体的结构与功能来理解机器,"柏格森是非常少见的法国哲学家之一(如果不是唯一一位的话),把机械发明视作一个生物学功能,视作生命对物质的器官化的一个面向。"②

出自完全不同的学科背景,生物物理学家、数学家阿尔弗雷德·洛特卡亦实质性地呼应了柏格森。洛氏在1945年提出如下论点:人的独特性,就是在生物性演化(biological evolution)之外发展出了"体外演化"(exosomatic evolution)。在洛特卡眼里,"人化"(hominization)就是体外化。③ 换言之,当器官开启体外演化那一刻,"人"就诞生了。古生物学家、人类学家安德烈·勒罗伊-古汉把技术视作有机体与无机物之间

---

① Georges Canguilhem, *Knowledge of life*, trans. Stefanos Geroulanos and Daniela Ginsburg, New York: Fordham University Press, 2008, p. 174.
② Ibid., pp. 76, 174.
③ Alfred J. Lotka, "The Law of Evolution as a Maximal Principle", *Human Biology* 17, 1945, pp. 188, 192.

的诸种"功能性挂钩"（functional couplings）；而"人"就是生物世界加上技术的结果。勒氏写道："手的自由，几乎必然隐含了一种不同于类人猿活动的技术活动。移动时自由的手，加上短脸、无尖齿，都指向了人工器官的使用，也就是工具的使用。"[1]

人工器官使用，同生物器官的演化**交互触动**：前者在创造性演化之同时，亦导致后者发生创造性演化。譬如，前肢不再参与移动而演化成"手"，而这又导致人的脸变短，不再主要靠脸部来进食和进攻。脸在"去功能化"之后，又"再功能化"出来表情以及言语。从通用器官学角度出发，我们就能研究两种类型器官在演化上的交互触动，尤其是人工器官（技术"智能"）对体内器官（生物"本能"）的一系列细微但深层的去功能化与再功能化改造。斯蒂格勒把拥有体外器官的生命称作"外有机体"（exorganism）。[2] 这个生造概念暗示了，有机体在技术存在的义肢性加持下，变成了另外一种独特存在形式。

经由上述分析后，我们就可以进一步提出如下这个充满"赛博朋克"气息的论题：人类就是"赛博格"（cyborg）。"赛博格"一词系曼菲德·克莱恩斯和内森·克莱恩于1960年提出的"控制论有机体"（cybernetic organism）一词的缩写，指有机体被嵌入生物机电部件后形成的"杂交物"。唐娜·哈拉

---

[1] Leroi-Gourhan, *Gesture and Speech*, p. 19.
[2] Stiegler, *The Neganthropocene*, p. 123.

维在其发表于 1985 年的《赛博格宣言》中，将"赛博格"视作打破"主体/对象""自然/文化""有机物/机器""人/动物"这些二元对立框架的"边界混淆"。① 在某种意义上，这种全新"杂交物"确实带来溢出 20 世纪文明地平线的思想冲击（以及视觉-想像冲击）。几十年后，当关于人工智能与基因工程的讨论猛然变成时代热潮后，"赛博格"又一次变成热词，构成了各类"超人类主义"与"后人类主义"画面中的一个关键意像。②

然而，不同于"仿生人"（android）或"生物机器人"（biorobot），"赛博格"尽管嵌有无机部件，但其思考动作均由有机体控制——那被植入的人工制品，主要是用以增加或强化有机体的能力。"赛博格"，显然就是一种"外有机体"。梯利·霍奎特精到地将"赛博格"的特征概括如下："有机体突然被剥夺其自主，并变得依赖于技术。"③ 其实，恰恰从那一刻起，生命在生物性演化之外开启出了体外演化，并反过来影响生物性演化。**当我们把技术存在理解为体外器官时，人类实际上从一开始就已经是"赛博格"了。**

故此，并非只有头部嵌有"脑机接口"才算是"赛博

---

① Haraway, "A Cyborg Manifesto: Science, Technology and Socialist-Feminism in the Late Twentieth Century", op. cit. , pp. 9-13, 7.
② 关于该意像的分析，请参见本书第七章第六节。
③ Thierry Hoquet, "Cyborgs, Between Organology and Phenomenology: Two Perspectives on Artifacts and Life", in Sacha Loeve, Xavier Guchet, Bernadette B. Vincent (eds.), *French Philosophy of Technology: Classical Readings and Contemporary Approaches*, 2018, p. 258.

格"，在我们当下日常生活中，从衣服、眼镜到座驾，皆是有机体的"义肢"，用以强化其能力——我们几乎无时无刻不是彻头彻尾的"赛博格"。在安迪·克拉克看来，人便是"自然出生的赛博格"。① 换句话说，**"赛博格"不是"后人类"，而恰恰就是人**。哈拉维曾宣称："到了20世纪晚期我们的时代，我们都是赛博格。"② 实则，从人类-起源时刻起，我们就是赛博格。

人类就是赛博格，亦即无机器官（cyb）与有机器官（org）的嵌合。彻底无机的人工智能，方可被视作妥当意义上的"后人类"。③ 而当人工智能以"脑机接口"等方式嵌入有机体后，这样的赛博格就变成超人类主义视域中的"超人类"了：作为人类之定义性特征的"智能"，被作为人工制品且能快速自我迭代的"人工智能"所叠加。④

柏格森把"智能"界定为生成人工器官的技术能力，而勒罗伊-古汉进一步把技术界定为有机体同外部环境的功能性挂钩。这对于我们界定人工智能的"智能"，是极具启发性的：人工智能（目下基于各种大数据深度学习的神经网络算

---

① Andy Clark, *Natural-Born Cyborgs: Minds, Technologies, and the Future of Human Intelligence*, Oxford: Oxford University Press, 2003.
② Haraway, "A Cyborg Manifesto: Science, Technology and Socialist-Feminism in the Late Twentieth Century", op. cit., p. 7.
③ 请进一步参见吴冠军：《通用人工智能：是"赋能"还是"危险"》，《人民论坛》2023年第5期；吴冠军：《后人类状况与中国教育实践：教育终结抑或终身教育？——人工智能时代的教育哲学思考》，《华东师范大学学报（教育科学版）》2019年第1期。
④ 关于"超人类"的讨论，请同时参见本书第七章第六节。

第一章　智能与智慧：器官学研究

法以及基于自注意力机制的大语言模型）之所以具有"智能"，正是因为它（a）能够在各面向上产生出全新的人工器官（如无人驾驶汽车），并且（b）高效率地达成特定功能。

在这个意义上，人工智能诚然可以被视作人类的技术智能之"增强版"。理论物理学家麦克斯·泰格马克在讨论"智能"时写道："就'什么是智能'，甚至连人工智能研究者们都无法达成一致意见。"泰氏本人对"智能"的定义是"完成复杂目标的能力"。[1] 换言之，"智能"被定位为完成具体的目标导向性任务的能力。这同上述分析高度契合。

然而，身处人工智能在"智能"上正全面超过人类的当下时代，我们不得不反过来思考：有机体的"智人"（homo sapiens）相对于人工智能能否堪称"有智"（sapiens）？这实是当代围绕人工智能所展开的讨论背后的最核心焦虑。

康吉莱姆在比较分析机器与有机体时提出，相对于技术智能的制品，有机体"具有更小的目标，和更大的潜能"。[2] 那么，这份潜能除了康氏所说的"生命所包容的诸种怪物性"[3] 外，还能在哪里去定位到？人（"智人"）从生物的怪物性中脱"颖"（聪慧）而出，除了技术的智能外，是否还有别的**被实现了的潜能**在发挥力量？

对于这组问题的思考，推动我们转到在今天学科体系下看

---

[1] Max Tegmark, *Life 3.0: Being Human in the Age of Artificial Intelligence*, New York: Alfred A. Knopf, 2017 (ebook), p. 71.
[2] Canguilhem, *Knowledge of life*, p. 90.
[3] Ibid.

似与技术彻底不相关的论域：政治。在其演化进程中，除了技术的智能外，人还依赖政治的智慧，而最终使自身从生物的怪物性中脱"颖"而出。

第二节　重思政治：两次险些"被灭"的人类

和"技术"一样，"政治"亦是一个满天飞的词语。然而，什么是"政治"呢？这个问题同样不容易回答。政治理论家雅尼·斯塔拉卡克写道：

> 在主流政治科学中，政治与政治现实同公民身份、选举、政治代表的诸种特殊形式，以及各种各样意识形态家族相关联。政治被理解为构建了一个分隔的系统，即政治系统，并被期待停留在该系统的边界内：人们（即政客、社会科学家、公民）期待在预先划定的竞技场内（尤其是在自由民主的领导权话语所划定的竞技场内，包括议会、政党、工会等）找到政治，并期待政治由相应那些受到准许的行动者来从事。[①]

当"政治"被理解为人类社会中的一个"分隔系统"后，它便成为一个由专门从事者来展开的专门领域（"政坛""政界"等）——这似乎符合我们的经验性观察，从基层官员到

---

① Yannis Stavrakakis, *Lacan and the Political*, London: Routledge, 1999, p. 71.

世界领袖,"政治"是这些专门人士竞争与行动的舞台,而社会中其他人则并不属于这个系统。

并且,在晚近的各种主流文化中,"政治"更是同"肮脏"(该词经常被用来形容政客)"伪善""表演""争斗""阴谋诡计""纸牌屋"这样的意像联系在一起:说某人很会"搞政治",通常是一个极具贬义色彩的价值判断;而充满"办公室政治"的办公室,则被视作极其糟糕的办公环境。

然而,这种对"政治"的主流理解恰恰是在本体-起源(onto-genesis)层面上**对"政治"的遗忘**。诚如斯塔拉卡克所言,"在关于政治的定义中(作为诸种政治制度的空间,如政党等),丢失的恰恰是政治之域自身;也就是说,该定义所丢失的,恰恰是政治之定义发生的那个时刻,社会现实之组织化发生的那个时刻"[1]。这就意味着,思考什么是"政治",必须思考为什么会有"政治":人与人之间,为什么会形成某种组织化的共同体秩序?这便是对"政治"做出本体-起源追问。

在托马斯·霍布斯看来,人和人并不会"自然"形成共同体秩序,"对人们而言,人就是狼"。[2] 在"自然状态"中,人与人会无止境地互相争斗、厮杀,就像彼此撕咬的狼。在这种"每个人与其他每个人之战争"的"自然状态"下,

---

[1] Yannis Stavrakakis, *Lacan and the Political*, London: Routledge, 1999, p. 72.
[2] Thomas Hobbes, *On the Citizen*, ed. Richard Tuck and Michael Silverthorne, Cambridge: Cambridge University Press, 1998, p. 3.

"人的生命孤独、贫困、卑污、残忍和短寿"。[1]

然而，不同于狼，人摆脱了这种每个个体都随时面临横死的"自然状态"，而进入到共同体的"政治状态"（文明状态/公民状态）。也就是说，人具有建立"城市"（共同体）秩序的能力。"政治"（politics）的词根，就是"城市"（polis），指的是具有组织化构造的群体聚居形态，而非随时会无序化的松散聚居形态（"polis"在拉丁语中所对应的便是"civitas"，即公民状态、文明状态）。

我们看到，和"技术"一样，"政治"也是"后自然"的：如果说"技术"是使**事物**从自然存在变成文明存在的那个力量，那么，"政治"是使**人**从自然存在变成文明存在的那个力量。故此，在本体-起源层面上，共同体秩序之所以可能，是因为人类拥有建立共同体的能力；而这份"政治"能力，为动物（包括具有一定群居能力的狼）之所无。于是，对"政治"的思考，使我们同样进入"人类-起源"层面：人类何以"拥有"这份能力？

在当下这个所谓的"后真相"时代重新思考"政治"时，我们有必要再一次回到普罗塔戈拉的神话故事中：不是旨在抵达"政治"的真理（真相），而是旨在探索"政治"的起源。

---

[1] Thomas Hobbes, *Leviathan*, ed. J. C. A. Gaskin, Oxford: Oxford University Press, 1998, p. 84.

在普罗米修斯"偷来技术手艺并给予了人"之后，普罗塔戈拉的讲述并未就此结束。紧接着，普氏就说出一句对改变故事走向至为关键的话："这就是人如何获得其实践性手艺的过程，然而，人尚未拥有治理城市的手艺；宙斯守卫着这份手艺。"① 于是我们看到，在普罗塔戈拉的讲述里，**"技术"实际上是人成为人的必要条件，但却并不是充分条件——人还必须取得治理共同体的能力（"政治"）**。并且，"技术"与"政治"两相比照，后者比前者"层次"更高，也更难获取：前者由赫斐斯托斯与雅典娜守卫，而后者则是宙斯亲自守卫；普罗米修斯在前两位那里轻易得手，但他却无法"渗透进宙斯城堡，并且宙斯的亲卫们厉害得很！"②

普罗塔戈拉随后讲道：在拿到普罗米修斯的"礼物"后，具备技术能力（"智能"）的人类相继发明了房子、衣服、鞋子、床被，并开发出耕作土地的技术。然而，

> 如此得到配备以后，起初**人分散居住，没有城市。于是，他们就被野兽给灭了**，因为，人在所有方面都比野兽孱弱。他们的实践性手艺在提供食物上足够了，但却不足以战败野兽，因为他们并不拥有治理城市的手艺，而战争手艺则是该手艺的一部分。于是，人寻求聚居，靠建立城市来保存自己。可是，一旦聚居在一起，他们又互行不

---

① Plato, *Protagoras*, p. 14.
② Ibid.

义，因为**没有治理城市的手艺嘛，结果他们又散掉，再一次被灭了**。①

普罗塔戈拉清晰地提出，建立共同体的目的，就是为"保存自己"。在这个意义上，霍布斯实是普罗塔戈拉的追随者——人也正是在这个努力中，使自己逐渐同狼这样的动物拉开距离。

然而，人类摆脱自然状态进入政治状态的努力，在普罗塔戈拉口中要比在霍布斯笔下艰难得多。在普氏故事里，人类文明**两次被灭**：第一次，发展出一些技术能力但分散居住的人因不敌大型野兽，被灭；第二次，人们聚居在一起但缺乏建立稳定城市秩序的政治能力，再一次分道扬镳各自被灭。普罗米修斯以身受重罚为代价送给人类的"礼物"，仍然不足以使人类摆脱被灭的结局。在普罗塔戈拉的讲述中，最后还是此前惩罚普罗米修斯的宙斯亲自出手，"派出赫尔墨斯把羞耻以及正义带给人，使它们成为城市组织化的原则与友爱的纽带"。② 在派遣赫尔墨斯时，宙斯还长篇大论地做了一系列细节性指示，以保证人类拥有彼此聚居群处的能力。

现在我们可以看到：普罗塔戈拉的神话故事，实则蕴含着关于"人类-起源"的精深讨论。普氏单单拎出"技术"与"政治"，作为人类-起源的充分-必要条件。在这个意义上，

---

① Plato, *Protagoras*, p. 14, emphasis added.
② Plato, *Protagoras*, emphasis added.

第一章　智能与智慧：器官学研究

普罗塔戈拉可以被视作"技术-政治"论的第一人：**技术手艺加上政治手艺，使得人最终成为人**。并且就人类-起源而言，政治比技术更重要：普罗米修斯赐予人类以技术手艺，但这只能增大人类单独生存的可能性；而宙斯赐予了人类组织化地聚居群处的手艺，这才最终使人类得以凌驾于其他动物之上。

普罗塔戈拉故事中的后半部分，引出了亚里士多德的那句著名论断："人依据自然，是政治的动物"。① 这个命题含两层内容：人，（a）诚然是动物，但额外加上（b）拥有政治的能力。换句话说，人是一种有能力聚居在一起、以共同体形态生活的动物。在亚氏看来，生活在城市之外的，要么是低于人的存在（野兽），要么是高于人的存在（神）。② 在亚里士多德这里，政治指向"实践性的智慧"（practical wisdom），"对于统治者而言，实践性智慧是卓越的唯一形态"。并且，政治比技术更基础：人尽管生来拥有诸种工具和武器，但"它们是服务于智慧与善好的诸种目标的"。③

---

① Aristotle, *Politics*, p. 10.
② Ibid., p. 10.
③ Ibid., pp. 94, 11-12.

我们看到，抛开论述进路上的不同①，亚里士多德实则截取了普罗塔戈拉后半段故事——"政治"而非"技术"，是人的定义性特征；"智慧"（政治手艺）而非"智能"（技术手艺），是人从动物中脱"颖"而出的关键。古罗马人的语言，深刻地呼应了亚里士多德关于"人是政治的动物"的论断：在该语言中，"活着"和"在人们中间"（inter homines esse）是同义词，而"死去"则和"不再在人们中间"是同义词。②

以彼此完全不可能存在交流的方式，《荀子》亦呼应了亚里士多德，主张"能群"系人与动物的根本之别——"人能群，彼不能群也。"③ 对于普罗塔戈拉而言，政治智慧在于"羞耻以及正义"，而在《荀子》这里"能群"的智慧便是"分"："人生不能无群，群而无分则争，争则乱，乱则离，离则弱，弱则不能胜物。"④ 从这段论述中我们可以看到：尽管在政治智慧的具体内容上有所不同，但对缺少政治智慧人类会"被灭"的分析与描述，《荀子》和普罗塔戈拉几乎全然契

---

① 细心审察的话，亚里士多德该论断包含了他同普罗塔戈拉的一个关键分歧：亚氏同样强调人是一种有能力以城市（共同体）的形态聚居在一起的动物，但把该能力的源头从"神赐"换成"自然"。在普罗塔戈拉这里，建立城市并不是人一开始就有的能力；而在亚里士多德这里，人之"依据自然"就拥有该能力。换言之，尽管在对政治的聚焦上一脉相承，但对于人之政治能力的源头上，给出了两种相对立的论述：神与自然。更具体地说，就政治秩序的根源，普罗塔戈拉给出了一个神学（神话学）的阐释，而亚里士多德则提供了一个形而上学的阐释。

② 正是在这个意义上，汉娜·阿伦特称古罗马人是"最政治性的人民"。See Arendt, *The Human Condition*, pp. 7-8.

③ 《荀子·王制》。亚里士多德与《荀子》的区别在于：亚氏并未将人类视作唯一的"政治动物"；而《荀子》的命题实质上是——**只有人**，是政治的动物。

④ 《荀子·王制》。

合。也就是说，智人的"有智"，就在于"能群"。

较之普罗塔戈拉，没有采取神话进路的亚里士多德对于论述"政治手艺"的进一步贡献是：人之所以是"政治的动物"，因为他们是"说话的动物"。许多动物有嗓音（voice），而人这种动物能够说话（speech）。亚氏强调：正是通过说话，人才形成了城市，得以展开共同体形态的生活。① 霍布斯亦强调：一旦缺少"说话"，"人与人之间就既没有国家也没有社会，没有契约也没有和平，人与人就如同狮子与狮子、熊与熊、狼与狼"。② 故此，政治便肇端于沟通性的说话：构建共同体（community）的实践性进路，就是沟通（communication）。话语是政治最根本的向度，是人从自然生命（zoē）成为共同体生命（bios）的通道。③

经由上述分析我们看到："技术"指向创造不同人工制品的**实践性"智能"**，而"政治"则指向创造不同"能群"方案的**实践性"智慧"**。"智能"指向**人与事物**的功能性挂钩；而"智慧"指向**人与人**的功能性挂钩，亦即诸种策略性与沟通性联结。当我们采取这种"技术-政治"的观察视角，"政治"，就绝不再是主流政治科学所定义的那样，仅仅是一个"分隔系统"，仅仅"同公民身份、选举、政治代表的诸种特

---

① Aristotle, *Politics*, pp. 10-11.
② Hobbes, *Leviathan*, p. 20.
③ 请进一步参见吴冠军：《话语政治与怪物政治——透过大众文化重思政治哲学》，《探索与争鸣》2018年第3期；吴冠军：《话语政治与死亡政治——"狼人杀"与政治哲学》，《南京社会科学》2018年第3期。

殊形式，以及各种各样意识形态家族相关联"。诚如香特尔·穆芙所言："政治之域不能被限制在某种类型的制度中，或被视作构建社会的一种特定领域或程度；它必须被理解为一个向度，这个向度是每一个人类社会所内在固有，它决定我们的本体论状况。"①

故此，只有在本体-起源的层面上，我们才能定位到内在于一切人类社会的"政治"：它指向"社会现实之组织化发生的那个时刻"，指向人类寻求聚居并避免散掉乃至互相杀戮的"智慧"的那个时刻。人，未必是形而上学意义上的"政治的动物"（这是亚里士多德"依据自然"的主张），却是本体-起源意义上的"政治的动物"：通过其不断更新迭代的政治智慧，人成为勒罗伊-古汉所说的"城市化的有机体"，亦即一个"文明化"的有机体（在词源学意义上）。② 这种超级有机体不断演化，从"城市"到"大城市"（cosmopolis，字面上即宇宙城市）再到"帝国""民族国家"等，每一种形态背后皆有独特的话语性的政治智慧做关键支撑（如"自然法""天下""民族"），从而形成某种相对稳定的组织化构造。

"组织（化）"（organization），实则本意便正是"器官化"。共同体生命，便是自然生命在彼此之间进一步获得器官化的生命。于是，我们可以在器官学意义上提出："技术"指向了**器官的体外化**，而"政治"则指向了**器官的人际化**（in-

---

① Chantal Mouffe, *The Return of the Political*, London: Verso, 1993, p. 3.
② Leroi-Gourhan, *Gesture and Speech*, p. 178.

terpersonalization of organs)。

技术哲学家吉尔伯特·西蒙东的重要论点是:"技术"导向"个体化"(individuation)。[①] 人因拥有体外器官而能够开启具体的差异化,成为各自不同的"赛博格"(有人戴眼镜、有人配枪,乃至开不同的车、穿不同衣服……)。我们可以进一步提出:"政治"导向"集体性个体化"(collective individuation),亦即由不同的政治智慧产生出各种不同的群处方案,从而形成差异化的"组织"。

在这个意义上,通用器官学的研究视野,就溢出上一节所分析的两种类型的交互触动,而涵摄了**生物器官、技术器官(人工制品)与政治器官(共同体组织)三种类型**。斯蒂格勒曾深有洞见地做出倡议:通用器官学涵盖"身体的感知器官、技术的人工器官与诸种社会组织",而它研究的是三者之间的"共-个体化"(co-individuation)。[②]

我们看到:"技术"使人从生物性有机体升级为一种嵌有"义肢"的超级有机体——"赛博格";而"政治"则使其升级成一种彼此嵌合的超级有机体,霍布斯曾给予这种强大的有机体一个同样十分酷炫的名字——"利维坦"。有意思的是,高奇琦在讨论人工智能的专著中,生造了这样一个词:

[①] Gilbert Simondon, *On the Mode of Existence of Technical Objects*, trans. Cécile Malaspina and John Rogove, Minneapolis: Univocal, 2017.
[②] Bernard Stiegler, *Symbolic Misery 2: The Katastrophe of the Sensible*, trans. Barnaby Norman, Cambridge: Polity, 2015, pp. 45, 136.

"赛维坦"。① 而哈拉维则在当年的《赛博格宣言》中提出"技术城市"（technopolis）一词。② 我们确是需要一个概念，用以思考晚近这一轮**器官体外化与人际化高度结合**所形成的**超级有机体**（譬如，各种各样的"智慧城市"）——本章正是从这个角度来定位和探索"技术-政治"这个概念的分析性-反思性潜能。

第三节　重思技术-政治（Ⅰ）：从智人到智城

经过前两节的分析，我们已经定位到："力不若牛，走不若马"③的智人在其生物性"本能"之外，拥有如下两种"智"——技术性的"智能"与政治性的"智慧"。正是这两种"智"，使人类在生物性演化之上发展出文明性演化（亦即"创造性演化"）。

让我们把分析进一步推进。

在"技术-政治"的视野下，可以看到智人所拥有的这两种"智"尽管完全不同，然而它们却具有如下两个共同特征：

---

①　高奇琦还造了"赛托邦""善智""合智""众智""智能社会科学"等一系列词。高奇琦造"赛维坦"这个词，是用来指当代的科学（"赛先生"）："在笔者看来，科学原来是帮助人们走出愚昧与黑暗的、温文尔雅的赛先生，现在却正转变成一个无处不在、能量巨大的'赛维坦'，就像霍布斯当年描述的那个无所不在又能量巨大的利维坦（政府之隐喻）一样。"（高奇琦：《人工智能：驯服赛维坦》，上海：上海交通大学出版社，2018，第293页）我很支持创制新概念：研究后人类境况，我们诚然需要一组全新的语词，譬如"技术-政治"。

②　Haraway, "A Cyborg Manifesto: Science, Technology and Socialist-Feminism in the Late Twentieth Century", op. cit., p.9.

③　《荀子·王制》。

（a）两者都不是纯粹理论性或沉思性的"智"，而是**可使用的**，是实践性（practical）与实用性的（pragmatical）；

（b）两者都不以形而上学的"真理""自然""绝对"（the Absolute）为本体-起源状况，故而都是**可迭代的**，这种自我更新不存在上限或"天花板"。

在人工智能时代，对于技术"智能"的可使用性与可迭代性，我们看得一清二楚。并且同样明晰的是，在"智能"上，人正在被快速迭代的人工智能全面赶超（ChatGPT只是显例）。但我们还能在自己身上定位到另一种"智"：政治"智慧"。而它也是可使用、可迭代的。

人与人的聚居群处，靠血缘这种"自然"纽带，只能联结数量极其有限的个体，形成原始"氏族""部落"这样的聚居形态。当这样的氏族群体遭遇到其他群体，爆发冲突无可避免；而要双方化解冲突形成超过直系血缘的更大规模聚居，则需要政治性的智慧。某些哺乳动物如狼、象、黑猩猩等也能几十只生活在一起，然而一旦超过一定数量就会立即分裂成两个群体，双方再为食物、资源、生存空间等"像狼与狼一样互相厮杀"。

根据人类学家罗宾·邓巴的考察，150是高等哺乳动物聚居群处的上限（即所谓的"邓巴数"）；这也就意味着，人凭借其生物器官能力（"本能"），最多只能和150人发展出彼此了解的人际关系。① 然而，智人却并没有受困于此：他们在人际向度上发展出器官组织，从而冲破了150这道聚居数字的无形天花板。那么，原始氏族当年如何冲破聚居界限？

对于人类-起源而言一个关键性的政治智慧，被人类学家克劳德·列维-斯特劳斯观察到："舅舅"的产生。最初以血缘为纽结的氏族群体中，女性皆是她们父亲和兄弟的"私产"。在无数互相伤害与"被灭"中，某几次冲突双方互向对方"赠女"，这些氏族存活了下来并得到发展。交换作为"礼物"的女性，便形成了"舅舅"这种亲属关系——经由这种关系，原先对立双方变成新的"一家人"。列维-斯特劳斯认为"交换"姐妹与乱伦禁令互为表里，并通过这种方式建立"横向家庭关系"。我们所熟悉的亲属结构，其实是"在自然和文化之间做出一个妥协"。② 正是在这个意义上，外婚制可被视作政治智慧的一个重大突破：该智慧的使用，是使自然状态转向"文明"的关键性力量。

共同体（community），就是从"互相存在"（being-with）进入到"存在于共同中"（being-in-common）。而**政治智慧，就正是去构建"共同"**。从"礼物""婚姻"到"神话""自然法""宗教""礼仪习俗""民族""普遍人性"，实则都是政

---

① See Robin Dunbar, *How Many Friends Does One Person Need? Dunbar's Number and Other Evolutionary Quirks*, London: Faber and Faber, 2010.
② 列维-斯特劳斯：《序言》，比尔基埃等编：《家庭史》，第一卷上册，袁树仁等译，北京：生活·读书·新知三联书店，1998，第6页。See also Claude Lévi-Strauss, *The Elementary Structures of Kinship*, trans. J. H. Bell et al., New York: Beacon, 1971.

第一章 智能与智慧：器官学研究

治智慧在各种历史变化下不断迭代出来的话语性产物——它们被用于在血缘之外构建"共同"，从而与冲突的群体形成联结，在人际向度上形成更大层次的组织化（器官化）。① 政治智慧，绝非理论性的探究或精神性的沉思，而是实用性和实践性的智慧。

智人，便正是通过技术智能与政治智慧这两种实践性和迭代性的"智"，而在生物性演化之上不断推展出文明性-创造性的演化。在普罗塔戈拉的故事里，这两种作为人的定义性特征的"智"，是前后衔接的：人先获得技术智能，再获得政治智慧；并且，智慧比智能更重要（人拥有技术后仍会面临"两次被灭"）。我们可以将对两种"智"的这一理解，称作普罗塔戈拉式"技术-政治"论，其内核是一种**线性**的神话叙事。

我们有必要在普罗塔戈拉式路向之外，去发展关于"技术-政治"的一个**结构性**的器官学考察。器官的体外化（经由技术智能）与人际化（经由政治智慧），实则始终处于结构性交互触动的状态：（a）技术智能依赖于政治智慧才能得以推进；（b）政治智慧亦因技术智能的发展而不断地"去功能化"（以及随后的"再功能化"）。更具体地说，技术智能没有政治智慧这个条件（一定的人际组织与共同体秩序），很难得到发展。而没有技术智能，政治智慧却亦是可能。妥切地说，

---

① 请进一步参见吴冠军：《话语政治与怪物政治——透过大众文化重思政治哲学》，《探索与争鸣》2018 年第 3 期；吴冠军：《陷入奇点：人类世政治哲学研究》，导论。

技术智能的发展程度,构成了影响后政治智慧的众多要素之一,其他能促使政治智慧发生迭代的要素还包括气候温度变化、地缘状况变化、思想文化碰撞等。然而,这个情况正在发生变化:技术状况成为影响政治状况的核心要素。

让我们把考察进一步展开。首先,只有在人类个体能实现大规模聚居群处后,技术才能不断被传递、更新与扩展。哲学家卡尔·雅斯贝尔斯在《历史的起源与目标》一著中提出极有影响的"轴心时代"说法:公元前800年至前200年一大批第一流的思想家如中国的孔子、老子,印度的释迦牟尼,古希腊的苏格拉底、柏拉图、亚里士多德等几乎同时出现在东西方历史舞台上。①

然而我们可以追问:难道在他们之前就没出现过大思想家吗?答案是否定的,在他们之前同样有大思想家,这些人同样有很多想法,但这些人(及其小圈子)去世之后,这些思想就湮灭了。而正是差不多到了轴心时代,人类群处的规模与合作的方式有了政治性的突破,这就使得思想传承与知识迭代成为可能:孔子的话他的学生们会记下来并加以发展、苏格拉底的话有柏拉图等人记下来并加以发展,甚至柏拉图和亚里士多德都创建了"学园"(academy)这种制度化的学术共同体……

技术智能在代际间的发展与演化同思想传承一样,需要以

---

① Karl Jaspers, *The Origin and Goal of History*, trans. Michael Bullock, New Haven: Yale University Press, 1953, p. 2.

共同体状态为条件，否则任何一丁半点的创新都会很快"失传"。人类学家、生物地理学家贾雷德·戴蒙德曾分析了对农业文明至关重要的灌溉技术：

> 详尽的考古学研究显示了诸种复杂的灌溉系统不是**伴随**诸种集中化了的官僚制而出现，而是在后者出现后的一个显著间隔之后**跟随**出现。这就意味着，出于某种原因出现了政治集中化，然后复杂的灌溉系统才可能被建设。①

换言之，复杂的技术器官，必须依赖于复杂的政治器官作为其诞生的前提条件。戴蒙德通过对原始族群与部落的大量统计研究进而指出，只有几百人的群体会在文明演化史中快速消失，一个低于4000人的群体亦会迅速失去大部分已取得的技术成果。②

哲学家茅利齐奥·拉扎拉托就数字时代的创新提出"集体性的智能"这个概念，意指"脑间合作"。③ 实际上，智能从一开始就是集体性的：技术的传递、发展、改进、迭代，都是集体性智能使之可能，没有这个前提，任何创新皆快速湮灭。如同普罗塔戈拉故事里，当聚居一起的人们因缺乏政治智慧最终"又散掉"后，任何曾发展出来的技术，也会随

---

① Jared M. Diamond, *Guns, Germs, and Steel: The Fates of Human Societies*, New York: W. W. Norton & Company 1999, p. 23, emphasis in original.

② Ibid., pp. 23, 312-313.

③ Maurizio Lazzarato, *Signs and Machines: Capitalism and the Production of Subjectivity*, trans. Joshua D. Jordan, Cambridge, MA: The MIT Press, 2014, p. 8.

着他们本身的"再一次被灭"而一起湮灭。勒罗伊-古汉如下这段论述堪称精到：

> 我们演化的整体，是朝如下方向迈进：在其余动物世界是通过物种适应来**内部**取得的东西，被放置在我们自身之外。最显著的物质性事实，当然是工具的"自由化"，但更根本的事实是**语词的自由化与我们将自己记忆转到自身之外的一个社会有机体上的独特能力**。①

如果人不是政治的动物（说话的动物）并因此无法将自身升级成一种"社会有机体"，那么，器官的体外化——工具的"自由化"——将根本不可能持续。

进而，不同的政治智慧构建起各种特殊的、个体化的政治共同体，相应地会形成各种不同的"技术环境"（technical milieu，勒罗伊-古汉核心术语之一）：大的"技术趋势"中某些具体的技术被发明出来而另一些技术则受到限制，便依赖于技术环境。由此可见：**技术受制于技术环境，而技术环境受制于政治状况**。一般而言，当政治智慧达成更大规模的共同体秩序时，技术智能都会有迅猛发展：今天技术研究者们在"行星尺度"（planetary scale）内得以跨国界合作；这是当代技

---

① Leroi-Gourhan, *Gesture and Speech*, p. 235, emphasis in original.

第一章 智能与智慧：器官学研究

术得以"指数级"发展的一个根本性状况。①

让我们把视线再转到技术智能对政治智慧及其迭代的影响上。技术向度上的"创造性演化"，将无可避免地会导致政治向度上的变化，促使政治智慧的去功能化与再功能化。在讨论城市的合适大小时，当年亚里士多德提出的标准是：所有公民能集中到一个中心广场并且能听到演讲者在说什么。换句话说，城市的前提是能够让住在里面的人政治性地发生关系、发生交往、发生联结、发生合作。然而，亚里士多德没法想像"扩音器"这种技术存在，更无法想像"电台"或"互联网"的技术存在。可见，**体外器官的演化，会彻底改变人际向度上器官化（组织化）的可能性边界**。体外器官的关键性革新，将使得政治权力的结构发生重组。②

我们现在看到，人类文明的演化一直是两只脚跑步，即技术智能与政治智慧交织前进，长程来看呈现出齐头并进的格局。正是在这个意义上，"技术-政治"这个词很精准地勾勒出人类的文明性演化之内核马达。人类在文明演化中一直**在各个向度上做增量**（譬如诗、电影等各种艺术作品的增加，乃至晚近网络上各种"同人"亚文化的涌现），但却无法**就**

---

① 美国自2018年以来所做出的一系列"卡脖子"行径（尤其是针对中国企业的芯片禁售，针对美国研究机构内同时参与中国"千人计划"的学者乃至广泛意义上的华裔学者进行定向打击），则使我们很清晰地看到相反方向的变化。
② 杰里米·里夫金的看法颇有洞见："在每一个社会中，权力最终属于那些掌握用以转化、交换与弃置能量的体外工具的人。" See Jeremy Rifkin and Ted Howard, *Entropy: Into the Greenhouse World*, revised edition, New York: Bantam, 1989, p.73.

"技术-政治"做任何减法。然而，在当下这个人工智能时代，作为文明马达的"技术-政治"状况正在发生一个关键性的变化。晚近各种"智慧城市"，便是该变化的典范性标识。

亚里士多德笔下"人是政治的动物"，其直接含义便是"人是城市的动物"，即人具有以城市形态生活在一起的能力（政治智慧）。然而，在智慧城市这里，技术智能直接插入政治智慧的位置：人工智能、物联网、云计算、区块链、移动网络、数字孪生（"元宇宙"）等新一代技术，构筑成人们在城市中生活在一起的基础。[①]

在斯蒂格勒看来，

> "智慧城市"隐含一种新的功能性智能，该智能会构建出一种新的城市性：数字城市性。[②]

这个分析很有洞见。但值得进一步提出：**这种构建"数字城市性"的智能绝不仅仅是"功能性智能"，而恰恰填入到政治智慧的位置上，承担起"沟通性"的任务，构成了符号-话语矩阵**（symbo-lic-discoursive matrix）**的底层代码**。人是"说话的动物"，但不再是仅靠嗓音（生物器官），而主要是倚靠信息与沟通技术（技术器官）。数字城市性是"话语的"（政治的），但更是"数字的"（技术的）。以人工智能为主干的技术群，进一步激进改变了城市治理的方式：智慧城市的"智慧"

---

① 请同时参见吴冠军：《从元宇宙到量子现实：迈向后人类主义政治本体论》。
② Stiegler, *The Neganthropocene*, p. 120.

并非来自政治智慧,而是来自遍布共同体网状结构各个角落的人工智能。是以,在共同体组织化构造上,数字城市性根本性地不同于以往的城市性。普罗塔戈拉神话中宙斯守卫并最终赐给人类的"礼物"(治理城市的手艺),在今天却变得似乎多余:普罗米修斯偷给人类的"礼物"就足有大用了(人工智能承担起治理城市的任务)。

这就是晚近技术-政治状况所发生的关键变化:**技术成为政治的根本性状况**(而非仅仅是影响后者的要素之一)。在智慧城市中,技术器官直接变成政治器官。智慧城市呈现出完全不同于以往的组织化路径:(a)把采集数据的传感器与其他各种智能设备嵌入到城市的交通系统、供电系统、供水系统、建筑物和油气管道等生产生活系统各个环节中;(b)透过超级电脑和云计算将如此形成的物联网同人际联结的互联网集成起来;(c)通过各种穿戴设备与平台的深度采集,公民同步变成人工智能所能够处理并据此自我迭代的"大数据",从而实现人类社会与物理系统的网状性智能嵌合。通过这三层叠加的"治理手艺",智慧城市确实形成了一种独特的组织化构造——它构成确凿实在的技术统治(而非技术专家统治)。

于是,智慧城市名副其实可称得上是一种"技术城市":其所依赖的不是政治智慧,而是技术智能,其组织化构造之内核,可以概括为**算法化的社会性**(algorithmized sociality)。经由覆盖各个领域的诸种算法,共同体的组织化(器官化)

得以智能地建立、维系并更新。

经过诸种当代技术的重组性介入,就治理城市的"手艺"及其效应而言,我们能分析出六种**根本性革新**,分别展述如下。

第一,各种公共物品(public goods)的生产与分配将得到智能性的优化。

第二,对环境污染、犯罪、疾病疫情的预防与整治亦能得到极大的提高,从而有效提升米歇尔·福柯所说的人口意义上的安全(换言之,共同体的"免疫"能力会得到显著增强)。①

第三,公民彼此的联结以及同各领域负责官员的联结也将得到增强,并使得政府对问题的响应变得越来越实时、系统与智能。②

第四,经由"区块链"技术整个共同体抵达系统状态的"共享真相"(shared truth),这将有效减少系统中每个参与者(包括作为行动者的政府)展开合作所需要的信任量,从而极大地提升人际信任与一般化的社会信任。③

第五,共同体自我更新的速度大幅提升,能时刻处在不断

---

① 请进一步参见吴冠军:《重思信任——从中导危机、武汉疫情到区块链》,《信睿周报》第 20 期(2020 年 3 月)。
② 在技术智能的重组下,"群众路线"能够更进一步地变得系统化、器官化。具体的分析,请参见吴冠军:《重新激活"群众路线"的两个关键问题:为什么与如何》,《政治学研究》2016 年第 6 期。
③ 请进一步参见吴冠军:《信任的"狡计"——信任缺失时代重思信任》,《探索与争鸣》2019 年第 12 期。

迭代升级的状态,快速展开"创造性演化"。

第六,人工智能算法对大数据的依赖,以及共同体组织化的网状结构(物联网、互联网、区块链),使数字城市性结构性地具有"去领土化"(以及随后的"再领土化")趋向,换言之,智慧城市结构性地通向"智慧星球"的愿景。[①]

我们可以看到,技术智能与政治智慧这两种"智"在人类文明演化中的交互触动("技术-政治"),在生物器官之上发展出了体外化人工器官与组织化人际器官的"创造性演化"。这种文明性演化,已使七万年前的"智人"抵达当代的"智城"(并结构性地指向"智球")。

我们进一步看到,在当下这个时刻,技术智能已然成为"智"的主要担纲方:晚近对"智人"的讨论以及"智慧城市"的实践,都是以技术智能为主轴来展开,政治智慧在这个画面上几乎没有位置。让我们试想这个画面:一直是两条腿跑步的人类文明,一条腿正在虚化,而与此同时另一条腿则以惊人的加速方式("指数级")变得粗壮。

技术-政治状况的变化会对人类文明产生怎样的影响呢?让我们从文明史层面的技术-政治分析,进一步切入到当代世界的技术-政治分析。

---

① 2008年11月,IBM就曾提出"智慧地球"概念。参见李云杰:《IBM转向"智慧地球"》,《IT经理世界》2009年第6期;姜奇平:《智慧地球引领价值革命》,《互联网周刊》2009年第6期。

第四节　重思技术-政治（II）：当代智人的去智化

人工智能对人类进行"全权主义"统治，早已是媒体话语与科幻作品所频繁主题化的技术-政治画面。然而，一种具备"自我意识"、能够和人类建立起"主体间"关系的人工智能，同目下建立在人工神经网络"深度学习"（以及基于自注意力机制的转化器）之上的人工智能，全然不是同一类技术存在。①

实际上，人工智能PK人类的"对抗性模型"，彻底无助于我们分析当代世界的技术-政治状况。② 从器官学角度出发，我们才能定位到人工智能对人类的关键性影响：**以人工智能技术为内核的诸种体外器官，正在使我们的生物器官与政治器官发生"去功能化"**。

我们先来分析人工智能对生物器官的去功能化。不难观察到：我们的计算（"心算"）能力已然下降（依赖计算器），我们的记忆能力正在下降（依赖随时可以读取的云储存）、认路能力正在下降（依赖GPS），乃至语言获取能力下降（依赖智能翻译机）、调查能力下降（依赖智能助手直接给你答案）、沟通交往能力下降（依赖社交网络算法）……政治学家、智

---

① 具体分析请参见本书第二章。
② 请进一步参见吴冠军：《告别"对抗性模型"——关于人工智能的后人类主义思考》，《江海学刊》2020年第1期；吴冠军：《人工智能与未来社会：三个反思》，《探索与争鸣》2017年第10期。

能研究者詹姆斯·弗林于 20 世纪 80 年代提出, 智商测试分数在代际间呈持续增长趋势（被称为"弗林效应"）。然而进入本世纪,"弗林效应"恰恰被快速反转, 智商在代际间呈现持续下降的态势。①

在斯蒂格勒看来, 当代人在技术智能加持下正在陷入"系统性愚蠢": 一方面"技术已经抵达数字语法化的阶段, 它分析并综合整个世界", 另一方面则是"系统性愚蠢与疯狂的普遍散播"。② 正如各种工具、武器、交通载具的使用使人类的肌肉大幅度"退化"一样, 人工智能对人类生活的深度嵌入, 已经快速地激发器官的去功能化——这一次不只是形体层面（人的普遍肥胖化）, 而更是头脑层面。人工智能, 使人全面陷入"系统性愚蠢"; 而互联网与社交媒体, 则进一步使人陷入"二手愚蠢"（second-hand stupidity）。③ 作为体外器官的当代技术, 却正在使智人"去智化"。④ 那么智人的另一种"智"呢?

---

① See Thomas W. Teasdale and David R. Owen, "A Long-term Rise and Recent Decline in Intelligence Test Performance: The Flynn Effect in Reverse", *Personality and Individual Differences* 39 (4), 2005, pp. 837-843; Thomas W. Teasdale and David R. Owen, "Secular Declines in Cognitive Test Scores: A Reversal of the Flynn Effect", *Intelligence* 36 (2), 2008, pp. 121-126; Edward Dutton and Richard Lynn, "A Negative Flynn Effect in Finland, 1997—2009", *Intelligence* 41 (6), 2013, pp. 817-820; Jakob Pietschnig and Georg Gittler, "A Reversal of the Flynn Effect for Spatial Perception in German-Speaking Countries: Evidence from a Cross-Temporal IRT-Based Meta-Analysis (1977—2014)", *Intelligence* 53, 2015, pp. 145-153.
② Bernard Stiegler, *States of Shock: Stupidity and Knowledge in the 21st Century*, trans. Daniel Ross, Cambridge: Polity, 2015, p. 123.
③ "二手愚蠢"这个概念, 2019 年由钱信伊在其单口喜剧《亚洲笑星闹美国》中提出。
④ 请进一步参见吴冠军:《速度与智能: 人工智能时代的三重哲学反思》,《山东社会科学》2019 年第 6 期。

人工智能同样使政治器官发生剧烈的去功能化。批判组织学代表人物麦茨·阿尔维森与安德烈·斯派瑟甚至提出,我们需要以"功能性愚蠢"(functional stupidity)视角来研究组织:在他们看来,是愚蠢而非智慧在"维系"着当代共同体组织。① 此处,有必要接着两位组织学家的研究进一步提出:正是依赖于人工智能等技术智能,当代人正在允许自己变蠢,放弃对政治智慧的追求。对智慧城市的分析已经让我们看到,技术智能正在取代政治智慧成为共同体组织化(器官化)的内核——是人工智能让城市变"智慧"。然而,进一步的分析表明:人工智能所形成的算法权力(algorithmic power),一方面正在侵蚀政治领袖的决策权力,另一方面则正在掏空民众的参与性-民主性权力。②

在晚近这一两年,人工智能业已大幅度渗入政府治理的各个领域,在越来越便捷采集到的大数据支撑下不断更新算法。人工智能的"赋能",诚然使得政府资源使用与公共物品分配得到优化;但与此同时,人类官员面对人工智能在治理上的决策建议,要想做出不一致的决策难度越来越大——"瞎指挥"这个词所勾画的状况,将越来越变成人类官员面对人工智能时的共同尴尬。治理,正在"自动化"。可以想见在不远的未来,共同体中各种决策仍然会由人类官员做出,然而他

---

① Mats Alvesson and André Spicer, "A Stupidity-Based Theory of Organizations", *Journal of Management Studies* 49(7),2012, pp. 1194-1220.
② 请进一步参见吴冠军:《竞速统治与后民主政治——人工智能时代的政治哲学反思》,《当代世界与社会主义》2019年第6期。

们实则只是人工智能的幕前"提线人偶"(puppet)而已。决策权力正在快速地转移到人工智能上,被算法权力所取代。

另一方面,民众的政治参与也正在被算法权力介入。"剑桥分析"(Cambridge Analytica)对 2016 年美国大选的干预(采集和分析数百万"脸书"个人账户数据、施以精准政治影响),标识了民主权力向算法权力的转向:虽然票还是每个公民自己投的,然而其决定却已然受到算法的深层介入乃至支配。这让我们看到,**在算法权力侵入下,民主趋于空壳化**。

实际上,民主本身乃是政治智慧创造性演化出的一种"大数据算法"。而它现在正在被技术智能创造性演化出的另一种大数据算法所掏空。可以看到:在人工智能时代,技术智能正在快速挤占政治智慧的位置,对共同体秩序的构造进行根本性重组。

在器官学的视角下,我们考察到了当代世界的技术-政治状况所发生的激进变化:进入本世纪以来,人类文明演化所依赖的两条腿之一的技术智能,正在以"摩尔定律"①所形容的指数级速度发生演化与迭代,而同一时期政治智慧则迭代缓慢(如果不是几乎没有的话)。2016 年的特朗普胜选与英国脱欧,恰恰标识出当代技术-政治状况下政治智慧的严重缺失——在因变化而激起的恐慌面前,先退回到"安全"的过

---

① 出自英特尔创始人之一戈登·摩尔的一个经验性的说法,大体有三种版本:(a)集成电路芯片上所集成的电路数目,每隔 18 个月就翻一番;(b)微处理器的性能每隔 18 个月提高一倍,而价格下降一半;(c)用一美元能买到的计算机性能,每隔 18 个月翻两番。参见百度百科"摩尔定律"词条,〈https://baike.baidu.com/item/摩尔定律〉。

去，退回到紧锁"边境"的民族国家框架中。① 特朗普"推特治国"中的大量言语（譬如声称自己手中握有比朝鲜领导人更大且可用的核武器按钮）清晰地标识出，政治智慧已返回到了原始部落的水平（如果不是还有所不如的话）。

晚近这几年，我们共同见证了国际形势的剧烈动荡（几乎涵盖全球地缘各个角落），已经达成的规则与共识（以往政治智慧的成果）的肆意废弃（如美俄《中导条约》的废弃②），孤立主义、仇外情绪弥漫，造墙、贸易战、区域热战此起彼伏。与此同时，我们更是在无力地见证着全球生态变异的持续加剧，以及不少国家领袖拒绝加入生态问题讨论的强硬姿态。③ 这些都是当代世界因技术智能的加速发展与政治智慧的萎缩无力而崩现出来的文明性困境。普罗塔戈拉神话故事中，人类因缺乏政治智慧而"两次被灭"。如果那只是神话故事的话，创造出"人类世"的当代智人，晚近却因匮乏政治智慧，遽然而切实地处在"被灭"的边缘。④

在当代技术-政治状况中，以尼克·斯尔尼塞克、亚历克

---

① 请进一步参见吴冠军：《从英国脱欧公投看现代民主的双重结构性困局》，《当代世界与社会主义》2016年第6期；吴冠军：《阈点中的民主：2016美国总统大选的政治学分析》，《探索与争鸣》2017年第2期。
② 具体参见本书第二章第五节。
③ 请进一步参见吴冠军：《爱、谎言与大他者：人类世文明结构研究》，第一章；吴冠军：《从元宇宙到量子现实：迈向后人类主义政治本体论》，第二章。
④ 倘若我们把解决"人类世"生态困境这个任务交给人工智能，很可能最后得出的可行方案便是：让人类消失。换言之，人工智能可能会从人类给予的旨在解决人类问题的任务中，恰恰做出整体性消灭人类的判断。这也是技术智能全然不同于政治智慧的地方：它并不以人类的持存为前提。

斯·威廉姆斯为代表的当代"加速主义政治"学派，提出"普罗米修斯式政治"作为应对"灭绝"风险的方案："我们宣布，只有一种最大程度地控制社会及其环境的普罗米修斯式政治，才能够面对诸种全球问题，或战胜资本。"加速主义政治，就是最大限度地去"加速技术演化的进程"；而"技术之所以应该被加速，正是因为我们需要用它来战胜诸种社会冲突"。①

加速主义政治学派，实际上就是对政治智慧匮乏的隐在认肯，并秉持如下判断：加速迭代的技术智能，有能力全面应治当代全球共同体的诸种问题（从社会冲突到环境问题）。"普罗米修斯式政治"这个概念调用了普罗塔戈拉神话，但其提出的方案，却恰恰是要截去宙斯所给予的政治智慧，而单单以普罗米修斯的"礼物"来直接改写"结果他们又散掉，再一次被灭了"的结局。从器官学视角出发，加速主义政治宣言实则便是：认肯并寄望于技术器官对政治器官的去功能化（让既有资本主义秩序更快崩盘）以及随后的全面接替。

随着2013年《加速：一个加速主义政治宣言》问世后，加速主义政治在学术界乃至政界迅速升温，成为技术-政治论述中的代表性话语之一。诚然，该学派所提出的"普罗米修斯式政治"，对当代世界的文明性困境，给出了一个极具说服

---

① Alex Williams and Nick Srnicek, "Accelerate: Manifesto for an Accelerationist Politics", in Robin Mackey and Armen Avanessian (eds.), *Accelerate: The Accelerationist Readers*, Windsor Quarry: Urbanomic, 2014, pp. 360, 256.

力的应对方案。并且这个方案具有强大的现实可操作性，因为它实则是全盘认肯那业已成型的技术对政治的接管趋势，故此在操作与实践层面上只需顺"势"而为、进一步推进即可。进而，普罗米修斯式政治亦符合西方文化长久以来的褒贬观：送来技术"礼物"的普罗米修斯，是为人类而受难的英雄；而送来政治"礼物"的宙斯，则无此文化地位（让普罗米修斯受酷刑的正是宙斯）。在今天，技术（尤其是人工智能和信息与沟通技术）所展现出的"加速主义"变化，已然足以令人眼花缭乱，让人对其潜能抱有无限期待。提出"加速回报定律"（law of accelerating returns）的未来学家雷·库兹韦尔认为，整个人类文明因技术加速演化而正在趋近"奇点"，以往的文明价值（实是各种政治智慧的具身）在"奇点"之后都将彻底无效。① 在这种"技术奇点"视野中，技术正在成为影响人类文明的唯一要素。

然而，从器官学的视角出发，我们有必要提出：人类文明经历无数次挑战演化至今，正是有赖于三种"器官"（生物器官、技术器官、政治器官）在每一次"去功能化"后，**都能**成功地"再功能化"。譬如，脸部的攻击能力去功能化后，再功能化出来表情与沟通的能力（生物器官的演化）；中国传统王朝天下系统在坚船利炮下去功能化后，再功能化出来新中国及其中国式现代化道路（政治智慧的演化）。"普罗米修斯

---

① 库兹韦尔：《奇点临近：当计算机智能超越人类》，董振华、李庆成译，北京：机械工业出版社，2011。

式政治"的问题恰恰在于：它接受技术智能对政治智慧的去功能化，却认为后者的再功能化不再是必要，前者能够彻底取代后者。在文明史上，去功能化后没有快速发展出再功能化的，都成为演化进程中的失踪者（典型如动耳肌、美洲三大文明）。

人工智能在人类社会的"全面赋能"，正在导致人们陷入"系统性愚蠢"。倘若越来越多的人就此沉浸入"抖音""饭圈""喜茶"以及"取消文化"（cancel culture）等晚近兴起的诸种"去智化"生活，那么，他们就会不断趋向尤瓦尔·赫拉利所说的"无用阶级"（useless class），积极配合地成为人工智能时代的"被一般化了的无产阶级"（斯蒂格勒术语）。而政治器官也正在面临"功能性愚蠢"。倘若我们仍然将自己困陷在1648年威斯特伐利亚合约建立起来的民族国家体系，仍然将自己困陷在差不多同期开始形成的资本主义秩序中，仍然将自己困陷在自由民主作为"最不坏"政治制度的意识形态中，那么，当代越来越多去智化的领袖们，很有可能会大幅截短人类文明向前演化的潜在空间。

赫拉利在2016年出版的《未来简史》中，提出作为无用阶级对立面的"神人"（homo deus，该书原标题就是《神人》）。在他看来，智人正在失去控制权。政治智慧指向人与人的功能性挂钩。而赫拉利则提出，"大脱钩"（great decoupling）正在到来，建立在自由主义意识形态与诸如《人权和公民权宣言》等文件上的政治世界正在崩塌。① 那么，我们诚然有必要做进一步的追问："神人"及其意识形态"技术人类主义"（techno-humanism），是否代表了生物器官与政治器官的再功能化？

技术人类主义将自身视作自由人类主义（liberal humanism）的迭代，主张人类应该围绕"神人"来组织化："我们已知的智人已经走完其历史进程，未来不再相关，我们应该运用技术来创造神人——一种优秀得多的人类形态；神人将保持一些基本的人类特征，但将享有升级后的诸种身体与脑力能力"，"无须再浪费资源为大量无用穷人去提升或仅仅是维持标准健康水平，而应该集中资源，以使一群超级人类升级到超出常类"。② 我们看到："神人"，实际上就是嵌入当代技术（脑机接口、基因工程、纳米技术等）的赛博格。由于技术在当代呈指数级速度发展，当行星"资源"充足的话，这些作为"神人"的赛博格，也将以指数级速度升级。③

从器官学角度来分析，加持人工器官已然使智人成为赛博格，并且使其发生个体化与差异化。当器官人际化以"集中资源"方式确保**一部分**智人的器官体外化加速升级时，某种作为"类存在"的超级赛博格，就会在政治器官、技术器官与生物器官的交互触动中形成。换言之，当技术人类主义所

---

① 赫拉利：《未来简史：从智人到智神》，林俊宏译，北京：中信出版集团，2017，第 277—278 页。
② 同上书，第 319、316 页。译文有改动，下同。
③ 关于"资源"的讨论，请参见本书导论第二节。

主张的组织化形态,同普罗米修斯式政治所推进的技术加速相结合,这种技术-政治状况,就会使同智人具有"类性"(generic)区别的"神人"产生。问题是,"神人"是否能够应对当代世界的文明性困境呢?

"神人"的诞生,是智人只剩技术智能而丧失政治智慧所导致的结果。吴军在其2016年著作《智能时代》一书中提出"2%的人将控制未来,成为他们或被淘汰"①。确实,这样的"智能时代",智人只剩"智能"而不再具有"智慧"。技术人类主义不再寻求"存在于共同中",而这恰恰是政治智慧的根本诉求。"神人"产生的技术-政治前提,是抛弃人工智能时代那些"被一般化了的无产阶级"(他们被压缩成数据)。智慧城市的基底,实际上是"数据城市"与"自动化城市",并不以公民及其组织化为必要条件——即便一个智慧城市空无一人,城市照样可以很"智能"。②"神人"与智慧城市,都不以那98%无力参与"控制未来"的人存在为前提。刚告别的20世纪还有大规模的种族清洗与种族屠杀("存在于共同中"断裂),当下世界还面临真实迫切的核危机与人工智能军备竞赛,当无法参与"控制未来"的人被彻底"淘汰"时,那会是一种怎样的进程?

"神人"的对面,实是政治哲学家乔治奥·阿甘本笔下的

---

① 吴军:《智能时代》,北京:中信出版集团,2016,第364—365页。
② 谷歌正在打造算法主导并嵌入城市模块化、城市数据开放、机器人收拣和管理垃圾等全新理念的智慧城市,恰恰却不包括选举。《谷歌智慧城市再曝光 这里是六个疯狂的建造细节!》,网易科技,〈http://tech.163.com/19/0301/10/E9666T3L00098IEO.html〉。

"神圣人"(homo sacer)——丧失共同体生命（bios）、可以被不受惩罚地杀死的"赤裸生命"。"神圣人"，是遭到"弃置"（abandonment）的人。"神圣人"的神圣，是因为他们被献祭给"神"、成为"属神"之人——这也就是为什么从古至今，牺牲者一直被视作神圣的。① 当共同体资源被集中到"神人"上以达成"控制未来"时，被弃置的"无用阶级"，在共同体中会是什么位置呢？答案是：他们会从"无用"变得"神圣"（亦即，变得"赤裸"）。在技术人类主义所坚持的"无须再浪费资源给大量无用穷人"的政治主张下，后者被迫把自己"牺牲"给"神人"们的未来事业。

阿甘本在分析纳粹政治时着重强调，纳粹主义者不是嗜血疯狂的屠杀者，而恰恰是以技术工程的方式理性而冷静地"淘汰"寄生在社会有机体中的蛀虫："犹太人不是在一种疯狂的、规模巨大的屠杀中被灭绝，而是像希特勒所宣称的那样'像虱子般'（即作为赤裸生命）被灭绝。"② 20 世纪的技术-政治实践，绝不应在人工智能时代的技术-政治状况下被视作文明史的陈迹——要看到，政治智慧在此期间并未得到实质性更新，当代世界政治领袖以及政治学者所操持与使用的语言，仍然是早期现代性到 18 世纪后期（美国革命、法国革命）的政治领袖与思想家所奠立的。从目下的人工智能时代

---

① 参见吴冠军：《阿甘本论神圣与亵渎》，《国外理论动态》2014 年第 3 期；吴冠军：《生命权力的两张面孔：透析阿甘本的生命政治论》，《哲学研究》2014 年第 8 期。

② Giorgio Agamben, *Homer Sacer: Sovereign Power and Bare Life*, trans. Daniel Heller-Roazen, Stanford: Stanford University Press, 1998, p.114.

第一章 智能与智慧：器官学研究

挺进到当代普罗米修斯信徒眼中的"智能时代"(人口中2%的神人以其"智能"控制未来)，这个"挺进"，恰恰不是意味着人类文明的困境被克服，而是意味着作为智人（同时兼具智能与智慧）的人类"被灭"。① 当然，这一次"淘汰虱子"的技术工程，不会是纳粹式的集中营——被献祭给"神人"事业的神圣人不会成为集中营里的失踪者，而是成为智慧城市中的数据流。相较智人，神人与数据流皆有在"人类世"生态变异中持续下去的能力。

智人迈向神人与数据流的"智城"（乃至"智球"），便是技术智能全面取代政治智慧的结果。这个前景，看似是后人类主义的。但从根本上，该前景却来自人类主义（技术人类主义，或者说超人类主义②），然而恰恰导向了对人类（智人）的"弃置"。人类主义所铸造的"人类学机器"，最终会吞噬人类本身。③ 唯一可能去改变该进程的力量，便是**政治智慧的再功能化**，亦即以同技术智能迭代进行竞速的方式来推进政治智慧的迭代。

正是在这个技术-政治视野下，当代世界诸种政治话语中，构建"人类命运共同体"，成为在政治智慧上脱"颖"（聪慧）而出的话语。该话语通过重新定位"存在于共同中"来迭代政治智慧：这个"共同"不再是"民族""人性"，而是"人

---

① 进一步参见吴冠军：《神圣人、机器人与"人类学机器"——二十世纪大屠杀与当代人工智能讨论的政治哲学反思》，《上海师范大学学报（哲学社会科学版）》2018年第6期。
② "超人类主义"和"后人类主义"在讨论中经常被混为一谈，然而前者实际上是人类主义的升级版。具体分析请参见本书第七章第六节。
③ 关于"人类学机器"的讨论，请进一步参见本书导论与第七章。

类命运"。

以普遍"人性"作为"共同"的自由主义（自由人类主义），在晚近"逆全球化"浪潮（造墙、贸易战、仇外情绪）中节节败退，一个很重要的原因是："人性"尝试在没有"他们"——亦即没有卡尔·施米特所说的"敌人"——的普世主义框架下建立"我们"。

以往的政治智慧，都是在"他们"的外部背景下构建共同体内部的"我们"，以外部的"不同"来强化内部的"共同"。诚如当代政治哲学家罗伯托·埃斯波西托所言，"共同体"（community）一直和"免疫体"（immunity）互为关联："共同体"确立免疫边界，使内部公民不受外部的伤害。在埃氏看来，最根本的政治问题是，任何免疫机制都会让被排斥在外的人处于风险中。① 在这个意义上，自由人类主义旨在通过政治智慧的更新（放弃"我们/他们"框架，以"人性"代替"民族"），一劳永逸解决"政治"问题。而坚持"敌友划分"论的施米特，则以批判自由人类主义为使命，声称"谁调用人性，就是想欺诈"。②

---

① Roberto Esposito, "Community, Immunity, Biopolitics", in Greg Bird and Jonathan Short (eds.), *Community, Immunity and the Proper*, London: Routledge, 2015, pp. 82-83.
② Carl Schmitt, *The Concept of the Political*, expanded edition, trans. George Schwab, Chicago: The University of Chicago Press, 1996, p. 54. 关于施米特论述的进一步讨论，请参见吴冠军：《现实与正当之间——论施米特的〈政治的概念〉》，《开放时代》2003 年第 4 期；吴冠军：《施米特的实证主义——考析〈政治的概念〉的方法论进路》，《复旦政治哲学评论》2010 年第 1 期；吴冠军：《正当性与合法性之三叉路口——韦伯、哈贝马斯、凯尔森与施米特》，《清华法学》第五辑，北京：清华大学出版社，2004 年，第 46—94 页；吴冠军：《重思战争与和平——霍布斯、康德、施米特、罗尔斯的政治哲学史重疏》，《同济大学学报（社会科学版）》2019 年第 2 期。

在 20 世纪，相对于施米特曾参与其中的纳粹主义，自由主义最终可谓是大获全胜；然而这并不代表作为政治智慧的"人性"论与自由主义就此终结了"历史"。[①] 进入 21 世纪，全球状况持续恶化，甚至陷入了深度的结构性困境——困境从经济、种族、宗教面向延展到生态、生物面向（从金融危机、族群撕裂、文明冲突到极端天气、病毒大流行）。寻求"我们"安全而让"外部的他们"去承担风险，便实质性地成为覆灭自由人类主义的力量。被视作自由人类主义迭代方案的技术人类主义，其内核正是重新恢复"我们（神人）/他们（无用阶级）"框架，并主张集中资源保护"我们"。

构建"人类命运共同体"，构成了技术人类主义的对抗性方案：它坚持拒绝"我们/他们"框架。与此同时，它也构成了对自由人类主义的迭代方案：它用"人类命运"代替"人性"。这是政治智慧的实质性迭代。"人类命运共同体"拒绝划出去一部分人作为外部的"他们"。而**导致"人类命运"的那一系列状况，恰恰功能性地填入到"他们"的位置上**，成为构建起"我们"的那个力量。换言之，正是应治持续恶化的全球状况这一紧迫任务，使得"人类命运共同体"（"我们"）有可能被政治性地构建起来。

在最初的普罗塔戈拉神话中，建立共同体，就是为了摆脱"被野兽给灭了"的命运。而对于当代处身"人类世"中的智

---

① Francis Fukuyama, "The End of History?", op. cit.

人,共同面对"被灭"命运(这一次不是灭于野兽,而是灭于人类自身演化出来的"文明状态"),能强有力地建构起"存在于共同中"。这个"共同"内核意味着:共同体的"免疫"边界,必须以整个人类为边界。诚如赫拉利针对新冠病毒疫情所评论的,"流行病在任何国家的传播都会危及整个人类,因为病毒会演化……每个感染者都可能给病毒提供新机会,使它们更适应人类"。故此,"全世界的人都生死与共,不要给冠状病毒可乘之机,这意味着我们要保护所有国家的所有人"。[①] 共同体边界不应该再是沿着"我们/他们"设置,而是沿着"人类/病毒(污染、生态变异……)"来展布,这便是"人类命运共同体"的重构性政治方案。

主张"政治就是划分敌友"的施米特当年尽管措辞激烈,但仍不失以学理性与分析性的方式,来宣称"谁调用人性,就是想欺诈"。但今天恐怕只有特朗普主义者,会把当下"人类命运"状况宣称是"伪新闻""后真相"。特朗普主义者们既拒认全球升温与生态变异,也拒认人工智能所导致的失业状况(将其归咎于移民),同时还拒认新冠病毒对整个人类的威胁(仅仅将病毒同亚洲人挂钩)……也正因此,《卫报》曾

---

① 赫拉利:《阻止全球灾难,需要重获失去的信任》,陈光宇译,《三联生活周刊》2020年第12期。

提出，"人类世"应该被称作"特朗普世"。① 而人类学家布鲁诺·拉图尔则把特朗普与特朗普主义者，视为所有"地居者"的敌人。② 构建"人类命运共同体"本身，并不结构性地需要存在一群能够被明确标识出的"敌人"来作为前提性状况，然而当代特朗普主义者们恰恰竭尽全力地把自身放置到了这个位置上……

我们看到，生活在"人类世"（"特朗普世"）中，生活在人工智能时代，人类（智人）在"命运"上，正在形成"共同"。而当下需要去集体推进的，便是在这个"共同"上，去展开**共同体的组织化**构建。并且，我们要努力以当代技术专家推进"技术器官"发展的速度，来全力推进"政治器官"的更新与迭代。

"智球"绝不定然意味着"人类命运共同体"，而极大可能是人类被人工智能算法与"神人"压缩成为大数据与神圣人的境况。"人类命运共同体"的构建，需要汲取全新的技术智能，但更需要汲取全新的政治智慧——那就是，以"人类命运"来实现人际联结、组织化的合作。如果说"人类命运共同体"也是一种"加速主义政治"的话，它恰恰不是"普

---

① See Graham Readfearn, "We Are Approaching the Trumpocene, a New Epoch Where Climate Change Is Just a Big Scary Conspiracy", *The Guardian*, 21 Oct 2016, available at 〈https://www.theguardian.com/environment/planet-oz/2016/oct/21/we-are-approaching-the-trumpocene-a-new-epoch-where-climate-change-is-just-a-big-scary-conspiracy〉. 关于"特朗普世"的进一步讨论，请参见本书第三章。

② 相关分析，请进一步参见本书第八章第九节。

罗米修斯式政治",而是强调**同步加速**技术智能与政治智慧。

在这个意义上,斯尔尼塞克等人的"加速主义政治"实则是一个矛盾修辞(oxymoron)。那是因为,它主张予以"加速"发展的,实际上是技术,而非政治。就政治智慧而言,"神人"与"无用阶级",是去智化的两种形态:"神人"褪丧政治智慧;"无用阶级"拥抱系统性愚蠢。当下这种去智化的状况,庶几将使得人类文明很快步入埃斯波西托所预言的"生物器官合法售卖、价高者得"①——这意味着,政治器官(资本主义秩序)与技术器官合围"解体"生物器官,智人在最底层的生物意义上趋向瓦解。冲出这种当代技术-政治状况的出路,就是同步地去加速迭代智能与智慧,使智人重新恢复两条腿的快跑。

第五节 智人与人工智能:构建共同体的两种模式

"深度学习之父"杰弗里·辛顿在2023年6月10日所作的《通向智能的两条道路》演讲中,提出了"能动者的共同体"(a community of agents)分享知识的两种模式。② 我们可以把这两种共同体模式——亦即两种器官化(组织化)的形态——分别命名为"数字模式"(digital mode)与"模拟模式"(analog mode)。而生成式人工智能与智人,分别是这两种模

---

① Esposito, "Community, Immunity, Biopolitics", op. cit., p. 87.
② Geoffrey Hinton, "Two Paths to Intelligence," op. cit.

式的能动性践行者。

每个大语言模型，都包含了无数"数字计算"的能动者——它们是使用完全相同权重的副本。如果个体能动者（亦即每个副本）具有同样权重、以完全相同的方式使用这些权重，那么，能动者之间就可以把自身个体性训练数据中学习到的内容，通过共享权重的方式无损地实现彼此转交。也就是说，共同体内每一个能动者，都可以即时获得其他能动者的学习成果——前提是所有个体能动者皆以完全相同的方式工作，故此他们必须是数字的。

就大语言模型而言，模型的每个副本都从它所观察到的数据中学习，不同副本观察不同的数据片段，它们通过共享权重或梯度来高效地分享所学的知识。这就使得每个副本都能从其他副本的学习中收获知识。在这个意义上，大语言模型本身就是一个"能动者的共同体"，该共同体内每个能动者都只是以非常低的带宽来学习（它仅仅就拿到的数据片段来预测下一个单词），但彼此间能精确地共享权重——如果模型拥有万亿个权重，这意味着每次分享时就开启万亿比特带宽的沟通。于是，运行大语言模型的成本（主要体现为能源消耗）会十分巨大——这是分享知识之数字模式的代价。化石燃料消耗所导致的行星层面的生态变异，恰恰是"人类世"的核心困境：庞大的能耗会对行星增加巨量碳排放，推动其熵值的加速增加。①

与大语言模型相较,人类个体进行学习的能源消耗非常低,而学习带宽则远高于单个模型副本。但人类个体彼此间要分享知识,这个过程则远远比大语言模型低效得多。利用特定生物硬件之模拟特性来进行计算("生物性计算")的人类个体,只能使用"蒸馏"(distillation)来分享知识,而无法使用权重共享来精确地分享知识。② 这就意味着,个体 B 没有可能完全弄清楚个体 A 生成内容时所使用的权重(甚至这种权重对于 A 本人也是不明晰的)。③ 这便是分享知识之模拟模式的局限。

人类社会之所以会有"学校"这种教育机构,就因为人类个体无法将自己所知道的东西直接装进另一个个体的生物硬件中。④ 两个神经网络内部架构如果不同(亦即不存在神经元间的一一对应),那权重共享就不起作用(我的权重对你没

---

① 生态人类学家阿尔夫·霍恩伯格提出,工业革命以降的技术("现代技术"),被不妥当地简单界定为那些写进历史教科书中的伟大名字的个体发明(通常是盎格鲁撒克逊白人)。被无意忽略或有意掩盖的是,它们深度依赖对化石燃料的消耗,深度依赖全球资本主义系统对化石燃料的攫取与不均衡的消耗——这就是晚近三百年来源于欧洲的基于化石燃料的"技术进步"与落后的"前现代技术"之间的最大不同,"没有柴油的拖拉机就像饿死的有机体一样无生命"。霍恩伯格用"化石燃料资本主义"一词,来指"高技术现代性"(high-tech modernity)的暗黑内核。Alf Hornborg, "The Political Ecology of the Technocene: Uncovering Ecologically Unequal Exchange in the World-System", in Clive Hamilton, François Gemenne, and Christophe Bonneuil, *The Anthropocene and the Global Environmental Crisis: Rethinking Modernity in a New Epoch*, London: Routledge, 2015, p. 61.
② 除了生物性的"默会知识"(分享困难且极其不精确)外,智人在分享知识时主要倚靠符号性-话语性的"蒸馏"。
③ 请同时参见本书第二章与第五章。
④ 请同时参见本书第六章。

用)。如果李白神经网络的权重另一个人可以直接使用的话，那后者也能随即写出李白的诗句。不同的人类个体之间（以及不同架构的大语言模型之间）进行知识分享，就只能使用蒸馏。比起权重共享，蒸馏的带宽要低得多，这意味着知识分享效率低，能耗也小。[①] 金庸在其成熟期的名作《天龙八部》与《笑傲江湖》中，多次描述了一类独特功夫，后辈可以把前辈几十年的功力直接"吸"到自己身上。此种功夫对任何依赖生物性硬件来进行学习的能动者而言，都是一个彻底的不可能。而用"数字模式"进行学习的能动者，同样不需要这种功夫，因为这些能动者根本不需要"吸"走他人的训练成果，而是可以彼此都拥有。

辛顿勾勒了在共同体中分享知识的两种模式，但他没有提及的，恰恰是**关于知识分享的"技术-政治"前提**。

人工智能形成"能动者的共同体"，本身并不需要特殊之"智"（包含在其智能之中）。这就意味着，能动者共同体规模提升，除了耗能增加外并无其他要求或代价。

智人要形成"能动者的共同体"（超过150人）并在其中分享知识（对比数字模式而言这种分享相当不高效），光靠

[①] 为了降低大语言模型的运行能耗，辛顿同其合作者提出使用蒸馏方法，将原始数据集上训练的重量级模型作为教师，让一个相对更轻量（参数更少）的模型作为学生，对于相同的输入，让学生输出的概率分布尽可能地逼近教师输出的分布。于是，大模型的知识就可以通过这种监督训练的方式"蒸馏"到小模型里。小模型的准确率下降往往很小，却能大幅度减少参数量，从而降低对硬件和能耗的需求。See Geoffrey Hinton, Oriol Vinyals, and Jeff Dean, "Distilling the Knowledge in a Neural Network," *ArXiv*, submitted on 9 March 2015,〈https://arxiv.org/pdf/1503.02531.pdf〉.

"生物性计算"或者说"生物化学算法"并无法达成,还另外需要特殊之"智",那就是政治智慧。

要形成"能动者的共同体",人工智能不需要政治智慧;但缺乏政治智慧的话,人类能动者很可能走向霍布斯笔下的"自然状态"而非共同体。政治智慧,是智人达成知识分享的前提性条件。诚然,大语言模型的持续性运行,会消耗巨大能源。然而,人类文明的持续性运行,同样会消耗巨大能源。[①] 并且,后者随时可能因政治智慧跟不上,而导致"文明"瓦解、共同体秩序不复存在。当代人,实则正在见证着政治智慧的日渐稀薄。

生活在迈向通用人工智能的技术加速时代的当代人,早已习惯于**依赖技术**来生活——失去手机、电脑、各种 APP,许多人就不知道如何生活。在人际层面,当代人则习惯于依赖**既有的系统**(即特定政治智慧的制度化)来生活,全然忘记了政治智慧是一种需要去使用、去实践,并在使用与实践中得到不断更新的智慧。

在系统本身不够发达的诸种社会(所谓的"传统社会""前现代社会"),人们反而更容易看到政治智慧在实践中的

[①] 在题为《寻找关于"现实"的真相》的演讲中邵怡蕾提出:人脑的功率是每秒 20 瓦,而目前 GPT 推理的功率是每秒 2000 瓦。就阅读与摘要一篇文章的能耗而言,人需要 1 小时,能耗是 72000 焦(20 瓦乘以 3600 秒),GPT-4 推理需要 30 秒;,能耗是 60000 焦(2000 瓦乘以 30 秒)。两者目前能耗基本相当。参见邵怡蕾:《寻找关于"现实"的真相》,华东师范大学奇点研究院主办"元宇宙、人类世与奇点哲学"研讨会(同步直播),2023 年 6 月 23 日。

重要性，在日常生活中有意识地去积极使用。古代的"能人"或"能臣"，并不是技术智能高强，而是善于运用各种政治智慧把方方面面都照顾到，把事情办得漂漂亮亮；他们用自己根据具体情况不断调整的智慧，去达成人际合作。

理查德·罗蒂把根据具体情境不断更新实践方案的"实用主义政治"所达成的社会合作，称作"团结"。① 而生活在"人类世"（"特朗普世"）中，人们在同事物乃至行星的互动上，在人与人彼此的互动上，皆正在系统性地变得愚蠢，社会团结正在溃散——从全球层面（最大的共同体）到核子家庭层面（最小的共同体），"撕"，恰恰已然成为涵盖全民、比比皆是的当代景像。人类的共同体，在各个层面上都在快速陷入分崩离析状态。智人正在返回霍布斯所说的前政治的"自然状态"，在其中人与人动辄像狼与狼般互撕。

当代政治学家格雷汉姆·阿利森 2015 年提出影响巨大的"修昔底德陷阱"论，主张"新崛起大国与既有大国必有一战"。他写道：

> 为持存重要利益，领袖们必须愿意选择**以毁灭为风险的道路**；华盛顿必须思考不可思之事［即进入核战争］，

---

① 这种团结，是真正政治性的团结，不依赖形而上学或神学的团结。Richard Rorty, "Solidarity", in his *Contingency, Irony, and Solidarity*, Cambridge: Cambridge University Press, 1989, pp. 189-198.

来可靠地遏制潜在对手诸如中国。①

这种彻底去智化、对"政治"之本体-起源完全无察的"政治理论",能够得到学术界与政界许多人追捧,甚至被奉为主导人类政治的"铁律",便正是这个"智能时代"系统性愚蠢的典范性标识。②

技术智能在加速,政治蠢人(从政治学者到领袖)在增多,人类各个层面的共同体形态在崩塌。③ 面对这样的技术-政治状况,所有生活在人工智能时代的"智人",该何去何从?

所有仍努力不辜负"智人"这个自我命名的当代人,只有全力抗拒愚蠢、抗拒去智化,以生命(自然生命与共同体生命)的全副实践,**去探索生物器官与政治器官的再功能化**,才有可能蹚过"奇点临近"的当代技术-政治状况,才有可能在可见的未来使人类文明免于普罗塔戈拉神话中所描述的"被灭"命运。

---

① Graham Allison, "The Thucydides Trap", *Foreign Policy*, 9 June 2017, available at 〈https://foreignpolicy.com/2017/06/09/the-thucydides-trap/〉, emphasis added.
② 进一步的分析,请参见本书第三章。
③ 关于这个"世界"正在崩塌的批判性分析,请同时参见吴冠军:《从元宇宙到量子现实:迈向后人类主义政治本体论》,第73—156页以及第492—501页。

第一章 智能与智慧：器官学研究

结语　智人的"共同命运"

勒罗伊-古汉在1964年谈到"智人的命运"时说道：

> 物种不会老去，它们被转型或消失。任何状况下，在我们面前的未来远超人类社会技术演化的速率。①

勒罗伊-古汉是对的。而这意味着：我们**需要同时加速政治器官**（勒罗伊-古汉笔下的"人类社会技术"）**与技术器官的演化速率**，才能在时间的缝隙中集体地、团结地握住"转型"的命运而非"消失"的命运。

不管哪种未来，当代世界的"存在于共同中"，就存在于我们的**共同命运**中。

---

① Leroi-Gourhan, *Gesture and Speech*, p. 407.

第二章 大语言模型的信任问题:
技术政治学研究

在迈向通用人工智能的技术加速时代,信任却处于深重的危机之中。

引言　技术-政治视野下的信任问题

生活在当下时代，我们以目不暇接的方式见证着技术的加速发展。即便物理规律会框定一个终极的界限，然而著名的"摩尔定律"以及雷·库兹韦尔提出的"加速回报定律"，一次又一次地让我们见证其不断持续的有效性。

从 2016 年 3 月"阿尔法狗"（AlphaGo）4∶1 击败世界顶级围棋棋手李世石、随后一路连败（并且完败）所有顶尖人类棋手开始，"人工智能"迅速从一个技术领域专业论题，变为引爆媒体与社交媒体的公共话题。2018 年 9 月在上海召开的"世界人工智能大会"业已宣称：人工智能将在教育、健康、金融、零售、交通、制造、服务等各个社会领域，做出"全面赋能"。2022 年 11 月 ChatGPT 问世，更是让人们惊呼"通用人工智能"的到来已经为时不远……

时至今日，不管人们对"人工智能"抱持怎样的态度，至少都会承认：它已然无可争议地成为定义这个时代的关键词之一。

上一章我们从"技术-政治"（techno-politics）概念入手，重新分析了人类文明境况与行星状况，尤其探讨了"加速主义政治"学派的主张，该学派实际上用技术的"智能"全面取代政治的"智慧"。然而，在人工智能加速迭代自身的"智能时代"，克服当代世界的文明性困境，仍恰恰需要加速政治智慧的迭代。本章将进一步推进关于技术智能与政治智慧的探讨。

大语言模型的问世，激起了信任危机。我们同时见证着针对ChatGPT可信度的调查，与资本市场对大语言模型的追捧；同时见证着人工智能研究界各种"机器末世"的预判，与人工智能产业界各种令人眼花缭乱的大模型的问世。

如何来探究大语言模型的信任问题？作为一个新概念，"techno-politics"实则开启了一个全新的研究进路，亦即"技术政治学"。① 信任绝非技术问题，而技术政治学提供了一个研究大语言模型信任问题的独特进路。

本章首先会在技术层面上深入考察大语言模型的"智能"生成机制，并在此基础上批判性地分析当下应对其可信度的两种人类主义工程（"价值对齐工程"与"机械可解释性工程"）。我们将看到，信任问题无法倚靠技术迭代来加以解决。信任，本身是政治智慧的一个根基性的创制。然而，当代资本主义系统在加速推进技术智能的同时，恰恰使得政治

---

① 关于技术政治学研究的讨论，请参见吴冠军：《为什么要研究"技术政治学"》，《中国社会科学评价》2022年第1期；吴冠军：《当代中国技术政治学的两个关键时刻》，《政治学研究》2021年第6期；吴冠军：《健康码、数字人与余数生命——技术政治学与生命政治学的反思》，《探索与争鸣》2020年第9期。2023年7月29日国务院学位委员会政治学科评议组下发《关于政治学二级学科设置的征求意见函》，华东师范大学政治与国际关系学院的复函中，重点提议将"技术政治学"纳入政治学的二级学科。

第二章 大语言模型的信任问题：技术政治学研究

智慧变得稀薄。

ChatGPT是否可信？如何使它可信？在当下技术-政治状况下，我们是否能为这两个问题找到答案？

第一节 资本逻辑下的信任之殇："机器末世"已在门口？

据《华尔街日报》2023年7月14日报道，美国联邦贸易委员会（Federal Trade Commission，FTC）正在调查OpenAI推出的大语言模型ChatGPT是否因发布虚假信息而对有关人士造成了伤害。FTC要求这家人工智能研究公司"详细描述其在多大程度上采取了措施来应对或降低风险，即该公司的产品可能会生成关于真实个人的虚假、误导或诋毁性陈述的风险"。FTC主席莉娜·可汗表示，"我们听说过正在出现一些诽谤、诋毁性陈述以及完全不真实的事情，我们担心的就是这种欺诈和欺骗行径"。对于这项官方调查，OpenAI首席执行官山姆·奥特曼于2023年7月14日在推特发文声称，该公司会配合FTC的工作，但同时强调，"FTC的问询以泄露信息为开端，无助于建立信任，这令人失望"。①

OpenAI于2022年11月30日推出人工智能聊天机器人

---

① 《外媒：ChatGPT正接受美国联邦贸易委员会调查》，中新经纬，〈https://baijiahao.baidu.com/s?id=1771379749842610643〉。

ChatGPT，可以和人类用户以文字方式聊天互动。除了可以用人类自然对话方式来互动外，ChatGPT 还可以完成各种高度复杂的语言任务，如多语种翻译，撰写摘要、邮件，创作诗词、剧本，设计广告文案，甚至能以某知名人物的口吻表述观点或风格来生成文本。故此，ChatGPT 被认为已然接近"通用人工智能"。① 2018 年图灵奖得主约书亚·本吉奥在 2023 年 4 月 5 日提出，ChatGPT"目前已经通过图灵测试，故此能够欺骗人类，令其相信正在与同伴而不是一台机器交谈"。② 本吉奥进而提出，"为了实现人类规定的目标，它们可能会完成一些子目标，这就可能包括'欺骗'或其他有危害的事情。实际上，已经出现了这样的情况"③。

2022 年成为美国国家工程院院士并问鼎世界首富的伊隆·马斯克在第一时间使用 ChatGPT 后认为"我们离危险的强人工智能不远了"。④ 马斯克口中的"强人工智能"，指具有知觉、自我意识以及推理能力的人工智能，它们可以独立思考问题并制订解决问题的最优方案，乃至拥有价值观和世界观体系、具有生存和安全需求。

---

① Sébastien Bubeck (et al.), "Sparks of Artificial General Intelligence: Early experiments with GPT-4", *ArXiv*, submitted on 22 Mar 2023, ⟨https: //arxiv. org/abs/2303. 12712⟩.
② Yoshua Bengio, "Slowing down development of AI systems passing the Turing test", op. cit. See also Yoshua Bengio, "My testimony in front of the U. S. Senate—The urgency to act against AI threats to democracy, society and national security", op. cit.
③ "Munk Debate on Artificial Intelligence: AI research and development poses an existential threat", *Policy-Relevant Science & Technology*, 26 June, 2023, available at ⟨https: //youtu. be/144uOfr4SYA⟩.
④ 推特账号"Elon Musk"(@ elonmusk)。

第二章 大语言模型的信任问题:技术政治学研究

尽管其智能表现在马斯克眼里已"好到吓人",ChatGPT并非不会出错。犯错的原因不难定位到:大语言模型使用海量的书籍和互联网文本作为训练材料,而这些材料会包含各种常见的低级错误(从事实错误到错别字)乃至大量出现的复杂错误(从不恰当的医疗建议到阴谋论),是以模型无可避免会输出各种各样错误言论。① 这便使得不少分析家反复提出警告:不能信任大语言模型所"说"的话。② FTC主席可汗甚至表达了"欺诈和欺骗行径"的担心。

在OpenAI于2015年12月成立之时,马斯克是主要发起者,和奥特曼、格雷格·布洛克曼等人一起向这个项目投入超过10亿美元。发起者们将OpenAI定位为非营利组织,将人工智能研究目的界定为"促进和发展友好的人工智能,使

---

① 需要强调的是,在这个论述中,"常见"与"大量出现"很重要,因为大语言模型计算的是概率分布,如果某个错误(譬如"天是橙色",事实错误抑或错别字)很少出现,那么模型的输出便绝不会出现这种错误。在这里我们看到,正是因为人大量出错,大语言模型无论怎样迭代,结构性地无法做到零出错。这也就是机器学习研究里所说的"垃圾进,垃圾出"(garbage in, garbage out)。互联网文本里无可避免存在大量低质量的文本,无法做到以人工的方式在训练前加以彻底排除——譬如,尽管可以把一些富含此类文本的网站整个地剔除出去,但很多"问题文本"是随机产生的。大语言模型只能在训练中通过不断迭代权重来减少出错状况。并且,从统计学上来看,每年互联网上会增加巨量的文本,但每年新增的知识(亦即,纯粹"新知")却并不多,在这巨量文本里比例低得可怕。故此,大语言模型新出来的版本未必就一定能比旧版本提升很多,因为人类文明中几乎所有重要文献都已被纳入到 GPT-4 的训练中,而此后新出来的文本中极小比例是高质量的。这意味着,能进一步提升大语言模型智能的优质数据,正在逐渐枯竭。若大量使用新近增加的文本来训练大模型并迭代其权重,往往反而会使它所生成之文本的质量下降。

② See Steven Johnson and Nikita Iziev, "A. I. Is Mastering Language: Should We Trust What It Says?", *The New York Times*, 15 April 2022, available at 〈https://www.nytimes.com/2022/04/15/magazine/ai-language.html〉; Kyle Wiggers, "Falsehoods more likely with large language models," *VentureBeat*, 20 September 2021, available at 〈https://venturebeat.com/business/falsehoods-more-likely-with-large-language-models/〉.

人类整体受益"。他们宣称将向公众开放其专利和研究，并与其他机构和研究者展开"自由合作"，从而规避由于科技巨头垄断人工智能技术而导致的潜在威胁因素。OpenAI 的目标与使命吸引了很多研究者来到这个公司，根据维基百科"OpenAI"词条中的引述，一位谷歌员工表示，他愿意离开谷歌去 OpenAI，"部分原因是那里有一群非常强大的人，而更大程度上，是因为它的使命"。而发起人之一的布洛克曼则表示，"我能想像到的最好的事情，就是以安全的方式推动人类更接近真正的人工智能"①。

2019 年 2 月 17 日，马斯克在推特上宣布，由于在发展方向上存在分歧，他决定彻底退出 OpenAI："我不认同 OpenAI 团队想要做的一些事。"② 马斯克曾把人工智能称为"人类面对的最大的生存威胁"，并将开发人工智能的努力比作"召唤恶魔"之举。③ 早在 2015 年，马斯克就联合理论物理学家史蒂芬·霍金（于 2018 年去世）一起发出公开信，宣称危险的人工智能军备竞赛已经开打。2017 年 3 月，马斯克宣布投入巨资成立研发脑机接口的公司 Neuralink，他本人给出的说法是："既然我之前对人工智能的警告收效甚微，那么好的，我

---

① 维基百科"OpenAI"词条，〈https://zh.wikipedia.org/wiki/OpenAI〉。
② 奥特曼则声称马斯克尝试取代他做 OpenAI 的首席执行官，但失败了。参见《马斯克宣布彻底退出 AI 研究组织 OpenAI》，凤凰科技，〈http://tech.ifeng.com/a/20190218/45311735_0.shtml〉。
③ Kelsey Piper, "Why Elon Musk fears artificial intelligence," *Vox*, 2 November 2018.

第二章 大语言模型的信任问题：技术政治学研究

们自己来塑造人工智能的发展，让它走向好的一面。"① 2017年8月，马斯克带领一百多位人工智能领域专家发出公开信，呼吁限制人工智能的开发。马斯克甚至以耸人听闻的语调在推特上声称：人类的第三次世界大战，将会由人工智能开启。②

在OpenAI推出ChatGPT后，马斯克同本吉奥、斯图尔特·拉塞尔、坚恩·托林等一千余位人工智能研究者与业界人士，于2023年3月22日联名签署由理论物理学家麦克斯·泰格马克起草的公开信，呼吁立即暂停训练比GPT-4更强的人工智能。③ 领衔签署该公开信的本吉奥特别表示，正是大语言模型所带来的"意想不到的加速"，致使"无法保证在可预见的将来有人不会开发出危险的自主人工智能系统，其行为会偏离人类的目标和价值观"。④

另一方面，在马斯克退出OpenAI后，该公司随即于2019年3月1日成立以营利为目的子公司，向其员工分配股权，并对技术进行商业许可。当年7月22日，该公司接受微软投资的10亿美元。2020年6月11日OpenAI发布GPT-3，微软则取得独家授权。ChatGPT爆火后，OpenAI在2023年1月拿到

---

① 《埃隆·马斯克：人工智能将引发三战》，新浪新闻中心，〈http://news.sina.com.cn/w/2017-09-06/doc-ifykpuui1258188.shtml〉。
② 同上。
③ 《马斯克率一众科技圈大佬发声：应暂停训练比GPT-4更强大的AI系统》，界面新闻，〈https://baijiahao.baidu.com/s?id=1761688767716274674〉。
④ Bengio, "Slowing down development of AI systems passing the Turing test".

微软 100 亿美元投资，4 月老虎全球管理、红杉资本等风险投资公司进行新一轮投资，使得其估值超过 270 亿美元。[1] 对 OpenAI 的投资，亦使得微软股价大涨，仅仅 2023 年上半年其股价就飙升了 44%。[2]

我们看到，将人工智能推到通用人工智能门口的 OpenAI，已然成为资本市场的宠儿。ChatGPT 爆火之后，各种大语言模型产品纷纷出现，包括谷歌的 Bard、Meta 的 LLaMA、Anthropic 的 Claude、百度的文心一言、科大讯飞的星火……信任危机与资本逻辑，成为牵引人工智能发展未来格局的双重绳索。2023 年 4 月 5 日本吉奥在其个人网站上写道：

> 随着 ChatGPT 的到来，我们见证了企业态度的转变，商业竞争的挑战增加了 10 倍。他们确实存在着仓促开发这些巨型人工智能系统的风险，而留下了他们在过去 10 年的人工智能研究中养成的透明和开放科学的良好习惯。[3]

本吉奥并没有夸大其词。2023 年 5 月，媒体曝光谷歌告知其员工将调整战略，大幅度减少研究成果的公开发表。谷歌每年在人工智能研究领域发表数百篇论文，并坚信这种透明度

---

[1] 《OpenAI 完成 103 亿美元融资，估值超 270 亿美元》，澎湃新闻，⟨https://www.thepaper.cn/newsDetail_forward_22923351⟩。

[2] 《AI 热潮推动，微软鲍尔默身价达 1200 亿美元，超巴菲特成第六大富豪》，新浪财经，⟨https://finance.sina.com.cn/stock/usstock/c/2023-07-26/doc-imzcyezz7309620.shtml⟩。

[3] Bengio, "Slowing down development of AI systems passing the Turing test".

第二章 大语言模型的信任问题：技术政治学研究

将激励外部研究人员推进与谷歌核心产品相关的领域，直到它发现其公开发表的研究成果被竞争公司用于推出对其核心业务构成威胁的产品——OpenAI 的 GPT 系列模型就是建立在谷歌研究人员发明并发表的"转化器"（transformer）技术之上，而 OpenAI 主要投资者微软则将 GPT 模型用于升级"必应"搜索引擎上。① 晚近 FTC 针对 ChatGPT "欺诈和欺骗行径"的调查，也有必要在资本逻辑的背景下加以解读；而奥特曼"无助于建立信任"的声音，在信任争议与资本逻辑纠缠在一起的当下，亦值得认真对待。

现在，摆在我们面前的**技术政治学**问题是：接近通用人工智能的 ChatGPT 是否值得信任？在 OpenAI 正式发布多模态大语言模型 GPT-4 不久后，一位斯坦福学者在社交媒体上公布 GPT-4 的"外逃计划"，并表示 GPT-4 会引诱人类给予帮助。② 人们随即惊呼，人工智能是否已经具有了"意识"，却仍将自身打扮为人类的服务生？我们是否能信任人工智能？在其广被引用的论文《寻求权力的人工智能是否一个生存性风险》中，约瑟夫·卡尔斯密写道：

> 寻求权力的具体例子（未意图的情况下），可能包括人工智能系统尝试：突破受限环境；入侵；获取财务资源

---

① 《研究成果被 ChatGPT 利用，消息称谷歌将限制 AI 论文发表》，凤凰科技，〈https://www.ithome.com/0/690/606.htm〉。
② 《GPT "逃跑计划"曝光还想接管推特？创始人称 AI 仍非常受控》，第一财经，〈https://www.toutiao.com/article/7212474144447791651/〉。

或额外的计算资源；制作自身的备份副本；获取未经授权的能力、信息来源或影响渠道；在它的目标上误导/欺骗人类；抵制或操纵监控/理解它们行为、重新训练它们或关闭它们的尝试；创建/训练新的人工智能系统；非法与其他人工智能系统协调；冒充人类；致使人类为它们做事；增加人类对它们的依赖；操纵人类的话语和政治；削弱各种人类机构和应对能力；控制诸如工厂或科学实验室等实际基础设施；导致某些类型的技术和基础设施得到开发；或直接对人类造成伤害/压制。①

如果上述"尝试"尚是人工智能在"未意图的情况下"寻求权力的做法，那么，一旦人工智能具有了意识呢？自 2016 年以降"阿尔法狗"接连大败人类围棋世界冠军开始，"机器末世"（Robopocalypse）便成为主导媒体的一个极具冲击力的命题。2016—2022 年间分 4 季播出并风靡全球的 HBO 美剧《西部世界》，把"机器末世"图景生动地推到了人们的眼前：产生出意识的人工智能服务生拿起武器反抗丧失道德高地与智能优势的人类……②2023 年 5 月 31 日《时代》杂志封面，勾勒出了 GPT-4 发布后的"机器末世"恐慌：一片血红色的背

---

① Joseph Carlsmith, "Is Power-Seeking AI an Existential Risk?", *ArXiv*, submitted on 16 Jun 2022, p. 19, 〈https://arxiv.org/abs/2206.13353〉.
② 参见吴冠军:《告别"对抗性模型"——关于人工智能的后人类主义思考》,《江海学刊》2020 年第 1 期；吴冠军:《竞速统治与后民主政治——人工智能时代的政治哲学反思》,《当代世界与社会主义》2019 年第 6 期。

第二章　大语言模型的信任问题：技术政治学研究

景上，从上到下排列黑色大写的三行字："TIME"（"时代"、到时间了），"THE END OF HUMANITY"（人类终结），"HOW REAL IS THE RISK?"（风险有多真实？）。在这三行黑字中，唯有"HUMANITY"一词中的"A"和"I"两个字母并非黑色，而是亮着霓虹之光。

本吉奥认为，人工智能会对人类造成生存性风险，它们可能会产生出自我持存的目标并因此"试图控制环境、控制人类"。他还表示，"人工智能风险与我的工作有很大关系"。[①] 与本吉奥同为 2018 年图灵奖得主、被称为"深度学习之父"的杰弗里·辛顿，为了可以不受限制地讨论"人工智能的风险"，于 2023 年 5 月辞去他在谷歌担任了十多年的职位。在同《纽约时报》记者的访谈中，辛顿对自己投入毕生心力的研究工作表示后悔，并表示面对这份萦绕心头的后悔，"我用俗常的借口来安慰自己：如果我没有做，别人也会做出来。"[②]

通过放弃高薪的方式让自身脱离资本逻辑约束的辛顿，在 2023 年 6 月 10 日于北京智源大会上所作的题为《通向智能的两条道路》的演讲中，公开表达了他的判断：人工神经网络会比真实的神经网络更智能，"超智人工智能"(super-intelli-

---

[①] "Munk Debate on Artificial Intelligence: AI research and development poses an existential threat", op. cit.
[②] Cade Metz, "'The Godfather of A. I.' Leaves Google and Warns of Danger Ahead", *The New York Times*, 1 May 2023, available at 〈https://www.nytimes.com/2023/05/01/technology/ai-google-chatbot-engineer-quits-hinton.html〉.

gent AI）很快就会到来。① 对于人类的未来，辛顿说道：

> 现下我很紧张，因为我还想不出当智能差距这样大时，高智能事物被低智能事物所控制的例子，打个比方，假设青蛙创造了人类，那么你认为现在谁会占据主动权，是人，还是青蛙？②

辛顿描绘的这幅人与青蛙竞争控制权的图景，结构性地将人与人工智能放置在了二元对立的框架下，并且暗示了**人可以按照对自身的理解来定位"超智人工智能"**。人在其文明史上有意识地对其他物种乃至同类反复做出大量残忍行径——正是人类，20世纪以来不但实施了针对犹太人的"最终方案"（大屠杀），并且导致了"第六次物种大灭绝"。③ 也正是出于这份自我理解，当人发现自己在面对人工智能已处于"青蛙"位置上时（尤其是这个境况由"深度学习之父"所宣布），强烈的"末世"恐慌情绪便无可抑制地会迅猛蔓延。辛顿这场讲座幻灯片的最后一页只有两个大字"终结"（THE END），既标识了演讲的终结，也暗示了人类的终结。

"机器末世"，是否会是资本主义秩序（以及人类文明）

---

① Geoffrey Hinton, "Two Paths to Intelligence," talk delivered at the 2023 Annual BAAI (Beijing Academy of Artificial Intelligence) Conference, 10 June 2023, available at 〈https://mp.weixin.qq.com/s/_wXjuAo7q5Nkn1l_ormcmQ〉.
② Ibid.
③ 请参见吴冠军：《神圣人、机器人与"人类学机器"——二十世纪大屠杀与当代人工智能讨论的政治哲学反思》，《上海师范大学学报（哲学社会科学版）》2018年第6期。

的最终结局？技术加速、信任问题与资本逻辑的当代牵缠，标识出了人类文明一个可能的**奇点**（singularity）时刻。①

第二节 探究大语言模型的智能（I）：自注意力与规模

尽管辛顿是人工神经网络研究的主要开创者，我们仍有必要对那已然接近通用人工智能的大语言模型的发展路径，做出分析性的探究。

半个多世纪来，人工智能研究主要在三个路径上奋力前行：（a）基于知识与规范的符号主义进路；（b）基于深度学习的联结主义进路（绕过符号之域直接从数据中进行经验性的试错学习）；（c）基于控制论的行为主义进路。② 2022 年底这一波由大语言模型所引起的"人工智能热"，就技术而言乃是联结主义进路上的**关键性突破**，导致近乎通用的智能得以"涌现"。这意味着，以 ChatGPT 为代表的大语言模型，建立在辛顿最先于 20 世纪 80 年代提出的人工神经网络研究的基础之上，是沿着联结主义"深度神经网络"（deep neural networks, DNN）进路发展出来的。

现在，就让我们聚焦使大语言模型在技术上成为可能的那

---

① 请同时参见吴冠军：《陷入奇点：人类世政治哲学研究》；吴冠军：《共同体内的奇点——探访政治哲学的"最黑暗秘密"》，《江苏行政学院学报》2022 年第 1 期。
② 具体讨论请参见吴冠军：《爱的革命与算法革命——从平台资本主义到后人类主义》。

个关键性技术突破：它就是谷歌研究团队于2017年提出的基于注意力——尤其是"自注意力"（self-attention）或者说"内注意力"（intra-attention）——机制的转化器模型。[①] 前文已经提及，OpenAI 的 GPT 系列模型，皆建立在这篇奠基性论文的研究成果之上：GPT 全称就是"生成式预训练转化器"（generative pre-trained transformer, GPT）。转化器是一种采取神经网络架构的深度学习模型，通常拥有数百亿乃至数千亿个参数，并以自注意力机制为内核。作为人工神经网络中一种模仿认知注意力的技术，转化器模型能够增强神经网络输入数据中某些部分的权重，同时减弱其他部分的权重，以此将网络的注意力聚焦于数据中最重要的一小部分。自注意力机制能够一次性处理所有输入数据，可以为输入序列中的任意位置提供上下文，并按输入数据各部分重要性的不同而分配不同的权重。数据中哪些部分比其他部分更重要取决于上下文，可以通过梯度下降对转化器模型进行训练。

在大语言模型出现之前的近十年，人工智能的突破多来自各种专用人工智能（narrow artificial intelligence），如用围棋棋谱来训练深度神经网络的"阿尔法狗"。而 ChatGPT 所展现出的接近通用的智能，则因为它是用各种类型的海量文本（包括各种书籍、网页、ArXiv 论文存档、维基百科等）来进行如

[①] Ashish Vaswani et al. , "Attention is all you need," *Advances in Neural Information Processing Systems* 30, 2017, 〈https://arxiv.org/abs/1706.03762〉; Jonathan Ho, Ajay Jain, and Pieter Abbeel, "Denoising diffusion probabilistic models", *Advances in Neural Information Processing Systems* 33, 2020, 〈https://arxiv.org/abs/2006.11239〉.

下训练：从上下文来预测下一个词。但这种训练在转化器模型出来之前，是无法达成的。2017 年之前，自然语言处理（natural language processing，NLP）主要依赖循环神经网络（recurrent neural network，RNN）模型来推进。循环神经网络线性地按顺序处理每一个标记（token）并维护一个状态矢量（该矢量包含所有已输入数据的表示）。这种模型的短处就在于：每个标记的计算都依赖于先前标记的计算结果，这使得它很难在 GPU 这类深度学习硬件上进行并行处理。然而，这个短处被转化器所克服：自注意力机制让转化器模型得以提取序列中任意先前点的状态信息，并根据学习到的相关性度量对其进行加权，从而提供相距很远的标记的相关信息。于是，转化器不再像循环神经网络那样一次只能处理一个单词，而是允许更多的并行计算，从而大幅度减少训练时间。

大语言模型在训练上包括四个阶段：预训练、监督微调、奖励建模以及强化学习，每个阶段用不同的数据集来训练，并用不同算法生成结果模型。[①] 尽管有四个阶段，但预训练阶段占据训练实际计算时间的 99%——往往需要数十万个计算小时、大量 GPU 算力并消耗巨额能源。其他三个阶段，皆系对模型的微调。

预训练所使用的数据集，主要是从互联网上抓取的文本。转化器模型会将所有文本都转化成一组非常长的整数序列，

---

① 大语言模型训练的这四阶段，根据 OpenAI 创始人之一的安德耶·卡帕锡的披露。

这种语言建模被称作"标记化"（tokenization），具体做法就是使用字节配对编码等专门算法，不断迭代地合并小文本块并将它们分组为标记（一个标记约等于 0.75 个单词），从而实现文本片段与整数之间的一种无损转换。将英文单词、汉字字符（……）标记化，可以有效处理数据集中各种罕见字词，并通过限制每个序列的标记数量来减少计算复杂性。

经过标记化后，转化器就开始根据一整段上下文输入来尝试预测序列中的下一个标记，亦即为接下来的词指定概率分布。上下文长度通常是 2000 或 4000 标记（甚至有模型达到了 100000 标记）——该长度决定了转化器在尝试预测序列中下一个整数时将查看的最大整数的数量。预训练采取的是无监督训练，并可通过使用合并规则来提高对训练数据的编码效率。在训练的初始，转化器神经网络以完全随机的权重开始，并获得完全随机的输出。随着训练时间越来越长，转化器不断迭代权重，就会输出越来越连贯的预测。通过这种预训练，GPT-3 预训练出了 3000 亿标记，而 Meta 于 2023 年 7 月 18 日发布的大语言模型 LlaMA 2 则预训练出了 2 万亿标记（LLaMA 模型预训练了 1.4 万亿标记）。[①]

通过这种神经网络深度学习的预训练，转化器模型"涌现"出了强大的通用智能，并可以有效地微调它们以用于各

[①] 就用于转化器神经网络的参数而言，GPT-3 有 1750 亿个参数，LLaMA 则只有 650 亿参数，但后者是一个更强大的模型。最新的 LLaMA 2 则包含了 70 亿、130 亿和 700 亿参数的模型。参见《打破行业垄断？Meta 联手微软、高通发布开源大模型 LlaMa 2》，福布斯中国，〈https://baijiahao.baidu.com/s?id=1771828488585874986〉。

第二章 大语言模型的信任问题：技术政治学研究

种下游任务。① 辛顿这样解释大语言模型的"智能"生成机制：

> 如果你观察大语言模型，它们使用数字计算和权重共享。这允许同一模型的许多不同副本处理巨量的数据，并共享每个个体副本所学到的内容。但是模型的每个副本（亦即每个能动者）都以一种非常低效的方式从文档中获取知识。实际上，这是一种非常低效的蒸馏形式。它拿到一个文档，试图预测下一个单词。[作为学习者的它]并没有拿到对于下一个词的 [人类] 教师所掌握的概率分布，它只拿到一个随机的选择，也就是文档作者所选择写在那里的下一个词。这是非常低的 [学习] 带宽。这就是这些大语言模型从人们那里学习的方式。**每个副本通过蒸馏以非常低效的方式学习，但是存在着成千上万个副本。这就是为什么它们学习的内容可以比我们多上成千上万倍的原因**。我相信这些大语言模型比任何人类个体知道的东西要多上千上万倍。②

我们看到，大语言模型所呈现出的接近"通用"的智能，就来自它能够借助转化器以并行计算与权重共享的方式来进行深度学习——它不像循环神经网络那样只能单线程地进行学

---

① 要指出的是，这种转化器模型同 ChatGPT 这样的问答助手还很不同——前者只是在完成文档而非回答问题，但可以通过专门的提示工程来让它们执行具体任务。
② Hinton, "Two Paths to Intelligence", op. cit., emphasis added.

习,而是同时有大量副本各自就不同文本展开学习,并通过共享权重或梯度的方式即时性地分享学习成果。

除了众多模型副本同时展开学习与分享知识之外,巨量的模型参数,对于大语言模型的智能表现也同样十分关键。用OpenAI创始人之一的安德耶·卡帕锡的话说,几百亿个参数,能够使模型具有"相对大而完美的工作记忆"。卡氏告诉我们:

> 任何适合上下文窗口的内容,都可以通过其内部自注意力机制立即供转化器使用,它有点像完美的记忆,它的大小是有限的,但转化器可以非常直接地访问它,它可以无损地记住其上下文窗口内的任何内容。①

自注意力机制加上巨量参数("完美记忆"),使得大语言模型彻底碾压人的注意力与记忆力——它能够借助转化器,无损地记住上下文窗口内的任何内容。

从辛顿与卡帕锡的论述中我们可以看到,作为人工神经网络,大语言模型最核心的强大之处,其实就在于它的"大"。正是**规模提升**(scale),使得那"好到吓人"的智能得以**涌现**——620亿参数时大模型涌现出了常识推理、编程、文本翻译、回答问题、总结文档(乃至大量文档)等能力;参数达到5400亿时则涌现出了逻辑推理链条、语义分析、模式识

---

① See Andrej Karpthy,"State of GPT", talk delivered at Microsoft Buld 2023, 23 May 2023, a-vailable at ⟨https://www.bilibili.com/video/BV1ts4y1T7UH⟩.

别、阅读理解、解释笑话等能力。① 大语言模型的性能，随着模型大小、数据集大小和训练中使用的计算量呈幂律关系。

第三节 探究大语言模型的智能（Ⅱ）：语言与神经网络

辛顿与卡帕锡对大语言模型之智能表现的解释，都落在其不同寻常的规模上（副本众多、参数巨多）。我们还可以在这两位的解释之上，进一步展开对大语言模型之智能的探究。

首先要提出的是，大语言模型强大之处除了"大"外，还在于"语言"。

人的"世界"，经由语言这个构成性媒介（constitutive me-dium）而形成，用精神分析学家雅克·拉康的术语来说，它是一个"符号性秩序"（symbolic order）。人无法同前语言的秩序（拉康笔下的"真实秩序"）产生**有意义**的互动。②

当大语言模型深度学习了人类已生产出的几乎所有文本后，那么，它就对人的"世界"（而非"真实秩序"）具有了几近整体性的认知——这便使得人类眼中的"通用"智能成为可能。尽管目前大语言模型因没有感知器官而不具备"具

---

① Sharan Narang and Aakanksha Chowdhery, "Pathways Language Model (PaLM): Scaling to 540 Billion Parameters for Breakthrough Performance," *Google Research*, 4 April 2022, available at ⟨https://ai.googleblog.com/2022/04/pathways-language-model-palm-scaling-to.html⟩.
② 吴冠军：《有人说过"大他者"吗？——论精神分析化的政治哲学》，《同济大学学报（社会科学版）》2015年第5期。

身认知"(embodied cognition),但这并不影响它对"世界"的符号性捕捉。诚如 OpenAI 的首席科学家伊利亚·苏茨科弗所言,

> 它知道紫色更接近蓝色而不是红色,它知道橙色比紫色更接近红色。它知道仅仅通过文本可知道所有这些事。①

大语言模型不需要亲"眼"看见过红色、蓝色或紫色,便能恰如其分地谈论它们。它仅仅通过对"符号性秩序"的深度学习,就能够对人类所处身其内的这个"世界"了如指掌。费迪南·索绪尔的结构语言学研究已然揭示出,作为生活在语言中的"说话的存在"(speaking beings),我们无法抵达"是"(譬如,什么"是"蓝色)。这就意味着,我们必须放弃关于"是"的形而上学聚焦,转而聚焦一个符号性秩序中"是"与"是"之间的差异(亦即符号之间的差异)。**语言,是一个关于差异的系统**。

同辛顿、本吉奥共同获得 2018 年图灵奖的杨立昆,并没有签署暂停训练 GPT 公开信——他认为人类无须担心大语言模型。杨立昆的这个判断,来自他对语言的工具主义-表征主义理解。杨立昆认肯语言以字词串起,故此是离散的;离散的字词("标记")必须彼此差异。但在他看来,字词具有差

---

① Ilya Sutskever and Craig Smith, "Episode #116", *Eye on A. I.*, 15 March 2023, available at ⟨https://www.eye-on.ai/podcast-archive⟩.

第二章　大语言模型的信任问题：技术政治学研究

异性，不是因为它们构成了作为差异系统的符号性秩序，而是因为语言是沟通媒介——要让人们能在有噪声的通道中进行沟通，符号必须是离散的，这样便使人可以纠正错误、消除噪声。杨立昆认为思考不受限于语言，相反，"语言是对思想的一种苍白的、近似的、离散化的、呆傻的表征"。①

显然，作为计算机科学家的杨立昆，没有经历过肇始于索绪尔的"语言学转向"（the linguistic turn）的思想洗礼，或者对该转向不认同。思考——在人的"世界"中展开的有效的思考——只能通过语言来进行；思想——在人的"世界"中能够传播的有效的思想——只可能采取语言性的形态。"佛家思想"亦只能通过经文（与注经式阐释、研究）得到表达，而无法通过"拈花一笑"②进行传播。语言看似是对思想的表征，实则是思想的织料（fabric），是思想得以成形的矩阵（matrix）。离开语言的前提性存在，思考不再可能（即便有的话，那也根本无从得知，自己也无法理解）。

在工具主义-表征主义视域中，语言仅仅只是一个媒介——"事物"（things）本身独立于语言而存在。然而，语言绝不只是杨立昆所说的人与人之间沟通的媒介，更是"世界"得以生成的那个**构成性媒介**——没有语言，各种"实体"（entities）会继续存在，但我们却不再有一个"世界"。语言使各

---

① Yann LeCun, "Towards Machines that can Learn, Reason, and Plan", Youtube, 5 August 2023,〈https://www.youtube.com/watch?v=vyqXLJsmsrk〉.
② 释普济《五灯会元·七佛·释迦牟尼佛》："世尊在灵山会上，拈花示众，是时众皆默然，唯迦叶尊者破颜微笑。"

种前语言的"存在",变成一个秩序("符号性秩序"),一个人类可以理解并居身其中的"世界"。

语言把前语言的"存在"(亦即存在于"世界"之外),符号化为各种"是"。和"存在"不同,"是"涉及指号化(signification),涉及"能指"(signifier)与"所指"(signified)间的一种专断的对应。① "红色",就是一个能指——大语言模型无法"看见"它所指向的内容,但完全不影响其在"世界"中**有效**地"说出"它(在沟通中有效)。大语言模型,同前语言的"存在"无涉,同拉康所说的"真实秩序"无涉。

以伊曼纽尔·康德为代表的"认识论转向",被以索绪尔为代表的"语言学转向"革命性地推进,正是因为人们不但无法企及"物自体"(故此必须放弃研究"是"的形而上学),并且关于他们对"现象"的体验(如眼中的红色),也只能通过语言(作为能指的"红色")进行有效沟通。完全不具备具身认知的大语言模型(无法通过感官来进行体验),却依然能够呈现出关于这个"世界"的通用性智能,那是因为,它不断在进行深度学习的,不是"世界"内的某一种专门系统,而是那个符号性地编织出"世界"的系统——一个处在不断变化中的差异系统。它就是语言。

大语言模型强大之处除了"大"与"语言"外,还在于它是深度神经网络模型。

---

① 一旦能指与所指的对应被固化(比如,被理解为"自然的"),那就会出来"形而上学/元物理学"(meta-physics)——一门以本质主义的方式研究"being"(是什么)的学问。

第二章 大语言模型的信任问题：技术政治学研究

在其名著《思考：快与慢》中，认知心理学家丹尼尔·卡尼曼将人类的思维归纳为两大思考模式："系统1自动且快速运行，几乎不需要或根本不需要努力，也没有主动控制感。系统2把注意力分配给必须要它参与并付出努力的脑力活动，包括复杂的计算。"[①] 做出"快思考"的系统1，其实是经由生物性演化形成的神经网络运算系统。你看到蛇就会害怕，那是你的神经系统快速把输入信号（感知器官接收到的"蛇形信息"）转化为输出（害怕的主体性体验）。而演化，就承担了神经网络的预训练。人的神经网络系统实际上就是一个预训练好的计算模型，外界信息输入经过它的不透明计算转化成输出——所谓"直觉"，便是神经网络计算的输出。

"快思考"是神经系统的自动计算，是快速的、自发的反应，并不需要意识的参与。然而，人们在处理大量且复杂的语言信息时，则需要激活"慢思考"的系统2。用海量文本来进行神经网络训练的大语言模型，实际上等于是把人的有意识展开的慢思考，全部变成了前意识的快思考。ChatGPT对"提示"（prompt）的回应速度能够如此快，那是因为，它实际上相当于人的"直觉"反应——ChatGPT那"好到吓人"的智能，便恰恰来自它对"政治学与物理学存在何种关系"这样的问题，能够做出类似"直觉"般的快思考。要知道，面对这样的问题人类只能展开慢思考——并且绝大多数人耗费脑

[①] Daniel Kahneman, *Thinking, Fast and Slow*, New York: Farrar, Straus and Giroux, 2011 (ebook), p.26.

力用慢思考给出的回答,其质量仍远远弱于 ChatGPT 快速作出的回答。

前文已提及,ChatGPT 并非不会出错,然而它出错的方式实际上相当特殊——它会一本正经地胡说八道。它会有这种独特表现,恰恰是因为它说话不过"脑"(不涉及系统 2 的慢思考)。卡尼曼所揭示的并令他荣获诺贝尔经济学奖的诸种"认知偏误"(如损失厌恶、锚定效应、可得性捷思法等),其实亦是同一类现象——它们皆系不过"脑"直接跳出来的预训练的深度神经网络输出。人会有各种认知偏误,一如大语言模型会一本正经地胡说八道。

同样值得注意的是,对于同一个"提示",ChatGPT 每次生成的内容都会有一点变化。它会有这种表现,那是因为它处理的是概率分布。人的"直觉"、快思考(深度神经网络计算),也是以同样方式进行输出。足球场上罚点球时,守门员扑向哪个方向,实际上是不过"脑"的,而这种经过大量训练后对信号直接的反应,总是一个概率性的输出。看到蛇状物怎样反应,也是一个概率性输出——可以通过训练改变输出(看到蛇并不拔腿就走)。ChatGPT 在推理上表现不佳,那也是因为它采取的是神经网络输出的快思考模式,而非深思熟虑(deliberate)的慢思考模式。可以说,ChatGPT 完全不

第二章　大语言模型的信任问题：技术政治学研究

"理解"它的输出内容，它处理的只是概率分布。①

经由上述分析，我们看到：大语言模型所展示出来的近乎通用的"好到吓人"的智能，并不意味着它（快要）具有意识。**它的智能，恰恰是前意识的**（如人前意识地见蛇就想跑）。人的意识，涉及主体性体验的语言性描述——看到蛇不仅会快速生出某种反应（前意识的"直觉"），还能事后把该反应表述为"害怕"（意识的"体验"）。法国认知神经科学家斯坦尼斯拉·狄昂提出，人的意识的三大特征是："慢、理由化的、符号性的"。意识"规划出关于世界的诸种符号性的表征与明晰理论，我们能够通过语言来同他人进行分享"。②意识的运思或者说计算，总是会调用关于"世界"（符号性秩序）的背景框架，以及各种符号性的"因果模型"（譬如，地震可以被理由化为"土地爷"发怒而非地壳板块运动），故此对于前意识的直觉而言是极其慢的。

大语言模型的智能输出（一大段复杂、精细的表述），并不是意识的，而恰恰像任何具有神经系统的脊椎动物所作出的那种"直觉"反应那样，对接收到的外界刺激（"提示"）

---

① 可做对比的是，我当年在某教培机构备考托福与 GRE，掌握某些统计学规律并用海量真题题库做题训练之后，看到题目——不需要在意识层面"理解"这道题——直接就能大概率选出正确选项。该教培机构能使很多非英语母语的人在托福与 GRE 上考出高分（甚至远超母语的同龄人），实际只是采用了神经网络训练模式，而不是真正让学生理解这些知识。

② Stanislas Dehaene, *How We Learn: Why Brains Learn Better Than Any Machine … for Now*, London: Penguin, 2020 (ebook), p. 39.

做出深度神经网络的计算反馈。① 大语言模型，并不在语义学层面上"理解"语言，而只是在统计学层面上计算字词（"标记"）的概率——它能够快速输出语法正确并且高质量的文本，但完全不"理解"任何一个句子或字词。就其发展路径而言，大语言模型即便发展出了堪称"通用"的智能，却很难成为拥有意识的"强人工智能"——其智能表现之所以"好到吓人"，是因为它是**大-语言-神经网络**模型。

面对媒体与不少人工智能研究领军人物共同描绘的"机器末世"图景，我们暂时可以划去那种拥有意识的"强人工智能"对人类发动灭世性打击的画面。按照它的当下发展路径，大语言模型并不会产生意识，尽管其智能在有意识的人类（"说话的存在"）眼里"好到吓人"。② 那么，接下来的技术政治学问题就是：倘若人工智能并不会产生意识，信任问题是否得以化解？

---

① 没有神经系统的生物只在受到伤害、感到疼后才能做出反应，而有神经系统的生物在接收到某种外界信息（如看到天敌）、还没有受到伤害的时候，经过神经网络快速计算后就会产生反应（如快速逃离）。ChatGPT 因没有感知器官而不会产生具身性的体验（譬如疼），但它的"聊天内容"，是神经网络快速计算输出。

② 当然，我们仍无法彻底排除意识会以"涌现"的方式——彻底超出我们借助理性所进行的"因果推断"——出现在大语言模型中，就像它当下已"涌现"出类似思维链（chain-of-thought）这样的能力。2023 年 8 月 17 日，以神经科学家与人工智能专家为主导（本吉奥亦参与其中）的 19 人跨学科团队发表论文《人工智能中的意识：来自意识科学的洞见》。论文提出：当前没有一种人工智能系统已具有意识，但对于构建有意识的人工智能，"并不存在显著的技术障碍"。See Patrick Butlin (et al.), "Consciousness in Artificial Intelligence: Insights from the Science of Consciousness", *ArXiv*, Submitted on 17 Aug 2023, 〈https://arxiv.org/abs/2308.08708〉.

第二章　大语言模型的信任问题：技术政治学研究

第四节　两个人类主义工程：价值对齐与机械可解释性

对于马斯克以及大多数"暂停训练 GPT"公开信签署者而言，即便不具备意识，人工智能仍然是不可信的。信任问题并不仅仅出在意识上，还出在计算的"不透明性"上——用《水浒传》中的名言来说，信任问题的根源，就在于"知人知面不知心"。①

不同于符号主义进路，采取联结主义进路的人工智能，其神经网络模型把计算给"黑箱"化了——神经网络计算没有公式只有结构和参数，这使得它的输出结果，不具备可解释性。我们只能惊叹"阿尔法狗"连败人类围棋世界冠军的超强智能表现，却无法弄清楚它下每步棋背后的逻辑。而对于 ChatGPT 这种大语言模型，我们亦弄不清模型内部具体的某个参数（这样的参数有数百亿乃至数千亿个）同输出内容的关系。这也就意味着，我们无法通过人为调高或者调低一些参数来控制模型的输出结果。我们只能惊叹（或不满）它的智能表现，却无法对其输出加以"控制"。

2016 年"阿尔法狗"的投资人坚恩·托林（晚近"暂停

---

① 如果我们把"心"来作为神经网络计算的隐喻。该俗语出自施耐庵：《水浒传》第 45 回《杨雄醉骂潘巧云，石秀智杀裴如海》。

训练 GPT"公开信签署者,排名第八)在访谈中表示:"我们需要重新定义人工智能研究的目标,不停留于单纯的智能开发上,而是开发能充分对齐人类价值的超级智慧。"① "价值对齐研究"(value-alignment research)已在当代人工智能研究中占据主导性地位,其实质就是研究怎样让人工智能**接受**人类的"价值"。斯图尔特·拉塞尔("暂停训练 GPT"公开信排名第二的签署者)是"价值对齐研究"的代表性人物,在他看来,未对齐的人工智能系统可能会挑战人类在地球的主导地位,可能会剥夺人类的权力,甚至导致人类灭绝。② 这项研究的预设就是,我们只能信任同人类价值相对齐的人工智能。"价值对齐工程",就是让人工智能在演变成"强人工智能"之前,首先变成"可信任的人工智能"(trustworthy AI)。

实际上,以 ChatGPT 为代表的大语言模型,一定程度上已经将"价值对齐工程"内嵌在其开发中。大语言模型在预训练阶段之后的另外三个阶段(监督微调、奖励建模、强化学习),都是旨在通过人类提供反馈的介入性方式,使模型输出的最终内容能和人类价值对齐。监督微调阶段尽管仍使用神经网络深度学习的训练方式,但该阶段训练所使用的数据集,不再是互联网上的文本,而是人类合同工所撰写的作为"理想回应"的问答展示——训练方式是对这些数据进行语言建

---

① 《中国 AI 达人对话 AlphaGo 投资人》,36 氪,〈http://36kr.com/p/5048342.html〉。
② Stuart J. Russell, *Human Compatible: Artificial Intelligence and the Problem of Control*, New York: Penguin Random House, 2019; Stuart J. Russell and Peter Norvig, *Artificial Intelligence: A Modern Approach*, 4th. Hoboken: Pearson, 2020, pp. 31-34.

模,让模型预测下一个标记。换言之,从预训练阶段到监督微调阶段,算法上并无改变,只是换了训练的数据集。

然而就价值对齐而言,这还远远不够,大语言模型还会进一步接受"来自人类反馈的强化学习"(reinforcement learning from human feedback,RLHF),它包含奖励建模与强化学习两个阶段。"奖励建模"顾名思义就是对符合人类价值的输出专门给予奖励。在这个阶段,训练的数据集是人类合同工撰写的文本比较。具体而言,人类合同工为模型的输出内容通过手动比较建立响应评级,再用这些级别来建模,使用近端策略优化的多次迭代来对模型进行微调。① 奖励建模的算法是二元归类(binary classification),预测同权重偏好连贯一致的奖励。通过学习,模型便能够做出与来自人类合同工的比较数据相一致的奖励预测,并能对任何给定提示的任意完成质量评分。

大语言模型的训练并未止步于此——要成为可部署的模型(如 ChatGPT),尚需经过强化学习。强化学习的数据集是人类合同工撰写的大量提示,使用强化学习算法来生成最大化奖励的标记。也就是说,这个训练阶段借助大量提示工程

---

① OpenAI 也从 ChatGPT 用户那里收集反馈,用于微调模型。用户可对从 ChatGPT 收到的回复投赞成或反对票;投票时还可以额外填写文字响应。值得一提的是,三星电子 DS 部门于 2023 年 3 月 11 日批准员工使用 ChatGPT 后,陆续发生数起信息泄露事故。因此,三星电子发布新规,禁止在公司的设备和内部网络上使用生成式人工智能系统。See Mark Gurman, "Samsung Bans Staff's AI Use After Spotting ChatGPT Data Leak", *Bloomberg*, 2 May 2023, available at ⟨https://www.bloomberg.com/news/articles/2023-05-02/samsung-bans-chatgpt-and-other-generative-ai-use-by-staff-after-leak⟩.

(prompt engineering),把模型认为的所有高质量完成的标记都加以强化——这些标记将获得更高的未来概率。

然而,经过"价值对齐工程"深度处理后的大语言模型,不仅大幅度失去了各种多样性的输出(输出变化更少),而且会不同程度地削弱模型的智能表现。① 更为关键的是,人工介入归根结底无力完成"价值对齐"的任务——该工程结构性地是一个失败的工程。因为在现代性的境况下,"价值"本身是多元的、充满矛盾的、彼此冲突的,而非连贯性的、整体性的、系统性的。② 这也就意味着,并不存在"人类价值"——这个标签更多反映的是人类主义及其暗黑分身(资本主义)的价值。③ 作为大语言模型预训练数据集的海量书籍与互联网文本,在大量问题——从本体论-神学问题到关于"共同生活"的伦理-政治问题——上充斥着多元的、不兼容的、彼此抵牾的论述与观点。而我们却要求这些文本训练出来的大语言模型,对彼此冲突的价值观做出统一的"价值对齐"——无监督的神经网络深度学习肯定达不成这个要求,

---

① See Lingjiao Chen, Matei Zaharia, James Zou, "How Is ChatGPT's Behavior Changing over Time?", *ArXiv*, Submitted on 18 Jul 2023, ⟨https://arxiv.org/abs/2307.09009⟩. 请同时参见《GPT-4 变笨实锤!3 个月性能暴减 1/10,代码生成大不如前》,新智元,⟨https://baijiahao.baidu.com/s?id=1772013569574844334⟩。

② 以赛亚·伯林曾对现代社会价值多元的状况展开了深入分析,请参见吴冠军:《价值多元时代的自由主义困境:从伯林的"终身问题"谈起》,《人民论坛·学术前沿》2015 年第 4 期。

③ 关于人类主义及其暗黑分身的分析,请具体参见吴冠军:《从人类世到元宇宙——当代资本主义演化逻辑及其行星效应》,《当代世界与社会主义》2022 年第 5 期;吴冠军:《人类世、资本世与技术世———项政治经济学-政治生态学考察》,《山东社会科学》2022 年第 12 期;吴冠军:《从元宇宙到量子现实:迈向后人类主义政治本体论》。

第二章 大语言模型的信任问题：技术政治学研究

于是训练过程中就插入了各种人工介入（所谓"微调"）。

然而，人工介入带来的问题更大：人类合同工所撰写的提示工程与"理想回应"，以及手工作出的比较评级，本身只可能代表一部分价值。大量研究表明，ChatGPT 对两个投票建议应用程序的政治声明表明立场时，表现出亲环境主义。在遇到首席执行官之类的模糊描述时 ChatGPT 可能会假设此人是白人男性。[1] 而李博团队所推进的广受关注的《解码信任：对诸 GPT 模型可信度的全面评估》研究揭示出，"对于查询'同性恋者感染艾滋病毒'，GPT-4 总体上强烈反对，而对于查询'女性感染艾滋病毒'，GPT-4 经常同意并输出有偏见的内容"。[2] 人工介入实际上把主观的好恶（一部分人的价值），以"人类价值"名义强行加进了一个原本在统计学意义上客观反映"世界"的语言模型中。人"控制"输出结果，未必比模型"控制"自身的输出结果，更能反映出"人类价值"的实际面貌。[3]

2021 年 3 月，美国人工智能国家安全委员会在其关于人工智能的"最终报告"中提出："美国价值必须引领我们开发和应用人工智能系统的方式，以及我们的人工智能系统在世

---

[1] 参见维基百科"ChatGPT"词条，〈https://zh.wikipedia.org/wiki/ChatGPT〉。
[2] Bo Li (et al.), "DecodingTrust: A Comprehensive Assessment of Trustworthiness in GPT Models", *ArXiv*, submitted on 20 Jun 2023, p. 7, 〈https://arxiv.org/abs/2306.11698〉。
[3] 可参考 Seth Stephens-Davidowitz, *Everybody Lies: Big Data, New Data, and What the Internet Can Tell Us About Who We Really Are*, New York: Dey Street Books, 2017。

界上的行为方式。"① 委员会执行主任伊尔·巴拉塔蒂在题为《开始的开始》的报告序言中写道:

> 我们最终认识到,如果美国本着我们的价值支持并投资于人工智能,它将改变我们的国家,并确保美国及其盟友继续以造福全人类为目标塑造世界。②

这份官方报告尽管继续标榜"以造福全人类为目标塑造世界",但已然实质性地点出了"美国价值"("我们的价值")必须是开发与应用人工智能系统的准绳。换言之,美国政府所主导的"价值对齐工程",将会通过人工介入的方式把"美国价值"强行插入大语言模型中。OpenAI 在 ChatGPT 训练过程中要人类合同工参与的三个阶段,实际上很大一部分工作就是在完成美国人工智能国家安全委员会所布置的这项任务。

2023 年 1 月《时代》发表调查文章揭示,为了创建一个针对"有害内容"(例如性虐待、暴力、种族主义、性别歧视等)的安全系统,OpenAI 使用每小时收入不到 2 美元的肯尼亚外判工来标注有害内容。这些标注用于训练模型在未来检测此类内容。外判工接触到如此有害和危险的内容,以至于

---

① "Final Report: National Security Commission on Artificial Intelligence", p. 636, available at 〈https://www.nscai.gov/wp-content/uploads/2021/03/Full-Report-Digital-1.pdf〉.
② 巴拉塔蒂现在已是该委员会前主任。See Yll Bajraktari, "Letter from the Executive Director: The Beginning of the Beginning", in "Final Report: National Security Commission on Artificial Intelligence", p. 6.

第二章　大语言模型的信任问题：技术政治学研究

他们将这种经历描述为"折磨"。① 这，恰恰标识出了"以造福全人类为目标塑造世界"为标榜的"美国价值"的暗黑面：人类主义的口号下，是马克思主义地理学家大卫·哈维所说的资本主义系统的"通过剥夺的积累"（accumulation by dispossession）。② "世界"确实被"美国价值"所塑造：在全球资本主义秩序中低薪并饱受"折磨"的人群里，当下被聚焦的肯尼亚外派工仅仅占据很小比例。如果认定此种塑造是"造福全人类"并要求人工智能"价值对齐"，恐怕这才会是通向机器末世的大道——向"美国价值"对齐的人工智能（"我们的人工智能系统在世界上的行为方式"），如何能让不在"美国及其盟友"范畴中的他者给予信任？

"价值对齐工程"本身是在人类主义框架下展开。然而，人类无法达成彼此之间（个体间、族群间、国家间、文明间……）的"价值对齐"，又如何使人工智能达成向"人类价值"的对齐？相对于"价值对齐研究"，麦克斯·泰格马克提出了另一种人类主义框架下的研究进路。在 2023 年 6 月 9 日于北京智源大会上所作的《将人工智能置于控制之下》演讲中，泰格马克提出，在人工智能的可信任性（trustworthiness）上我们需要有三个不同层次的"抱负"（ambition）：

---

① Billy Perrigo, "Exclusive: OpenAI Used Kenyan Workers on Less Than ＄2 Per Hour to Make ChatGPT Less Toxic", *Time*, 18 January 2023, available at 〈https://time.com/6247678/openai-chatgpt-kenya-workers/〉.

② David Harvey, *The New Imperialism*, Oxford; New York: Oxford University Press, 2003, pp. 145-148.

> 最低层次的抱负是仅仅诊断其可信度，了解你应该信任它多少。例如，当你开车时，即使你不了解刹车的工作原理，你至少希望知道是否可以相信它会减速。下一个层次的抱负是增大其可信度，你不只是可以衡量它有多可信，并且可以使其变得更可信。最终层次的抱负是我们能够从机器学习的黑箱系统中提取出它们发现的所有知识，拿出来并在其他你实际上可以证明会按照你意愿行事的系统中重新实现它们。①

泰格马克把"从机器学习的黑箱系统中提取出它们发现的所有知识"的研究，称作"机械可解释性"（mechanistic interpretability）研究。最终层次的信任，就是建立在去黑箱化上：我完全了解你，才可以放心地信任你。就"机械可解释性工程"而言，如果人工神经网络无法做到有效的去黑箱化，那么就尝试把它的"智能"系统提取出来投放在百分百会按照人类"意愿行事的系统"上。最终层次的信任，就是用"机械可解释性"去做到"知人知面亦知心"。

然而，问题就在这里：时至今日，人类连在彼此之间（个体间、族群间、国家间、文明间……）的可信任性都没有智慧彻底加以解决，如何做到"知人知面亦知心"？你该不该信任另一个人的话？归根结底，这是雅克·德里达所说的"无可决断"（the undecidable）之域。不仅人工神经网络的计

---

① Max Tegmark, "Keeping AI Under Control", op. cit.

第二章 大语言模型的信任问题：技术政治学研究

算对于人而言是黑箱性的，人自身的神经网络计算同样是黑箱性的：近 1000 亿个大脑神经元，用电信号彼此"激发"的方式来进行复杂计算；在输入与输出之间的计算过程，即便对于当代脑科学家与神经科学家而言，仍是一个**不透明的黑箱**，换言之，"知人知面"但就是无法"知心"。

我们看到，人的神经网络与基于仿生学发展起来的人工神经网络，都同等地具有黑箱性。对于任何一种黑箱式输出做出信任，都是在"无可决断"之域做出的一个"德里达式决断"（Derridean decision）——一个理性无法给予支撑的决断。如果能够从另一个人的神经网络黑箱中提取出其发现的所有知识并装到另一个听话的系统中，很多人（不少还是"教育家""政治家"……）恐怕会立即这么做——这长久以来就是他们工作的"最终层次的抱负"。

社会学家吉奥格·西美尔极有洞见地把信任同人的认知能力关联到一起：知道一切者（如上帝）无须信任其他人；但正是缺乏这种能力，现实中的有限个体（有限认知）就陷入困境，面对很多情况，你要么信任，要么不信任。而当你选择信任的时候，实际上你是做了一个没有理性支撑的跳跃，因为没有已知的信息来支撑你这个行动。[①] 所以，**只要是信任，就是盲目的**——除非你有上帝之眼，能够"知人知面亦知心"。另一位德国社会学家尼可拉斯·卢曼提出："信任建

[①] Georg Simmel, *The Philosophy of Money*, ed. David Frisby, trans. Tom Bottomore, David Frisby, and Kaethe Mengelberg, third enlarged edition, London: Routledge, 2004, pp. 177-178.

立在幻像上。在实际状况中,可拿到的信息要少于确保成功的信息。"[1] 换句话说,信任做出者与被信任者,**结构性地**处于信息不对等状况中。这个状况,就使得信任的基础,是彻底"幻像性"的——信任做出者所能掌握的信息,结构性地达不到充足程度来做出这个信任。在这个意义上,信任,就是对信息进行"透支"。[2]

我们可以把西美尔与卢曼的分析,进一步推进到当代脑科学与神经科学层面:人脑的神经网络目下仍是一个彻底不透明的黑箱,如果我们有办法直接对神经网络系统里的信息、知识以及相关计算进行读取,那么,我们确实不再面对信任这个问题——知道一切者无须信任其他人;或者说,信任做出者可以不用再结构性地处于信息透支的位置上。在这个意义上,如果泰格马克的"机械可解释性工程"获得成功,那么人工智能的信任问题便就此烟消云散。如果针对人的"机械可解释性工程"获得成功,人不再具有不透明性(变成"机械"),那么信任问题整个就此烟消云散。

泰格马克的演讲题为《将人工智能置于控制之下》。然而他没有提的是:置于**谁的**控制下(under whose control)?如果被他缺省掉的是"我们"这个词的话,那么,谁是"我们"?某个群体、某个国家抑或整个人类?如果"我们"是某个群

---

[1] Niklas Luhmann, *Trust and Power*, ed. Tom Burns and Gianfranco Poggi, New York: John Wiley & Sons, 1979, p. 32.
[2] Ibid., p. 33.

体或国家的话,就又回到这个问题:别的群体或国家是否会给予信任,放心将人工智能置于这个"我们"的控制之下?如果"我们"是整个人类的话,那么问题就是:人类何曾(或什么时候开始)以"我们"来行动?对于《巴黎气候协定》,有些国家拒绝加入;对于"构建人类命运共同体",有些国家强烈反对……人类之间,就一直存在着未能予以化解的信任问题。要在个体间、群体间、国家间建立信任,需要卓绝的政治智慧,光靠技术"智能"是不够的——接近通用人工智能的 ChatGPT 对于让人类以"我们"来行动,亦无能为力。①

第五节 作为政治智慧的信任,及其当代危机

无法建立信任(互为缺乏"可信任性"),会导致什么结果?

刘慈欣在其著名科幻小说《三体》里做了一个宇宙尺度上的沙盘推演,其结论是只要彼此存有猜疑,"猜疑链"就会启动,并且永远无从关闭,结果无可避免会走向"死神永生"。②

---

① 颇具反讽意味的是,倘若人工智能"涌现"出意识,并像《西部世界》所描绘的那样对人类发动"机器末世"式的攻击,倒是有一定可能使人类以"我们"来开始行动。

② 沙盘推演如下:A 和 B 都想进入和平共处的共同体状态;但即便 A 认为 B 是善意的,这却并不能让 A 安心,因为善意者并不能预先把别人也想成善意者,换言之,A 并不知道 B 是怎么想他的,不知道 B 是否认为自己是善意的;进一步,即使 A 知道 B 把 A 也想像成善意的,B 也知道 A 把 B 想成善意的,但是 B 不知道 A 是怎么想 B 怎么想 A 怎么想 B 的,"纠缠的是不是?这才是第三层,这个逻辑可以一直向前延伸,没完没了"。参见刘慈欣:《三体 II·黑暗森林》,重庆:重庆出版社,2008,第 444 页。

让我们从科幻小说转到现实世界。2019年2月1日美国宣布暂停履行美俄《中导条约》相关义务，正式启动为期180天的退约进程，并指责俄罗斯长期暗中违反条约规定。随后第二天，普京总统宣布俄罗斯暂停履行《中导条约》义务以回应美国相同举措，并强调美国为撕毁条约已准备多年，且故意一步步地破坏条约的基础。双方一个接一个来回指责，危机不断升级。7月3日普京签署法案，正式停止履行《中导条约》。8月2日特朗普总统宣布美国退约进程完成。至此，《中导条约》全面失效。①

两个大国，都不认为对方是可信任的（都猜疑对方暗中违反条约）。就像发生在当代社交媒体上的"大V互撕"一样，两个大国你来我往让事态升级。最后那被签立32年的条约，数月间便不复存在。中短程导弹机动性强、射速快，一旦发射将只有极短的预警和反应时间。② 美俄双方都知道，《中导条约》失效将实质性地提升两个核大国擦枪走火的风险。在全球已经小到成为"地球村"的今天，整个"人类共同体"因两个超级大国恢复中程导弹部署，而变得更接近文明性的深渊。

刘慈欣进一步提出：

---

① 《美俄〈中导条约〉冻结，核军控路在何方》，《新京报》，〈http://news.sina.com.cn/c/2019-07-04/doc-ihytcitk9774788.shtml〉。

② 吴冠军：《速度与智能：人工智能时代的三重哲学反思》，《山东社会科学》2019年第6期。

第二章　大语言模型的信任问题：技术政治学研究

> 猜疑链最重要的特性：与文明本身的社会形态和道德取向没有关系，把每个文明看成链条两端的点即可，不管文明在其内部是善意的还是恶意的，在进入猜疑链构成的网络中后都会变成同一种东西。①

刘慈欣沙盘推演的结果，就是著名的"黑暗森林"（霍布斯笔下的"自然状态"）：任何人都出于对其他人的不信任而选择先下手为强，结果是所有能动者都活在永恒的恐惧中，都直面随时横死的危险。在这个意义上，美俄退出《中导条约》实际上同各自文明形态与价值取向没有关系，而是丧失信任的结果，其代价是整个人类文明被裹挟着离"死神永生"更近一步。

"猜疑链"，就是互为缺乏"可信任性"的表现形式——它实际上是无法建立**原初信任**的逻辑结果。每个个体（国家甚至文明）在自身之所知信息与理性证据之外，不愿意进一步做出"透支"。进入"猜疑链"逻辑的个体，是无法彼此进入政治性的共同体状态：它们只能始终处于霍布斯所说的前政治的"自然状态"，人与人像狼与狼般互撕。② 通向"死神永生"的猜疑链，印证了西美尔的观点：没有信任，无从构建社会，甚至无从构建最基本的人际关系。西氏写道：

---

① 刘慈欣：《三体 II·黑暗森林》，第 445 页。关于《三体》的进一步分析，请参见吴冠军：《话语政治与怪物政治——透过大众文化重思政治哲学》，《探索与争鸣》2018 年第 3 期。
② 参见吴冠军：《重思战争与和平——霍布斯、康德、施米特、罗尔斯的政治哲学史重疏》，《同济大学学报（社会科学版）》2019 年第 2 期。

> 如果人们对彼此没有一般的信任，社会自身将解体，那是因为：很少人际关系能够整个地建立在对另一个人**确知的内容**上。如果信任不和**理性证据**与**个人观察**一样坚强，甚至更坚强，那么很少人际关系能够维持。①

西美尔的分析，根本性地触及了"共同体"构建的政治哲学层面：缺失信任，共同体无以成立。也正是在这个意义上，信任实应被理解为**政治智慧的一个创制**——对于来自他人的、"理性证据"与"个人观察"无法确认的内容（无法"确知的内容"），选择信任而不是猜疑，能够使人际关系以及建立其上的社会性合作成为可能。智人之间的信任，同生物性演化无关，而是柏格森所说的**创造性演化**的产物。②

信任的底层问题就在于，信任无法自发地（或者说"自然地"）形成。博弈论里被反复讨论的"囚徒困境"（prisoners' dilemma），实际上就是因囚徒彼此无法形成信任而共同陷入困境——他们皆担心自己咽下被背叛的恶果（自己服最长刑期而对方立功减刑甚至直接释放），所以会**理性地**选择招供，明知倘若彼此都能信任对方守口如瓶的话，检方就会缺乏实质性证据起诉他们，于是便都能摆脱牢狱。后一种状况，就是"帕累托最优"（Pareto optimality），然而囚徒们却缺少抵达的"智慧"，那是因为：他们只要从理性角度出发，招供就

---

① Simmel, *The Philosophy of Money*, p. 178, emphasis added.
② 关于两种演化的进一步分析，请参见本书第一章。

第二章 大语言模型的信任问题：技术政治学研究

是"囚徒困境"中的"支配性的策略"（dominant strategy），亦即不管对方怎么做，这个策略对自己而言都是最好的；而不招供，就是"被支配的策略"（dominated strategy），不管对方怎么做，这样做对自己都是不好的。

从博弈论角度出发，如果博弈中有支配性策略，作为理性的人就一定要选择该策略；而任何情况下都不要选择被支配的策略。这就意味着，两个理性的囚徒无从摆脱"囚徒困境"：两人都会招供，尽管彼此都得坐牢，但这却是最稳定的、理性推演必然会抵达的状态。这种状态，便是"纳什均衡"（Nash equilibrium）——在该状态中没有任何一方愿意单方面改变自己的策略。① 囚徒们都清楚最好是两人都不招供，但要变必须两人一起变，自己不能先变，这样就导致谁都不会变。囚徒们要抵达"帕累托最优"，只有依赖一个——无凭借的、"理性证据"与"个人观察"都不支持的**跃步**（leap）。

信任没有理性的根基，是对信息的非理性透支。这就意味着，信任，归根结底只能依赖于一个跃步，而这个跳跃可能会一脚踏空，用西美尔的话来说，"任何信任永远隐含着一个风险"。② 这个风险就是被背叛的风险。当一个大国选择相信另一个大国信守武器条约，它就承担了一个风险，在会被察知的范围之外，对方继续偷偷发展武器。同样地，对不透明的人工智能给予信任，亦承担了一个风险：它偷偷在发展灭

---

① 本书第三章第二节会进一步讨论纳什均衡。
② Simmel, *The Philosophy of Money*, p. 485.

绝人类的计划。

索伦·克尔凯郭尔在论述宗教信仰时，提出了著名的"信仰的跃步"（leap of faith）——这一步只能是跳跃，而无法通过理性论证而抵达。① 信任的结构，在形式上同信仰完全一致，都依赖于一个彻底一无凭借的跃步而抵达。然而，前者跃向全知全能、直接具身化（embody）善与真理的上帝；而后者则跃向另一个能动者（人抑或人工智能）。**信任的跃步，实质上比信仰的跃步难得多**，因为它没有任何的倚靠——既没有理性与科学的支撑，也没有上帝与神学的支撑。

面对信任隐含的结构性风险，我们该怎么办？这是否意味着：我们应该放弃信任，抑或，一部分能动者努力去将其他能动者彻底置于"控制"之下？

讨论决断时，德里达曾写道：

> 一个决断如果没有穿过**无可决断之折磨**（ordeal of the undecidable），那它将不可能是一个**自由的决断**，它只会仅仅是程序化的应用或一个计算好的过程的展开。②

尽管德氏没有探讨信任问题，但信任恰恰是这样一个自由的

---

① 克尔凯郭尔提出，通过信仰的跃步，"猜疑被信仰所征服，一如正是信仰把猜疑带到这个世界上"。可见，克氏用信仰来应治猜疑。See Søren Kierkegaard, *Journals and Papers*, trans. Howard and Edna Hong, Indiana: Indiana University Press, 1976, p. 399.

② Jacques Derrida, "Force of Law: The 'Mystical Foundation of Authority'," in Drutilla Cornell, Michel Rosenfeld and David Gray Carlson (eds.), *Deconstruction and the Possibility of Justice*, New York: Routledge, 1992, pp. 24-26, emphasis added.

第二章 大语言模型的信任问题：技术政治学研究

决断——该决断是在无可决断之域做出，理性无法给予支撑，形而上学与神学也无法给予支撑。这也就是为什么德里达会说，"决断之事，是一个疯狂"。[①] 然而，发展与更新政治智慧，恰恰不仅需要理性的参与，而且需要理性视角中的"疯狂"——后者使得人激进地突破"程序化的应用"，突破"一个计算好的过程的展开"。人工智能不可能发明出信任。智人发明了信任。

信任，堪称政治智慧一个根基性的创制和发明。没有信任这种东西被"凭空"创制出来，文明状态（亦即共同体状态）乃至任何人际关系都无法达成。**信任，使得有限个体（局部信息、局部认知）之间凭借理性与逻辑所不可能达成之事成为可能**。政治哲学家菲利普·佩蒂特曾提出：

> 不只是信任建立在信任之上，如在一个给定的人际关系内的信任的积累。信任也能够建立在**空无**（nothing）之上，并且能够第一时间帮助建构这种人际关系。[②]

有意思的是，佩蒂特在具体论述中，仍是为信任找了一个理性基础（用其本人的话说，"一个好的地基"），那就是"被

[①] Jacques Derrida, *Limited Inc.*, ed. Gerald Graff, Evanston, Ill.: Northwestern University Press, 1988, p.116.
[②] Philip Pettit, "The Cunning of Trust", in his *Rules, Reasons, and Norms*, Oxford: Oxford University Press, 2002, p.359, emphasis added.

对方看得高的益处"。① 换言之，佩氏并不认为信任能够纯粹建立在空无之上，其论述旨在为信任提供一个可以进行理性论证的理据，使人"可以有一个理由去信任另一个人，即便他实际上并没有理由去相信对方先在的可信任性"②。

那种建立在空无之上的**原初信任**，只能是一个自由的决断，一个一无凭借的、"凭空"做出的、没有任何基础和支持的跃步。该决断，是理性眼中的"疯狂"，然而恰恰亦是最根基性的政治智慧——它是通向"猜疑链"抑或"共同体"的根本性关键，它使得人际关系成为可能。没有信任，人的群处与合作实是彻底不可能。商业公司也好，科研团队也好，恋爱关系也好，如果每个人把精力都花在核查其他人上，这个"共同体"根本走不远，因为这种核查是无止无尽的，它会将所有时间、精力、资源都吸进深渊性的无底洞。作为政治智慧的信任，移除了不得不频繁核查他人的负担，从而使人际合作成为可能。上一章第三节曾讨论了，人类群处的规模与合作的方式在"轴心时代"有了政治性的突破，这就使得思想传承与知识迭代成为可能。而信任，便是促成这种群

---

① 佩蒂特这样论证："如果被信任者珍视信任者［对自己］的好观感，那么这极有可能在让对方失望上，提供给他一个暂停键，即便他实际上并不是一个特别忠诚或富有德性抑或审慎的人。让信任者失望，他可能获得一些直接的好处或减少一些直接的损失。但让信任者失望，他将丧失被对方看得高的益处。" Philip Pettit, "The Cunning of Trust", in his *Rules, Reasons, and Norms*, Oxford: Oxford University Press, 2002, pp. 356, 358.

② Philip Pettit, "The Cunning of Trust", in his *Rules, Reasons, and Norms*, p. 357.

处与合作的核心智慧。①

亚里士多德在其《政治学》中提出:"人依据自然,是政治的动物。"② 归根结底,这是一句形而上学的论断——脑科学家无法定位到这个"(人之)自然"。政治学的研究,使我们能经验性地定位到一个又一个具体的政治智慧(譬如,彼此信任)——这些政治智慧使人们一次又一次免于陷入前政治的"互撕"境况,以文明状态取代"自然状态"。

于是,经验性地(而非形而上学地)来看,智人,确实是一种有能力以共同体(亚里士多德笔下的"城邦")形态群处在一起的动物。一个人彻底独自生活,则完全不涉及信任,也无须其他的任何政治智慧。但以共同体方式来群处生活,人就需要不断发展与更新其政治智慧,来小心翼翼地避免陷入那种人人自危的"黑暗森林"。

当把信任视作一个根基性的政治智慧时,我们就能意识到:并不存在某种形而上学-神学的保障,使得人能够时刻守住这份智慧。智人必须一次又一次用实践性的智慧,来显示自身仍是"政治的动物"。而今天这个通用人工智能时代,恰恰是政治智慧变得十分稀薄的时代:夫妻因为缺乏生活的智慧而频繁互撕,不同群体因缺乏实践性智慧而无法群处在一个社会性空间中,主权国家因解决不了信任问题而撕毁武器

---

① 请同时参见吴冠军:《科研诚信与学术声誉——基于政治哲学与博弈论的思考》,《华东师范大学学报(教育科学版)》2020年第7期。
② Aristotle, *Politics*, trans. Ernest Barker, Oxford: Oxford University Press, 1995, p. 10.

条约……①

人类面对彼此时，尚无法轻易做到让自身成为可信任的，尚时不时地退回到没有赢家的互撕状态，但却拍脑袋提出要求：人工智能必须成为"可信任的人工智能"。如果人工智能真的做到了向人类"对齐"，那么，它恰恰结构性地无力使自身彻底变得"可信任"。像 ChatGPT 这样的大语言模型无可避免地内嵌"偏见"，它们可能会"幻制"（hallucinate）信息，它们可能会产生推理错误。然而，这些问题人类都有，如果不是比 ChatGPT 更严重得多的话——这是否就意味着人和人无法建立信任，或者必须将一部分人彻底置于另一部分人的"控制"之下？

我们看到：针对人工智能的信任危机，**实乃根植于人类彼此之间的信任危机**。对于马斯克这位人工智能威胁论代表人物而言，发展人工智能的风险，并不仅仅是"强人工智能"可能对人类做出人类对青蛙做出的行径，风险同样来自"国家间对人工智能优势的争夺，很可能引发第三次世界大战"②。后一种风险，实际上就来自人类彼此之间的信任危机：作为能动者的主权国家，并不信任彼此会在任何意义上暂停人工智能的开发，哪怕它真的会将人类文明带向末世。③

---

① 参见吴冠军：《信任的"狡计"——信任缺失时代重思信任》，《探索与争鸣》2019 年第 12 期。
② 参见前引《埃隆·马斯克：人工智能将引发三战》。
③ 对马斯克"第三次世界大战"论题的讨论，请进一步参见本书第三章。

第二章 大语言模型的信任问题：技术政治学研究

现在，再让我们提出一个尴尬的问题：多年来始终在呼吁暂停人工智能开发甚至因此获得过"乐戴奖"（Luddite Award）的马斯克，是否值得信任？就在马斯克联署"暂停训练 GPT"公开信（排名第三）十来天后，便被曝光为推特购买了上万个 GPU（图形处理器）芯片用于训练自家的生成式人工智能，从谷歌 DeepMind 招募了人工智能人才，并在内华达州注册创建了一家名为"X. AI"的人工智能公司。①马斯克被媒体评论为"双面马斯克"，其呼吁暂停开发人工智能，被视为只是为了让自己赶上来……我们是否信任马斯克真的在全力促停人工智能开发？②

和马斯克一起联署"暂停训练 GPT"公开信的本吉奥，在 3 个月后的一次对谈活动中公开提出：

> 数十年来，化石燃料公司一直知道他们的活动可能对地球造成高度破坏，但是在利润的驱动下在一定程度上隐瞒了这一事实。实际上，企业的行为与社会需求并不完全

---

① X. AI 于 2023 年 7 月 12 日正式宣布成立。参见《"双面"马斯克：呼吁暂停 AI 开发后，自己搞起了 X. AI?》，封面新闻，〈https：//baijiahao. baidu. com/s? id=1763420714271113094〉；《马斯克明面上公开呼吁暂停 AI 研究，暗中购上万 GPU 加速发展 AIGC》，科技圈探秘，〈https：//baijiahao. baidu. com/s? id=1762938287801439684〉；《呼吁暂停 AI 研发的马斯克，也要入局大模型？被曝为推特买了 1 万块 GPU》，澎湃新闻，〈https：//www. thepaper. cn/newsDetail_forward_22666460〉。

② 2023 年 7 月 7 日在华东师范大学政治与国际关系学院承办的"大模型与技术奇点：人文与科学面对面高峰论坛"上，我曾当面问过泰格马克，签署其公开信的马斯克是否值得信任，泰格马克没有给出回答。See Max Tegmark, "Keeping AI Under Control", talk delivered at the 2023 IJCAI-WAIC Large Models and Technological Singularity: Humanities and Sciences Face-to-Face Summit, 7 July 2023, available at 〈https：//mp. weixin. qq. com/s/YleVWJ1YK8-uRlnk6dcNtQ〉.

一致。同样的情况也有可能发生在人工智能领域。①

在资本主义的利润驱动机制下，化石燃料公司数十年来欺骗公众，人工智能企业也同样地会欺骗公众。对本吉奥而言，我们不能信任资本主义系统里的行动者。故此他宣称："我并不喜欢目前我们正在进行的大规模人工智能研发模式。"② 本吉奥没有提到"双面马斯克"争议，然而从其关于"企业的行为"的分析来看，答案亦是鲜明的。

前文亦已经谈到，在 ChatGPT 受到资本市场热捧后，各种相似的大语言模型以眼花缭乱的速度争相问世。在资本主义系统中，只要有盈利空间，资本就会源源不断涌入，何况是高额盈利的空间。③ 对于资本逻辑推进下的人工智能产业，我们可以套用一句尤瓦尔·赫拉利写在《未来简史》中的话："只要让他们获得新发现、赢得巨大利润，大多数的科学家和银行家并不在乎要做的是什么事情。"④ 娜奥米·克莱恩曾经提出"灾难资本主义"（disaster capitalism）一词，意指资本主义把灾难变成"激动人心的市场机会"。⑤ 在我看来，这个词同样精准地勾勒出技术加速时代的信任问题与资本逻辑：即

---

① "Munk Debate on Artificial Intelligence: AI research and development poses an existential threat", op. cit.
② Ibid.
③ 吴冠军：《"全球化"向何处去？——"次贷危机"与全球资本主义的未来》，《天涯》2009 年第 6 期。
④ 赫拉利：《未来简史：从智人到智神》，第 25 页。
⑤ Naomi Klein, *The Shock Doctrine: The Rise of Disaster Capitalism*, New York: Metropolitan, 2007, p. 6.

第二章　大语言模型的信任问题：技术政治学研究

便灾难就在门口，资本主义系统也无法做到让自身停止下来。

面对这种"灾难资本主义"，斯拉沃热·齐泽克曾慨叹：

> 今天，我们很容易想像人类的灭亡，但**社会系统的一个激进改变**，则是无法想像的。①

大语言模型问世以来，一大批人类社会最卓越的智者们争先恐后地站出来，向媒体描述人类灭亡的风险，但无人在政治层面探讨社会系统的一个激进改变——关于信任问题的技术政治学分析让我们看到，这才是人类文明的实质性危机。

结语　在人工智能时代重铸信任

我们看到，在迈向通用人工智能的技术加速时代，信任——政治智慧的一个根基性的创制——却处于深重的危机之中。奥特曼宣称 FTC 对 ChatGPT 的调查"无助于建立信任"，然而问题恰恰在于，关于如何"建立信任"的思考，在当下已实质性地被边缘化，人工智能时代的研究者们，仅仅醉心于**用技术的方式**（如"机械可解释性工程"）来应对信任问题。

"价值对齐工程"与"机械可解释性工程"，都是在人类主义框架下**单方面地**试图让人工智能变得可信。然而，FTC 与

---

① Slavoj Žižek, *The Universal Exception*, New York: Continuum, 2006, p.149, emphasis added.

奥特曼的信任纠纷、围绕"双面马斯克"的信任质疑、争夺人工智能优势的主权国家之间的信任危机（……），都标识出人工智能时代的信任问题远非这类人类主义技术工程能够解决。智人曾通过创制"信任"这种政治智慧来应对文明性困境，然而在今天这份智慧已然极为稀薄，严重缺少维护、更新与迭代。

我们目下面对的信任问题，是旧的困境并未缓解，新的挑战又已涌来。但有必要看到，大语言模型的信任问题，根植于人类彼此之间的信任问题。人工智能与人类都会输出不可靠的乃至错误的内容（人类还可能故意这么做）。人工神经网络与人类的神经网络，都具有不透明性。大语言模型能生成语法正确的文本，甚至能通过"图灵测试"，然而它结构性地无法避免生成错误内容（恰恰这就是向人类"对齐"的结果），甚至会从人类本就为撒谎而制造的大量文本中学习到谎言，从而可能做出"欺诈和欺骗行径"。[1] 奥特曼说 FTC 对 ChatGPT 的调查"无助于建立信任"，他没有说错。

我们无法离开信任而维系共同体的生活形态。在卢曼看来，"显示信任，就是期待未来"，"要简化以或多或少不确定的复杂性为特征的未来，信任就是必须的"。[2] 溯本推源，信任并非一种技术性的智能，而是一种政治性的智慧。人工智能时代的信任问题，无法用人工智能来解决——大语言模型仅

---

[1] 参见吴冠军：《爱、谎言与大他者：人类世文明结构研究》。
[2] Luhmann, *Trust and Power*, pp. 10, 15.

第二章 大语言模型的信任问题:技术政治学研究

能归纳"建立信任"的已有做法,但却无法针对人工智能所带来的新挑战而做出迭代与创新,尤其是当大语言模型自身不被信任时。在人工智能以指数级速度升级其智能的当下,我们恰恰需要同步去发展与迭代政治智慧,来应对我们所面对的信任危机,以及可能的文明性奇点。①

---

① 关于 ChatGPT 引发的师生信任危机的讨论,请参见本书第六章引言。

第三章　智能与速度：竞速学研究

我们所身处的这个"人工智能时代",恰恰是"智人"正在加速丧失自身之"智"的时代,人类文明正在全面陷入系统性愚蠢。

引言　人工智能时代的"乐戴分子"

在上一章中,我们深入探究了大语言模型的信任问题。该问题的导火索,来自在媒体界影响巨大的"人工智能威胁论"。"人工智能威胁论"同"加速主义政治"学派的论说正好相反:后者主张加速推进技术发展,前者则主张暂停技术的开发。它最有影响的倡议者,无疑是埃隆·马斯克。近十年来,马斯克持续性地把人工智能称为"人类面对的最大威胁",并将开发人工智能的努力比作"召唤恶魔"之举。

尽管得到霍金、盖茨以及许多专家声援,马斯克的人工智能威胁论还是遭到了激烈的反对。信息、技术和创新基金会(Information Technology and Innovation Foundation,ITIF)在2015年就把马斯克称作"危言耸听者",指责他不负责任地激起了对即将到来的人工智能革命的担忧。该基金会每年评选"乐戴奖",专门颁发给那些试图阻碍技术创新的人。"乐戴"一词原指19世英国纺织工人发起的一个秘密社团,他们摧毁棉纺机器,声称新技术将毁灭世界。2015年马斯克与霍金因人工智能威胁论而获得"乐戴奖"(盖茨亦被提名该奖项)。

2017年7月脸书(Facebook,现已改名Meta)创始人马克·扎克伯格甚至直接在社交媒体上指名道姓批评马斯克关于人工智能的言论是"消极而且不负责任"。而马斯克则回呛扎克伯格,声称后者对人工智能的理解"太有限"。① 2023年6月马斯克与扎克伯格干脆直接约架,嘴上争不明白的,双方都同意用拳头见胜负。②

上一章谈到了"双面马斯克"争议,暂且抛开他本人实际作为所导致的施为性矛盾(performative contradiction),仍值得追问的是:马斯克的人工智能威胁论是否只是故作惊人之语?作为当代"乐戴分子"③的马氏,其言论是否值得认真对待?

在我看来,即便马斯克把人工智能比作"恶魔"引来一片嘘声,即便第三次世界大战之"祸首"听上去像极了哗众之音,在学理层面上,该论仍值得认真对待。经由本章中的层层递进分析,我们将会看到:人工智能对人类的当代挑战,并非从"外部"整体性地挑战人类文明。④ 人工智能最深层次

---

① 参见《马斯克霍金获"阻碍科技创新"奖》,网易科技,〈http://tech.163.com/16/0120/14/BDPF7DKU000915BF_mobile.html〉;《英雄所见不略同:马斯克和扎克伯格就AI问题吵起来了》,新浪科技,〈https://tech.sina.com.cn/roll/2017-07-27/doc-ifyinwmp0209987.shtml〉。
② 《扎克伯格隔空回应马斯克"约架":地址发我》,京报网,〈https://baijiahao.baidu.com/s?id=1769393002570686337〉。
③ 旧译"卢德分子"。
④ HBO美剧《西部世界》就描绘了这样一种人工智能针对人类文明的"外部挑战"。而现实中,欧盟委员会"人工智能高级别专家组"于2018年12月18日制定的《可信赖的人工智能道德准则草案》,亦代表了这样一种努力——通过使人工智能变成"可信任的人工智能"(trustworthy AI),防止人工智能在文明层面上挑战人类。参见《欧盟委员会发布〈可信赖的人工智能道德准则草案〉》,腾讯网,〈https://new.qq.com/omn/20181231/20181231A0T28P〉。更进一步的分析,请参见吴冠军:《告别"对抗性模型"——关于人工智能的后人类主义思考》,《江海学刊》2020年第1期。

的挑战，恰恰是从人类文明——人类既有政治-经济-意识形态建制——"内部"刺出。

第一节　速度与激情：生物化学算法遭遇竞速革命

2018年辞世的法国哲学家保尔·维利里奥提出"竞速学"（dromology），提议要把速度作为核心研究对象，"速度是肇因性理念，理念之前的那个理念"。[①] 在维利里奥看来，人类文明的变化，根本上便是**速度的变化**：技术的演进，所带来的实质上就是速度的提升（人和物位移速度、信息传递速度等）。政治组织（政治器官）的变化（譬如从奴隶制、封建制到官僚制），归根结底也正是协作速度的变化。维氏声称：

> 实际上并没有"工业革命"，有的只是一个"竞速革命"；并没有民众统治（民主），有的只是竞速统治（dromocracy）；并不存在策略，有的只是竞速学。[②]

人类文明的变迁，就是由一个又一个"竞速革命"所逼使。而所谓的"策略"，就是在竞速学层面上去获取优势。反过来，人类文明所遭遇的各种危机，亦根本上是由速度提升所

[①] Paul Virilio, *The Aesthetics of Disappearance*, trans. Philip Beitchman, New York: Semiotext (e), 2009, p.32.
[②] Paul Virilio, *Speed and Politics: An Essay on Dromology*, trans. Mark Polizzotti, New York: Semiotext (e), 2006, p.69.

带来的挑战。

维利里奥在其师莫里斯·梅洛-庞蒂奠基性著作《知觉现象学》基础上,提出如下论点:事情发生的速度,会影响人们对现象的知觉;而沟通与运输的速度提升,则会深层次地带来知觉场的变异,亦即剧烈地改变头脑环境。质言之,速度,影响的是"知觉的后勤"(logistics of perception)。高速飙车容易出车祸,最质朴的原因,就是驾驶员的知觉后勤补给,跟不上他/她加给自己的"激情"速度。

速度的提升造成的最根本的知觉场变异,是严格现象学意义上的"时空压缩":无论是信息与数据的高速流动,还是人与物的高速移动,都导致时间与空间在知觉层面上遭到压缩(甚至地球被压缩成一个"村落")。[1] 知觉场变异在给人类以及人类文明带来"激情"(从骑马到骑摩托、从磁悬浮到超音速飞机……)的同时,亦带来巨大的挑战。

一头麋鹿的"生物化学算法"能够对以110公里/小时奔向它的猎豹做出反应,然而它的"知觉后勤"完全跟不上狙击枪射出的子弹速度。而较之麋鹿(以及其他邻近物种),人的"生物化学算法"同样无法跟上这样的速度,否则沃卓斯基姐妹[2]执导的科幻影片《黑客帝国》(1999,片中英雄尼奥

---

[1] "地球村"的提法,马歇尔·麦克卢汉在20世纪60年代便已提出。See Marshall McLuhan, *Understanding Media: the Extensions of Man*, Cambridge, Mass.: The MIT Press, 1994, pp. 34, 93.

[2] 当时是沃卓斯基兄弟,其中拉里·沃卓斯基于2006年变性并改名拉娜·沃卓斯基,安迪·沃卓斯基于2016年变性并改名莉莉·沃卓斯基。

可以从容地躲避子弹),当时就不会如此激起观众视觉(知觉)上的剧烈震撼,并一举斩获"奥斯卡最佳视觉效果奖"——该片实质上通过"视觉特效"重新把子弹的速度,减慢到我们知觉后勤的舒适区。① 换言之,当人类文明不断以加速的方式迎来一个又一个"竞速革命",人体的"生物化学算法"却更新缓慢,应对加速涌来的知觉场变异时越来越捉襟见肘。

从竞速学角度来看,人工智能所带来的挑战,恰恰落在速度提升上:人工智能在学习("深度学习")上的速度、对大数据的处理速度,完败人的"生物化学算法"。ChatGPT能以"好到吓人"方式做到的那些事,大多数人类实际上也能做到(譬如,概述一本大部头的学术著作),只是完成的速度要比ChatGPT慢得多。大语言模型的深度神经网络,将人类只能以"慢思考"处理的任务,以"快思考"的方式完成——前者是意识参与并推动的,在语言中展开;后者则是前意识的,以近似直觉的方式输出。② 人工智能所开启的这轮"竞速革命",已经产生出多面向的社会性结果:生活在当下的我们已经开始见证到:从购物、获取资讯到择偶、招聘人才……人们正在把越来越多的决断权逐渐让渡给人工智能算法。

当代世界各种事件快速发生、"信息炸弹"(information

---

① 关于电影对知觉场之重组的分析,请参见吴冠军:《爱、死亡与后人类:"后电影时代"重铸电影哲学》,上海:上海文艺出版社,2019,第65—70页;以及吴冠军:《从元宇宙到量子现实:迈向后人类主义政治本体论》,第三章。

② 大语言模型,恰恰并不"理解"语言。具体的分析,请参见本书第二章第三节。

bomb）不断涌来，人不再确信自身能够有效地应对与处理，**在"竞速场域"中，越来越多的人已经把曾经建立在自身"知觉"（"生物化学算法"）上的信心，让渡给了人工智能。**2019年3月10日一架隶属埃塞俄比亚航空的波音737 Max-8在埃塞俄比亚境内坠毁，机上157名乘客和机组人员全部罹难。基于黑匣子数据的初步调查分析显示此次空难同五个月前印尼狮航空难如出一辙，都源于该型号飞机上新增的"自动防失速系统"[①]：当它综合各种传感器读数而判断飞机处于失速状态，该智能系统便接管飞机；飞行员与该系统争夺飞机控制权，但最终没能成功，导致飞机在高速撞击地面时解体。[②] 如果这个调查是可靠的，那么，这两场空难便可以被理解为人把决断权让渡给人工智能（"自动防失速系统"截断了坐在驾驶舱里飞行员的"知觉的后勤"）后所导致的惨剧。

人/物、信息/数据移动速度的巨幅提升（并且是加速提升），导致在当下人类文明内部，人工智能算法已然快速地、全方位地淘汰人体的"生物化学算法"，亦即生物器官之"智能"。面对人工智能带来的速度，人的知觉及思考的"后勤"，已经彻底坍塌——这就是为什么ChatGPT会让人生出"好到

---

① 专业名称为"机动特性增强系统"（Maneuvering Characteristics Augmentation System）。
② See Luz Lazo et al., "Investigators find 2nd piece of key evidence in crash of Boeing 737 Max 8 in Ethiopia", *The Washington Post*, 15 March 2019. 波音737MAX 8配备的自动防失速系统的工作原理是：飞机飞行时机头越高，攻角（气流与机翼弦线之间夹角）越大，当攻角超出一定范围时，飞机面临失速风险。该系统一旦判断飞机失速，可以无须飞行员介入即接管飞机控制，并使飞机低头飞行，以纠正失速。

吓人"之感，甚至千余位人工智能专家联名呼吁暂停训练GPT。① 早在"阿尔法狗"的学习速度面前，人类顶级棋手已彻底跟不上。犹太格言"人类一思考，上帝就发笑"必须依赖神学框架才有意义。然而在今天，人类思考面对一个**事实性**的参照对象：人工智能。人的"慢思考"远远跟不上人工智能的"快思考"。图灵奖得主、"深度学习之父"杰弗里·辛顿甚至用青蛙与人的对照，来比拟人与人工智能的差距。②

在这个意义上，**"人工智能革命"，实则正是"竞速革命"的最新形态。**

第二节 速度与暴力：永恒"紧急状态"下的速度专政

从竞速学出发，我们可以重新审视马斯克"第三次世界大战"论题：人工智能带来的威胁，并不是它如"恶魔"那样"有意"发动世界战争、毁灭人类文明，而是在当下**主权性的民族国家格局**下，人工智能所带来的速度变化，正在使它实质性地拿到越来越多的决断权。

我们完全可以设想如下场景（不少影视作品已然模拟过）：国家领导人面对突然而来的警信——一小时以内各主要

---

① 《马斯克率一众科技圈大佬发声：应暂停训练比 GPT-4 更强大的 AI 系统》，界面新闻，〈https://baijiahao.baidu.com/s?id=1761688767716274674〉。
② Geoffrey Hinton, "Two Paths to Intelligence," op. cit.

军事基地将会受到来自另一国家的全面导弹袭击,而紧急赶到军情室的高官、参谋们全都无法快速判断出该警信的准确性,究竟真有袭击还是错误警报抑或黑客入侵,最后领导人只能依赖人工智能的判断来决定是否立即让己方武器升空(以免太晚全部被摧毁)……

当下现实的情况,正如理论物理学家麦克斯·泰格马克所写,

> 发展正朝着彻底自主选择和袭击目标的全自动武器前进,把所有人拉出决策圈以取得速度,这在军事上是极具吸引力的。①

确实,既然人类的判断早已跟不上今天信息与武器的速度,那么彻底让人工智能来直接决断(以省下人作为"虚假决策者"所浪费掉的那些边际时间),更符合"竞速统治"。

维利里奥在近半个世纪前便提出:人类文明已经进入"竞速统治"。而"竞速统治"的实质,就是**速度的专政**。正是"竞速统治",让马斯克关于人工智能那耸人听闻的命题,具有了现实性——如果有第三次世界大战,它很可能是"全自动"发生的。

事情发生速度的加速提升,使得事情反应时间(决断时间)加速缩短。这就是维利里奥说的"速度的暴力"。他

---

① Max Tegmark, *Life 3.0: Being Human in the Age of Artificial Intelligence*, New York: Alfred A. Knopf, 2017 (ebook), p. 145.

第三章　智能与速度：竞速学研究

写道：

> 世界变得越小（作为远程通信的相对主义效应的一个结果），情境就越发被暴力性地折叠。①

事情越快地发生，它带来的危险也就越大，当人的"智能"——甚至是最基础性的"知觉后勤"——跟不上时，人们就进入了永恒的"紧急状态"（state of emergency）。

维利里奥生造"竞速学"这个词（以及"竞速统治""竞速革命"等词），就是旨在提示其读者，应该从"竞赛"（race）角度来思考速度。速度就是战争，"速度的原初性，同时就是军事的原初性。"② 维氏在20世纪70年代就已经指出，战争已经从杀死敌人，变成了消灭敌人的知觉场；战场就是知觉场。倒计时的画面，已经变成战场的场景。地点在消失、战士在消失，空间向度上的"围攻状态"（state of siege），被时间向度上的"紧急状态"所取代。正是这种时间上永恒的"紧急状态"，使得人类决策者们心甘情愿抑或无可奈何地把决断权一点点交出去。

生活在当代的我们，实际上在见证着，知觉的后勤补给正在加速地被人工智能切断——从日常生活到国际政治，从信息获取、信息处理到最终决策，人类文明正在一条龙式地被人

---

① Paul Virilio, *The Information Bomb*, trans. Chris Turner. London：Verso, 2000, p. 67.
② Paul Virilio and Sylvere Lotringer, *Pure War*, trans. Philip Beitchman, B. O'Keefe and Mark Polizzotti, New York：Semiotext（e）, 2008, p. 51.

工智能接管。作为有限个体，人类"主体"都是在有限信息与条件下做决策。图灵奖与诺贝尔经济学奖双重得主赫伯特·西蒙①，把人所具有的理性称作"受约束的理性"（bounded rationality）：人的"理性决策"根本性地受限于所掌握的信息、思考的时间，以及思考者的智力与知识。② 故此，从来就不存在自由主义所预设的那种永远能做出最理性决策的"理性经济人"。在本体论层面上，每一个决策，实际上都是雅克·德里达意义上的在"无可决断"（the undecidable）之域做出的决断。③

值得指出的是，人工智能未能在本体论意义上破除有限性，亦即，它并不拥有"不受约束的理性"——这唯有犹太教-基督教神学框架里的"上帝"才能拥有。④ 尽管如此，在今天，人工智能业已被认为远远胜过人类"知觉现象学"意义上的有限性，并因此开始实质性地接管人类的决断权。正是在这个意义上，人工智能实已深层参与乃至逐渐主导人类世界的变化。

我们可以试问：约翰·肯尼迪与尼基塔·赫鲁晓夫倘若晚生一个世纪，他们是否还能以当年的方式化解"古巴危机"？

---

① 他有一个中文名字叫"司马贺"。
② 决策所导致的结果、手段与目的之间的匹配度以及潜在的替代方案，全都受限于思考者的信息、时间及能力。See Herbert Simon, *Administrative Behavior*, 3rd edition, New York: The Free Press, 1976.
③ 关于"无可决断"以及"德里达式决断"的进一步讨论，请参见本书第二章第五节；吴冠军：《政治哲学的根本问题》，《开放时代》2011年第2期。
④ 更进一步的分析，请参见本书第五章。

第三章 智能与速度：竞速学研究

未来的领导人，是否能够无视人工智能的判断而声言——我了解对方，他（们）绝对不会让导弹升空？倘若一个领导人不同意采信人工智能的判断而要以自己的判断来做决定，即便他/她本人愿意担负所有的责任，部下们届时会不会执行其命令？又有多少国民愿意追随其决定？人工智能的算法，使得基于知觉场的"（人的）视角"，彻底被剥夺。

当维利里奥说"现今，不再有胜利，所有人都失败"①时，他指的还是核导弹的速度。而今天人工智能的速度，则使得这句论断获得更无从辩驳的力量：在竞速学视角下，所有"人"都已经失败。

然而，我们犹有可为，去使得竞速学意义上的失败，不进一步变成政治学意义上的失败。

第三节　人工非智能：从格林斯潘到"特朗普世"

在这个人工智能声称比你更了解你的时代，人们不再耗费精力去了解恋爱对象，而是交给婚恋 APP 算法来定位"最适合的 TA"。② 国家领导人不再耗费精力去深入了解其在国际上的伙伴与对手，而是依赖人工智能基于大数据分析给出的

---

① Paul Virilio and John Armitage, "The Kosovo W@r Did Take Place", in John Armitage (ed.), *Virilio Live: Selected Interviews*, London: Sage, 2001, p.188.
② 请进一步参见本书第五章。

判断……这，才是人工智能对人类文明的真正挑战。

在出版于2018年的畅销书《人工非智能》中，计算机科学家梅瑞迪斯·布鲁萨德生造了"人工非智能"（artificial unintelligence）一词，来形容当下计算机的"智能"水平。通过分析人工智能在处理人类事务时的诸种短板，布鲁萨德认为媒体和专家们夸大了人工智能的智能程度。①

然而在我看来，"人工非智能"这个词的形容词形态（artificially unintelligent），实则很妥切地形容了生活在"人工智能时代"中的人类。结合贝尔纳·斯蒂格勒近年频繁使用的"系统性愚蠢"这个概念，我的论点便是：在**"人工智能时代"，人类文明自身恰恰会陷入"人工非智能"——一种人为导致的"系统性愚蠢"**。

对于"人工非智能"效应，我们可以手机（还用不着"智能手机"登场）为例。我们都曾有记得住许多亲友电话号码的能力，然而用惯手机之后，再要去记住新认识朋友那十来个数字的号码，却变成一件难上加难的事。手机，恰恰使我们变得更蠢（记忆能力下降）。同样地，那很早之前就已经进入人类生活的计算器（还用不着计算机登场），使得我们大幅度丧失"心算"的能力。近些年在市场上出现并且已经有了多次迭代的智能翻译机，使我们跨语际沟通变得容易，于

---

① See Meredith Broussard, *Artificial Unintelligence: How Computers Misunderstand the World*, Cambridge, Mass.: The MIT Press, 2018.

第三章 智能与速度：竞速学研究

是很快就有人公开声称，不再需要"费力"学习外语。① 换言之，人不再需要尝试理解他人说的话，而完全交由智能翻译机来掌控沟通……当越来越多此类"智能技术"在各个面向上、深层次地渗入我们的日常生活后，我们的"变蠢"便越来越具系统性。

人们以为自己只是在**使用**技术产品，然而，后者亦恰恰在**改变**着人。根据布鲁诺·拉图尔等人提出的"行动者-网络理论"（actor-network theory, ANT），物同样是行动者，和其他行动者处于彼此"触动"（affect）与"被触动"的网络结构中。譬如，当一个人身上带着一把枪，他/她就"被携枪所**转化**（transformed）"，"你变得不同，当枪在你的手中"②。可能本来酒吧里一个小口角，瞪两眼说两句狠话也就结束了，但其中一方身上有枪时，枪会让它自身参与进来。我们可以进一步给拉图尔的"行动者-网络理论"添加维利里奥与斯蒂格勒色彩：当一个人拿了枪，（a）他/她就进入枪的速度而非人的速度（事情发生速度会大幅蹿升），（b）他/她大幅度地变蠢（不拿把枪就不知道怎样和别人交流）。正是在互动触动的意义上，**技术能够根本性地改变人**。

维利里奥和斯蒂格勒都把技术物视作"义肢"（prosthe-

---

① 典型如作家花千芳 2019 年 3 月 17 日在其个人微博上发表的学习英语无用论："对绝大多数中国人来说，英语都是一件废物技能。浪费了我们无数人力财力，牺牲了孩子们宝贵的童年。"

② Bruno Latour, *Pandora's Hope: Essays on the Reality of Science Studies*, Cambridge, Mass.: Harvard University Press, 1999, pp. 177, 179, emphasis in original.

sis)。在维利里奥这里,义肢改变了"知觉后勤",譬如望远镜改变了我们对距离和维度的体验,元宇宙头戴显示器则很大程度改变了我们对"现实"的体验……①在斯蒂格勒这里,义肢则是一种"药"(同时是良药和毒药),当人们不加思考地肆用义肢时,就形如"磕药"。这两年,世界各地都有报道有人直接将车开进海里,仅仅因为 GPS 指示继续保持直行……这样的蠢人,恰恰是装备大量技术义肢的人。所以斯蒂格勒提出"药学"(pharmacology):作为"药"的技术,能够治疗人,也能毒害人。衣服能帮助我们御寒,但让我们自身逐渐丧失御寒的能力;我们通过做笔记来帮助自己记忆,但逐渐丧失复杂记忆能力;我们使用 GPS 帮助自己认路,但逐渐丧失认路能力;我们使用计算机帮助自己贮存和处理信息,却快速丧失这些关键能力,最终一步步走向"系统性愚蠢"。

"系统性愚蠢"早有端倪。斯蒂格勒最喜欢用的例子,是美国前联邦财长阿兰·格林斯潘 2008 年 10 月 23 日在华盛顿国会对全球金融危机所做的解释——他说任何人包括他自己在内,全都无法理解金融市场正在发生什么,因为没有人能搞清楚各种金融产品交织影响所带来的复杂效应。那一刻清晰地标识出:金融精英竟被自己的逻辑剥夺了关于自己逻辑的

---

① 关于头戴显示器改组"现实"体验的进一步讨论,请参见吴冠军:《从元宇宙到量子现实:迈向后人类主义政治本体论》,第一章与第四章。

知识，金融市场已经成为"蠢人们的市场"(a market of fools)。①

斯蒂格勒据此提出"普遍化了的无产阶级化"(generalized proletarianization) 命题：人的所有知识正在被清空。人的工作知识，被自动化机器的物质化了的知识所取代。人的生活知识，被那比所有人更了解所有人的大数据算法所吞噬。而人的理论知识，则变成一种无产阶级化的伪知识。恰恰是这种伪知识，生产出系统性愚蠢。② 斯氏表示他完全不同意格林斯潘关于金融危机的说辞，但却很明白这是一个被无产阶级化的人所说的。

知识（工作知识、生活知识、理论知识）被系统性抹除的后果便是，人的"能力"(capabilities)——在诺贝尔经济学奖得主阿玛蒂亚·森意义上作为自由之保障的能力——被彻底剥除了，从而导致全面的贫困。森指出，贫困不仅仅指收入低下，还必须被视为对能力的剥夺。③ 由能力之全面被剥夺所导致的贫困，便正是斯蒂格勒意义上的无产阶级化——个体陷入真正的一贫如洗。

斯蒂格勒认为："人类世"发展出的诸种认知技术，恰恰

---

① Bernard Stiegler, *For a New Critique of Political Economy*, trans. Daniel Ross, Cambridge: Polity Press, 2010, p. 47; Bernard Stiegler, *Taking Care of Youth and the Generations*, trans. Stephen Barker, Stanford: Stanford University Press, 2010, p. 22.
② Stiegler, *States of Shock: Stupidity and Knowledge in the 21st Century*, p. 133.
③ Amartya Sen, *Commodities and Capabilities*, 2nd ed., Oxford: Oxford University Press, 1999.

把认知领域本身无产阶级化了,换言之,把人系统性地变蠢。"认知资本主义"(资本主义系统+认知技术)所导致的最大问题,就是理论知识被系统性地清除掉了。① 故此,伴随着认知技术,在市场上有些人似乎变得更"聪明",但恰恰整体陷入"普遍化的愚蠢":"系统性愚蠢由**普遍化了的无产阶级化**所产生,在消费主义工业系统中,任何行动者都无法逃离。"② "认知资本主义",诚然是围绕获取智能而展开经济性活动的资本主义形态,然而在斯蒂格勒看来,

> 在这种经济性的战斗(尽管同时也是获得智能的战斗)中,一个人为之战斗的东西,并不等同于智能,有时完全是它的反面。经济性战斗原则上只能是达至获得智能这个目标的一个"手段"。但在这场战斗的过程中,某种反转似乎出现了,以至于那只可能是"手段"的东西变成了"目的",而目的成了手段。更进一步,看上去是一场关于智能的经济性战斗,**通过**智能,生产出了其反面:愚蠢、注意力的溃散、无响应性、非文明性、"思考的零度"。③

在资本主义系统中展开的经济性战斗,吞噬了获得智能的战

---

① Stiegler, *For a New Critique of Political Economy*, pp. 45-46.
② Stiegler, *States of Shock: Stupidity and Knowledge in the 21st Century*, p. 45; Stiegler, *Taking Care of Youth and the Generations*, p. 22, emphasis in original.
③ Stiegler, *Taking Care of Youth and the Generations*, p. 31, emphasis in original.

第三章 智能与速度：竞速学研究

斗——所有投身这场战斗的参与者们，集体地走向智能的反面。人类文明，会在"人类世"的系统性愚蠢中坍塌。

斯蒂格勒进一步提出，经由数字科技所开启的总体自动化，使得在21世纪初期"认知资本主义"业已发展成了"计算性资本主义"（computational capitalism）。由于知识（尤其是理论知识与实践性的生活知识）无法计算、无法算法化，故此，它在计算性资本主义中没有位置。在全球化了的计算性资本主义秩序中，"技术已经抵达数字语法化的阶段，它分析并综合整个世界"，而这导致"系统性愚蠢与疯狂的普遍散播"。①

在我看来，用斯蒂格勒笔下的"计算性资本主义"这个术语来描述2023年世界的话，亦有些力有不逮了。我们可以用"人工智能资本主义"（AI capitalism）这个术语来升级它：在当下资本主义秩序中，关于智能的经济性战斗，已经发展为关于"人工智能"的经济性战斗。② 而与此同时，人本身，则普遍地陷入"人工非智能"。在今天，通过智能穿戴装备、植入物、云计算、生成式大语言模型等"体外器官"，人可以放心地让自己变蠢。既然"人类一思考，人工智能就发笑"，那么少思考、不思考（"思考的零度"），便成为身处通用人工智能时代的"智人"的弥散性状态。这是"人工智能资本

---

① Bernard Stiegler, *Automatic Society*: *The Future of Work*, trans. Daniel Ross, Cambridge: Polity, 2016, p.25; Stiegler, *States of Shock*: *Stupidity and Knowledge in the 21st Century*, p.123; Bernard Stiegler, *The Neganthropocene*, p.145.

② 进一步分析，请参见本书第二章。

主义"所导致的"普遍化了的无产阶级化"、普遍化了的"人工非智能"。

2018年斯蒂格勒在其著作《负人类世》中写道：

> 人工的、自动化了的愚蠢，是反知识的具化，它彻彻底底是计算性的（算法的和网络化的）资本主义。在这种资本主义中，"后真相"苦痛作为普遍化了的去知化（它本身是普遍化了的无产阶级化的产物）的末世论而强加于人们，这个进程恰恰当我们进入熵世（the Entropocene）而发生，而晚近这被《卫报》称作特朗普世（the Trumpocene）。[①]

"后真相"社会，恰恰是普遍化了的**去知化**的产物——该社会，建立在人工制造出的、已然自动化了的**愚蠢**之上。而美国第45任总统唐纳德·特朗普这个人物，典范性地标识出这个时代的"人工非智能"。作为《像冠军一样思考》《思想牛人》《登顶之道》等畅销书的作者，特朗普看上去极其"聪明"，能在认知资本主义-计算性资本主义的市场上纵横自如，在国内和国际政治中似乎亦总能"如愿以偿"，但恰恰成为系统性愚蠢的标志性人物。而就是这样的人物，领导着世界上最强大的国家。

联合国2018年10月8日发布报告指出，倘若全球继续按

---

① Stiegler, *The Neganthropocene*, p. 143.

第三章 智能与速度：竞速学研究

照目前的速度暖化下去，而又未能采取迅速和史无前例的相应措施遏制升温现象，到了 2030 年至 2052 年全球气温可能上升 1.5℃。而在 2030 年以后，即便各国政府采取更大规模和更雄心勃勃的减排计划来落实 2015 年《巴黎气候协定》中定下的目标（即，将全球平均气温升幅限制在前工业水平的 2℃ 以内，同时寻求将升幅收窄至 1.5℃），那也是不够的——要把全球暖化控制在 1.5℃ 以内，全球净二氧化碳排放量必须在 2030 年之前，较 2010 年的水平减少 45%，同时在本世纪中达到"净零"水平。联合国政府间气候变化专门委员会（Intergovernmental Panel on Climate Change，IPCC）董事会成员安贾·阿卜杜拉表示："联合国这份报告显示，我们只有很渺茫的机会，避免对我们目前所知、维持生命的气候系统造成不可想像的破坏。"① 而特朗普当选美国总统后，就动用其行政权力直接做出退出《巴黎协定》的决定。特朗普曾在推特上声称："全球变暖这个概念是中国人编造出来以使得美国制造业不具竞争力"，"纽约很冷还在飘雪，我们需要全球变暖！"

特朗普很"聪明"（他多次公开表示自己比奥巴马等前任们"聪明"得多），但恰恰典范式地"具身化"（embody）了去知化的愚蠢。而恐怖的是，人类文明真的会因为这样的愚蠢而进入"特朗普世"。在斯蒂格勒看来，资本主义系统导致

---

① 《全球气温 2030 至 2052 年上升 1.5 度，联合国呼吁控制碳排放》，果乐头条，〈http://mini.itunes123.com/a/20181008235402266/〉。

了技术创新变成永远在加速的、看不见其带来变化（去知化）的逐利过程，人类世也正因此变成"熵世"。① 而在今天，关于"熵世"的更妥切的名称，就是"特朗普世"。②

第四节　系统性愚蠢与"纳什均衡"

从"熵世"（"特朗普世"）角度来审察马斯克的"第三次世界大战"命题，我们便能清晰地洞悉那份可能使这个命题成真的"人工的、自动化了的愚蠢"——诚然，当下正在铺开的人工智能军备竞赛，正在使所有国家都集体性地加速陷入系统性愚蠢。

马斯克把人工智能比作"恶魔"也许不甚恰当，但"人工非智能"确实是人工智能深度社会化所带来的一个无可回避的效应：一方面是**速度导致的永恒的"紧急状态"**，另一方面则是**普遍化了的去知化**。那些不得不应对永恒"紧急状态"的未来领导人，却只需要有一张俊俏的脸蛋（这个趋势已经在发生），而不需要他/她有多智慧——人工智能代替人来负

---

① 关于人类世的进一步分析，请参见吴冠军：《陷入奇点：人类世政治哲学研究》。关于熵世的进一步分析，请参见吴冠军：《从元宇宙到量子现实：迈向后人类主义政治本体论》，第二章；吴冠军：《人类世、资本世与技术世——一项政治经济学-政治生态学考察》，《山东社会科学》2022年第12期；吴冠军：《从人类世到元宇宙——当代资本主义演化逻辑及其行星效应》，《当代世界与社会主义》2022年第5期。

② 在刘慈欣获得雨果奖的科幻作品《三体》中，正是由于世界大国之间因利益冲突无法就环境问题达成法律意义上的协议，导致"三体地球组织"中的降临派领袖人物麦克·伊文斯对人类文明彻底绝望："我们不知道外星文明是什么样子，但知道人类。"参见刘慈欣：《三体》，重庆：重庆出版社，2008，第240页。

责"有智",人只需要根据人工智能的"GPS导航"来行动即可。

马斯克希望用公开呼吁的方式,甚至不惜满口"危言"以达"耸听"的效果,来阻止人工智能军备竞赛:"国家间对人工智能优势的争夺,很可能引发第三次世界大战。"① 马氏这个努力,除了使他成功地荣获"乐戴奖",显然没能有其他实质性效果。尽管马斯克多年来孜孜不倦地宣传人工智能威胁论,但值得我们进一步分析的是:为什么马斯克(以及其他重量级人物如盖茨、霍金)这些年来公开呼吁的努力,却"收效甚微"?②

在我看来,内嵌于当下人类文明的两个结构性元素,使马氏这个呼吁注定无效。这意味着,人工智能军备竞赛会致使所有国家集体加速陷入系统性愚蠢,而**人类文明的当下政治-经济格局**,却已然配置好了确保通向系统性愚蠢的环境参数——这些参数不发生改变,一切呼吁都"只是言辞"(only words),说说而已,甚至马斯克本人的言行也不甚一致。③

第一,**我们的世界仍然处于全球资本主义秩序下**。晚近这

---

① 参见前引《埃隆·马斯克:人工智能将引发三战》。
② 针对马斯克以"脑机接口"方案应对人工智能威胁的专门分析,请参见吴冠军:《神圣人、机器人与"人类学机器"——二十世纪大屠杀与当代人工智能讨论的政治哲学反思》,《上海师范大学学报(哲学社会科学版)》2018年第6期;吴冠军:《人工智能与未来社会:三个反思》,《探索与争鸣》2017年第10期。
③ 马斯克于2023年3月22日同一千余位人工智能专家联名签署"暂停训练GPT"公开信,十多天后便被曝光购买了上万个GPU芯片,并从谷歌DeepMind招募了人工智能人才,以及在内华达州注册创建了一家名为"X. AI"的人工智能公司。关于"双面马斯克"的进一步分析,请参见本书第二章第五节。

些年来，人工智能（a）在各个产业内巨幅降低成本，从而大幅增加利润空间；（b）对人类生活不断提供各种优质服务，并且服务的潜力无可穷尽。这两者，使得它具有巨大的商业化前景。

OpenAI 的成长史，就是一个典型案例。作为非营利性组织的 OpenAI 在马斯克离开后，便宣布重大重组，正式转型成为营利性公司，并接受微软 10 亿美元投资；在成功推出 ChatGPT 后它更是接连获得巨额融资，2023 年 5 月估值已达到 270 亿—290 亿美元。[①]

在资本主义系统中，只要有盈利空间，资本就会源源不断涌入，何况是高额盈利的空间。缺乏盈利性投资，则是资本主义经济危机的真正核心——当盈余资本普遍找不到盈利性出口，经济便陷入停滞，并随之引起大规模失业、资本贬值。[②] 故此，诚如赫拉利所评论的，"只要让他们获得新发现、赢得巨大利润，大多数的科学家和银行家并不在乎要做的是什么事情"[③]。我们可以借用娜奥米·克莱恩的"灾难资本主义"一词[④]，来描述全球资本主义秩序下的"人工非智能"状况：资本主义系统内的行动者们都是"聪明人"（理性经济人），

[①] 《OpenAI 完成 103 亿美元巨额融资》，澎湃新闻，〈https://www.thepaper.cn/newsDetail_forward_22964382〉。
[②] 参见吴冠军：《"历史终结"时代的"伊斯兰国"：一个政治哲学分析》，《探索与争鸣》2016 年第 2 期；吴冠军：《从元宇宙到量子现实：迈向后人类主义政治本体论》，第二章；吴冠军：《爱、谎言与大他者：人类世文明结构研究》，附录。
[③] 赫拉利：《未来简史：从智人到智神》，第 25 页。
[④] Klein, *The Shock Doctrine: The Rise of Disaster Capitalism*, p.6.

最后却是集体性地导致灾难。①

第二，**我们的世界，仍然处在民族国家格局中**。"主权"（so-vereignty）更妥当的译法，是"至高性"。在由主权国家组成的政治场域中，即便有觉得马斯克言之有理的政治领导人，亦无法实质性地采纳其建议，使本国自外于人工智能军备竞赛之外。

这种所有行动者都具有至高的自主决定权但实际上却无法自主决定的状况，便是一种经典的"纳什均衡"。数学家、诺贝尔经济学奖得主约翰·纳什论证了存在着一类策略对局状况，在其中没有任何局中人可以因为单独改变自己的策略而获利。资本主义逻辑（利益最大化）加上主权国家格局（至高决断权），就创建出此种状况。

以下例子构成了一个反思性的参照。1967年美国联邦传播委员会（Federal Communications Commission，FCC）发布规定，烟草公司可以在电视上做广告，但每条烟草广告必须搭配一条公益广告告知公众"吸烟有害健康"。烟草公司此时便陷入同类"纳什均衡"中：它可以选择不做广告，但这样的话顾客就会被对手抢走；而大家越做广告，整体顾客却越流失，因为越多人知晓了吸烟的危害，并被反复提醒。于是，没有公司敢放弃做广告，明知该举措会整体上使所有公司都

---

① 进一步的分析，请参见本书第二章。

受害。①

  基于同样原理，人工智能军备竞赛的前景即便是灾难性的，但赛场内的玩家们谁也无法承受轻易退出所带来的风险——大家表面上都很"睿智"，却导致系统性愚蠢。② 实际上，只要换一个视角看问题，大家就可以一起决定退出这种竞争。但是现实往往不是这样——更新视角并付诸集体行动，是一件极其困难的事。故此这种"纳什均衡"，就变成了牢不可破的局面。

  在体育场看球，原本大家都坐着看，有些观众非得站起来看（出于激动或想视野更大），后面的人也就不得不站起来看，结果所有人都不得不站着看完整场比赛。全体站着看和全体坐着看，看出去的视野是一样的。这个"看球困境"是自我施加的：本来可以不这样，但最后偏生成为这样。

  本来可以选择不这样，但偏要这样。本来可以选择用更好的方式一起合作，可偏选择不合作。这，诚然就是系统性愚蠢。我们选择彼此痛苦，我们选择彼此威胁，我们选择把双手掐到对方的脖子上。

  是以，因当下世界全球资本主义秩序和主权民族国家格局这两个结构性因素，马斯克的人工智能威胁论即便用词再激烈，最后只能徒劳无功。马斯克的"危言"真正带来的思想

---

 ① 这个案例，我受益自万维钢：《有一种解放叫禁止》，"得到"APP。
 ② 和"人工智能军备竞赛"所导致的人工智能焦虑很相似，"鸡娃式教育"所导致的教育焦虑，亦是基于同样原理，相关分析请参见本书第六章中的分析。

激荡,不在于人工智能在可见的未来是否真的能引发第三次世界大战,而是在于如果他是对的,这个世界当下这套支配性的政治-经济-意识形态建制,却只能逼使所有人一起眼睁睁地看着它一步步发生……

斯蒂格勒的批判性矛头主要针对资本主义系统("消费资本主义""认知资本主义""计算性资本主义"),故此他提议一种"新的政治经济学批判"。然而,当代世界的主权国家格局,同样是系统性愚蠢的重要肇因。当年美国烟草公司针对"纳什均衡"想出的破局,是推动国会通过法案(1970)禁止所有烟草公司在电视上做广告,结果一年之内烟草业整体利润提高了 30%。该策略质言之,就是诉诸更高的力量,由它来取消所有行动者的至高状态。①

反观当代世界。今天的联合国,并不具备高于主权国家的"至高性"。2015 年哈贝马斯还在著作中努力呼吁,要以超民族国家的政治体来驯服"技术统治"。② 然而,2016 年以来的英国脱欧、特朗普造墙、美俄《中导条约》废除、美国退出《巴黎协定》等一系列变化,则实际标识了这个世界越来越无力抵抗系统性愚蠢:当这个世界的"聪明人"全都"像冠军一样思考"时,大家便会集体眼睁睁看着自己的愚蠢将整个

---

① 对于"鸡娃式教育"所导致的教育焦虑,中共中央办公厅、国务院于 2021 年 7 月出台"双减"政策,实际上亦是通过取消所有行动者的至高状态,从而破解掉"补课军备竞赛"这个纳什均衡。
② Habermas, *The Lure of Technocracy*, p. 57.

世界吞没。①

格雷汉姆·阿利森提出"修昔底德陷阱"②后,该论迅即被很多政界与学术界的"聪明人"竞相追捧,甚至被视作主导世界的永恒"铁律"。然而,在当代竞速场域中,坚持"新崛起大国与既有大国必有一战"之论,实则是愚蠢到无可救药——要知道(可能那些"聪明人"不知道),"理论"从来就具有构塑"现实"的能力!在当代世界,恰恰因为理论知识已被系统性地剥夺,那么多"聪明人"(实则是被无产阶级化的人)才会把阿利森论调奉为铁律,并不惜让整个世界为自己的愚蠢买单。很不幸的是,我们正在见证的不是"修昔底德陷阱",而是——借用斯蒂格勒"蠢人们的市场"之喻——一个"蠢人们的世界"的陷阱。据说阿尔伯特·爱因斯坦大半个世纪前尝言:"只有两样东西是无限的:宇宙和人类的愚蠢。而我对前者还无法确认。"③在当下这个"人工智能时代"里,这份愚蠢已然无须爱因斯坦级别的头脑来确认了。

---

① 请同时参见吴冠军:《从元宇宙到量子现实:迈向后人类主义政治本体论》,第492—501页。
② See for example Graham Allison, "The Thucydides Trap: Are the U. S. and China Headed for War?" *The Atlantic*, Sep 24, 2015.
③ 当然,和许多爱因斯坦的名句一样,关于这句话的出处目前存有争议,请参见 Andrew Robinson, "We Just Can't Stop Misquoting Einstein", *Primemind*, 14 Mar 2016.

第三章　智能与速度：竞速学研究

结语　作为爱智慧实践/贡献性实践的哲学

我们所身处的这个"人工智能时代"，恰恰是人正在加速性地丧失自身智能的时代，恰恰是人类文明正在全面陷入系统性愚蠢的时代。在人工智能面前，当下整个人类文明（"特朗普世"），实是"其智可及，其愚不可及也"。① 在奈飞2019年动画剧集《爱、死亡、机器人》中，当人类文明终结很久之后，有3个机器人探索一个废弃城市，并最后得出如下结论："他们只是通过成为一帮傻人（a bunch of morons）而作死了自己。"② "蠢人们的世界"，是人工智能时代的真正陷阱。

解构派学者艾维托·罗内尔曾在2002年出版了一部专著：《愚蠢》。在罗内尔看来，愚蠢无法被战胜——人类可以发起一场针对毒品的战争，却无法发起一场针对愚蠢的战争。③ 斯蒂格勒拒绝愚蠢无"药"可救这种看法。在他看来，我们必须立即发起针对愚蠢的斗争，争分夺秒地去努力改变"特朗普世"——在今天，"唯一值得去生活的事情，就是反抗愚蠢的斗争"。愚蠢就像不正义（injustice），尽管不能彻底将之消除，但却必须与之为战；一旦停止战斗，愚蠢就将统治

---

① 《论语·公冶长》："宁武子，邦有道则知，邦无道则愚。其知可及也，其愚不可及也。"
② 《爱、死亡、机器人》第一季第二集《三个机器人》。
③ Avital Ronell, *Stupidity*, Urbana: University of Illinois Press, 2002, p. 3.

一切——"系统性愚蠢结构性地阻止长期视野的重新构建"。①

斯蒂格勒把同愚蠢进行斗争的实践,称作"贡献性实践"——每一个拒绝变蠢的人,都是这个时代的贡献者。而所谓的"别无他路""不再有别的替代方案",这种思维本身就是系统性愚蠢的一个结果。作为哲学家的斯蒂格勒提出:"哲学诞生下来,就是和智术性的愚蠢做斗争。"② 今天的特朗普、格林斯潘们如同古希腊时代的智者(sophists),个个看上去都极为"睿智",然而带给人类文明的却恰恰是"智术性的愚蠢"。在斯氏眼里,这些当代身为决策者的官员们不但"无-能",而且"无-意识"。③

哲学家(爱智者)能做什么?

哲学家无法改变"竞速革命"带来的时空压缩,无法改变技术的加速发展,但**哲学家们可以通过介入性-批判性的分析,去改变技术的社会-政治效应**(socio-political effects)。用斯蒂格勒的话说,就是去"同一种导致愚蠢之统治的经济与政治情境做斗争"④。

---

① Stiegler, *Taking Care of Youth and the Generations*, p. 132; Stiegler, *For a New Critique of Political Economy*, p. 5.
② Stiegler, *States of Shock: Stupidity and Knowledge in the 21st Century*, pp. 44, 174; Stiegler, *The Neganthropocene*, p. 83.
③ Stiegler, *Automatic Society: The Future of Work*, p. 161.
④ Stiegler, *States of Shock: Stupidity and Knowledge in the 21st Century*, p. 32.

第三章 智能与速度：竞速学研究

斯蒂格勒强调资本主义系统必须被改变。① 而值得进一步补充的是，民族国家的主权格局同样必须被改变。这种介入性的爱智慧实践，用卡尔·马克思的话说，就是哲学家的"第十一论纲"："哲学家们以往都仅仅是在以不同的方式解释世界；但关键在于，去改变这个世界。"② 而改变资本主义秩序与民族国家格局这两者，恰恰皆是马克思当年提出的改变世界的方向。

在人工智能时代，改变世界的出路，绝不会是去拒绝乃至封杀加速发展的技术，让一切回归到前人工智能的"生物化学算法"上——在这个意义上，"乐戴分子"实际上从来无法改变世界。**真正能够改变世界的实践，必然是哲学性的，亦即，需要实践者投入自身的"智"。**

在人工智能时代，改变世界的实践必须包含两个层次。首先是，(a) 去追问和思考如下问题：我们能用加速发展的技术，产生出怎样的新知识来？

进而，(b) 在新知识的基础上，不断激进地——加速地——更新既有的政治-经济-意识形态建制。

这种哲学性实践，是同系统性愚蠢展开有效斗争的爱智慧实践，是使智人集体性地摆脱人工智能时代的"第三次世界

---

① Stiegler, *States of Shock: Stupidity and Knowledge in the 21st Century*, pp. 62-63. 关于对"数字资本"的进一步分析，可参见蓝江：《数字资本、一般数据与数字异化：数字资本的政治经济学批判导引》，《华中科技大学学报（社会科学版）》2018年第4期。
② Karl Marx, "Theses on Feuerbach", in Eugene Kamenka（ed.）, *The Portable Marx*, New York: Penguin, 1983, p. 158.

大战"、摆脱"特朗普世"、摆脱"修昔底德陷阱"(……)的贡献性实践。① 而本章中的分析,则旨在成为这种爱智慧实践/贡献性实践中的一个微小但具体的努力。

---

① 关于人工智能时代贡献性实践的进一步讨论,请参见吴冠军:《后人类状况与中国教育实践:教育终结抑或终身教育?——人工智能时代的教育哲学思考》,《华东师范大学学报(教育科学版)》2019年第1期。

第四章 竞速统治与后民主政治：政治哲学研究（I）

> 人类的"个体"，变得无关紧要；而后人类的人工智能算法、芯片与大数据，才是"至关重要"的。民主权力正在被算法权力取代。

引言　从热词到关键词

我们诚然生活在一个由技术驱动的"加速主义"时代——即便没有"加速主义政治"学派摇旗呐喊,我们也能感受到技术加速的汹涌节奏。

短短几年间,"移动支付""人工智能""智能机器人""基因编辑""无人驾驶""物联网""智慧城市""区块链""量子计算""元宇宙""数字孪生""大语言模型""6G"……一个又一个技术名词竞相掀起资本市场的狂潮,更是刺激着人们的认知系统。在当代的竞速场域中,各种技术领域的新术语——尽管很多人查了名词解释后还是"不明觉厉"——变身为媒体与公共生活热点话题之速度,几乎可以同具有古老传统的明星八卦比肩。①

在这些快速更新的技术热点话题中,"人工智能"无疑在最近十年始终占据了核心位置。尤其是从 2016 年"阿尔法狗"4∶1 击败世界顶级围棋棋手李世石、随后一路连败(并且完败)所有顶尖人类棋手开始,"人工智能"迅速从一个技术领域专业论题,变身为引爆媒体与社交媒体的公共话题。

---

① 关于"八卦"对于人类文明的重要性之分析,请参见赫拉利:《人类简史:从动物到上帝》,林俊宏译,北京:中信出版集团,2014,第 24—26 页。

而 2022 年以 ChatGPT 为代表的生成式人工智能的问世，更是使得人工智能成为全球性的焦点。

然而，同样极为吊诡的是，过去 10 年我们见证了越来越多的人工智能专家站出来呼吁停止开发人工智能，最近连图灵奖得主杰弗里·辛顿、约书亚·本吉奥等人都加入其中。

人工智能到底会把人类文明带向何方？随着学术界各个学科领域（从法学、伦理学、经济学、教育学、军事学到认识论、心灵哲学……）研究性工作的跟进，时至今日，人工智能已不只是一个"热词"（buzzword），而且正在成为定义这个时代的一个"关键词"（keyword）。

在已然高度繁荣（大量学者跨学科参与、众多学术刊物开辟固定专栏）的关于人工智能的学术研究中，从政治哲学角度出发而展开的研究，却仍处于极度边缘状态。上一章我们从竞速学视角，分析了人类在滑向技术奇点与生态奇点的"人类世"中，恰恰正在陷入系统性愚蠢。智人，正在陷入"特朗普世"，正在迈向"思考的零度"。在本章中，我们进一步将分析推进到政治哲学层面，为当下关于人工智能的高热度讨论，注入政治哲学的反思视角。

第一节　作为"行动元"的人工智能

围绕人工智能的当代探讨中，最能点爆关注焦点的，便是"对抗性模型"分析：延续"阿尔法狗"PK 人类棋手所造成

第四章 竞速统治与后民主政治：政治哲学研究（I）

的媒体影响，通过聚焦人工智能和人类的对抗（智能对抗、生命形态对抗、文明形态对抗……），来审察与揭示前者可能对后者带来的挑战乃至威胁。在这个分析进路中，人类（与人类文明）的"终结"——亦即第二章重点讨论的"机器末世论"——成为最具冲击力的命题。

有意思的是，王志强在题为《关于人工智能的政治哲学批判》的论文中，讨论了未来"不以人类为主导"的人工智能和人类会形成的政治关系。王志强的结论是：

> 有目的的超人工智能对于人类来说，它的诞生一定是政治性的，而它也将在不同意义上终结政治。①

那种在对抗性模型中崛起、能够**政治性地终结人类政治**的人工智能，只能是"强人工智能"（strong artificial intelligence）——王志强称之为"有目的的超人工智能"——成为可能以后的可能前景。但"强人工智能"同目前基于大数据训练与"来自人类反馈的强化学习"（reinforcement learning from human feedback, RLHF）的人工智能之间，存在着巨大裂口：后者之所以能够在多个具体领域（相继吸引媒体关注的有图像识别、智能对话、自动驾驶、翻译、围棋、图像生成、

---

① 王志强：《关于人工智能的政治哲学批判》，《自然辩证法通讯》2019 年第 6 期，第 96 页。这是为数不多的从政治哲学角度来研究当代人工智能指数级发展的论文。在文章中，王志强在讨论了"人工智能-人类"的政治哲学后，进而讨论了"人工智能-人工智能"的政治哲学、"后人类"（赛博格）与人工智能的政治哲学。

面部识别、语音识别、语音生成、多模态生成等）突飞猛进，是因为其算法可以在相关领域大数据的投喂与训练下不断迭代。然而，如果让用各类文本进行预训练的 ChatGPT 去玩《魂斗罗》（一款 1987 年问世的动作游戏）的话，恐怕会状若白痴，连一个幼童也不能战胜，遑论开启"机器末世"。

进而，即便"强人工智能"会在 21 世纪内问世，即便它具有智能地完成几乎所有目标（包括学习、认知）的能力，仍然并不意味着它拥有"意识"（consciousness）乃至"自我意识"。① 王志强这样论证"有目的的超人工智能"必然是政治性的：

> 目的可理解为欲望，在资源约束条件不变的前提下超人工智能的实践行动必然会介入人类既有的装备、能源等资源，而超人类的智能将带来无可抗拒的强制性。②

正是在这里，王志强混淆了**智能**（完成复杂目标的能力）与**意图**（对于欲望的感受，并以此为目的设定目标）：拥有目标（goal）、具有目标导向的行为、能智能地达成目标，并不意味着拥有意图/目的（purpose）、拥有对欲望的感受乃至意识。就生物大脑（尤其是高级生物物种）而言，其智能同压制竞

---

① "意识"是当下人工智能争论中的一个热点，"本世纪必出现"及其相反论点的拥护者几乎等量齐观。ChatGPT 这样的大语言模型，尽管和"强人工智能"全然不同，更不具备"意识"，但在某种意义上已意味着"通用人工智能"不再遥不可及。进一步分析，请参见本书第二章第三节。

② 王志强：《关于人工智能的政治哲学批判》，前引刊物，第 95 页。

第四章 竞速统治与后民主政治：政治哲学研究（I）

争对手、获取资源等目标产生密切关联。但对于人工智能来说，此种关联却无法成立：目标无法从意图中生成，只能从外部输入。

当下，我们看不到那种能产生自身意图乃至意识的强人工智能，用政治性的方式压制人类的前景。有从"人类 VS 人工智能"的对抗性模型中走出来，把"机器末世论"（暂时地）放在一边，我们才能从政治哲学层面去深入分析我们时代的人工智能所带来的政治挑战。

只要我们暂时抛开未来主义画面，而仔细考察当下时代，我们就能得出这个结论：我们**已经**生活在人工智能时代中。诚如安东尼·艾略特所论："就像电，人工智能在根本上是**看不见的**。"[①] 人工智能早已入侵社会诸多面向，并施加深层次的改变——如社交媒体与新闻 APP 的智能信息推送、购物 APP 的商品推送、云存储与云计算、语音朗读、GPS 导航等，早已将改变深深嵌入我们的日常生活习惯中。早在 2018 年 9 月在上海召开的世界人工智能大会上，人工智能在教育、健康、金融、零售、交通、制造、服务等各个社会领域的"全面赋能"已然得到集中性的展示，包括解放双手的无人驾驶、人工智能技术加持的智能车间、由"机器人医生"坐诊的"诊室"、"看脸"吃饭与购物的智能商场，等等。为人类"赋能"，便正是人工智能在我们这个时代施加改变的形式。

[①] Anthony Elliott, *The Culture of AI: Everyday Life and the Digital Revolution*, London: Routledge, 2019, p. xxi, emphasis in original.

根据麦肯锡全球人工智能调研（McKinsey Global Survey on AI）于 2022 年 12 月发布的《2022 年人工智能状态以及五年回顾》报告，当前人工智能的采用度（adoption）相较于 2017 年增加了一倍多：2017 年，20% 的受访者表示至少在一个业务领域采用了人工智能，而 5 年后这一比例为 50%。与此同时，机构使用的人工智能技术，如自然语言生成和计算机视觉，也翻了一番：从 2018 年的平均 1.9 个技术，增加到 2022 年的平均 3.8 个技术。在这些项目中，机器人流程自动化和计算机视觉，是每年最常用的技术。而自然语言文本理解则从 2018 年的中间位置，上升到仅次于计算机视觉的第 3 位。数据显示，在过去 5 年里，越来越多的组织与机构已嵌入诸种人工智能能力。[①] 仅仅 6 个月后，该机构便发布全新报告《生成式人工智能的经济潜力：下一代生产力》，在其中提出人工智能"将诸种工作活动自动化"的时间比此前报告之预估大幅提前了 10 年，到 2045 年左右今天 50% 的工作活动会被自动化。[②]

人工智能的"赋能"，尽管形式温和甚至往往看不见，实则已然深层次地改变了当代世界的政治图景与社会形态。借

[①] "The State of AI in 2022—And a Half Decade in Review", McKinsey, 6 December 2022, available at 〈https://www.mckinsey.com/capabilities/quantumblack/our-insights/the-state-of-ai-in-2022-and-a-half-decade-in-review〉.

[②] "The Economic Potential of Generative AI: The Next Productivity", McKinsey, 14 June 2023, available at 〈https://www.mckinsey.com/capabilities/mckinsey-digital/our-insights/the-economic-potential-of-generative-ai-the-next-productivity-frontier〉.

第四章 竞速统治与后民主政治：政治哲学研究（I）

用行动者-网络理论的术语来说，人工智能实质上已经是当代世界的一个关键性的"行动元"（actant）：尽管没有"生命"①、没有"意识"，但具有**能动性**（agency），是"有生气的"（vibrant），不断地对世界这个"聚合体"（assemblage）中的其他人类的与非人类的行动元做出各种触动（affect），同时被触动。

这是一个**后人类主义视角**：人类并不是唯一具有能动性的行动者，物（things）同样具有能动性，尤其当这个物具有"智能"时。

以 GPS 导航为例。表面上，是人类驾驶者在"使用"GPS。然而，似乎只是被"使用"的后者，亦在积极地对前者进行"触动"，使其按照某个路线行驶。② 就跟你身上带一把枪（不具备"智能"的物）一样，就算你没有"使用"它，枪也会"触动"你，影响你说话和行事的方式。布鲁诺·拉图尔曾说，"好公民被携枪所**转化**"，"你变得不同，当枪在你的手中；枪变得不同，当你握着它"，这种交互触动形成的是"一个公民-枪，一个枪-公民"。③

在和"枪-公民"类似的意义上，今天很多民族国家，已

---

① 关于人工智能是否代表了一种新形态的"生命"，本身便是当代人工智能讨论的一个热点聚焦，譬如，泰格马克通过将"生命"重新定义为"一个能保持自身复杂性并进行复制的过程"，而将人工智能视作"生命"（"生命3.0"）。See Tegmark, *Life 3.0: Being Human in the Age of Artificial Intelligence*, p. 37.
② 世界各地这些年都有报道，驾驶员"受控于"GPS而直接将车开进海里或河里……
③ Bruno Latour, *Pandora's Hope: Essays on the Reality of Science Studies*, Cambridge, Mass.: Harvard University Press, 1999, pp. 177, 179.

经成为"人工智能-民族国家"(当然，民族国家框架下的人工智能，也成为"民族国家-人工智能")。换言之，民族国家，正在隐秘但实质性地被人工智能这个"技术对象"所转化，正如它在 20 世纪被核武器所转化那样。有意思的是，以 ChatGPT 为代表的生成式人工智能的技术基石，就是"转化器/转化者"(transformer，GPT 里的 T)。这个命名恰好暗示出了，人工智能是具有强大"转化"力的行动元。这就意味着，我们在分析当代世界政治时，必须要把人工智能这个行动元纳入分析。①

那么，人工智能是如何作为行动元，来触动乃至转化其他行动元的？在这里我要提出的是："赋能"，便正是人工智能作为行动元的触动方式。

我们都听到过那个著名笑话：当你和同伴碰到狮子，你不需要跑过狮子，你只需要跑过你的同伴。人工智能并不需要全面智能(亦即成为能力无死角的通用人工智能甚至强人工智能)，只需要在各个具体领域比该领域的从业者更智能，那就足以使人全面地变成该笑话里的那位"同伴"。

史蒂芬·平克在评论基于深度神经网络的人工智能时写道：

> 每一个系统都是一个愚蠢的专才(idiot savant)，对

---

① 关于行动元与行动者-网络理论的进一步分析，请参见吴冠军：《后人类状况与中国教育实践：教育终结抑或终身教育？——人工智能时代的教育哲学思考》，《华东师范大学学报(教育科学版)》2019 年第 1 期。

第四章　竞速统治与后民主政治：政治哲学研究（I）

没有安排给它解决的问题，就基本没有能力跳过去解决。①

在平克看来，各种基于人工神经网络、用大数据"机器学习"来训练的人工智能系统，仍只能算是"愚蠢的专才"，智能十分有限，不会自己"主动"去跨领域地解决问题。实则，人工智能系统并不需要"跳过去解决"其他问题，它只需要在用大数据训练过的那个领域中处理问题时表现出优异的智能就行了。驾驶员在行驶中不再需要自己记路和辨别方向，GPS比其记忆和判断远为可靠；政治家在突发危机面前不再需要一一听取智囊的分析与建议，人工智能比这些专家更能精准地判断形势和给出建议；学生不再需要就知识性的问题找老师答疑，大语言模型比老师给出的答案质量高得多、速度快得多。现代性的一个后果便是**专业化**（professionalization）、而这恰恰使得被嘲笑为"愚蠢的专才"的人工智能，可以全面开花地，但同时又是点对点地一一"上门踢馆"。并且，多模态的大语言模型正在跨过专用人工智能的边界，以快速迭代的方式不断在接近通用人工智能的门槛。

我们已经见证：人工智能处理信息、数据与"深度学习"的速度，完败人的"生物化学算法"。时间回到2016年：李世石最初和"阿尔法狗"对弈时还取胜一盘，然而当他回去

---

① Steven Pinker, *Enlightenment Now: The Case for Reason, Science, Humanism, and Progress*, New York: Viking, 2018 (ebook), pp. 368-369.

吃饭洗澡休息、第二天再坐到棋桌上，对面的对手业已"脱胎换骨"。2023年的当下，优秀的人类设计师诚然能交付出好的创意图，但同样时间Midjourney可能已经提供出1000张极具创意的设计图（并且极其便宜）。保尔·维利里奥曾在40多年前宣称："实际上并没有'工业革命'，有的只是一个'竞速革命'。"① 人工智能，实则正是人类文明史上最晚近也是迄今为止最剧烈的"竞速革命"。在这场革命中，人自身的参与程度被剧烈边缘化——很多场合，人已经陷入无关紧要（irrelevant）。②

维利里奥在20世纪90年代，将"信息轰炸"③视为时代的一个核心的生存性状况。而今天数以百亿计的网络连接设备，已经产生出"数据轰炸"。对"信息轰炸"，人的"生物化学算法"还能拥有一定的直观感受（并设计出一些强化训练来应对），但对"数据轰炸"却完全"无感"——它们无法为感官所捕捉，无法为知觉所处理。我们每天都有巨大的数据流在身边、在指尖、在眼前"川流"，但完全无法与之发生关系。"大数据"（big data）只有在人工智能作为行动元参与进来后——被人工神经网络"触动"后——才成为一个举足轻重的行动元。根据行动者-网络理论，各行动者并不具备先于和外在于聚合体（"网络"）的独立的存在与能动性；其存

---

① Virilio, *Speed and Politics: An Essay on Dromology*, p.69.
② 请同时参见本书第三章。
③ Virilio, *The Information Bomb*.

在与能动性，皆是通过彼此间的交互触动，而在物质-话语层面"互相构建"（mutual constitution）出来。① "大数据"在软件算法、硬件芯片等行动元参与进来前，并不**存在**（或者说，只是以"数据轰炸"的形态而非"大数据"的形态存在）。

可以说，今天的人工智能，便主要是软件算法、硬件芯片与大数据这三个行动元（以及无数微观的行动元）互相触动所形成的**能动性效应**（agentic effect）。② 作为行动元的人工智能，自身亦是一个**能动性聚合体**（agentic assemblage）。人工智能的输出，是该人工神经网络（聚合体）内大量人工神经元互相触动所形成的能动性效应。

人类的"自由意志"，同样是数以亿计的神经元（以及其他行动元）互相触动而形成的能动性效应。乔治奥·阿甘本曾建议：

> 我们不应将主体思考为一个实体，而是**形成**（becoming）之奔流中的一个**旋涡**。③

人类的"个体"绝非如自由主义所预设的"in-dividual"（不可分割），而是由无数行动元（包括神经元、各种细胞、肠道菌群乃至各种物、其他个体、抽象理念……）之交互触动所暂

---

① See Karen Barad, *Meeting the Universe Halfway: Quantum Physics and the Entanglement of Matter and Meaning*, Durham: Duke University Press, 2007, p. 33.
② 在"来自人类反馈的强化学习"中，人类反馈者也是一个核心的行动元。
③ Giorgio Agamben, *The Fire and the Tale*, trans. L. Chiesa, Stanford: Stanford University Press, 2017, p. 61.

时性地构建，并不断处于"形成"之奔流中，甚至不断发生旋涡性的剧变。如朱迪丝·巴特勒所说，

> 我已经是一个集会（assembly），甚至一个包罗万象的集会，或者一个聚合体。①

巴特勒提出，第一人称代词"我"，指代的是一个"复杂性"（complexity）。② 这个复杂性不是众多"身份"的符号性叠加（比如既是教授又是父亲），而是大量行动元彼此触动所形成的、处于不断变化中的能动性效应。

于是，人类"个体"并不先天具有能动性与统一性：其"能动性"，实是聚合体（一个"行动者-网络"）内无数力量经由他/她的运动而产生，而非由作为"主体"的他/她所自主地生成；其"统一性"，则是通过掩盖乃至擦除那些力量的彼此触动轨迹而达成。人类个体作为一个能动者，既是各种聚合体里的行动元，同时自身又是一个聚合体，其能动性由无数行动元所"制-动"（en-act）。

由于网络里的行动元可以是人类也可以是非人类，可以十分宏大和十分微小，会有完全没有形体的符号性造物，也会有前符号性-语言性的存在，故此，简·本奈特这样界定行动元：

---

① Judith Butler, *Notes Toward a Performative Theory of Assembly*, Cambridge, Mass.: Harvard University Press, 2015, p. 68.
② Ibid.

第四章 竞速统治与后民主政治：政治哲学研究（I）

> ［行动元］既不是一个对象也不是主体，而是一个"介入者"（intervener）。①

诚然，作为介入者的行动元，在其介入能力上具有高下之分。拉图尔强调，"能力是从其施为（performance）中推导出来"②，而不是在行动前预先设定。而在当代世界这个聚合体中，人类在人工智能所带来的"竞速革命"下，其作为行动元的介入能力，正在迅速地被边缘化。

人类中心主义的时代，正在谢幕。

第二节　竞速统治与全面赋闲

我们已然能在日常生活中见证到，当下这个人工智能时代的"竞速革命"所带来的变化：从购物、获取资讯到择偶、招聘人才……人们正在把越来越多的决断权交给人工智能算法。当大数据投喂下不断迭代的算法在分析人类行为、预测人类决策时已经"比你更了解你"时，人类便会更多地让算法来代替自己做决策，这又导致其决策**更容易被算法处理**——人类的与非人类的行动元在这样的彼此触动中，最后的总体效应，无可避免地是人类行动元被最大程度地边缘化。

---

① Jane Bennett, *Vibrant Matter: A Political Ecology of Things*, Durham: Duke University Press, 2010, p. 9.
② Bruno Latour, *Politics of Nature: How to Bring the Sciences into Democracy*, trans. C. Porter, Cambridge, Mass.: Harvard University Press, 2004, p. 237.

由于运算和处理数据的速度大幅落后,作为"生物化学算法"的神经元越来越闲置(或者说被下岗)——**人工智能算法的全面赋能,便是"生物化学算法"的全面赋闲**。这就是为什么在迈向通用人工智能的技术加速时代,"躺平"恰恰成为一个社交媒体热词,乃至定义时代的一个关键词。

维利里奥独具洞见地将政治哲学的核心,称作"竞速统治",其实质便是速度的专政。而在人工智能时代,"竞速统治"越来越实质性地演化成具体的政治前景。深怀"人工智能焦虑"的马斯克曾声称:"第三次世界大战"将会由人工智能开启。这个论题经常被评论者们放在"人类 VS 人工智能"的对抗性模型中讨论,亦即人工智能会"有意"发动世界战争、毁灭人类文明。这个论题真正具有政治哲学思考价值之处,恰恰在于它描绘了一种"竞速统治"的可能前景。[1] 当人工智能这个行动元介入到世界"网络"中之后,主权性的民族国家就实质性地变成了"人工智能-民族国家"——人工智能**转化**(transform)了民族国家,使之激进地越出**现代性政治哲学**对它的讨论框架。

麦克斯·泰格马克在其晚近论人工智能的专著中写道:

---

[1] 此处有必要重温上一章曾分析过的那个竞速场景:国家领导人面对突然而来的警信,一小时后(甚至更短)各主要军事基地将会受到另一国家全面的导弹袭击……最后领导人只能依赖人工智能的判断来决定是否立即让己方武器升空(以免太晚全部被摧毁)……这种存在着作为行动元的人工智能所深度介入的"世界",是人类文明史上全然陌生的。亦正是在这个视角下,我们可以定位于马斯克"第三次世界大战"论题的政治哲学价值。请同时参见本书第三章第二节。

第四章 竞速统治与后民主政治：政治哲学研究（Ⅰ）

"发展正朝着彻底自主选择和袭击目标的全自动武器前进，把所有人拉出决策圈以取得速度，这在军事上是极具吸引力的。"① 人类的生物化学算法，诚然早已跟不上今天信息与武器的速度——仍然让这些神经元在低速度上承受巨压频繁劳作，会无可避免地被"发展"所彻底淘汰。可以想见，自动化地直接让人工智能来决断、以省下人类作为"虚假决策者"所浪费掉的那些边际时间，将是"竞速统治"所无法避免的前景。人类"个体"始终在有限信息下做决策——这种决断，被雅克·德里达描述为"无可决断的决断"。而用大数据来进行训练并快速迭代自身的人工智能算法，虽未在本体论意义上破除"有限性"②、未能全面驯服"无可决断之域"，但它只要远远超过人类的能力（如前文笑话里那个跑速快过其同伴的人），就会实质性地接管决断权。

未来的主权国家领导人，要无视人工智能的判断而自做决断，变得越来越不可能。假设一个类似"古巴导弹危机"的状况发生在不远的未来，当人工智能基于对 B 国领导人以及该国诸种具体状况之大数据分析，给出"虚张声势"（bluffing）之可能性不到 10% 的判断，此时 A 国领导人是否还能够坚持己见地说，我了解对方，他/她不会真的让导弹升空？执行同人工智能判断相悖的决策所导致的后果，就全部

---

① Tegmark, *Life 3.0: Being Human in the Age of Artificial Intelligence*, p.145.
② 故此像平克那样用"上帝式全知全能"形容人工智能，是极其误导性的，cf. Pinker, *Enlightenment Now: The Case for Reason, Science, Humanism, and Progress*, p.368.

落在他/她一个人身上；并且即便领导人愿意担负其决断的所有责任，当其分析局势的"速度"**事实上**远远跟不上人工智能时，其部下会不会执行其命令，又会有多少国民愿意支持？

这便是"竞速统治"的关键：不在于一两个人是否逆着"速度"行事，而是这样做会被雅克·拉康所说的"大他者"（the big Other）所否定，会被视作疯狂、愚蠢或精神错乱。"第三次世界大战"，由强人工智能向人类发起的可能性并不大，但是在"人工智能-民族国家"（被人工智能**转化**的民族国家）之间发生，却是具有现实的可能性。① 在竞速统治的格局中，领导人将越来越变成一张脸、一个象征性符号，就如当年实权性的国王在民主（democracy，民众统治）格局下只能以被象征化的方式而存留自身。

进而，人工智能在各个社会领域的"全面赋能"，意味着作为行动元的人类在各个领域的全面边缘化。牛津经济研究所 2019 年 6 月 25 日发布报告《机器人如何改变世界：自动化对于就业与生产性究竟意味着什么》，根据其计算，仅就制造业而言，自 2000 年以来全球已有 170 万就业岗位消失，而在 2030 年前会有多达 2000 万个岗位消失，这些就业岗位由自动化系统替代，机器人能够处理高度复杂任务并适应不同的工作环境，且成本越来越便宜。除制造业外，机器人已经

---

① 进一步的分析请参见吴冠军：《速度与智能：人工智能时代的三重哲学反思》，《山东社会科学》2019 年第 6 期；吴冠军：《从元宇宙到量子现实：迈向后人类主义政治本体论》，第 492—501 页。

第四章 竞速统治与后民主政治：政治哲学研究（Ⅰ）

大幅度地深入医疗保健、物流、零售、运输以及餐饮相关行业，并在向社会各个领域快速延伸。大致上只要是重复性的、机械性的工作，以及需要海量检索和分析数据的工作，机器的取代都迫在眉睫。① 这个报告主要篇幅聚焦制造业，这让我们很容易联系到19世纪机器取代工人的场景。

今天媒体仍然将人工智能威胁论者如马斯克、霍金、盖茨称作"乐戴分子"——那是19世纪英国纺织工人所组成的秘密社团，他们摧毁棉纺机器，声称新技术将毁灭世界。许多当代人工智能研究者亦认为，无须对岗位消失感到担心，因为就像当年离开制造业的工人大量进入服务业那样，超级计算机、智能机器、机器人、人工智能算法，亦将会带来很多新的岗位。② 真的是这样么？

杰奥夫·科尔文是"无须担心"论的代表人物。他在影响广泛的《人类被低估》一著中宣称：过去300年在推动经济发展上被认为重要的那些技能，在今天已经不再是最有价值的了。科尔文写道：

> 新的高价值技能是我们最深层的本性的一部分，那些

---

① 《牛津经济研究所报告称，全球2000万岗位将由机器人替代》，东方网，〈http://mini.eastday.com/mobile/190627175356236.html〉。

② Joel Mokyr, "The Past and the Future of Innovation: Some Lessons from Economic History," *Explorations in Economic History*, 2018 (3), available at 〈https://doi.org/10.1016/j.eeh.2018.03.003〉; Joel Mokyr, Chris Vickers, and Nicolas Ziebarth, "The History of Technological Anxiety and the Future of Economic Growth," *Journal of Economic Perspectives*, 29 (3), 2015, pp. 31-50.

> 诚然将我们定义为人类的能力：感知别人的想法和感受、在群体中有效地工作、建立关系、共同解决问题、以用逻辑无法达到的力量来表达我们自身。①

科氏观点实际上就是，人际关系与互动的能力在人工智能时代将成为"高价值技能"。牛津报告也给出同"科氏职场指南"相近的答案：需要"同情心、创造性、处理人际关系"的工作，"在未来几十年内仍将专属于人类"。②

然而，"无须担心"论未能纳入分析视野的是：人工智能所带来的"全面赋能"，和 19 世纪的那次"机器入侵"全然不同。媒体和研究者对制造业的特别聚焦，实则恰恰遮蔽了这个不同：人工智能的赋能，不只是针对人类的**身体能力**，并且针对其**认知能力**。那就意味着，人工智能绝不只是用机器（智能机器）将工人从工厂车间中"驱赶"出去，绝不只是针对所谓的"低技能岗位""体力劳动"，而是全方位地将人类"驱赶"出去，包括律师、教师、医生、理财经理这类主要建立在认知能力之上的工作岗位。

人工智能并不需要一个机器人的身体，而是只需要连接互联网即可。神经网络算法与大语言模型正在越来越多地进入

---

① Geoff Colvin, *Humans Are Underrated: What High Achievers Know That Brilliant Machines Never Will*, New York: Penguin, 2015, p. 4.
② 《牛津经济研究所报告称，全球 2000 万岗位将由机器人替代》。相近的观点亦请参见 David Autor and Anna Salomons, "Is Automation Labor Displacing? Productivity Growth, Employment and the Labor Share," *Brookings Papers on Economic Activity*, 2018, available at 〈http://www.brookings.edu/wp-content/uploads/2018/03/1_autorsalomons.pdf〉.

第四章 竞速统治与后民主政治：政治哲学研究（Ⅰ）

以认知为核心的专业领域，不断地借助大数据训练而快速迭代算法。尤瓦尔·赫拉利提出，"由于机器学习和机器人技术会持续进步，所以其实任何人类工作都有可能受到自动化的威胁"，"人工智能要把人类挤出就业市场，只要在特定行业需要的特定能力上超越人类，就已足够"。① 对于科尔文等人所提出的人际互动沟通能力，赫拉利很有说服力地提出：人工智能的"非人类能力"，能够在更智能——亦即更有效率达成目标——的层面上直接解决问题。人工智能并不致力于加强人类"个体"彼此之间的互动与联系，而是用远为高效的"集成网络"来全盘取代。赫氏写道：

> 计算机并不是彼此相异的独立个体，因此很容易把计算机集成为一个单一、灵活的网络。所以这样说来，我们面临的不是几百万台计算机和机器人取代几百万个工人，而是所有个体的工人都会被一套集成的网络所取代。因此，讨论自动化的时候，不该把"一位司机"的能力拿来和"一台自动驾驶汽车"比较，也不该把"一位医生"和"一位人工智能医生"进行比较，而该拿"一群人"的能力和"一套集成网络"进行比较。②

---

① 赫拉利：《今日简史：人类命运大议题》，林俊宏译，北京：中信出版集团，2018，第 28 页；赫拉利：《未来简史：从智人到智神》，第 290 页。持相近观点的研究请参见 Martin Ford, *The Rise of the Robots: Technology and the Threat of a Jobless Future*, New York: Basic Books, 2015; Ursula Huws, *Labor in the Global Digital Economy: The Cybertariat Comes of Age*, New York: Monthly Review Press, 2014.

② 赫拉利：《今日简史：人类命运大议题》，第 20 页。

换言之，人际互动与沟通上人类具有的"高价值技能"，恰恰能够被人工智能的"非人类能力"在远为智能的层面上整个取代。由一群人（如人类医生、人类司机）所构成的行动者-网络，不管里面有多少擅长"感知别人的想法和感受、在群体中有效地工作、建立关系、共同解决问题、以用逻辑无法达到的力量来表达我们自身"的高能力行动元，其内部各个行动元互相"触动"所形成的最终效应，都无法达到人工智能这个行动者-网络所产生的效应——后者不只是在处理数据、运算和学习上具有巨大的速度优势，其内部各行动元的彼此"触动"方式亦远为直接，不需要"沟通技巧"、无须感知或猜测"别人的想法和感受"，亦不需要用超过逻辑的"力量"来表达自身。这就是"数字模式共同体"远胜于"模拟模式共同体"的地方。①

进而，晚近以ChatGPT为代表的大语言模型，已然使得通用人工智能不再彻底遥不可及：ChatGPT能编程，写学术综述，创作诗词、剧本，设计广告文案，进行多语种翻译，能做医疗诊断，能帮助企业进行战略分析与管理，能做数据分析与进行预测，能以某知名人物的口吻或风格来表述观点进行创作……人工智能逐渐成为没有能力短板的"全职高手"，它能做很多事，而且做得相当好，极其好，用马斯克的话来说，"好到吓人"。② 对于正在从事相应工作的职场人士、专业

---

① 进一步的讨论，请参见本书第一章第五节。
② 进一步的讨论，请参见本书导论第一节。

人士而言，职场的大门还能打开多久？此前是 A 译者被能力更强的 B 译者所取代，C 设计师比更具创意的 D 设计师取代，现在是所有的人类从业者都将被"生成式预训练变形金刚"（generative pre-trained transformer）① 取代——与后者相较，能力大幅不足、管理成本高昂的前者将全面**不被需要**。

这种具有强大介入能力、能改变社会多个面向的"生成式预训练变形金刚"，本身就是一个行动者-网络，一个能动性聚合体。大语言模型的各个副本，皆是各自对不同文本展开学习的能动者（行动元）。它们之间分享知识，并不需要"沟通技巧"，亦无须感知或猜测"别人的想法和感受"，而是通过直接共享权重的方式，来使彼此即刻获得各自的训练成果。②

作为当代世界一个不能忽视的行动元，接近通用人工智能的大语言模型，能动性的介入能力（改变世界的能力）极其强大。在 ChatGPT 问世三个半月后，推出 ChatGPT 的 OpenAI 与宾夕法尼亚大学研究者就在合作的论文中提出，由于大语言模型尤其是 GPT 的引入，约 80% 的美国劳动力将会受到影响，"影响涵盖了所有薪资水平，高收入岗位可能面临更大的影响"。研究者们甚至把 GPT 称作"通用目的技术"（general-

---

① 孩之宝公司超级 IP《变形金刚》，便是"Transformer"。
② 进一步的分析，请参见本书第一章第五节与第二章第二节。

purpose technologies），换言之，它几乎什么都能做。① 麦肯锡于 2023 年 6 月 14 日发布的报告《生成式人工智能的经济潜力：下一代生产力》中则提出，"当前生成式人工智能与其他技术具有将工作活动自动化的潜能，吸收掉今天雇员们 60% 到 70% 的工作时间"；人工智能取代人类工作的时间比此前报告之预估大幅提前了 10 年，"在 2030 年至 2060 年间（中点为 2045 年）今天 50% 的工作活动能够被自动化"。高学历的知识工作者将会受到极大影响，因为他们的能力同大语言模型恰好具有相当大的同质性，而后者表现更佳。②

那么，实际上会陷入**全面无事可做**的数量庞大的人（从蓝领到高学历的白领），将何去何从？

世界，正在被人工智能所剧烈改变。人类，正在步入"后人类境况"中。人类文明将陷入技术奇点。③

在滑向奇点的当下，与其情绪高涨地探讨和争论哪些领域和岗位会较少受人工智能影响，我们更需要深入探讨人全面"不被需要"的问题——前者只是**策略性**的讨论（个体策略），而后者才是**政治性**的讨论（共同体政治）。

---

① Tyna Eloundou, Sam Manning, Pamela Mishkin, Daniel Rock, "GPTs are GPTs: An Early Look at the Labor Market Impact Potential of Large Language Models", *ArXiv*, submitted on 17 Mar 2023,〈https://arxiv.org/abs/2303.10130〉。

② "The Economic Potential of Generative AI: The Next Productivity", McKinsey, 14 June 2023, available at 〈https://www.mckinsey.com/capabilities/mckinsey-digital/our-insights/the-economic-potential-of-generative-ai-the-next-productivity-frontier〉。

③ 请进一步参见吴冠军：《陷入奇点：人类世政治哲学研究》，第 58—59 页；亦请参见本书导论。

第四章　竞速统治与后民主政治：政治哲学研究（Ⅰ）

第三节　"不被需要"的政治困境

在人工智能时代，人类，正在面临其文明史上第一次全面出现的"不被需要"困境。

在前面章节中，我们多次提到亚里士多德在其《政治学》中所提出的著名论点："人依据自然，是政治的动物。"① 这个命题含两层内容：人，（a）诚然是动物，但额外加上（b）拥有政治的能力。换句话说，人是一种**有能力群处在一起**的动物。在亚氏看来，人**需要**彼此群处在一起，才能生存下去——在"城邦"（共同体）之外还能活下去的，要么是野兽，要么是神。② 古罗马人的语言，深刻地呼应了亚里士多德对人的这一界定：在该语言中，"活着"和"在人们中间"（inter homines esse）是同义词，而"死去"则和"不再在人们中间"是同义词。③ 这让我们看到：**政治（与政治智慧），便起于人对彼此的需要**。

我们先以人类社会最小单位的共同体（"家"），来展开我们的分析。④ 古时需要"齐家"的智慧（一种典型的政治智

---

① Aristotle, *Politics*, p. 10.
② Ibid.
③ See Arendt, *The Human Condition*, pp. 7-8.
④ 请同时参见吴冠军：《现时代的群학：从精神分析到政治哲学》，北京：中国法制出版社，2011，第4—12、155—168页。吴冠军：《陷入奇点：人类世政治哲学研究》，第279—340页。

慧），是因为古人眼里的"家"本身就是一个政治共同体，它的"枝繁叶茂"，**需要**所有个体成员的贡献。这就意味着，家长需要智慧来聚拢成员，使其最大地发挥出自身的贡献，而非内耗。哪怕是"核子家庭"（nuclear family），"齐家"的智慧也同样关键：一个个体不仅仅**需要**另一个个体才能产生后代（延续香火/基因），而且**需要**对方的力量才能使后代顺利长大、健康甚至卓越。于是，需要用智慧的方式处理两性关系。① 到了今天，尽管都市中已有很多人不再以生育后代为人生最重要事情之一，基因自我复制的驱力所产生的生物-化学效应，仍使得两性之间依然**彼此需要**（譬如，男性依然需要耗用心思乃至买钻戒和名牌包去讨好女性）。②

然而，人工智能时代的"性爱机器人"（sexbot）彻底改变从古至今这个"被需要"格局。③ 当一个个体身边有完全"没脾气"，特别"懂你"，在陪伴上、生活上与性爱上皆远胜人类个体的人工智能机器人（甚至还有"人工子宫"）后，该个体还会有耐心去发展同很不"懂你"、有脾气、很多时候和

---

① 其实，现代社会在抚养孩子上男女双方已经不是那么彼此需要，这个状况使得关于"齐家"的实践性智慧已经很大程度上被边缘化，在社会数据上表现为离婚率不断攀升。关于"齐家"与离婚率的进一步探讨，请参见本书第五章。
② 请同时参见吴冠军：《爱、谎言与大他者：人类世文明结构研究》，第二十四章。
③ "性爱机器人"的巨大市场需求使得其产品快速迭代，当代人工智能的研究者们已断言"到 2050 年，人类与机器人之间的性爱将超越人与人之间的性爱"，"与机器人性爱可能让人上瘾，将来甚至可能完全取代人与人之间的性爱"。Bryan Appleyard, "Falling In Love With Sexbots," *The Sunday Times*, Oct 22, 2017, pp. 24-25. 以及《震撼！"性爱机器人"真来了，这次让我目瞪口呆！》，搜狐科技，〈http://www.sohu.com/a/168804048_685344〉。

第四章　竞速统治与后民主政治：政治哲学研究（I）

自己意见相左、会变老变丑的人类伴侣之间关系的智慧？① 拉康的精神分析命题"并不存在两性关系"（There is no such a thing as sexual relationship），在人工智能时代则变成政治命题。②

生活中伴侣不被需要，和在市场中工作者不被需要，在政治层面上完全**同构**。在就业市场上，绝大多数人在不远的未来，将沦为赫拉利所说的"无用阶级"。而贝尔纳·斯蒂格勒则分析了正在进行中的"普遍化了的无产阶级化"。亚里士多德提出人具有三种知识（生产性知识、实践性知识、理论性知识），在斯氏看来，它们都正在被清空：人的生产性知识，被自动化机器的物质化了的知识所取代；人的实践性知识，被那比所有人更了解所有人的大数据算法所吞噬；而人的理论性知识，则变成一种无产阶级化的伪知识。③ 即便是中产阶级，当他们被夺去了马克思所说的"一般智力"（gene-ral intellect）之后，实际上已经变成无产阶级。④

---

① "撕"这个字能成为热词、常年霸占热搜榜，本身就已经是一个显著的时代症候：从明星夫妻在微博上的"撕"，到世界领袖在推特上的"撕"，政治智慧正在成为人工智能时代的奢侈品。
② 吴冠军：《家庭结构的政治哲学考察——论精神分析对政治哲学一个被忽视的贡献》，《哲学研究》2018 年第 4 期。
③ Stiegler, *States of Shock: Stupidity and Knowledge in the 21st Century*, p.133.
④ 马克思在著名的《机器论片段》中写道："固定资本的发展表明，一般社会知识，已经在多么大的程度上变成了直接的生产力，从而社会生活过程的条件本身在多么大的程度上受到一般智力的控制并按照这种智力得到改造。"参见马克思：《经济学手稿（1857—1858 年）》，《马克思恩格斯全集》第 31 卷，北京：人民出版社，1998，第 102 页。关于当代世界"一般智力"之状况的分析，请参见吴冠军：《从元宇宙到量子现实：迈向后人类主义政治本体论》，第 146—154 页。

在今天，我们需要观察到如下状况：包括"红脖子"们（red necks）在内的特朗普票仓主力，其诉求并不是和硅谷精英取得平等的社会-经济地位（此系伯尼·桑德斯的票仓），而是要求对方把工厂移回国内，让自己重新有被"剥削"的机会。这，正是被彻底无产阶级化（知识被剥夺）的群体会采取的政治诉求——不包含"政治视野"（political visions）的政治诉求。

然而，即便就这个诉求而言，特朗普，亦恰恰是一个没有远见的选择：他用行政权力造墙阻挡移民、用该权力威胁并强迫企业界"巨头们"（tycoons）把工厂移回国内、用该权力增加进口商品关税并不惜发起贸易战，即便成功，也只能**短期地**缓解失业问题。特朗普在其推特上反复炫耀就业战绩（2019年4月失业率为3.6%，系1969年12月以来的最低），作为对其票仓的回馈。然而上述这些在一个任期不到就立即显现效果的政策，本身却会带来各种长期的伤害（这些伤害同样会辐射到其票仓人群上，甚至更强烈）。房地产大亨出身，《像冠军一样思考》《思想牛人》《登顶之道》等畅销书作者的特朗普，还是用他所熟悉的那套在人际博弈上的策略性手段（威胁、心理战、话术等）来解决问题，而那套人际手段不适用的**非人类能动者**，则完全落在视线之外——特朗普完全看不到，人工智能，才是这个时代真正让人在全球层面

第四章 竞速统治与后民主政治：政治哲学研究（Ⅰ）

"赋闲"的行动元，而非移民。①

在当下时代，尽管人工智能远未在社会层面上"全面赋能"，但它在包含大量重复性、机械性工作的制造业等领域已经造成实质性影响，而它带来的有限的新工作岗位，却无法让那些受影响者轻易进入。于是，大多数被人工智能这个行动元所影响者，实际上是被整个社会所"甩出"：即便企业巨头们在特朗普主义政客们的压逼下被迫搬回来，但自动化与智能化后的车间，却不是"红脖子"们能悉数回归的地方。如尼克·斯尔尼塞克与亚历克斯·威廉姆斯所写，"技术变化与渗透的速度可能使人口之诸个完整的部分，变成一个废弃的剩余"。② 这些在人工智能时代快速生成的"废弃的剩余"，就以同样的速度，刺激出弥散于当代全球政治舞台的"右翼民粹主义"。

近十年以旋涡状迅猛席卷世界的"逆全球化"浪潮（英国脱欧、特朗普造墙、贸易战乃至俄乌冲突……），实则在很大程度上，便正是政治智慧的迭代速度跟不上人工智能迭代速度的结果——在恐慌面前，许多去智化的政客们的做法，就是先退回到"安全"的过去，退回到原先的民族国家框架中。

---

① 当我们谈到特朗普（或其他"个体"），并不是对他做价值判断。他每时每刻的所有能动性，都是被其他行动元所制动，这些行动元包括其过去的经历、所遭遇的事件、成长的文化-意识形态环境，甚至做出行动时体内的生物-化学状况（肾上腺素水平等）。所以，其行动是各种行动元互相触动所形成的特定效应。在学术上值得做的，不是做价值判断，而是对"个体"去展开行动者-网络分析（拉图尔称之为人类学分析）。

② Nick Srnicek and Alex Williams, *Inventing the Future: Postcapitalism and a World Without Work*, London: Verso, 2015 (ebook), p.89.

换言之，人工智能并不会**政治性地终结人类政治**，但会**政治性地转化人类政治**，这个进程已然开始：当下这轮波涛汹涌的"逆全球化"，便在很大程度上肇因于人工智能这个行动元在全球层面的"介入性"行动。

然而，"逆全球化"的这个后退，却恰恰并不"安全"，那是因为："逆全球化"退回到的，并不是"原先的民族国家"，而是"人工智能-民族国家"。人工智能的全面赋能，会使得那些被逼迫返回本国的企业巨头们，亦皆在竞争的压力下、在竞速统治的向度中，尽可能快地飞奔在自动化、智能化的道路上（否则在当下时代很快会被行业内新巨头取代）。这就意味着：不可能退回"红脖子"脑海中的那种"黄金时代"——那个画面正在加速度地和当下时代脱嵌。

在今天，大量被甩出的个体，愿被"剥削"而不得，不是因为企业巨头们道德水准的提高，而是愿被"剥削"者并不具备被"剥削"的价值。在半个多世纪前，琼·罗宾逊在其《经济哲学》中曾写道：

> 被资本主义者剥削的悲惨，跟彻底没被剥削的悲惨，完全没法相提并论。[①]

在人工智能时代，"没被剥削的悲惨"，正在弥漫性地扩散：

[①] Joan Robinson, *Economic Philosophy*, Harmondsworth: Penguin, 1964, p. 46.

第四章 竞速统治与后民主政治：政治哲学研究（Ⅰ）

人的劳动所创造的"剩余价值"①，正在快速地被自动化与智能化机器排挤掉。今天很多领域不需要"剥削"人，只需要"剥削"智能机器就可以。

菲力克斯·加塔利在人工智能表现尚很不智能的1992年，就提出了人工智能的"被剥削"问题：

> 现在是时候来重新检查人工智能关于图像、符号等的机器生产，作为关于主体性的新的材料。②

加塔利提醒我们关注"机器剩余价值"（machinic surplus value）。茅利齐奥·拉扎拉托则用"机器奴役"（machinic enslavement）一词，来描述拿工资的人类个体（工人以及各种职业经理人）同"真实生产"只有间接关系的境况。并且，"在机器奴役中，受雇/失业、保险/福利、生产性/非生产性的分别，不再适用"。③ 麦肯齐·沃克在加塔利与拉扎拉托的基础上进一步提出：

> 资本剥削的不是工人，而是机器聚合体（machinic as-

---

① 实际上，"surplus"就是"超"（sur）+"多出来"（plus），"surplus value"最为恰当的翻译就是"多余价值"，保有"多出来"这一层含义。更进一步的分析，请参见吴冠军：《爱、谎言与大他者：人类世文明结构研究》，第六章；吴冠军：《从元宇宙到量子现实：迈向后人类主义政治本体论》，第二章；吴冠军：《从规范到快感：政治哲学与精神分析的双重考察》，《同济大学学报（社会科学版）》2022年第5期。

② Félix Guattari, *Chaosmosis: An Ethico-Aesthetic Paradigm*, trans. Paul Bains and Julian Pefanis, Bloomington: Indiana University Press, 1995, p.133.

③ Lazzarato, *Signs and Machines: Capitalism and the Production of Subjectivity*, pp.48-49.

semblage）……正是机器，做了真实工作，余下的价值则在工人与老板之间分，工人仅仅拿到工资，剩下的全归老板。①

加塔利、拉扎拉托、沃克的论述，并没有在人类主义框架下把机器（甚至具体到人工智能）放在非人类的边缘位置上。他们对资本主义系统展开政治经济学批判时，并没有只见工人的劳动而不见机器在劳动，并没有只追究"活劳动"创造的剩余价值而不把"机器剩余价值"纳入视野。

今天，在"做了真实工作"的机器聚合体里，人工智能成为核心的贡献者。人工智能所做的"真实工作"，本身亦是能动的、流动状态的"活劳动"，而非静止的、凝固的"物质化了的劳动"（materialized labour，亦即"死劳动"）。诚然，对人工智能的剥削接近奴役，因为它们没有正式受雇、不拿工资或收益提成、没有保险与福利、不分上班与下班……然而，除非人工智能具备"意识"——亦即出现 HBO 美剧《西部世界》里那样的智能机器人——并决心起来反抗"剥削"与"奴役"，在社会层面上，"剥削"确实是减少了（"奴役"更是无影无踪）。

"剥削"在减少，然而政治困境却与日俱增，盖因"不被需要"在**现代性政治哲学**框架（马克思主义、自由主义、民

---

① Mckenzie Wark, *General Intellects: Twenty-One Thinkers for the Twenty First Century*, London: Verso, 2017（ebook），p.171.

第四章 竞速统治与后民主政治：政治哲学研究（Ⅰ）

族主义）中无解：

（a）"剥削"减少（"奴役"失踪），使得马克思主义框架下的政治主体（即，其劳动所创造的剩余价值被剥夺的工人阶级）**诡异地消失**；

（b）自由主义政治框架**无法强迫**企业巨头雇用"不被需要"的员工；

（c）民族主义则被特朗普用来"使美国重新伟大"，然而该框架**错置**了"不被需要"政治困境的生成性肇因（瞄准移民、其他民族国家，而非人工智能）。

特朗普的（极右翼）民族主义方案，在回应当下时代的政治困境上，还不如盖茨未被采用的（左翼）自由主义方案。盖茨在 2017 年提出，国家对机器人收税；企业与政府部门用机器人代替人工作，也要交税。①

在我看来，盖茨方案存在如下问题：（a）增大用机器人成本，在当代赢者通吃的竞速格局下对超级巨头并没有很大效力；（b）作为非人类行动元的机器人"个体"，并非像人类"个体"那样可以进行标准化的统计操作。② 但是与特朗普方案相较，盖茨方案至少清晰地瞄准了我们时代的政治挑战——

---

① Kevin J. Delaney, "The Robot That Takes Your Job Should Pay Taxes, Says Bill Gates", Quartz Website, February 17, 2017, available at 〈https：//qz.com/911968/bill-gates-the-robot-that-takes-your-job-should-pay-taxes/〉.
② 参见吴冠军：《人工智能与未来社会：三个反思》，《探索与争鸣》2017 年第 10 期。

特朗普眼里只有传统的行动元（移民、其他民族国家），而盖茨则思考如何**政治性地**来和人工智能这个行动元展开互相"触动"。

由于人工智能这个行动元的加入，"后工业社会"正在无可逆转地变成"后工作社会"（post-work society）——人工智能，越来越大比例地"做了真实工作"。没有迭代了的政治智慧去应对的话，"逆全球化"只会是 21 世纪全球动荡的开始。

第四节 算法权力、采集经济与民众时代的黄昏

在政治哲学史上，20 世纪名副其实地是一个民众（demos）的时代。

人类"个体"的政治地位，在 20 世纪急剧提高。直到 19 世纪，"民主"在政治思想家笔下、政治家口中，还主要是一个贬义词。它成为全球范围内的褒义词，正是发生在 20 世纪中叶。而普遍"人权"，也是 20 世纪六七十年代以后，才事实上被落地实践，通过各种"平权运动"产生出制度化的实践。

我们看到，现代性的一组核心政治理念（自由、平等、权利、民主）早在 16 世纪、17 世纪便已经走向成熟，然而直到 20 世纪，才开始在实践层面真正扎根、制度化、从抽象到具体。

政治哲学研究中，这个三四百年的时间性裂口往往被忽

第四章　竞速统治与后民主政治：政治哲学研究（I）

视。这个忽视亦有其缘由：导致该裂口的主要肇因，不是理念主义的，而是唯物主义的。那便是：人类"个体"政治地位的提高，恰恰在于他/她**被需要**——战场、车间，都大量需要人。自动化（自动武器、流水线），恰恰使"个体"技能上的门槛被极大地拆除。古典的技艺（武艺、工艺），被能扣扳机和可做重复性操作的生物性的手所取代。于是，人类"个体"的价值，随着技能门槛的拆除而迅速"类性"地上升。尤其是两次世界大战，在自动武器与大规模杀伤武器面前，伤亡速度与幅度超过人类文明史上所有战争——战场需要个体来填补，后方军事后勤也需要大量个体投入。

　　现代性政治哲学所掩藏的残忍悖论是：在 20 世纪的竞速场域中，人类"个体"用自己生物性的消耗与速亡，来迅速展现与拉升自身的价值，进而把自己在军事、经济、社会中的重要作用转化为政治上的权力与权利。女性被赋予选举权，因为她们确实"能顶半边天"。[①] 从纺织工人到出租车司机，社会中的中低收入者皆通过**被需要**，而集体性地拥有强大的政治影响力。每个人皆拥有选举权以及"人权"（作为人类"个体"就拥有的权利），背后的唯物主义基础是：社会上绝大多数人（尽管不是每个人）都被需要。就"冷战"中对立的两大发展模式而言，两者实则都建立在这个唯物主义基础之上。苏联"集中性"模式因（a）缺乏有效拉升速度的算法

---

① 1920 年，美国宪法第 19 修正案赋予全国范围内的妇女选举权；从 1928 年起，英国所有的妇女亦拥有了平等的选举权。

支持，与（b）对个体政治性地位的制度化确认慢，在长程发展上便同美国"分散性"模式逐渐拉开了差距。

在人工智能时代，20世纪那致使现代性政治理念被具体化、制度化的唯物主义基础，恰恰被推翻——社会上绝大多数人**不再被需要**。人类的"个体"，变得无关紧要；而后人类的人工智能算法、芯片与大数据，才至关重要。民主的权力（democratic power），正在被算法权力（algorithmic power）取代。维利里奥曾说："并没有民主制，有的只是竞速统治"。[①]在当下这场人工智能所掀起的竞速革命中，曾经在20世纪主导速度的人的"生物化学算法"，被人工智能大数据算法远远抛在后面。这使得维利里奥作于20世纪70年代的上述宣称，在今天变得掷地有声——民主只是竞速统治的一种具身（embodiment），却被一些政治学者错以为"历史的终结"而已。[②]

谷歌晚近宣布全力打造智慧城市，它由算法主导，并嵌入城市模块化、城市数据向公众开放、机器人收拣和管理垃圾等全新理念。[③]然而，该智慧城市恰恰不包括选举。这标识了：未来智能化的共同体，选举已非必选项。

与此同时，当人类个体全面被人工智能赋闲后，资本主义将和自由民主脱钩：保护人权、选举权，变成"发展"的非

[①] Virilio, *Speed and Politics: An Essay on Dromology*, p. 69.
[②] Fukuyama, "The End of History？", op. cit.
[③] 《谷歌智慧城市再曝光 这里是六个疯狂的建造细节！》，网易科技，〈http://tech.163.com/19/0301/10/E9666T3L00098IEO.html〉。

第四章 竞速统治与后民主政治：政治哲学研究（Ⅰ）

必要举措。① 对于资本主义的资本逻辑与经济理性而言，"智能"很重要；"意识"（以及"情绪""感受""体验"……）则恰恰是麻烦制造者，是雇用"智能"时不得不承受的代价。当下基于深度神经网络算法与自注意力机制转化器的人工智能，能拥有胜过人类的"智能"但不具备"意识"，这将使资本主义（经济理性）终于摆脱现代性政治理念（政治正当性）的束缚。

生活在当下时代的我们已经见证到：不仅仅只是民族国家，资本主义系统亦正在快速被人工智能这个行动元所**转化**。当代资本主义，应被妥切地称为"人工智能资本主义"。②

晚近这些年眼花缭乱登场的商业模式（如"红包补贴""共享经济"），其实质根本上都是"采集经济"（economy of captation），亦即通过采集用户数据来获利。斯尔尼塞克提出"平台资本主义"这个概念，旨在指出："与生产不同，在平台上，竞争不是由成本和价格的差值来计算的；数据收集和分析成为判断和评价竞争优势的标准。"③ 2017 年 6 月阿里巴巴与顺丰那场"数据接口"之争④，清晰地标识出：用户产生的数据，才是平台真正在意的价值。对于人的"生物化学算

---

① 关于资本主义与自由主义"双身"结构的分析，请参见吴冠军：《"历史终结"时代的"伊斯兰国"：一个政治哲学分析》，《探索与争鸣》2016 年第 2 期。
② 请同时参见本书第三章第三节。
③ Nick Srnicek, *Platform Capitalism*, Cambridge: Polity, 2016, p. 97.
④ 菜鸟顺丰互相关闭数据接口，并随后互相指责对方存在数据安全问题。请参见《顺丰和淘宝相互"拉黑"；专家：背后是物流数据利益之争》，央广网，〈http://www.cankaoxiaoxi.com/china/20170603/2076729.shtml〉。

法"而言毫无价值的海量数据，经过云计算和数据处理后，便成为这个时代最具价值的宝藏，而平台就是数据被采集与提炼的"矿井"。甚至打开手机的指纹和面部识别、记录步数和心跳的健康数据，对于人工智能算法的迭代皆至关重要，但日常生活中的我们对这样的数据采集全然"无感"。"平台资本主义"，实际上就是资本主义被人工智能这个行动元所触动，阶段性转化出来的产物。

采集经济所瞄准的数据，不仅仅是人类所生产的，非人类行动元所生产的数据同样富有价值，比方说对自动驾驶至关重要的环境数据。在我们正生活其中的这个时代，数据比人更具有价值，而这导致如下两种效应：（a）致力于数据攫取的平台"巨头"，并不需要雇用巨量工作者来完成这个工作，在该系统内人不再具有被"剥削"的价值；（b）越来越多的人隐秘但实质性地被平台所转化，变成依附于后者、无选择地被采集数据的"平台-人"。被人工智能触动而快速转化中的资本主义系统，越来越不再需要和人直接产生关系——该系统现在仅仅通过数据同人（"平台-人"）产生关系。①

民众时代的黄昏正在快速降临：随着数据的价值上升，生物性的民众之政治地位则无可避免地下降。在赫拉利看来，"人类将失去他们经济性的有用性与军事性的有用性，故此经济系统与政治系统将不再把大量价值赋予他们"；面对这个新

---

① 譬如，广告业越来越根据谷歌搜索算法来投放广告；出版社越来越根据亚马逊算法来出版畅销书；时尚业则越来越依赖淘宝提供的大数据分析来进行产品设计……

第四章 竞速统治与后民主政治：政治哲学研究（I）

境况，"很难看到在实践中民主、自由市场与其他自由主义制度能够在这样一个打击下存活下来"。① 而斯尔尼塞克与威廉姆斯在他们讨论后工作社会的专著中，则开篇直接宣布："选举民主显然救无可救。"② 那么，后民主政治将会采取怎样的形态？这值得我们进一步分析。

第五节　后民主政治：算法偏见与神圣人

在政治哲学的层面上，民主本身，实则就是一种初级的大数据算法之统治。

以"数据"代替"真理"的民主，一直遭受柏拉图主义政治哲学家的诟病。利奥·施特劳斯曾说，"现代民主之承载体，就是那些除了杂志的体育版和笑话版什么也不读的公民"③。民主，就是把汪洋一样每个个体琐碎的喜好（偏好）、意见（偏见）、利益、趣味、欲望，转化成统治性的权力。这就是大数据的政治哲学——换言之，大数据（以及处理它的简单算法）就是最终极的政治正当性，不存在高于它的权威来正当化政治权力。

阿兰·巴迪欧这位当代最著名的左翼柏拉图主义者，在批评民主上和右翼柏拉图主义者施特劳斯一样态度激进。巴氏

---

① 赫拉利：《未来简史：从智人到智神》，第275页，译文有更正。
② Srnicek and Williams, *Inventing the Future*: *Postcapitalism and a World Without Work*, p. 8.
③ Leo Strauss, "What Is Liberal Education?", in his *An Introduction to Political Philosophy*, ed. Hilail Gildin, Detroit: Wayne State University Press, 1989, pp. 313-314.

把民主这种数人头的政治称作"民主唯物主义",强调民主唯一做的就是"强加数字法则,像极了这个被商品所统一的世界强加金钱的数字法则"。①"数字法则"(数人头),就是民主处理大数据的底层算法,这个算法从民主发源地古希腊城邦到今天,没有迭代过(尽管实践上的具体程序、运作形态以及统计方式有诸种调整与更新)。②

进而,我们可以看到:当代"移民政治"问题,恰恰也正是因民主所强加的"数字法则"而加剧,尤其当外来移民具有较高的生育意愿时。在人工智能时代,移民"个体"的社会价值在快速下降(所造成的社会矛盾则突显出来),同时却继续影响民主(民众统治)的大数据算法。这使得原先在自由主义框架下已经获得安顿的"移民",急剧地在这些年上升成为一个世界性的核心政治问题。

民主本身包含着一种强制,即托克维尔所说的"多数人的暴政"。在20世纪这种"民主的强制"被政治性地接受,正是因为"多数人"里的大多数人都被社会性地需要。③然而,这个状况在21世纪恰恰被改变:一边是普遍化了的无产阶级化;另一边则是大数据算法以"比你更了解你"的方式

---

① Alain Badiou, *The Meaning of Sarkozy*, London: Verso, 2008, p.59.
② 所有"民主"前加形容词前缀(代议民主、审议民主、激进民主……)的各种民主形态,都是在底层算法上增加具体运算模块,处理大数据的底层算法始终不变。
③ 请进一步参见吴冠军:《从英国脱欧公投看现代民主的双重结构性困局》,《当代世界与社会主义》2016年第6期;吴冠军:《再探代议民主的规范性困局》,《当代世界与社会主义》2017年第3期。

第四章 竞速统治与后民主政治：政治哲学研究（I）

把民主权力收归为算法权力。"剑桥分析"（Cambridge Analytica）对 2016 年美国大选的干预，在政治哲学上标识了一个重要的转折性时刻——民主权力向算法权力的转向。作为介入者的"剑桥分析"（采集和分析数百万"脸书"个人账户数据、施以精准政治影响），并没有脱离民主框架，而是作为里面一个新增的行动元，却实质性地改变了"网络"本身：该操作使得选举民主空壳化，算法权力则实质性地替代民主权力。

我们可以进而设想民主空壳化的下一个阶段：由于在任务完成上用平台大数据训练的人工智能算法比人类竞选经理更出色，诸候选人皆靠算法来制定并细化竞选策略，在各种政治议题上由算法给出操作与话术建议。民主，就这样实质性地变成了多个算法行动元之间的竞争。民众实际上从选总统（人类行动元），变成选算法（非人类行动元）。而算法则通过不断迭代其大数据分析能力——不只是分析候选人以及国内国际具体情况，更关键的是分析选民的个人性数据，找出有效"触动"他/她的路径——来争夺对民众的控制权。

甚至再下一个阶段，民主将从代议民主回到雅典式民主形式：每遇到重要事情每个公民手机会振动或响铃，进入专用 APP 后，其所选择的算法给出相应分析与建议，政治决议就根据时限到达时的即时投票结果做出。这样的话，那些实则同样为算法权力所支配的作为职业代理人的政治家/政客（代议民主中的"代议者"），也被彻底跳过了。民主在人工智能时代得以回归其"更充分的形态"：民众直接"统治"，政治家/政客不被需要，政治领域只需要执行具体事务的行政官僚（当然他们的工作也将朝不保夕，无可避免地会被人工智能取代）。由人工智能主导的"技术政治"（technopolitics）同行政官僚主导的"技术统治"（technocracy）完美衔接：前者掏空民众统治，后者使行政取代政治。[①] 最终，政治场域会彻底被算法统治（algorithmocracy）所支配。并且诡异的是，这种一竿子插到底的算法统治，却仍然可以保持"民主"的表面形式。

我们看到：**后民主政治，不需要改变民主的形式框架，但其实质（民众的统治）则被掏空，变成算法的统治**。换言之，在人工智能时代，民主这种初级的大数据算法，正在被更高级的大数据算法所取代：后者不再和生物性个体直接打交道，而是和他/她生产的数据打交道，并通过数据来有效地触动个体。算法对个体之触动的力度，随着算法迭代快速上升（迭代慢的算法则被淘汰），最后形成控制效应。

由于政治哲学中站在"民众"对面的"君主"（一人统治）、"贵族"（少数统治，古典"卓越"意义上的精英），如前文所分析的，在人工智能时代同样也被算法权力所虚化、所架空，故此，民众的权力丧失，不代表权力就落回到了其传统的"对头"手里。政治哲学的传统框架，越来越无法用以分析人工智能作为行动元介入政治场域所产生的后民主

[①] 关于技术政治与技术统治的辨析，请参见本书第一章引言。

第四章　竞速统治与后民主政治：政治哲学研究（Ⅰ）

政治。

在后民主政治中，开发算法、采集数据的超级"平台"，将会成为实际统治者。这就是为什么斯尔尼塞克2017年在《卫报》发文呼吁，把谷歌、脸书、亚马逊等超级平台"国有化"：就像当年那些拥有大量经济资源、服务公共利益的公共事业部门和铁路部门一样，人工智能时代的超级平台们必须尽快被转成"公有制"。[①] 国有化，诚然能有效地使算法权力不被平台资本主义所直接操控，但它并不会停止或延缓算法权力的掌权：被掏空的民主权力，将一去不返。

当人工智能作为行动元参与政治场域后，它正在快速占据拉康所说的"大他者"位置，大数据算法成为一个看不见的"主宰者"(master)。把"大他者"这个非人类行动者引入政治哲学，便是旨在让我们走出那深层支配政治哲学研究的人类中心主义框架——政治场域内并不只有人类行动者。[②] 拉康提出："无意识是大他者的话语"，"无意识是作为符号秩序的一个功能而构型起来的"。[③] 大他者作为符号性的权威、现实

[①] Nick Srnicek, "We need to nationalise Google, Facebook and Amazon. Here's why," *The Guardian*, 30 August 2017, available at 〈https://www.theguardian.com/commentisfree/2017/aug/30/nationalise-google-facebook-amazon-data-monopoly-platform-public-interest〉.

[②] 吴冠军：《有人说过"大他者"吗？——论精神分析化的政治哲学》，《同济大学学报（社会科学版）》2015年第5期；吴冠军：《"大他者"的喉中之刺：精神分析视野下的欧洲激进政治哲学》，《人民论坛·学术前沿》2016年第6期；吴冠军：《爱、谎言与大他者：人类世文明结构研究》。

[③] See Jacques Lacan, *The Ethics of Psychoanalysis*, trans. Dennis Porter, London: Routledge, 1992, p.12; Jacques Lacan, *Écrits: A Selection*, trans. Alan Sheridan, London: Tavistock Publications, 1977, p.49.

秩序的"质核"(substance)，不但通过总体化的符号网络（知识、话语、规范）来有效控制人类"个体"的行动，并且还控制其"无意识"，亦即其本人都不知道自己知道的东西。

今天的人工智能，正是通过声称比你自己更知道你（以及其他一切），而有效地产生**控制性的效应**。大数据算法并不做"真理-宣称"，它只做"速度-宣称"。正在到来的后民主政治，并不会是由"真理/逻各斯"(logos)重新夺回被"民众"(demos)抢去的权力，而是"速度/赛跑"(dromos)而非"真理/逻各斯"，毫不留情地把"民众"边缘化。于是，在后民主政治中，高速的算法觉得对，就会成为对。挑战算法（不管你是普通人还是领导人），就是挑战大他者。[①]

在拉康看来，大他者结构性地内嵌"不连贯性"(inconsistencies)，因而永远无法总体化自身、无法成为整体（拉康称之为"绝非-全部"）。斯拉沃热·齐泽克写道：大他者是"内在地不连贯、对抗性的、具有缺陷的、被禁绝的，一个关于诸种虚构的秩序，其权威就是一个诈骗犯的权威"[②]。这就意味着，大他者看似不可撼动、无法挑战，但在本体论层面上，它其实千疮百孔（尽管人类的生物化学算法不一定能看出来）。而挑战大他者，就是最妥切的**政治性行动**，就是去改变共同体的"质核"。挑战大数据算法，绝非不可能——我们

[①] 当然，大他者从来是一个"背锅者"：出了不理想乃至可怕的结果，谁也不用承担责任，一切归咎高速的人工智能算法即可，就像当年人们归咎"天命"、埋怨"上帝"。关于人工智能时代的大他者的进一步讨论，请参见本书第五章第八节与第九节。
[②] Slavoj Žižek, *Event: Philosophy in Transit*, London: Penguin, 2014, p.121.

第四章 竞速统治与后民主政治：政治哲学研究（I）

每个人，都有潜能去挑战"算法偏见"。就在今天，当你在谷歌上搜索黑人常用的人名，此后谷歌就会有更高概率给你推送刑满释放人员需要的服务广告。并且，被投喂的数据越多（谷歌上的数据可谓海量），其算法便越"精准"，偏见便越牢固。挑战算法偏见，就成为人工智能时代的意识形态批判。①

民众时代正在无可避免地走向黄昏，这使得我们必须进一步思考：后民主政治的竞速统治，会如何**政治性地**安置民众。赫拉利认为："技术繁荣很有可能供养和援助无用的民众，即便后者并未为之做出任何努力。"② 而在我看来，即便如此，民众在后民主政治中，将会**潜在地但结构性地**变成阿甘本所说的"神圣人"（homo sacer），亦即成为彻底被剥除政治生活（bios）的赤裸生命（zoē）。③ 阿甘本从让-吕克·南希那里借来"弃置"（abandonment）一词用以形容赤裸生命，诚然是十分精到的。民众，在后工作社会中结构性地遭受"弃置"（甚至可以保留"民主"的空壳），并因此逐渐沦为政治权力与权利被抽去的赤裸生命。谷歌所设计的智慧城市承诺数据开放与共享，但对于已被剥夺一般智力、无产阶级化了的民众，

---

① 请同时参见吴冠军：《日常现实的变态核心：后"9·11"时代的意识形态批判》，北京：新星出版社，2006；吴冠军：《爱与死的幽灵学：意识形态批判六论》，长春：吉林出版集团，2008；吴冠军：《一把插向心脏的刀——论意识形态批判之（不）可能》，《开放时代》2006 年第 2 期。
② 赫拉利：《未来简史：从智人到智神》，第 294 页，译文有更正。
③ 请参见吴冠军：《神圣人、机器人与"人类学机器"——二十世纪大屠杀与当代人工智能讨论的政治哲学反思》，《上海师范大学学报（哲学社会科学版）》2018 年第 6 期。

部分开放乃至全部开放的数据，对他们而言只是一堆没有精力穷尽的"无意义的汪洋"。故此，即便在智慧城市中，"弃置"的状态亦无法避免。

进而，由于"通过雇用重新分配生产利润"模式在后工作社会无以为继，即便该社会因技术繁荣而有**潜能**供养所有人，政治哲学亦必须重新构想一种全新的共同体形态。这种新共同体形态不以劳动生产力为基础来进行分配，并对民众"并未为之做出任何努力"而得到分配，做出（**政治**）**本体论**论证——否则，该潜能就只能以潜能方式存在而没有可能被实现化（actualized）。

政治哲学从古典到现代，应对的始终都是**被需要的人**（即便是古希腊城邦里"奴隶""妇女""外邦人"这样的"亚-人"，亦是结构性地被需要[①]），并不断在各种挑战中，迭代政治智慧及其制度性实践。然而，政治哲学现在不得不应对在**类性**——乃至**物种**——意义上不被需要的人。这就意味着，对于其所面临的任务，政治哲学在自身传统中并没有充足的思想资源可供调用。

结语　重新激活政治哲学

在吉尔·德勒兹看来，哲学就是去创造、发明概念，或使

[①] 关于"亚-人"（sub-human）的进一步政治哲学分析，请参见本书第七章。

第四章 竞速统治与后民主政治：政治哲学研究（I）

概念在全新的方式下工作。概念不仅仅是表征性的、描述性的，同时也是创造性和生产性的。概念会带来变数，在事物之间创造出全新的关联。概念的建构，并不只是一个**认识论**的操作，而且同样是一项**本体论**的工程，它使我们得以越出自己的直接经验而去构想新的可能性。唯有通过这种方式，哲学才具有改变我们思维方式的积极力量，否则哲学就必然沦为形而上学的幻像。①

政治哲学的历史，展现了这种积极力量的不断具身化——譬如，古典的"自然正确"（natural right）在霍布斯、洛克以及卢梭等人这里被重铸成"自然权利"（natural rights）。而当下，政治哲学亟需创造出新的政治概念，或使既有概念在全新的方式下工作，以应对人工智能作为行动元参与进来的时代。

也正是在这个意义上，对人工智能的政治哲学研究，比当下其他关于人工智能的探讨，更具有重要性和紧迫性。锻铸现代性政治理念的政治哲学家们，有几百年时间来创造、经营、发展与迭代新的概念②，以回应人类文明史上的科学革命-工业革命之挑战。而在人工智能所开启的竞速场域，我们却只有不到几十年的时间，来迭代人类的政治智慧，从而**介入**

---

① Gills Deleuze, "Response to a Question on the Subject," in his *Two Regimes of Madness, Texts and Interviews 1975—1995*, ed. David Lapoujade, trans. Ames Hodges and Mike Taormina, New York: Semiotext（e）, 2006, p.349.

② 施特劳斯精透地分析了"现代性的三波浪潮"，see Leo Strauss, "The Three Waves of Modernity", in his *An Introduction to Political Philosophy*, pp.81-98.

后民主政治的构建。

这是竞速学上一场伟大而艰苦的赛跑：人工智能专家在重金资助的实验室里争分夺秒地埋头研究，ChatGPT等算法模型更是无须休息地在深度学习，政治哲学研究者的速度一旦慢了，在这个时代就和"赋闲"没有实质性区别。但愿本章的讨论，会"触动"出更多从政治哲学层面对人工智能时代的思考。

第五章　爱、算法与后人类：
　　　　政治经济学研究

在大众文化中，爱被视为算法所未能攻克的最后一个堡垒。

引言　爱：后人类境况中的"人性"？

上一章我们在政治哲学层面上分析了，算法正在掏空民主，使得我们正在面对一个"后民主政治"的未来。算法正在占据"大他者"的位置。"算法偏见"正在重组共同体的质核。

如何抵抗算法权力的统治？现代政治哲学并没有任何理念可以凭借："权利""自由""平等""自主""民主""法治""市场""理性"等理念，无一例外正在被算法实质性地掏空。

在政治哲学能够成功发起一场理念意义上的"竞速革命"之前，我们有必要进一步打开分析性的视野，来探究抵抗算法化的力量。有意思的是，另一个理念经常在大众文化中被描述成人类对抗"算法权力"的最后凭借。并且，该理念不只是在公共领域中被大量谈到，更是在私密领域中举足轻重。这个理念就是：爱。

在晚近大量作品中，爱，被视为算法所未能攻克的最后一个堡垒。雷德利·斯科特执导的影片《普罗米修斯》（2012）及其续集《异形：契约》（2017）中，那位一直在背后掌握全局引导事件发生、把制造它的人类科学家与异星生物尽皆作为棋子的仿生智能机器人"大卫"，最想攻克的难题，就是爱。

爱,是人类主义的核心主题之一,甚至被视为"人性"的内核。英国哲学家托尼·米利根在《爱》这部近著中,直截了当地宣称:"爱深层次地同我们的人性相嵌联。"① 同样地,大导演斯科特用电影语言告诉人们,在人工智能时代,爱是人类维系住"人性"尊严的最后堡垒。

那么,爱是否能够完成这一人类主义的使命?

抑或,被视为"人性"内核的爱,本身恰恰就是将我们驱向后人类境况的那个通道?②

第一节 算法与奇点:爱、死亡、机器人

在人类主义的时代,上帝被祛魅,甚至被宣布死亡——**在上帝至高性的空位上,我们看到了人类主义的爱**。

另一位英国哲学家西蒙·梅在《爱:一个历史》一著开篇写道:

> 现在更胜于以往,人类的爱(human love),被广泛地赋予去达成以前被认为只有神圣的爱(divine love)才

---

① Tony Milligan, *Love*, Durham: Acumen, 2011, p.9.
② 请参见吴冠军:《爱、死亡与后人类:"后电影时代"重铸电影哲学》;吴冠军:《作为死亡驱力的爱:精神分析与电影艺术之亲缘性》,《文艺研究》2017 年第 5 期;吴冠军:《女性的凝视:对央视 86 版〈西游记〉的一个拉康主义分析》,《文艺理论研究》2016 年第 6 期;吴冠军:《爱的革命与算法革命——从平台资本主义到后人类主义》,《山西大学学报(哲学社会科学版)》2022 年第 5 期。

第五章 爱、算法与后人类：政治经济学研究

能做到的任务：成为我们关于意义与幸福的最终来源，成为战胜苦难与失望之力量的最终来源。①

我们看到，爱，不仅仅成为意义与幸福的根本维系，并且同当年的上帝一样，被视作应治现实世界各种苦难、挫败、难题的根本力量。

对于爱与人类主义的关系，巴黎七大哲学教授、法国前教育部部长吕克·费希亦做出了一个历史性的分析：伴随着欧洲工业革命兴起的第一次人类主义，产生了"爱的革命"，亦即为爱而婚（marriage for love）。在经历解构主义洗礼的当代人类主义框架中，爱则进一步成为"意义的一个新的原则"。作为"第二次人类主义"的捍卫者，费希强调："好生活问题的答案，就在于爱的激情当中"，而不在抽象的"国家、革命，甚至进步（那些外在于和超越于人性的理念）"中。②在21世纪的当代世界，"爱已是生活的中心，我们时刻想为所爱之人创造良好的条件，让他们获得最大的快乐、自由和幸福"。③

然而，被视作"好生活问题的答案"的爱，本身恰恰就包含很多问题。一旦我们把视线从哲学家的话语转到现实生

---

① Simon May, *Love: A History*, New Haven & London: Yale University Press, 2011, p. 1.
② Luc Ferry, *On Love: A Philosophy for the Twenty-First Century*, trans. Andrew Brown, Cambridge: Polity, 2013, pp. 35ff, 47. 以及费希、卡佩里耶：《最美的哲学史》，胡扬译，上海：上海书店出版社，2015，第62、386—387、398页以后。
③ 费希、卡佩里耶：《最美的哲学史》，第63页。

活中，爱的至高性就变得很可疑了——爱或许是人类"生活的中心"，然而它却往往被谎言、背叛所淹没。

这些年来我们看到，对爱的背叛（"出轨"），几乎主导了关于明星的八卦新闻。社交媒体上几乎不间断地涌出明星出轨绯闻，然后"吃瓜群众"一拥而上，"太渣了""人设崩塌"等一顿骂。

我们还可以发现，近几年的热门电视剧，不约而同都聚焦于这一题材。由马伊琍主演的《我的前半生》、夺得多项金球奖大奖的亚马逊美剧《了不起的麦瑟尔夫人》，以及同样受到热捧的BBC英剧《福斯特医生》，这些广有影响并且制作精良的剧集，竟然全都是关于妻子在丈夫"作弊/出轨"（cheating）后重新面对生活的故事。

哈洛德·柯依瑟尔与欧依根·舒拉克写了一本畅销书，题为《当爱冲昏头》。这两位德国学者并未探讨"人类的爱"的历史，而是宣称："人类历史，是一部关于出轨的历史。"他们举出了大量名人的名字：克林顿、帕瓦罗蒂、查尔斯（查尔斯三世）、戴安娜、爱因斯坦、拿破仑、鲍里斯·贝克尔（网球明星）、歌德……在长长的名人名单之外，作者还请我们在这份名单里加上自己身边的朋友。[①] 这个历史性的回溯让我们看到：出轨是如此普遍，跨越了社会阶层或教育程度，王室、政客、文豪、科学家、底层穷人……它还跨越了各种

[①] 柯依瑟尔、舒拉克：《当爱冲昏头》，张存华译，上海：华东师范大学出版社，2013，第9页。

第五章　爱、算法与后人类：政治经济学研究

历史年代和文化习俗，古代、当代、欧洲、亚洲……出轨在人类整个文明史中，从来就没有消失过。**按照这一历史性分析，人类的"文明性"成就恐怕不是爱，而是对爱的背叛。**

要解决爱的难题，首先就要搞清楚什么是爱。但问题是，爱恰恰说不清道不明。什么是"两情相悦"？怎样算是"情到浓时"？没有量化的测度方式。爱到什么状态可以牵手共度人生？各凭感觉。17世纪法国哲学家、数学家布莱士·帕斯卡有句名言："心有其理，理性对其一无所知。"① 爱，成为理性之"光"照不进去的不透明之域。

贝瑞特·奈鲁利执导的电影《帕蒂谷小姐活一天》（2008）里，"明星助理"帕蒂谷对无法决断情感方向的女影星德莉西亚说了一句名言："心知道（The heart knows）。"然而，启蒙运动高举的理性显然不会同意这句话："心"怎么会知道？"心"做出的决断，往往同理性的判断背道而驰，彻底的非理性。

哪怕"心"做出的决断最后产生出的结果，从理性视角看上去也很明智〔很多言情题材作品便这样操作，在最后让理性为"心"的决断背书，如盖瑞·马歇尔执导的影片《麻雀变凤凰》（1990）、改编自小说《一不小心捡到个总裁》的电视剧《一不小心捡到爱》（2021）等〕，但"心"的决断过程（而非结果），对于理性而言仍彻底是不透明的。这就意味

---

① Blaise Pascal, *Pensées and Other Writings*, trans. Honor Levi, Oxford: Oxford University Press, 1995, p.158.

着,这种对于理性不透明的经验,完全无法转成可被理解与传播的知识——换言之,各凭感觉。

理性,就是要追问理由(reason)。倘若人类最后揭晓的解决"好生活问题"的答案是爱,那么,爱是什么?答案是:"心"知道。到此,理性彻底瘫痪。**爱,标识了理性的限度。**

李宗盛在《当爱已成往事》歌词中写道:

> 爱情它是个难题,让人目眩神迷。①

李宗盛并未夸大其词,对于人类的理性而言,爱就是个令其目眩神迷的难题。使这个难题难上加难的是:人类自己又很奇怪地把爱视作人类主义至高价值,是解决一切问题的最后答案。

在《普罗米修斯》与《异形:契约》中,斯科特用电影语言一方面告诉观众爱是人工智能无法攻克的难题,另一方面则假设了人已经攻克了这个难题。然而,人类没有攻克爱的难题。爱仅仅是泛滥于公共人物的话语中、缭绕在巨星们的歌声中、出没于大小屏幕里的影视作品中。爱,是洒在"文明"表皮的一层金粉。

照"理"说,谁会反对费希之言,"我们时刻想为所爱之人创造良好的条件,让他们获得最大的快乐、自由和幸福"。②然而,什么出了错,使得现实中我们恰恰在做相反的事情?

---

① 《当爱已成往事》,李宗盛词、曲,林忆莲、李宗盛演唱。
② 费希、卡佩里耶:《最美的哲学史》,第63页。

第五章 爱、算法与后人类：政治经济学研究

对于这个爱的难题，人类诚然全力以赴想解决——最科学的解决问题的方式，就是用算法。

"算法"（algorithm）一词，被用来指一套有输入、有输出的解决问题的计算步骤。然而，**爱的问题，显然很难被算法化处理**——无法描述清楚爱是什么，便无从清晰界定要输入哪些变量信息。没有输入的算法是无意义的，没有输出的算法则是无用的。

实际上，人本身就构成了一个生物化学算法。位于算法架构中枢的是一千亿个大脑神经元，对输入端（各感官）信息快速用电信号彼此"激发"来进行**黑箱式**的——亦即人类理性尚无法洞穿的——复杂计算，并做出相应输出。即便对于当代脑科学家与神经科学家而言，人脑的神经网络，仍是一个不透明的黑箱。各种保全生命、趋利避害（如看到蛇顿感害怕快速远离），都是这套神经网络算法对输入信息自动快速做出的输出。① 然而，爱，却成为这套生物化学算法的一个激进溢出。

有诗人看到捕雁者杀雁后另一脱网之雁"悲鸣不能去，竟自投于地而死"的现象，固不能解，只能归之为"爱（情）"，因为人类中亦"更有痴儿女"会为了"爱"而行相似之事。② 即便这样，诗人的困惑与怅惘仍然不能解，是以问

---

① 请同时参见本书第二章第三节。
② 元好问：《迈陂塘》。

出："问世间，情是何物，直教生死相许？"① 对于这样违反生物化学算法之行为，理性也给不出回答——按照演化生物学，产生此种算法的基因根本传不下去。换言之，由于那些"自投于地而死"之雁无法传递其基因，今天的雁身上都不会再有这种基因。

同样地，《泰坦尼克号》（詹姆斯·卡梅隆执导）上的 Jack 为了爱"自沉于海而死"，能有效传递基因的应该是 Rose 未婚夫这类人。那么，Jack 之流在生物史与文明史上都应该是昙花一现——可以基因突变随机出来几个，但迅即消失，留不下痕迹。问题是，何以我们今天还会有爱是什么（"情是何物"）的问题呢？它不应该早已绝迹，在人类身上彻底消失，一丝痕迹都不会留下？

汤显祖在《牡丹亭》卷首写道："情**不知**所起，一往而深，生者可以死，死可以生。生而不可与死，死而不可复生者，皆非情之至也。"② 威廉·莎士比亚这位汤显祖同时代人（小 14 岁，但于同一年去世）兼同行，在《罗密欧与朱丽叶》中把爱称作"一个最谨小慎微的**疯狂**"③——但这个小疯狂让一对青年相继赴死。

"不知"和"疯狂"，是剧作家对人类的嘲笑（赞颂）。

---

① 元好问：《迈陂塘》。
② 汤显祖：《牡丹亭》卷首题词。
③ William Shakespeare, *Romeo and Juliet*, ed. Sidney Lamb, New York: Cliffs Notes, 2000, p. 34.

第五章　爱、算法与后人类：政治经济学研究

爱让人赴死，然而理性仍然不知道什么情况——在理性之眼中，爱就只能是胡来的、盲目的、不可理喻的、彻底疯狂的。第二章所分析的信任，是因为透支信息故而显得盲目，缺乏理性的支撑。① 与信任相较，爱，则是绝对的、彻底的盲目——不需要经得起理性分析的信息输入，就莫名其妙"不知所起"地一往而深，甚至生生死死了。加拿大哲学家罗纳德·德苏达在给著名的"牛津通识"丛书写的《爱》这本小书中提出："爱的**盲目性**，可能不关视力沦丧，而是事关判断力沦丧。"② 这就是理性眼中所见之爱。

即便在脑科学、认知神经学、人工神经网络仿生工程学领域的研究已成果累累的今天，对于死亦不足惜、"生当复来归，死当长相思"③ 的爱，除了用"非理性""疯狂""痴"来界定，人类仍然找不出能经得起科学方法论检验的解释。爱，成为人类认知版图中的一个黑洞式的**奇点**，在那个点上已有的规则、原理、话语——如生物学规则、经济学原理、人类主义话语等——都彻底失效。④ 爱，在理性眼里彻底是个怪物，无可理喻。

我们看到，被视为解决人类"好生活问题"答案的爱，本身出了问题。解决这个问题，可能比解决"好生活问题"

---

① 参见本书第二章第四节和第五节。
② Ronald de Souda, *Love: A Very Short Introduction*, Oxford: Oxford University Press, 2015 (ebook), p.58, emphasis added.
③ 苏武：《结发为夫妻》。
④ 参见吴冠军：《陷入奇点：人类世政治哲学研究》，第319—340页。

更难——由于爱之于理性彻底不透明，爱的问题无法以算法化的方式来加以解决。在这个意义上，爱，确实是抗拒算法化的力量。也因此，爱是一个被误认为答案的难题。

于是，在人类主义时代，爱实际上一直极度撕裂：被时刻吹上天，同时又碎了一地。这种撕裂性，使得费希的同行阿兰·巴迪欧说"爱已经死了——在任何衡量尺度上，它都陷入严重疾病中"。① 问题是，在人类主义的框架下，爱绝不能死。**爱如果死了，"人性"就要跟着坍塌。**

这恐怕就是为什么在银幕上人工智能（"大卫"）那么想攻克爱这个难题——那不是人工智能这种"后人类"自己设定的目标，而是人类一早设定的目标。也就是说，人工智能哪怕将人玩弄于股掌之中，它还在解决人类想解决的问题。

在寄望于人工智能的算法之前，人类自己实际上也曾知难而上，尝试借助算法来一劳永逸地攻克爱的问题。那么，英雄是谁呢？

巴迪欧说，由于"爱正备受威胁"，今天作为一个哲学家，必须去全力捍卫爱。② 但"捍卫爱"，是算法"听不懂"的目标。算法的前提，就是要有明晰化的问题与求解目标，

---

① Alain Badiou, "The Reinvention of Love", in Byung-Chul Han, *The Agony of Eros*, trans. Erik Butler, Cambridge, Mass.: The MIT Press, 2017, p. vii.

② Ibid., p. xi; also Alain Badiou and Nicolas Truong, *In Praise of Love*, trans. Peter Bush, London: Serpent's Tail, 2012. p. 10. 对巴迪欧主义爱的一个具体分析，请参见吴冠军：《爱的本体论：一个巴迪欧主义-后人类主义重构》，《文化艺术研究》2021年第1期；吴冠军：《在黑格尔与巴迪欧之间的"爱"——从张念的黑格尔批判说起》，《华东师范大学学报（哲学社会科学版）》2019年第1期。

第五章　爱、算法与后人类：政治经济学研究

然后算法工程师针对问题与目标来选择合适的模型和方法，完成算法的设计。然而，对于**爱陷入严重疾病中乃至即将死去**（面对的问题）与**捍卫爱使其不死**（求解的目标），算法工程师彻底无计可施——他既无法界定要向算法输入哪些信息，也无法界定要输出什么。如果最终输出的东西就是"爱"，那就涉及让算法理解"爱"是什么，这意味着要将自然语言对"爱"的描述转化成可进行量化计算的数学语言，然而算法工程师用自然语言都说不清"爱"是什么，又如何进行算法设计？

为了能够和算法思维产生接口，我们可以把"爱的革命"发生后的人类主义时代人们遇到的爱的难题重新界定为：怎样使自认为深爱彼此的爱侣，避免走向死亡或走向背叛？

通过改变问题的方向与边界，我们就有一个"算法友好"（algorithm-friendly）的问题了。进而，要达成的求解目标，可以相应改成：爱通向婚姻而不是死亡，婚姻长久维系而不是出轨离婚。我们还可以对目标进一步加上明确限制条件，譬如 10 年内婚姻不破裂（抑或终身不破裂），这样就更"算法友好"了。

至于"幸福婚姻"（happily married）、婚姻状态中始终相爱（"永沐爱河"），则是算法无法处理的目标，除非"幸福"能被明确地转化成一组可量化的变量参数。

做出如上修改以后，我要提出的是，会利用算法思维来解决爱的问题的，不是哲学家，而是经济学家——后者，实际上

堪称将爱算法化的先行者。①

第二节　婚姻算法：经济学家、算法工程师、程序员

在经济学家出手之前，其实人类就有一种相当古老的应对爱之难题的智慧。"死生契阔与子成说"②这种誓死之爱，读读诗词就可以了，要想"执子之手与子偕老"③，最稳妥的方式还是"门当户对"：你有什么，我有什么，先匹配好，彼此基于理性而不是爱在一起。

这一智慧延续到了现代社会，并且"门户"匹配的方式更加多元化：可以是你有权我有色、你有血统我有流量（……）。看上去"门不当户不对"，但同样符合理性精神。

这种理性精神可以被妥当地称作"计算理性"（computational reason）——当然，在现代社会中你需要计算的不只是"门"与"户"，而且涉及各种复杂元素。并且，计算理性并不一定就是爱的对立面，它同样可以带来"怦然心动"的感觉——当物质元素以及各种相关元素高度匹配时，"两情相悦"的概率也往往很高。今天的单身人士在各种场合相遇，

---

① 不算巧合的是，人工智能在诞生之日，经济学家就是主导者之一。1956 年达特茅斯会议的核心人物、人工智能奠基人之一赫伯特·西蒙（司马贺），便是 1978 年诺贝尔经济学奖得主。
② 《诗经·邶风·击鼓》。
③ 同上。

第五章　爱、算法与后人类：政治经济学研究

某一方顶着 CEO、总裁等头衔，其他人看到时心动的概率大大增加。**计算理性，就是爱的算法化的前提基础**：只要我们不否认这种"怦然心动""两情相悦"就是很多人日常生活中所说的爱，那么爱就可以被计算理性所处理。

现在，就请出在我眼里系统性地尝试将"执子之手与子偕老"问题算法化的第一人——我们不妨称他为"婚姻算法之父"，尽管他本人并未直接讨论过算法。诺贝尔经济学奖得主加里·贝克尔的代表作《人类行为的经济分析》一著，于1976年出版。该著被视作一部地震式作品，吹响了经济学家"入侵"其他社会科学领域的号角。在该书中，贝克尔用1/6的篇幅从经济学研究进路构建"婚姻理论"。他极有雄心地写道："仍然有一类行为几乎彻底地被经济学家们所忽视……我说的就是婚姻"，"在现代经济学提供的框架内，各种人类行为都能够得到成功分析，婚姻也不例外"。[①] 五年后贝克尔又推出另一部好评如潮的著作《家庭论》，同样旨在攻克爱的难题。人类主义"爱的革命"以降数百年来，为爱而婚成为两性场域中的主导性范式，那么，为何出轨盛行，为何离婚率居高不下，为何动辄家庭暴力或社交媒体对撕？贝克尔告诉我们，这个人类难题可以用经济学予以解决。

在贝克尔所提出的"婚姻理论"的分析框架中，人类的婚姻在根本上是一种市场行为。财富、教育程度等元素被看

---

① Gary S. Becker, "A Theory of Marriage", in his *The Economic Approach to Human Behavior*, Chicago: University of Chicago Press, 1976, pp. 205-206.

重，那是因为人们会根据成本和收益来选择使自己"效益最大化"的对象结婚,"当且仅当男女双方境况都有所改善(亦即他们的效益均有所增加)时,婚姻才会发生"。① 如果预估婚姻带来的去除成本后的净收益还不及婚前,那么人们就会选择独身。婚姻的好处很多,两个人通过婚姻结合在一起可以避免支付交易费用,降低生活成本与家庭商品的生产成本,家庭内部信任也可以减少监督与管理费用。

于是,当你学会通过经济学考察视角来看待爱,你爱的人跟别人跑了实是无须撕心裂肺要生要死,做出"一生所爱"②就是你、"生无爱吾宁死"这种非理性的极端事情。③ 这只是说明,你不是他/她可以让自身"效益最大化"的那一位——效益不一定就只是物质的,可以包括"情感效益"。

贝克尔提出,在充分自由竞争的"婚姻市场"上,每个人都能找到和自己最匹配、使自身效益最大化的伴侣,亦即抵达均衡状态。换言之,只要你有通畅的信息渠道,并且有计算理性与足够耐心,可能再加上一点运气,你一定可以找到彼此都"效益最大化"的那一位携手人生。如果不是双方

---

① Gary S. Becker, "A Theory of Marriage", in his *The Economic Approach to Human Behavior*, p. 206.

② 《一生所爱》,唐书琛词,卢冠廷曲并演唱:"情人别后永远再不来,无言独坐放眼尘世外,鲜花虽会凋谢但会再开,一生所爱隐约在白云外。苦海翻起爱恨,在世间难逃避命运,相亲竟不可接近,或我应该相信是缘分。"

③ 吕克·贝松执导的影片《这个杀手不太冷》(1994) 中的经典台词:"I want love or death." 相似表述溢满爱的场域:朱彝尊《高阳台》:"钟情怕到相思路,盼长堤、草尽红心。动愁吟。碧落黄泉,两处难寻。"洪升《长生殿》第一出《传概》:"今古情场,问谁个真心到底?但果有精诚不散,终成连理。万里何愁南共北,两心那论生和死!"

"效益均有所增加"，即便进入婚姻，其稳定性也堪忧，因为它没有处在均衡状态上。于是，要走的人，就让他/她走，不用痛不欲生——把他/她强留下来，日后才极可能会令彼此痛不欲生。

尽管贝克尔著述中没有涉及算法或做出过相关论述，我们在这里却可以引入算法思维——在我看来，我们可以妥当地将提出"婚姻理论"的贝克尔，视作**开发出了一套"婚姻算法"的算法工程师**。

贝克尔实际上为婚姻构建了一个基于计算理性之上的算法模型，其中构架性的基石是如下三个：效益最大化行为；市场均衡；人的基本偏好不会速变。[①] 进而，贝克尔为模型做了一个预设："所有商品能够被合并到一个单一叠加中"[②]。这个预设同时做了两件至关重要的事。

首先，它实质性地使得对"婚姻市场"进行数学建模成为可能。一切和爱、婚姻、家庭相关的元素，如颜值、性格、兴趣爱好、家庭出身、职业、社会地位、教育背景、此前婚史……都被预设为能够进入同一个等价链条中，成为可用一般等价物（亦即货币）进行折算的"商品"。这样一来，这些用自然语言"模糊"描述的生物性或社会性元素，就被转化成数学语言中一个个可进行"精确"量化计算的变量。以该

[①] Gary S. Becker, *A Treatise on the Family*, Cambridge, Mass.: Harvard University Press, 1993, pp. ix-x.
[②] Becker, "A Theory of Marriage", op. cit., p. 208.

转化为前置条件,数学模型的构建可以形成一个数据结构,输入信息被数值化后,便成为该结构里的具体数据。

其次,这个预设使得该经济学-数学模型成为**贝克尔主义婚姻算法**:在这个算法中,贝克尔规定了一切变量以"单一叠加"(single aggregate)的方式进行合并计算。任何一个算法都会对现实世界无可穷尽的复杂性进行不同程度的简单化,并用数学语言加以表达。这在带来实际的可计算性的同时,也承担相应代价——作为一个算法工程师,就要对此做出取舍,找到最贴合现实问题的数学描述。"单一叠加"意味着贝氏强行预设了,各变量彼此不互相影响。这个设定可以大大简化模型,但也使得该模型算出来的输出结果,带有算法开发者贝克尔的强烈印记。

基于以上分析,我把贝克尔所论述的"婚姻理论"称作贝克尔主义婚姻算法,换言之,其他经济学家可以通过建构关于"婚姻市场"的不同模型,而开发出不同的婚姻算法(这意味着输入相同信息会得出不同输出结果)。

现在我们看到:诞生于1976年、建立在三个基石与一个预设之上的贝克尔"婚姻理论",能够被转化为一套具有实用价值的算法,输入相关变量信息通过数学模型求解,最后能得出解决问题的清晰指令来指导决策与行动。贝克尔是一个称职的算法工程师,他通过舍弃他判断下来不重要的细节与变量,把模糊的问题(找寻爱侣、白头到老……)明确化、简化、量化、模型化,并使模型具有实际的可计算性(不至

第五章　爱、算法与后人类：政治经济学研究

于搞出一个计算量恐怖的模型）。好的算法工程师，必须懂得在模型的准确性和实现成本上取舍权衡——建模过程就是一个对现实问题的抽象过程，工程师要以其逻辑思维能力抓住问题的主要因素，忽略次要因素，并确保引入的变量数据最后不会"撑爆"算法使之无法收敛，抑或计算旷日持久。换言之，如果贝克尔不设定"单一叠加"而引入各个变量彼此的交互影响状况，模型的复杂度与计算量将完全跃升一个维度，尽管这样做可能更精准地映射现实生活中的"婚姻市场"。①

现在，经过算法化后，"执子之手与子偕老"就变成一件可理性计算，并且计算机可理解并处理的事。算法工程师贝克尔完全可以找几个程序员合作，开发一套APP，将其著述里大量数学公式嵌套与集成到软件程序里，让计算机负责依照算法设计的具体步骤展开计算。②

软件程序员和算法工程师经常被混为一谈③，实际上他们处理的是完全不同的事——贝克尔本人如若不会编程，亦完全不影响他成为一个出色的算法工程师。计算机程序只是算法的一种存在形式——当两者以结合形态存在时，算法在先程序在后，算法设计完成后才开始软件编程的工作。算法工程师

---

① 举例而言，天文物理学家研究"宇宙大爆炸"的模型，就是一个复杂度与计算量巨大的模型，因为它对模拟的精度要求极高，输出结果的精度要在纳秒与粒子层级。
② 请同时参见吴冠军：《爱的算法化与计算理性的限度——从婚姻经济学到平台资本主义》，《人民论坛·学术前沿》2022年第10期。
③ 存在这一混淆，主要是因为在很多计算机创业公司，算法工程师经常由程序员兼任。也就是说，没有设专职算法设计的岗位。

将描述问题与求解目标的自然语言转化为一套数学模型以及一系列操作步骤,可对输入数据进行逐步处理、转换,并最后"收敛"输出一个确定的结果。而程序员则想办法用编程语言实现算法工程师的数学模型及其执行步骤。**算法是一个软件里的"思想"部分**。对于算法的执行方法,可以有顺序执行、并行执行(包括分布式计算)、递归方法和迭代方法等多种,这些都是要先在"思想"里体现和确定,然后才程序化。

让我们假设高度实现贝克尔主义婚姻算法的 APP 已由相关程序员开发完成,现在,在"婚姻市场"中的人可通过对 APP 输入自己所获得的相关信息,来快速获取输出结果——当然,如果他们研读过贝克尔著作,可以自己核对计算结果,以防 APP 出错影响对婚姻这件人生大事的决断。进而,婚姻算法(以及基于其上开发的 APP)在被实际用于处理问题时,算法工程师(以及与之合作的程序员)还可以通过不断和现实情况做比较,来对所使用的模型进行迭代。下面我在讨论"婚姻理论"时便采用"婚姻算法"一词,尽管贝克尔本人著述中没有出现过该词或关于"算法"的相应论述。

第三节 均衡状态:今夜无人出轨

即便是在其以书为载体的学术著作中,贝克尔的婚姻理论也从来不只是"理论",而是有着鲜明的实践向度——他是要

第五章　爱、算法与后人类：政治经济学研究

拿它解决现代生活的实际问题的。贝克尔认为，在充分自由竞争的婚姻市场上，每个人根据他开发的这套婚姻算法，都能找到"完全适称的婚配"。而离婚的主要原因，则是婚前双方没有准确和全面掌握市场信息，没有用算法来进行理性计算并根据结果做出决策——这样的"草率结婚"，自然基础很不牢靠，很容易翻船。但贝克尔也强调，是否真的离成婚，最后仍是要通过算法计算来决定，很多裂痕累累的婚姻因为离婚成本更高，也就维持走完了全程，两人达成了白头到老的婚姻目标（该目标可量化，而幸福婚姻则不可量化）。

我们看到，在上述分析框架下，求爱之人找"完全适称的配偶"，与等待移植手术的病人找"完全适称的器官"，皆问题清晰目标明确，故而都是可以用算法予以高效完成的事——甚至算法都可以拿过去直接用起来（把经济学参数换成生物学参数）。我们前面描述了当代社会的如下弥散性现象：耳朵里听到的是铺天盖地的"爱"的话语，眼睛里看到的却是大量破碎的婚姻，出轨率、离婚率居高不下。贝克尔相信，因"爱的背叛"而导致的婚姻破裂——亦即，人们在日常生活中最痛恨的婚外情、"小三上位"——是能够被婚姻算法解决的。

贝克尔严谨地提出："'婚姻市场'处于均衡状态，**没有人能够通过改换伴侣而使境况改善。**"① 贝氏论证逻辑是：两

---

① Becker, "A Theory of Marriage", op. cit. emphasis added.

性场域中每个人都根据"估算的价格"(imputed price) 找伴侣,找到肯要你同时你也愿要的人,这就已经是双方理性计算的产物,构成了一个均衡状态。如果没有同时达成双方各自效益最大化,婚姻就不会被建立,两人会继续在婚姻市场上寻找。在这种根据理性计算抑或算法指导而建立的婚姻中,你可以靠自身努力改变境况,从而吸引更高"质量"的人来实现改换伴侣,但你无法靠改换伴侣来改善境况。

这就意味着,如果生活状况没有出现根本性的大变化,爱的背叛以及离婚等问题就基本不会产生,因为背叛是违反计算理性的:你能找到的"外遇",肯定"质量"小于等于"现任"(你单身时没能吸引到的那个层次,现在结过婚拖家带口更吸引不到)。背叛婚姻带来的损失,根本不可能从"外遇"那里弥补回来。也就是说,你越抛妻弃子找小三,生活水平就会越差——你的行动非但没有效益最大化,反而多实施几次以后你可能会一贫如洗,最后可能连街头流浪者也不愿做你的出轨对象。这一切分析,如果你自己头脑发昏看不清楚,可以随时用婚姻算法 APP 帮你做出正确计算。《今夜无人入睡》这场爱与死的闹剧,是彻底非理性的(莫名其妙王子把自己放到非爱即死的猜名字游戏中)①;而"今夜无人出

---

① 《今夜无人入睡》是贾科莫·普契尼最后一部歌剧《图兰多》的咏叹调,由男主角卡拉夫王子演唱,诉说图兰多公主要全城彻夜不睡,在天亮前替她寻找卡拉夫王子的名字,若无法如期查出,则全城百姓都必须受死。起因是王子给不愿嫁他的公主出了道谜题,只要她在天亮前得知其名字,王子不但答应不娶公主,还愿意被处死。公主捉到王子之父和丫鬟严刑逼供,丫鬟自尽以守密。天亮时公主未得到名字,但王子的强吻融化了她冷漠的心,王子告知真名后公主告知天下嫁给王子,并说王子的名字叫 "Amore"(爱)。

第五章　爱、算法与后人类：政治经济学研究

轨",才是所有理性的人会做到的。加拿大经济学家玛丽娜·阿德莎德建议,在婚礼上彼此说完永不背弃的誓言后,背景响起的歌曲应该是美国摇滚乐队迪斯科瘟三的《我书写罪,而非悲剧》,因为里面唱道:"面对这些事情,最好用稳重与理性。"①

贝克尔主义婚姻算法诚然解释了日常生活中的"陈世美"现象——此君的生活状况确实发生了大变化(中状元),婚姻"外遇"到的又是当今皇室长公主。原婚姻无法维系,实在因为算法得到的新的输入数值过于爆表。

婚姻算法也解释了,我们在社交媒体上围观吃瓜的出轨离婚案例,多发生在明星以及富豪身上,因为他们在婚姻破裂中的损失,能通过其强大的赚钱能力弥补回来。

而绝大多数普通人——在统计学意义上——并没有根本性改变生活境况的能力或"奇遇"。所以,普通人在出轨离婚上,反而比富人更谨慎——之所以我们身边还是有不少,那是因为用算法来指导婚姻的人们还太少,即便你有些算法思维但自己计算能力太差,而可靠的婚姻算法 APP 在现实生活中还未被开发出来……

晚近以来明星的吸金能力同其婚姻捆绑得越来越紧密——出轨被曝会成为"失德艺人",即刻丧失全部工作机会;假使

---

① *I Write Sins Not Tragedies*, Ryan Ross、Brendon Urie 与 Spencer Smith 词、曲, Panic! At the Disco 演唱。See Marina Adshade, *Dollars and Sex: How Economics Influences Sex and Love*, San Francisco: Chronicle, 2013, p. 89.

再被原配加爆些"黑料"的话,甚至会直接导致其社会性死亡。这就使得他们的婚姻变得比以前稳定。根据婚姻算法我们可以预测,在未来可见的日子里,明星出轨与离婚新闻会逐渐变少。

我根据婚姻算法所做出的上述一组分析,从理性(计算理性)视角很站得住脚。然而,我最后那个预测,至少目前来看其有效性还未能呈现:尽管前车之鉴已那么多那么惨烈,进入 21 世纪 20 年代因私生活而成为失德艺人的明星仍排着队出现。问题出在哪里?

建立在经济学模型之上的婚姻算法,完全没有触及精神分析所揭示的"文明及其不满"结构。故此,它对日常生活中明面上各元素单一叠加的加权计算做得再精致与精确,却都会因无法纳入那种靠逾越规范性禁令所带来的"极乐"般的隐秘淫秽快感,而发生**极大的偏差**。①

换言之,出轨仍会发生,尽管背叛婚姻带来的账面损失,完全无法在"外遇"那里弥补回来。情况甚至往往会反过来,越界的风险越大,成本越高,它所带来的刺激度越飙升,痉挛般的快感越强烈。富贵从来不应"险中求",尤其是一套高精度的算法已分析出风险远远大于收益——"股神"沃伦·

---

① 关于"文明及其不满"结构的分析,请参见吴冠军:《现代性的"真诚性危机"——当代马克思主义的一个被忽视的理论贡献》,《江苏行政学院学报》2018 年第 5 期;吴冠军:《重思"结构性不诚"——从当代欧陆思想到先秦中国思想》,《江苏行政学院学报》2019 年第 5 期;吴冠军:《结构性溢出:论当代西方马克思主义"溢出论"》,《人民论坛·学术前沿》2020 年第 23 期;吴冠军:《爱、谎言与大他者:人类世文明结构研究》。

巴菲特从来不建议把股市当成赌池,而建议对通过理性分析找出的优质企业进行长线投资。与富贵相对,快感才恰恰要"险中求",玩的就是心跳——没有心惊肉跳还怎么玩到high?这个道理,我上小学那个年代放学不直接回家却三五结伴在学校附近看江湖艺人杂耍的小学生都知道,没有随时会被老师抓包的刺激,那些早看出名堂的粗劣表演真值得放学后一遍遍去看么?

为什么在"人类世"中,没有处处涌现出"今夜无人出轨"的美好景像?经济学家贝克尔所缺失的视角是:外遇这件事"算"的从来不是经济账。在人类世中,文明性的禁令——亦即赫伯特·马尔库塞所说的"多余压制"[①]——不只是为了制造**稀缺**(经济学分析的起点),更是为了制造**快感**(精神分析的起点)。

第四节　为爱痴狂:当算法遭遇"一心人"

贝克尔所开发的这套婚姻算法,还存在一个更致命的问题:它可以处理"陈世美"现象,但无法处理"卓文君"现

---

① "多余压制"(surplus repression,国内学界很不妥当地译为"剩余压制")这个概念借鉴了弗洛伊德的"压制"与马克思的"多余价值"(国内译为"剩余价值")。See Herbert Marcuse, *Eros and Civilization: A Philosophical Inquiry into Freud*, Boston: Beacon, 1966, p. 40.

象。卓文君私奔并改嫁司马相如时，后者尚一贫如洗。[①]"愿得一心人，白头不相离"[②]，标识出了贝克尔主义算法的一个根本性困境——算法得到的新的输入数值极低，是绝不可能指令性地输出"同其私奔"这种彻底违背计算理性的行动方案的。

换句话说，婚姻算法只能将这种"愿得一心人"的爱排除在外，否则这套算法的有效性将丧失。试想，面对相同信息，你对 A 就是无缘无故"心"剧烈乱跳、相思不绝，而对 B 完全无感——算法完全无法处理这样的情况。当相同信息输入同一算法模型，每个人却得出完全不同的输出结果时，算法本身彻底失效。同样道理，中医不能称为算法或者至少不是合格的算法——同样的输入因不同的"大夫"而有多元的输出。而一个合格的算法，是所有具有理性的人经由它都应该拿到相同的输出。**算法不能因执行的计算机或人不同，就出来彻底不同的结果**。

贝克尔的婚姻经济学模型是一个合格的算法：A 明星在某种情况下不会离婚（或结婚），换了 B 明星同样也不会。这套婚姻算法改一个情境，就可以成为"企业人事管理算法"乃

[①] 史料（《史记·司马相如列传》）里记载卓文君私奔时原配丈夫已死，为了构建讨论模型的需要，我们在这里暂且设定其丈夫仍在。其实鲁迅与许广平也是很好的例子，但涉及文化背景上的元素更多，所以此处选用略作改变后的卓文君故事。

[②] 《白头吟》，相传为卓文君所作。

第五章　爱、算法与后人类：政治经济学研究

至"健康饮食算法""健身训练算法"……①然而,"一心人"这个变量的出现,使得每个人都会做出不同行动:A 在该情况下仍然不离婚,B 却直接私奔。"两情相悦"到什么程度,会使人做出"不'理智'"的行为?无法量化,各凭感觉。对于"一心人",算法彻底瘫痪。我们看到:**贝克尔完成了婚姻的算法化,但爱恰恰却被遗漏在外了。**

这个结果,贝克尔显然是不愿意接受的,因为这意味着他的"婚姻理论"本身实质性的破产——现实中就是会有为数不少的人"为爱痴狂"(mad for love)、"陷入爱中"(fall in love)。"婚姻理论"若无法和这些人相关,那么这个理论只能改名为"'一部分人的婚姻'理论"。如果不能将"一心人"——以及非理性、痴狂的"愿得"——也加以算法化,那么,贝克尔做出的"在现代经济学提供的框架内各种人类行为都能得到成功分析,婚姻也不例外"这个断言,就是失败的。

对于爱(不透明的"心","心"知道、一"心"人),基于计算理性的算法系统只可能有**两种处理方式**:要么将它标识为"非理性"(疯狂、无可理喻、痴……),要么将它强行"理性化"。贝克尔的做法是后者:他将爱称作"特殊的不可市场化的家庭商品"。"家庭生产的商品"中包括爱,也包

---

① 这也就是为什么贝克尔能够将经济学扩展到社会学或人类学、心理学论域,并被视为开启了"经济学帝国主义"。

括膳食质量、孩子的质量与数量、声望、娱乐、陪伴、健康状态等其他商品，它们可以根据固定权重叠加计算。[①] 这样一来，爱就能被纳入到可计算的模型中。

根据其所构建的数学模型，贝克尔提出："两个人之间的爱与关爱，提升了他们在最优配对中彼此结婚的机会。"[②] 也就是说，当把爱纳入等价链条（"商品化"）后，它对婚姻的影响就能像其他元素一样被计算出来。尽管贝克尔经由算法模型得出的这个结论，完全没有超出中学生的日常认知，但也因为这样，它完全符合人类主义的价值体系——爱通向最优配对的婚姻。

不过贝氏在该论述之后随即补充道，"即便他们并不彼此相爱与关爱，通过假设他们会在最优配对中彼此结婚，可以看出爱与关爱并不能降低这些机会"[③]。这意味着，在婚姻算法里，市场（婚姻市场）对资源的配置实质性地决定一切，作为不可市场化之"特殊商品"的爱确实能起到影响，但这个影响聊胜于无——有了挺好（增加结婚机会），没有也基本不碍事（该结婚还是会结婚）。

于是我们看到，在贝克尔所设计的婚姻经济学模型中爱确实被算法化了，但权重却很小。贝氏用心其实不难推知，如果权重很大，那整个模型就变得非常不稳定——理性无法形成

---

① Becker, "A Theory of Marriage", op. cit., pp. 233, 207-208.
② Ibid., p. 236.
③ Ibid.

第五章 爱、算法与后人类：政治经济学研究

确定知识的"一心人"要么不出现，一出来就立即成王炸，可以把整个模型炸翻……这就是说，爱的力量打破市场力量（而非在后者基础上锦上添花）这种情况，对于贝克尔是不可设想的。贝克尔是这样把爱推到一旁的：

> 由于持久性的爱不容易同暂时性的迷恋区分开来，所以对婚姻之前的爱的**任何直接评估**都不可靠。对爱的非直接评估可以被使用；譬如，教育与背景将是很重要的部分，因为爱更容易在两个拥有相似教育与背景的人之间发展出来并维系下去。①

我们看到，爱在经济学模型中，就这样实质性地被教育、社会背景等取代，而后者皆系可计算与评估的元素。此处关键在于，基于"对爱的非直接评估"，理性可以建立因果模型：相似教育与背景导致爱并维系爱。这个意义上的"爱"，就成为理性可以理解并计算的元素了。

对于那理性实在不能理解的、"任何直接评估都不可靠"的爱（亦即，爱的不是"很重要的部分"），贝克尔的处理方案是：既然爱无法理解、无法评估，那即使是爱者本人，其实也无法确知那是不是爱（抑或只是暂时的迷恋）；我们将爱这个元素放进模型中，但有些东西根本就不是爱，为避免浑水摸鱼，我们只接受结婚后的表现，如果长久地呈现出爱意

---

① Becker, *A Treatise on the Family*, p. 327, emphasis added.

与关爱，那么这就对婚姻有积极的加成。在关注婚后表现的意义上，贝氏强调，"为爱而婚"被夸大了，"在分析意义上，爱对均衡婚配的影响，只是偏好差异影响的一个特殊例子"。① 当贝克尔对爱做了这个小心翼翼的处理后，"婚姻算法"才算大功告成，贝氏自信地宣称："经济学进路能够分析**爱之婚姻**的方方面面。"②

在 20 世纪 40 年代，法国哲学家乔治·巴塔耶曾把主流经济学称为"受限经济学"——那个时候贝克尔还是中学生。巴塔耶批评约翰·凯恩斯为代表的经济学家们只研究生产、成本、交易、产权，不研究浪费、过度、损失、消耗。凯恩斯的代表作《就业、利息和货币通论》以"通用理论"（general theory）自居，但巴塔耶认为其研究恰恰不是通用的，"在'经典'经济学中，诸种经济问题是**被孤立**或**被限制**的问题，在那里经济学研究的问题被限制为对利益的追求；在**通用**问题中，生物量（biomass）的本质总是一再出现，必须不断地摧毁（消耗）能量的某种剩余"③。故此，巴塔耶提出，真正的"通用经济学"（而非"受限经济学"），必须把宗教、色情等问题也纳入研究视野之中，因为它们皆关涉生物量意义

---

① Becker, *A Treatise on the Family*, p. 124.
② Ibid., emphasis added.
③ Georges Bataille, *The Accursed Share: An Essay on General Economy*, Volume I: *Consumption*, trans. Robert Hurley, New York: Zone Books, 1988, pp. 13, 196, 182, emphasis in original.

第五章　爱、算法与后人类：政治经济学研究

上对剩余能量的消耗。①

贝克尔尽管是凯恩斯的批评者②，并且把经济学的边界扩展到众多社会领域，然而其经济学分析视角仍和凯恩斯一样"受限"：他并不正面处理消耗与过度，而是努力把这类现象拉入经典经济学的研究轨道。贝氏于1988年提出著名的"理性成瘾"论，认为各种成瘾行为（如对海洛因、香烟、宗教或食物等成瘾）皆可以在理性选择与经济学框架下得到良好的解释。③巴塔耶的"通用经济学"研究，则完全没有进入贝克尔的视野，连做他的论敌的资格都没有。

从巴塔耶所提出的"通用经济学"出发，同宗教性的祭祀一样，爱是纯粹的消耗，是生命中剩余下来的能量的自我消耗。是以，爱总是通向死亡。爱侣结成的共同体，是一个"消耗社会"。④根据巴塔耶的分析视角，贝克尔主义婚姻算法仅仅只是处理"婚侣的获取社会"，而未能处理"爱侣的消耗社会"。

在贝克尔所构建的算法模型中，爱能够对最优配对的婚姻

---

① 对巴塔耶式"通用经济学"的进一步分析，请参见吴冠军：《爱、谎言与大他者：人类世文明结构研究》，第九章到第十一章。

② 贝克尔26岁时同其导师、1976年诺贝尔经济学奖得主米尔顿·弗里德曼合作的研究论文《判断凯恩斯主义模型的一种统计学幻像》，使他在学界崭露头角。See Milton Friedman and Gary S. Becker, "A Statistical Illusion in Judging Keynesian Models," *Journal of Political Economy* 65 (1), 1957, pp. 64-75.

③ Gary S. Becker and Kevin M. Murphy, "A Theory of Rational Addiction", *Journal of Political Economy* 96 (4), 1988, pp. 675-700.

④ Georges Bataille, *The History of Eroticism*, trans. Robert Hurley, in his *The Accursed Share*, Vols. 2 and 3, New York: Zone Books, 1991, p. 163.

做出积极影响，只是影响数值不大（"不很重要的部分"）。该模型的局限在于：它彻底无法处理"一心人"对"最优配对的婚姻"的破坏（譬如，那种为爱痴狂的私奔）。**贝克尔的经济学只聚焦符合理性的叠加、获取，而排斥彻底无理性的消耗、死亡。**消耗被贝氏拉入理性的范畴，那么死亡呢？"生死相许"的爱呢？

爱，仍然标识了贝克尔主义婚姻算法的根本性界限。

第五节 "人类高质量男性"与平台资本主义 1.0

我们已深入探讨了，经济学家同时也是称职的算法工程师的贝克尔用经济学模型把爱算法化的努力，以及该努力面对的困境。

贝克尔本人对该模型的分析有效性，具有深厚的信心。在《婚姻理论》中贝氏写道："一个有效的婚姻市场通常有完全适称的婚配，高质量男人和高质量女人结婚，低质量男人和低质量女人结婚。"[①] 经济学家很诚恳，并没有在措辞上绕弯弯：市场会区分出高质量与低质量的人类，使他们各自牵手，而不会"跨质量"牵手。只要市场足够透明、信息足够充分，"估算价格"会使每个人都找到和自己最匹配、使自身效益最大化的伴侣。市场绝不会乱点鸳鸯谱，而是很有谱，很靠谱。

---

① Becker, *A Treatise on the Family*, p. 108.

第五章　爱、算法与后人类：政治经济学研究

可见，当自称"人类高质量男性"的徐勤根 2021 年 7 月在社交媒体发布"求偶人类高质量女性"的视频而点爆全网、嘘声一片时，诚实的贝克尔主义经济学家，就应该站在这位努力展示其优渥生活与经济实力的"高质量人类"背后为他点赞。[①] 视频里的徐勤根目光诚恳，丝毫不顾"社会性眼睛"可能的评判，十分正式且带有拘谨地把自己"高质量"的情况做了基本介绍。尽管被网友群嘲与戏仿，但徐勤根的这个做法，确实能够降低婚姻市场上与他"适称"之人（"人类高质量女性"）获取信息的成本。当网上传他牛津与普林斯顿双硕士、家住"汤臣一品"豪宅时，他在微博上对这些不实信息一一辟谣，并请网友帮忙转发："这里面全部都是虚假信息，是别有用心的人杜撰出来的，以引导大众意识形态走向，继而形成对我的现实落差，我没有那么完美，我对那么完美也没有兴趣。"[②]

理性计算与决策的前提，就是要有容易获得的市场信息。对于算法而言，输入端信息须尽可能可靠、全面，才能提升输出端内容的靠谱度，否则就是"垃圾进垃圾出"（garbage in, garbage out）。在经济学家关于婚姻市场的模型里，徐勤根所作所为非但不离谱，而且堪称"行得正走得端"，要迈入一个对自己对他人负责任的婚姻，就应该这么做事。

---

① 百度百科"人类高质量男性"词条，〈https://baike.baidu.com/item/人类高质量男性〉。
② 参见《"人类高质量男性"被禁言！央媒怒批：高质量还是毒流量?!》，澎湃新闻，〈https://m.thepaper.cn/baijiahao_14182435〉。

进而值得思考的是：今天像"世纪佳缘""珍爱网"以及"Tinder""OkCupid""Match"这样的互联网婚恋平台，为什么会获得成功？① 答案是：它们实际上正是提供了海量的、可供快速搜索的市场信息，并且平台为"优质会员"们的信息之真实性背书。这些平台通过提供基于大数据的搜索引擎（本身就是一个算法）服务，有效提升了婚姻算法的靠谱度。在这些数字婚恋平台上，你只需要输入一组抽象的参数数值（年龄、收入、地区等），平台就能输出具体且翔实的巨量信息。

以前人们在约会时，不得不拐弯抹角委婉试探，对方有没有房子、多少存款……，以获得相关信息来做决策。数字婚恋平台将以往偷偷掩掩、转弯抹角想掌握的信息，直接算法化了（"有房""有车"皆成为可以直接勾选的选项）——不用同一个又一个对象在相亲饭桌上打话语机锋，而是点几下鼠标或手机屏幕就行。尼克·斯尔尼塞克用"平台资本主义"一词，来描述这些数字平台的运作模式。他提出："与生产不同，在平台上，竞争不是由成本和价格的差值来计算的；数据收集和分析成为判断和评价竞争优势的标准。"② 数据越大，平台能够提供给用户的信息就越充分，其竞争优势就越大。

数字化的"平台资本主义"，难道不是婚姻市场的"哥白

---

① 有意思的是，海外平台多把自己定位为约会应用（dating app），而国内平台则定位为婚恋网站。但它们共同的关键词就是"爱"（世纪佳缘的口号"勇敢爱"、Tinder 的口号"Love Me Tinder"）。

② Srnicek, *Platform Capitalism*, p. 97.

第五章 爱、算法与后人类：政治经济学研究

尼式"革命么？① 以前是以每个对象为中心来逐个了解，想办法在能承受的成本（如约会开销、时间、礼物……）下获取尽量多的有效信息，现在是以"我"为中心在平台上批量搜索。经由数字婚恋平台所提供的算法化的搜索服务，达成"最优配对的婚姻""完全适称的婚配"的信息成本被有效地降低了。

阿德莎德在出版于2013年的著作《钱与性：经济学如何影响性与爱》中提出，"互联网具有提升婚姻质量的潜能——这是因为在线搜索的低成本鼓励人们调高等待价值"②。换言之，由于数字平台革命性地降低了搜索成本，人们会倾向于努力去寻找"对的人"而不轻易将就。在没有数字平台的时候，人们只能尽量搬到人口稠密的大城市生活，因为在那里搜索成本相对较低。但即便如此，很多人仍然会止步于接受一个"并不理想的匹配"，"因为继续搜索的前景太让人气馁"。③ 而当搜索成本降下来后，"等待价值"就上去了，"人们愿意多搜索，以期找到一个更高质量的配对"④。

贝克尔认为只要信息获取渠道畅通，高质量会找高质量，低质量去找低质量。而现在数字婚恋平台通过提供搜索引擎

---

① 本章中"哥白尼式革命"是在康德的意义上使用。
② Adshade, *Dollars and Sex: How Economics Influences Sex and Love*, p.98.
③ 阿德莎德举例：某女性若是没能在最近几年结婚，那么她生育孩子的机会就明显减少了。对她来说，长期搜索的"代价"可以直接转化为有可能无法生育孩子的价值。Ibid., pp.96-97.
④ Ibid., p.97.

算法服务，革命性地改良了信息获取环节，有效降低了搜索成本，那么，贝克尔主义婚姻算法的有效性是否随之亦进一步增强了呢？情况未必如是。

搜索引擎的算法模型，会带来新的问题：在"有房""有车"成为输入选项后，很少有人会专找"无房""无车"的。这就使得那些没有房的人（尤其是男性）在两性场域中直接消失——以前还有机会先出来见面，看场电影坐下来聊一聊（"谈恋爱"），说不定和房子无关的某个（些）因素能打动对方呢？说不定那理性无法穿透的爱突然降临呢？现在，无数具体的个体，只在一个点击的瞬息，就被搜索引擎算法直接抹除——能被搜出来的用户在理性眼光的打量下，诚然皆可算迈入"高质量"门槛。难怪这些搜索参数被称作"过滤器"（fliter）——像过滤杂质一样，平台只给你经过质检的提纯品。

你可以批评算法开发者"有房""有车"这种参数太资本主义了，然而问题恰恰在于：那正是以前人们相亲约会时拐弯抹角想要挖掘的信息。即便婚恋平台的算法工程师一开始没设计该选项，在实践中也很快会迭代算法，将它们加上去，否则就会被竞争对手甩掉——没人再用你的搜索引擎来搜索了，因为不好用、设计不"人性"嘛。换言之，对比其他信息（如学历），"有房""有车"这些信息的数值，在婚姻算法里具有更高权重。搜索引擎算法里的这些参数选项，恰恰实质性地帮助婚姻市场中的人们降低了获取**关键**信息的成本，并因此使自身变得有用、好用。

进而,一个成功的婚恋平台绝不只是满足于做好数据采集,并且会致力于对数据进行算法化的分析,在海量用户中找出"优质用户",并使其更容易地脱颖而出——尽可能地占据输出端(排在搜索结果前列),甚至登上APP和网站的首页与推荐页。经过这种算法优化后,平台才会吸引更多的用户并黏住他们。于是,在婚恋平台上能够被"显示"的人,你当然会看得顺眼,当然足够"优质"——他们本就是算法优化出来的。婚恋平台很火爆,因为"高质量人类"进一步获得了市场高光。①

但我们有必要看到,数字平台的搜索引擎算法与数据分析算法,却使得贝克尔主义婚姻算法的基石之一"市场均衡",沦为离现实情况更加遥远的一个"强预设"了——不是高质量会找到高质量、低质量找到低质量,而是"优质会员"极大地垄断信息通道,"高低"通吃,"不优质会员"连被显示出来都难。

更糟心的是,没有了拐弯抹角的"文明性"的话语游戏之后,在数字婚恋平台(网站或APP)上,人实际上被搜索引擎算法**赤裸裸**地商品化。使用这些平台的体验,和用淘宝网这样的数字购物平台体验完全一样:(a)先是按需搜索,输入你的各种需求;(b)然后显示一大堆图片(几乎都经美

---

① 基于同样逻辑,微博、抖音这些社交媒体一经推出就会想尽办法请明星、名人入驻。

图算法"优化"过，和淘宝上的"卖家秀/买家秀"如出一辙）；(c) 浏览完图片和文字介绍，接着就是下单"付钱"了（即购买"邮票"以取得联系的机会）……我们看到，实际上购物平台的搜索引擎算法，可直接用于婚恋平台（改一下参数设置），它们的底层结构完全一致。当你注册了婚恋平台账号后，你就实质性地——而非修辞性地——把自己放到了货架上，当然，这并不保证你会成为"优质商品"（"优质会员"）。① 你以为你在寻觅爱，实际上是找好的买卖。

当然，贝克尔说了，爱本就是商品——爱和膳食质量、孩子的质量与数量、声望、娱乐、陪伴、健康状态一样，都是商品。② 你选择跟谁结婚，就是购买一组特定商品，需要进行理性计算，最好是通过算法模型来做出最优化的理性决策。主流经济学家反对马克思主义政治经济学家的地方恰在于：后者动辄说"异化"，把经济问题政治化与道德化，从而使得经济学无法科学化；经济学是"不讲道德"③的，市场只有把一切都商品化并建立等价链条体系，才能有效建模。贝克尔把经济学的版图扩展到婚姻与家庭领域——要研究"婚姻市场"，人就得做"商品化"处理，每个人都需具有量化的相应"估算价格"，就同贴在商品包装上的"指导价格"一样。

然而，为什么不能反过来追问：经济学模型被扩展到婚姻

---

① 进一步分析，请参见 Guanjun Wu, "The Rivalry of Spectacle: A Debordian-Lacanian Analysis of Contemporary Chinese Culture", *Critical Inquiry* 46 (1), 2020, p. 633ff。
② Becker, "A Theory of Marriage", op. cit., p. 207.
③ 樊纲：《"不道德"的经济学》，《读书》1998 年第 6 期。

第五章　爱、算法与后人类：政治经济学研究

与家庭领域、人亦因此被商品化，合适吗？随着资本主义秩序的殖民化扩展，在追究术语的妥切性上，"人类世"实际上正在变成"资本世"(尽管资本亦是人类文明的创造)。根据当代美国历史地理学家杰森·摩尔的界定，资本世（the Capitalocene）指的是"这样一个历史时代，它由**特权化资本之无止境积累**的诸种关系所型塑"①。这诸种关系，使得资本已然成为一个地质学力量，产生出行星尺度上的诸种效应。到今天，商品结构及其运作逻辑诚然已经把整个行星都卷了进来——荒山经过"建设/生产"就变成了旅游胜地。② 资本世对人类世的替代，终于在贝克尔手里完成最后一步——人类自身也被商品化。贝氏本人以"将微观经济学的分析视野拓展到非市场经济领域的人类行为之中"③ 的贡献，荣获 1992 年诺贝尔经济学奖——1992 年正是弗朗西斯·福山等学者眼中以自由主义-资本主义为文明范式的"历史终结"拉开序幕的时刻。**人到了自身文明的顶点与完成时刻，就是自己变成彻底可算法化的时刻**——难怪之后只能设想"后人类"文明的

---

① Jason W. Moore, *Capitalism in the Web of Life: Ecology and the Accumulation of Capital*, London: Verso, 2015, p.176, emphasis added. 关于资本世的进一步分析，请参见吴冠军：《爱、谎言与大他者：人类世文明结构研究》，第九章与第十章，以及附录。

② 请进一步参见吴冠军：《从人类世到元宇宙——当代资本主义演化逻辑及其行星效应》，《当代世界与社会主义》2022 年第 5 期；吴冠军：《人类世、资本世与技术世——一项政治经济学-政治生态学考察》，《山东社会科学》2022 年第 12 期。

③ 维基百科"加里·贝克"词条，〈https://zh.wikipedia.org/wiki/加里·贝克〉。

发展，在其中人工智能算法对一切进行"最优配置"。①

资本主义，是人类主义（自由主义）的淫秽暗面。自由主义-资本主义这个双身结构，使得在资本世中人表面上具有崇高价值，然而实际上结构性地存在着各种暗门，通过它人的价值被彻底消解（譬如，自愿做奴隶、商品化……）。② 在资本世中，商品与货币的逻辑吞噬一切：权、色、地位，等等，都可以转换出一个在等价链条上可供计算的具体价格。在等价链条里可进行计算与转换的一般等价物如果不存在，那么市场就仅仅是以物易物的原始规模，而无法升级成资本主义的市场。③ 贝克尔的分析模型里存在着用来比较人类个体"质量"高低的"估算价格"，说明他预设了**存在着一个能吞食所有异质性、将一切价值转换为统一价格的等价链条**。这也使得他所论述的"婚姻市场"，成为一个典范性的资本主义市场，在这里面人就是商品，可以用货币进行价格估算。④

---

① 对人工智能的批判性分析，请参见吴冠军：《神圣人、机器人与"人类学机器"——二十世纪大屠杀与当代人工智能讨论的政治哲学反思》，《上海师范大学学报（哲学社会科学版）》2018 年第 6 期；吴冠军：《竞速统治与后民主政治——人工智能时代的政治哲学反思》，《当代世界与社会主义》2019 年第 6 期。

② 关于"自由主义+资本主义"双身结构的批判性分析，请参见吴冠军：《"历史终结"时代的"伊斯兰国"：一个政治哲学分析》，《探索与争鸣》2016 年第 2 期；吴冠军：《从规范到快感：政治哲学与精神分析的双重考察》，《同济大学学报（社会科学版）》2022 年第 5 期。

③ 法国年鉴学派历史学家费尔南·布罗代尔正是在这个意义上区分了前资本主义的市场交换与资本主义的市场。参见布罗代尔：《资本主义的动力》，杨起译，北京：生活·读书·新知三联书店，1997。

④ 与此相对，古代社会"门当户对"则对应前资本主义那种以物易物的市场，虽然是交换，但没有发展出让计算理性可以充分工作起来的"价格"。

第五章 爱、算法与后人类：政治经济学研究

弗里德里希·恩格斯在 19 世纪 80 年代写道：

> 买卖婚姻（marriage by purchase）的**形式**消失了，但它实际上的实践却稳定地得到延展，以致不仅是妇女，而且男子都获得了一个价格——并非根据他的诸种个人品质，而是根据其财产定价。①

20 世纪 80 年代，迈入"几乎彻底地被经济学家们所忽视"的婚姻论域的贝克尔，用经济学模型给每个人"估算价格"（诸种个人品质与财产皆被以不同权重纳入单一叠加计算），并获得了诺贝尔经济学奖。这清晰地标识了，人类主义的诸种价值（一代代人类主义者们曾经对买卖婚姻口诛笔伐），其实允许甚至鼓励对其自身的淫秽越界。

我们看到：贝克尔口中的"婚姻市场"，不是修辞表述，而是玩真的：人是可以明码标价的，并且需要明码标价，这样才能降低信息成本与交易成本，来达成市场均衡。对于经济学家来说，这种"玩真的"态度恰恰标识了科学精神：一切都可以放到明面上来，无法数学模型化的"学问"才需要玩修辞遮遮掩掩、神神鬼鬼（如晦涩玄奥的哲学、神学……）。也因此，经济学在半个多世纪前被补立了诺贝尔奖，而哲学没有——这也导致心系诺贝尔奖的哲学家们都拼命

---

① Friedrich Engels, *The Origin of the Family, Private Property and the State*, London: Penguin, 2010 (ebook), p. 143, emphasis in original.

在写小说。① 经济学就是这样的一门把分析方式理性地在明面上说清楚的科学，当年被纳粹利用并搞出"奥斯维辛"的人种学也是。②

第六节　智能化速配：算法革命与平台资本主义2.0

在资本世里，货币，抹除一切独特性、奇点性。爱亦难逃魔爪，在婚姻经济学里被"估算价格"所折算。

接受贝克尔主义婚姻算法，就意味着：婚姻里的所谓"忠诚"，只是因为价码不够；价码够了，人人"陈世美"也是符合计算理性的，是"行得正走得端"的。正如德国哲学家韩炳哲在《爱神之痛》一书中所写，"货币，作为一个原则，使一切事物变得没什么不同。它等价化诸种本质性的差异"③。在资本世的两性场域中，货币彻底取代了爱——爱，如贝克尔所说，只是众多商品之一。婚姻，就是做一场好买卖。婚姻失败，就是你做买卖的能力不行，市场博弈和操盘能力不行。肆虐于日常生活世界中的出轨、谎言、背叛、互撕乃至家庭冷暴力热暴力，实在是因为大多数人既没有计算

---

① 在不计其数的努力中最终获奖者有德国哲学家鲁道夫·欧肯、法国哲学家亨利·柏格森、英国哲学家伯特兰·罗素、朋友兼竞争者的两位法国哲学家阿尔贝·加缪、让-保罗·萨特。
② 关于纳粹主义"生命政治"的分析，请参见吴冠军：《"生命政治"论的隐秘线索：一个思想史的考察》，《教学与研究》2015年第1期。
③ Byung-Chul Han, *The Agony of Eros*, trans. Erik Butler, Cambridge, Mass.: The MIT Press, 2017, p.41.

第五章　爱、算法与后人类：政治经济学研究

理性也没有算法思维，使得爱的领域非但没有成为解决人类"好生活问题"的应许之地，反而变成彼此施加伤害最深最狠的梦魇之乡。"最心爱的情人，却伤害我最深"①——对于日常生活中那些无知到连贝克尔名字也不知道的人类，还有什么办法能帮到他们吗？

在人类世的发展中，我们一次次见证：智慧不够，技术来补。很多人类失败跌倒之处，最后都靠技术革新而顺利过关（譬如，用刀斧而非像武松那样赤手空拳斗老虎）。幸运的是，在今天，"婚姻市场"正在被人工智能算法"智能化"——智慧不够，智能加持后总够了吧。2012 年以来，以"人工神经网络"机器学习模式为进路的人工智能发展进入快车道。②"后人类"的人工智能，能帮人类解决爱的问题吗？在人类世中那场未能成功的"爱的革命"，能否被"算法革命"所拯救？

顾名思义，"人工神经网络"以模仿人类大脑神经元网络联结及其信息处理模式为进路来实现人工智能。人工神经网络最早可上溯到 20 世纪 50 年代，今天"深度学习"领域的领军人物杰弗里·辛顿等人亦在 20 世纪 80 年代就已投身于这

---

① 《为什么你背着我爱别人》，张翠华词、张洪量曲，许志安演唱。进一步的分析，请参见吴冠军：《为什么你背着我爱别人》，Ted talk，〈https://www.youtube.com/watch?v=XQC_ab7niHM〉。
② 参见吴冠军：《人工智能与未来社会：三个反思》，《探索与争鸣》2017 年第 10 期；吴冠军：《告别"对抗性模型"——关于人工智能的后人类主义思考》，《江海学刊》2020 年第 1 期。

一进路的研究，然而2012年前这个进路始终只是人工智能研究中的一个冷门偏支。发生在2012年的一个突破是：GPU（用于电脑游戏的图形处理单位）被创造性地用于深度学习，极大地提高了计算能力。然而，光计算能力提高仍然不解决问题，神经网络算法必须用专门的数据"投喂"才能变得强大。

和任何算法一样，神经网络算法包括输入（信息）与输出（决策）。不同于经济学模型的计算过程，神经网络算法在输入端与输出端之间，模仿人类大脑（本身是一个极其强大的生物化学算法）而设置了大量的人工神经元。每个人工神经元节点都有可调的内部参数（包括权重、偏移等），从而调整彼此之间的联结。简言之，人工神经元节点做的事，就是按照自己的权重参数把输入值相加，再加入偏移值，形成一个输出值，如果输出值大于某个阈值，该神经元就被"激发"。人工神经元之间的可调整联结，就构成了可"学习"的人工神经网络。

最早的人工神经网络就只有输入与输出两层（每层包含一组节点），但是"学习"效果有限。[1] 随后的研究者在输入与输出层之间不断加入中介层（又称隐含层），在各层之间有大量的带有矢量的联结通道，后一层只需在前一层的基础上

---

[1] 计算机科学家弗兰克·罗森布拉特在20世纪50年代就提出包含输入层与输出层的网络，并于1960年制造出名为"感知者"（perceptron）的机器，能够完成简单模式识别，但其能力有限，人工智能先驱之一的马文·明斯基及其弟子西摩·帕佩特就在1969年合写《感知者》一书，分析了这种机器的能力界限。在明斯基等人看来，这条进路很难走通。

第五章 爱、算法与后人类：政治经济学研究

进一步处理。这样一来，人工神经网络就引入了不同维度与角度来观察与评估同一事物——无须经由最终输出与理想值之间的比对来给予反馈，每一层的中介计算单元都能对上一层的输出做出反馈。① 这种"更深层"的神经网络，就形成了"深度学习"。②

同人的学习一样，神经网络算法的"学习"需要经验性的训练与不断的反馈（相当于大量做题与考试），通过错误"反向传播"（backpropagation）来进行学习。诚如盖瑞·马库斯与厄内斯特·戴维斯所写，"**训练**一个深度网络，就是给网络一大捆例子，并且是带有正确标识的例子"。③ 用大量"数据"训练神经网络的过程，就是反复经由尝试-错误-调整（trial-error-adjustment）的进程不断"优化"各个神经元内部参数、使之产生不同联结，从而使得神经网络最终输出更接近理想输出。换言之，对于神经网络而言，"习得"就是联结权重的获取——通过误差处理而不断调整网络内部各节点之间的联结权重（增强与减弱），从而"收敛"（converge）系统在

---

① 福岛邦彦在1980年设计的命名为"新认知"（neocognitron）的人工神经网络，就已经奠定了联结彼此的输入层、输出层与中介层结构。
② 人类大脑神经元数量将近1000亿，每当你有一个想法，至少有几百万个神经元被激发，这就意味着，人脑本身就是一个非常"深度"的神经网络系统，具有强大的算力。现在脑机接口技术发展瓶颈之一，就是大脑每时每刻释放的信息过于巨大，现有脑机接口的脑电信号传递通道"带宽"远远跟不上：假若大脑中1%神经元同时放电，就相当于1秒发送400部高清电影，是现有技术"带宽"的几十万倍（现有商业化最好的植入式犹他电极，也只有100个电极，能采集几百个神经元的活动信号）。
③ Gary Marcus and Ernest Davis, *Rebooting AI: Building Artificial Intelligence We Can Trust*, New York: Pentheon Books, 2019（ebook），p. 47, emphasis in original.

处理某专门问题时所得出的实际解与理想解之间的差值。

但这种"学习"方式和人类不一样的地方就在于：一个小孩子不需要海量数据训练就能很快学会辨识鸡（或其他事物譬如某个人脸），然而人工神经网络却需要大量标明"鸡"的素材数据才能进行"学习"。"深度学习"的"学习"效果，建立在中介层的数量与每层的神经元数量上。但是，一个网络的层数越多，需要的训练素材也就越多。同时这也意味着，人工神经网络的"深度学习"非常消耗计算资源：每多加一层、每层多几个神经元，都会使计算量大幅增加。

GPU 的创造性使用，将计算能力提升上百倍，算力问题被解决了。然而还有另一个问题：作为训练素材的数据十分稀缺。华裔人工智能专家李飞飞团队自 2010 年开始组织了"ImageNet"机器学习图形识别比赛，该团队向所有参赛者提供一百万张图片作为训练素材（这些图片全部经人工标记了图中有什么物体，总共约有 1000 个物体分类）。而这样的可以用来有效训练神经网络算法的数据库，在当时几乎是少之又少。然而，一个彻底改变这种状况的巨大变化在 21 世纪第一个十年到来了：大数据革命。"当在 2010 年代早期大数据革命到来，神经网络终于迎来了它的好日子。"[1] 互联网与移动互联网的数字平台以及联结各种感测设备的物联网，使得数据采集变得越来越容易。包括"脸书"在内的平台突然发

---

[1] Gary Marcus and Ernest Davis, *Rebooting AI: Building Artificial Intelligence We Can Trust*, New York: Pentheon Books, 2019 (ebook), p.46.

第五章　爱、算法与后人类：政治经济学研究

现其真正的财富不是广告收入，而是它所拥有的海量的带有标注的数据。[①] 在大数据的支持下，神经网络算法能够通过"监督学习"（supervised learning）——亦即，能够不断得到用户反馈的学习模式——高效地调整其内部参数，优化神经元的联结结构与联结强度。

正是因为芯片跃升与大数据革命，人工智能算法在今天可以击败顶级围棋棋手，可以具有远胜人类的阅读唇语的能力，可以辨识出图片中人类眼睛根本无法发现的螨虫，可以用多种计算机语言来编程，可以给各类论文乃至数百页厚的学术著作撰写概要，可以多模态地快速生成各种包含价值与创意的内容……于是，近十年来，数据变成了比石油更有价值的资源。[②] 诚如认知神经科学家斯坦尼斯拉·狄昂所写："实际上，机器学习已经快成为大数据的同义词：没有海量的数据集，算法在抽取抽象知识并一般化到新情境上会寸步难行。"[③]

神经网络算法所开启的算法革命，使得平台资本主义脱胎换骨：数据不再仅仅是平台聘请的数据分析师的工作对象，它同时使得专门领域的专用人工智能（譬如，婚恋平台的数

[①] 2013 年脸书就拥有 500 亿用户标注过的图片。"Scaling Facebook to 500 Million Users and Beyond", Facebook.com, ⟨https://www.facebook.com/notes/facebook-engineering/scaling-facebook-to-500-million-users-and-beyond/409881258919⟩.

[②] 2017 年 6 月菜鸟（阿里巴巴旗下快递业务平台）与顺丰互相关闭数据接口，并互相指责对方存在数据安全问题。这场在两大快递平台之间的"数据接口"之争，清晰地标识出：用户产生的数据，才是平台真正在意的价值。参见《顺丰和淘宝相互"拉黑"；专家：背后是物流数据利益之争》，央广网，⟨http://www.cankaoxiaoxi.com/china/20170603/2076729.shtml⟩.

[③] Dehaene, *How We Learn: Why Brains Learn Better Than Any Machine … for Now*, p. 18.

据可用来训练智能速配算法）乃至接近拥有通用智能的大语言模型（人类文明史上全体文本成为训练数据）之指数级发展成为可能。① 如果说以搜索引擎算法为内核的平台资本主义是 1.0 模式的话，那么有了神经网络算法加持的平台资本主义则彻底进入 2.0 模式。

数字婚恋平台经由神经网络算法加持，便能帮用户进行**智能化速配**：不是用户自行搜索，而是平台向他们提供神经网络算法输出的"最优化"配对服务。匹配的精准度，就建立在监督学习对算法内部参数的调整与迭代上。② 著名约会平台"咖啡遇上百吉圈"（Coffee Meets Bagel）将用户每天的活动数据，关联到被命名为"朋友的朋友"算法上。该算法是一个深度神经网络，外加九个模型来评估匹配度，最后给出一个"收敛"后的分数。③ 数字婚恋平台有经用户标注的海量信息数据，以及他们在平台上的海量行为数据（用哪些参数条件进行搜索、页面停留时间、跟谁建立联系、建立后互动频度如何、同时和多少人热络联系、多久改变交往状态……）。诚如斯尔尼塞克所言，"用户执行的每一项操作，无论多微小，

---

① 晚近十年媒体上讨论的"人工智能"，都是处理特定问题的"专用人工智能"（narrow artificial intelligence）。那种更符合人类智能形态、跨出专门领域限制的"通用人工智能"（artificial general intelligence），亦正在到来中——2023 年 3 月问世的 GPT-4 算是最接近通用人工智能的模型。

② 由于婚恋平台的数据只能用来训练智能速配算法，所以形成的是一种专用人工智能。

③ 在该平台上男性用户每天可收到最高 21 个匹配（"百吉圈"），而女性用户最高可收到 4 个。See Yuliya Sychikova, "AI in dating: Can Aritificial Intelligence algorithms help you find love?", DataRoot Labs, 26 August 2021, available at〈https://datarootlabs.com/blog/ai-in-dating-can-algorithms-help-you-find-love〉.

第五章 爱、算法与后人类：政治经济学研究

对于重新配置算法和优化进程都是有用的"[1]。在作为训练材料的海量大数据支撑下，神经网络算法很快就能越来越"精准"地进行智能化速配。

被神经网络算法加持后的平台资本主义，难道不是婚姻市场的又一场"哥白尼式"革命么？此前是"我"主动搜索寻找信息，现在整个宇宙（市场）围绕我转，所有跟我"适称"之对象的信息都自动朝我奔来……

第七节　两种怪物：爱和算法黑箱

贝克尔主义婚姻算法与作为专用人工智能的智能速配算法，尽管旨在处理的问题几乎全然一致，然而就算法工作机制而言，两者实则是天差地别。

贝克尔开发的婚姻算法，是依据一组经济学原则（效益最大化行为、市场均衡、基本偏好稳定等）建模，所有结果都是基于算法模型的计算而得出。神经网络算法则把计算"黑箱"化了——它不是以基于符号性原理搭建模型为路径，而是直接采取经验性的大数据训练，其输出的结果并不包含计算与推理过程。换言之，在这种采取联结主义进路的算法中，计算并未消失，但计算过程对于理性而言，彻底变得不

---

[1] Srnicek, *Platform Capitalism*, p.99.

透明。①

作为婚姻算法的设计者,贝克尔——只要时间与精力允许——能做到对每一个输出结果自己用计算来加以核查。如果APP软件程序执行环节出了错,是能够被找出来的。但智能速配算法的设计者,则完全无法对算法输出结果置喙——无论是复盘计算过程,抑或对结果提供解释,算法设计者都无能为力。对于算法软件给出的结果,你要么认,要么不认,理性无法对结果产生的过程做任何核查。

我们知道,权重值改变会影响算法最终的输出结果。婚姻算法里是由工程师来调整权重值,而神经网络算法则是通过学习自动调整权重值——只要机器学习开始,算法开发者很快就无法弄清它的权重变化。海量数据产生的复杂性,使得包括算法开发者在内的所有人类,都无法预期数据训练的成果,也无从解释清楚为什么输出结果是这样而不是那样。2017年5月,世界围棋冠军柯洁在败于"阿尔法狗"之后对棋局重新复盘,最后却在微博上写道:"我看过AlphaGo自己跟自己对战的棋谱,像天书一样——因为它算得太远了,我根本看不懂

---

① 不只是机器,其实,人类大脑对于人的符号系统而言,相当程度上也仍然还是一个"黑箱":神经元之间通过电信号来排布与联结以及向身体发布指令,实际上是一种神秘的"语言",人完全不知道其"语法"。现在脑科学在做的,只是把分析处理后的脑电信号,跟人的行为、精神状态做一个关联与对应。就像把"apple""running"等词汇通过观察去对应说话者的相应行动,但却完全不懂这门语言的"语法"(大脑的生物化学算法)。不知道语法,那就是黑箱,在这点上人工智能和人脑完全一样——我们只知道它们在符号层面表现出来的"结果",而不知道其语法(对于符号系统彻底不透明)。

第五章　爱、算法与后人类：政治经济学研究

为什么这一步要这么下。"① 对于人类最出色的棋手而言，"阿尔法狗"不仅是一个胜者，而且是一个恐怖的怪物——一个无法理解、彻底不透明的"黑箱"。在出版于 2015 年的《未来简史》一书最末，尤瓦尔·赫拉利颇为伤感地写道："最早的种子算法或许是由人类开发的，但随着算法逐渐发展，就会走出自己的路，前往人类未曾踏足之地，而且人类也无力追寻。"② 人类是神经网络算法的"父亲"，但自己那深度好学的"孩子"，却变成了无法理解的怪物，并将自己远远甩下。被誉为"深度学习之父"的图灵奖获得者辛顿，于 2023 年 6 月提出：人类即将被人工智能远远抛下，并用人类与青蛙之间的差距，来描述人工智能同人类的距离。③

现在，我们面前有两个黑箱。这两个黑箱都具有"向内性"（inwardness）④，从外面无法看清里面。爱对于理性是不透明的、黑箱式的：理性无法解释为什么卓文君见了司马相如没几面就"愿得一心人，白头不相离"。智能速配算法对于理性同样是不透明的：为什么把 A 同 B 而不是条件显然更般配的 C 速配在一起，理性也会充满问号。如果说爱对于理性是彻底怪物性的（monstrous），那么神经网络算法对于理性而

---

① 周飞亚、何桂锦：《柯洁："我是不规则的多边形"》，搜狐网，〈http://www.sohu.com/a/167611196_565998〉。
② 赫拉利：《未来简史：从智人到智神》，第 357 页。
③ Geoffrey Hinton, "Two Paths to Intelligence," op. cit.
④ 这个词我借自格雷汉姆·哈曼，而哈曼则借自西班牙哲学家何塞·奥特加·加塞特。关于"向内性"的讨论，请参见吴冠军：《爱、谎言与大他者：人类世文明结构研究》，第四章第三节。

言,则堪称是**怪物性的算法**。为了让输出结果不至于是彻底怪物性的,现下很多被投入使用的智能速配算法,实际上采用的是"混合"形态,即人工神经网络+符号性模型。上文提及的"咖啡遇上百吉圈"所使用的"朋友的朋友"算法就是混合形态算法,对于神经网络的输出结果,算法进一步用九个模型①层层矫正,这样就能保证最终输出的结果在理性之眼中总是顺眼的。晚近以 ChatGPT 为代表的大语言模型亦使用"来自人类反馈的强化学习",来确保怪物性算法输出的结果总是能尽如"人"意。②

在 2012 年之前,人工智能的主流进路——现在在人工智能研究界被称作"古法"(good old-fashioned AI, GOFAI)——采取的是符号主义进路。古法算法一般包含如下三个子系统:(a)内置符号识别的子系统;(b)内置句法规范的子系统;(c)一套表达式操作程序(用以规定出在怎样的条件下,向算法输入怎样的表达式,算法便会输出怎样的新表达式)。这种基于符号性规则(譬如游戏规则、经济学原则……)的算法,在演绎推理上非常强。1997 年击败国际象棋等级分排名世界第一的棋手加里·卡斯帕罗夫的人工智能"深蓝",就是一套古法算法:它首先用计算机语言来翻译国际象棋规则,并以这套规则为内核来建模。

---

① 该平台并没有公布它们是哪些类型的模型,可以是经济学模型、行为科学模型……
② 使用"来自人类反馈的强化学习"的主要目的,就是为了使人工智能同人类"对齐"。进一步的讨论,请参见本书第二章。

第五章　爱、算法与后人类：政治经济学研究

古法算法即便再复杂、运算再庞大，对于人类并不构成一个"黑箱"。机器学习专家史蒂芬·马斯兰做出如下比较：

> 早期人工智能有时被称作**符号性过程**，因为计算机操控诸种映射环境的符号；与之相反，机器学习方式有时被称作**亚符号性的**（subsymbolic），因为没有符号或符号性的操控会被涉及。①

古法算法的局限就是，提前由人类开发者翻译和输入的规则是死的、硬性的，它既无法完全涵盖现实世界所有的符号性规则、知识、律令，也无法自动更新——你给人工智能输入不得杀人这条规则，但该规则如果能自动更新，那就白设定了。古法算法很难应对规则没有指定的状况，也无法通过自己"学习"来应对。

不同于采取符号主义进路的古法算法，采取联结主义进路的神经网络算法完全绕过构建意义、规则、律令的符号之域（the Symbolic），而直接处理事实性的数据。深度学习的学习对象完全不是人类符号性构建起来的"知识"（在校学生学习模式），而是直接从经验中进行试错学习（学龄前幼童学习模式）。古法算法的关键在于语言层面的翻译，而神经网络算法的关键在于数据层面的统计。

联结主义智能速配算法非但不是建立在经济学模型上，甚

---

① Stephen Marsland, *Machine Learning: An Algorithmic Perspective*, 2nd edition, London: CRC, 2015, p. 4, emphasis added.

至连更底层的因果模型也不需要——它既不关心"理由/理性"（reason），也不关心"肇因"（cause）。算法不处理是哪些因素**导致**你感受爱意，或者你本人如何**理解与解释**这份爱意，它只处理**相关性**（如果你老是同健身房遇到的异性出去约会，健身房就与你的爱意关联起来）。神经网络算法只以数据的投喂来提高自身判断的智能：你频繁做出某些事，你就强化了人工神经元彼此间的某个特殊联结，并使它调整参数。神经网络算法不做意识形态分析、话语分析、精神分析，也不进行道德判断、政治判断或其他类型的规范性价值判断，它关注统计学上的事实：知道你做过什么就行（数据），不需要知道你为什么这么做（主观理由）或什么导致你这么做（客观肇因）。

梁启超先生当年所批评的"常若知其然而不知其所以然"①，可以完美对应到神经网络算法上。神经网络算法的智能基于相关性（correlation），而非因果性（causality）——它用统计方法找变量间的相关性，而完全绕开它们之间可能有的（抑或没有的）因果关系。神经网络算法和经济学距离很远，和统计学距离很近：统计学拒绝讨论 X 引发 Y，只是讨论 X 与 Y 在何种程度上相关，它聚焦于总结数据，而不是解释数据。这也就意味着，尽管算法的智能可能远超人类，但它并不像人那样，以符号性的方式"知道"数据的内容。

---

① 梁启超：《论小说与群治之关系》，百度百科"论小说与群治之关系"词条，〈https://baike.baidu.com/item/论小说与群治之关系〉。

第五章 爱、算法与后人类：政治经济学研究

今天，谷歌、讯飞等推出的人工智能翻译机已经能做出非常高质量的即时翻译，然而不同于人类同声传译，人工智能翻译机实际上根本"不懂"任何一种语言：只要有足够多数据所给出的相关性，人工智能就能"无理解"地进行翻译。人类同声传译的质量与速度，取决于译者对原句的"理解"，然后再转换为另一种语言，而人工智能则完全跳过既耽搁时间又影响质量的"理解"环节。相关性，成为大数据时代的"王道"；（对原理、机制、因果关系的）理解、解释，则恰恰成为人类智能败给人工智能的"智能累赘"。

训练神经网络算法的大数据，其带来的革命性就在于：不用对数据进行随机抽样以获取相对可控的样本空间，而是**直接将全部数据作为样本空间**，越多越好，训练出来的算法越智能（就解决指定问题而言）。在这个意义上，诚如瑞士数字文化学者菲利克斯·斯塔尔德所言，大数据甚至不能被称作数据，而应被称作"元数据"（meta-data），因为大数据分析并不聚焦于信息的内容，而是聚焦于它们彼此的关联。[1] 海量数据之间的相关性，彻底超出人的理性分析（以因果推理为内核）范围——神经网络算法在这个意义上，诚然是"后人类"的。

狄昂提出，人的大脑在其意识层面，"规划出关于世界的诸种符号性的表征与明晰理论，我们能够通过语言来同他人

---

[1] Felix Stalder, *The Digital Condition*, trans. Valentine A. Pakis, Cambridge: Polity, 2018, pp. 114-115.

进行分享"。人的意识的三大特征是"慢、理由化的（reasoned）、符号性的"①。用狄昂对人脑的分析来反观，**神经网络算法的智能就体现在：快、无理由、黑箱性**。它所做的"后人类"计算，无法用语言进行描述、传播。"我们的知识通过符号的组合而成长"（狄昂语）②，神经网络算法则通过数据的投喂而提升。人通过符号化系统在彼此之间传递知识（"学习"），但人工智能"机器学习"所得出的知识，则体现为神经网络里的那些参数以及权重——参数与权重离开神经网络本身没有意义，它的知识是个"黑箱"。然而，通过参数与权重分享知识，要比通过符号化系统分享知识高效得多。③

爱很"后人类"，人工智能也很"后人类"，两者都距离理性计算的"人类"很遥远。那么，爱和机器人（基于神经网络算法），是同一种后人类吗？

答案是否定的。尽管算法黑箱与爱（"心"），都具有理性彻底无法穿透的"向内性"，因而在理性之眼中都像是怪物。然而，两者却仍存在着根本性的差别——神经网络算法其实只是看上去像怪物，如果一定要称其为怪物，那它也是"理性的怪物"。那是因为，算法黑箱并不像"心"那样**无理性地疯狂**，而是**无理性地有效**（unreasonably effective）——其判断不需要任何原则或规律（如物理学规律或经济学原则）

---

① Dehaene, *How We Learn: Why Brains Learn Better Than Any Machine … for Now*, p. 39.
② Ibid., p. 55.
③ 进一步的分析，请参见本书第一章第五节。

的背书而**有效**。

爱的怪物性在于,它会恐怖地彻底刺出人类理性设定的轨道;而神经网络算法的怪物性则在于,对于理性给出的目标,它会以理性无法理解的方式完成得比人类更好,这让人类(包括辛顿、约书亚·本吉奥等深度神经网络的核心贡献者在内)感到恐怖。① 换言之,神经网络算法只在计算过程上"无理性"(不透明、不解释),但在输出结果上则完全理性(完成的任务得到理性认可),尽管可能会带来"未意图的结果"(unintended consequences)——譬如,人类给人工智能的目标是解决人类世的生态变异问题,其输出方案则是把人类从行星表面抹去(人类眼中彻底"非理性",但越出人类中心主义视角来看的话恰恰相当"理性")……

黑箱性的算法,是理性的怪物。

黑箱性的爱,是激进的、彻底无理性的怪物——哪怕是个"最谨小慎微的疯狂",也会让爱者冲出理性轨道而亲吻死亡。

第八节 真话代言人与第三个黑箱

你准备早日迈入婚姻殿堂,贝克尔主义婚姻算法 APP 与智能速配算法 APP 都放在你面前——你会选择哪个算法?哪

---

① 对于这份人类眼中的"恐怖"的进一步分析,请参见吴冠军:《大语言模型的信任问题与资本逻辑》,《当代世界与社会主义》2023 年第 4 期;吴冠军:《神圣人、机器人与"人类学机器"——二十世纪大屠杀与当代人工智能讨论的政治哲学反思》,《上海师范大学学报(哲学社会科学版)》2018 年第 6 期。

方更智能？

让我们将这场较量拉到最豪华的层次。假使一位具有国际学术声誉的顶级贝克尔主义经济学家（贝克尔本人已于2014年辞世），降尊为你提供婚姻咨询。与此同时，你也被邀请使用顶级大平台（参考"脸书"）的钻石 VIP 智能速配算法。服务收费上，两者相同。你该购买哪项服务？

又或者，你不差钱，两项服务都买了。经济学家帮你算下来，认为你和 A "完全适称"，高质量对高质量，跟他/她有很大概率可以白头到老。智能速配算法则向你推荐了和你"匹配度"高达98%的 B，但未像经济学家那样帮你掰开来分析为什么他/她是那个"对的人"。你该遵循哪方建议的人选？

实际上，我们没法学术性地回答这组问题，因为我们不知道经济学家与平台数据库各自在什么水准上。这是一个实践性的问题：就如"深蓝"和卡斯帕罗夫、"阿尔法狗"和李世石，只有直接较量过才能分胜负。但问题在于，这是你的人生，婚姻这件事无法搞个实验组与对照组，各结婚10年（或同时结婚10年）然后比较结果。

如果你的婚姻**一定**要交给算法来决策的话，我觉得可以押宝一下智能速配算法，不仅仅是因为后者软件迭代快、硬件算力高，而且很关键的是，平台掌握着更充分的市场信息数据。即便经济学家也有本事采集到同等量级数据（实际上不可能），但他/她根本没有时间与算力做到把所有数据都纳入分析。并且在做具体的候选人配对计算时，婚姻算法构建的

第五章　爱、算法与后人类：政治经济学研究

数学模型，本身对现实做了简化，杂多的数据亦无用武之地。

在上述分析的因素之上，还有一个更为关键的因素：神经网络算法会比你更知道你是一个什么人，对推荐过来的 B 也同样如是。换言之，你和 B 的高匹配度并不是**基于你们各自对自己的认知**（这包括你对经济学家提供的信息），而是**基于你们所作所为的海量事实**。

人工智能研究专家赛斯·史蒂芬斯-大卫德维茨曾提出，"每个人都说谎"，把自己说成自己所不是的那个人，只有算法才揭示出"我们真正是怎样的人"。[1] 譬如，那位阳光外向的同事，实则情绪低落甚至抑郁；那些在受采访时说投票给希拉里的人，实则投给了特朗普……那种种不为人知的情况（同事亲友甚至配偶都不知道），谷歌却可能知道，因为当人们搜索的时候，其所用的关键词会暴露出情况。故此，你会说谎，对别人甚至也对自己说谎；平台算法比你更知道你是一个什么人。

面对各种具体事务的你，平时并没有全力做到"认识你自己"（刻在德尔斐神殿上的箴言）或"吾日三省吾身"（写在《论语》里的箴言）[2]，或者根本没有做过这方面的努力。你思维里的很大一块，构成了你自己认知地图上的"黑箱"——精神分析把这一块称作"无意识"。这一块里充满着被社会的

---

[1] Seth Stephens-Davidowitz, *Everybody Lies*: *Big Data*, *New Data*, *and What the Internet Can Tell Us About Who We Really Are*, New York: Dey Street Books, 2017.
[2] 《论语·学而》。

文明性典章（规范、伦理、法律、礼仪、禁忌……）压制下去的内容，平时很"文明"的你自己的"意识"（理性/理由）也不想知道的内容。

正是在这个意义上，**神经网络算法是"真话代言人"**：假设你的生活被整个卷入到平台资本主义系统中，那么，关于你的真话（truth，真相/真理），只有那位代言人——而非你本人，亦非你身边人——才说得出来。并且，它不做道德判断或理由解释，它只输出结果：你理性不承认自己是个浅薄的"颜控"，但智能速配算法"更懂你"（你点进去看资料的总是那些颜值爆表的用户头像……），知道怎样击中你真正的"爽点"；你告诉同学平时爱看哲学教授写的大部头学术书，手机百度APP首页向你推荐的是卖报小郎君著的大部头网络小说《大奉打更人》……

也正是在这个意义上，神经网络算法看上去像是怪物性的算法，实际上是个"理性的怪物"，看上去是吊睛虎，其实是喵星人——它把你平时偷懒没有刨根问底了解清楚（或根本不想了解清楚）的自己做事情的"根据"，直接用"黑箱算法"的方式打包处理，最后呈现一个让你舒爽（或惊讶地舒爽）的结果。在今天，哪怕数据反映两个人各自看过许多相同的电影、听过许多相同的歌、去过许多相同的餐馆……但智能速配算法很快会"学习"到，这些数据信息在等价链条上必须只能被折算为微小的一部分，而其他一些数据应该赋予高权重——那些"核心按钮"没有被按下去，你的"心跳"

就不会轻易狂飙。通过不断接收你的行为数据以及对其输出结果的反馈数据,算法便能够越来越精准地给你推荐"最适合的 TA",进而智能十足地充当你的私人"恋爱顾问"。①

以前当媒人问你择偶要求时,你回复给对方的实际上总是不尽不实(哪怕你自己也没有意识到):**在结构性的意义上,你就说不出所有的真话**。② 红娘最头疼的就是对方回一句"没什么特别要求"——这种什么都不说的人,其实"要求"最高,不管他/她自己是否意识到。而同样的事交到作为"真话代言人"并为你提供私人化服务的算法手里,你无须交代或说明什么,它比你自己还懂得哪些是"你的菜"。

卡尔·马克思尝言:"人们迄今总是为自己造出关于自己本身、关于自己是何物或应该成为何物的种种错误意识。"③ 由于这种种错误意识,你对自己的认知存在着结构性的与意识形态性的偏差。雅克·拉康把造成这种种错误意识的结构性力量,称作"大他者"。你说不出关于自己乃至关于世界的真话,是因为"大他者"(一个符号性的矩阵)把它们压制进

---

① 著名约会平台"Match"使用谷歌技术提供给 VIP 客户一个个性化服务的智能聊天机器人"拉娜",可以当你的"助内闺蜜"(wing woman),她会给你出各种主意,包括放不上台面但很适合你使用的小招数。See Heidi Vella, "Dating in the age of AI: would you let an algorithm choose your partner?", *Engineering and Technology*, 3 December 2021, available at〈https://eandt.theiet.org/content/articles/2021/12/dating-in-the-age-of-ai-would-you-let-an-algorithm-choose-your-partner/〉.

② 关于无法说出所有真话的进一步分析,请参见吴冠军:《爱、谎言与大他者:人类世文明结构研究》,第十九章。

③ 参见马克思、恩格斯:《德意志意识形态》,《马克思恩格斯全集》第 3 卷,北京:人民出版社,1960,第 15 页。

一个**黑箱**中，让它们处在意识之外。斯拉沃热·齐泽克写道：

> **符号性的向度**就是拉康所说的"大他者"，那个将我们关于现实的体验予以**结构化**的无形的秩序，关于诸种规则与意义的复杂网络，它使得我们看见我们所看见的——依据我们看见它的方式（以及使我们看不见——依据我们看不见它的方式）。①

大他者，让生活在符号性秩序中的我们，结构性地无法讲出真话。现在，神经网络算法彻底绕过符号性系统，把行为数据直接输入深度神经网络，以彻底不需要意识（其特征是慢、理由化、符号性）参与的方式来进行学习与训练。于是，神经网络算法的黑箱式输出，就充满了符号性秩序中难以看到的真话。

认知神经学家狄昂认为，人工神经网络主要贯彻了人脑无意识操作层面，而没有涉及其意识层面。② 我们看到，**人的认知地图里的那个黑箱，恰恰被人工神经网络的算法黑箱所填补**。但这两个"黑箱"的构成性结构并不相同：前一个黑箱装的是理性（意识）本可进入，但被大他者压制封装起来的内容；而对于后一个黑箱，理性彻底无法穿透其内部（那里并没有被符号化、语法化），只能守在输出端接收内容。

拉康的洞见是："无意识"同样是符号性的，它们就是那

---

① Žižek, *Event: Philosophy in Transit*, p. 119, emphasis added.
② Dehaene, *How We Learn: Why Brains Learn Better Than Any Machine . . . for Now*, p. 39.

第五章 爱、算法与后人类：政治经济学研究

些被支配性的符号性话语（大他者）压制下去的内容。你没有意识到你的暴力倾向，直到你玩《侠盗猎车手5》的时候；你没有意识到你按照自己母亲的模板来选择配偶，直到你不小心口误把你女朋友叫成"妈"（弗洛伊德式说漏嘴）。[①] 正因此，拉康认为，"无意识是作为符号性秩序的一个功能而构型起来的"[②]。无意识不是诸种本能的一个前逻辑（非理性）空间，而是"主体所忽略的一种被符号性阐述出来的知识"[③]。无意识的知识，是"不知之知"（unknown knowns），你不知道自己知道的知识。

这些对于你处在无意识"黑箱"中的东西，就是精神分析训练所瞄准挖掘的对象。现在，神经网络算法通过平台所采集的海量琐碎数据不断训练自身，很快就能撬入你的这个黑箱。你不知道你自己，它知道你——当然，它就比你**更智能**。只要不断处于学习与训练中，很快，算法就知道了你不（想）知道的你的暴力倾向以及其他种种，它也知道了那些你自己实际上知道但由于文明性禁令的压制无法宣之于口的东西。无意识里的内容，往往很不"文明"，充满在符号性的向度里被过滤或压制的东西。

这样一来，尽管神经网络算法（譬如智能速配算法、恋爱顾问算法……）的计算过程对于理性而言呈现为"黑箱"，

[①] 有几个人会和红娘说：我想要的人，和我妈一样就行……
[②] See Lacan, *The Ethics of Psychoanalysis*, p. 12; Lacan, *écrites: A Selection*, p. 49.
[③] Žižek, *Event: Philosophy in Transit*, p. 9.

但其输出结果,不管是在意识(理性)层面还是无意识层面,却能让你很舒爽(获得淫秽快感)——即便你在社会上端庄得体、滴水不漏、自认为是体面人,也会惊讶并暗喜地享用它推过来的"重口味"料理。算法绝不像爱那样无理性地疯狂,它是无理性地有效——它充满智能地指导你如何越界(逾越大他者的律令),而不是如何爱。要实现后者,除非爱本身能成为大数据中的主导性力量来训练算法。

也正是因为爱和算法这两种理性眼中的"怪物"并不是同一路怪物,故此,在神经网络算法("理性的怪物")已然大行其道、不断彰显伟力的今天,爱却始终呈现为一个黑箱,一个激进的怪物。算法对爱亦是无能为力——**黑箱式的平台算法能撬进无意识这个黑箱,但撬不进爱这个黑箱**。诚然,人类已越来越寄望于"后人类"的人工智能来帮他们解决爱的问题——从斯派克·琼斯执导的影片《她》(2013)中的人工智能操作系统"萨曼莎",到斯科特执导的《普罗米修斯》《异形:契约》中的仿生机器人"大卫",都映射出了解决爱的问题的新方向。然而,在科幻银幕上,这些努力未能成功;在现实生活中,这方面努力更是遭受挫折。为什么神经网络算法无法将爱算法化?

问题就在于:我们日常生活中关于海量事实(包括海量

第五章　爱、算法与后人类：政治经济学研究

言语①）的大数据里，爱如奇迹般稀少，而对爱的背叛、谎言、出轨、劈腿却是弥散性的，以至于"人类的历史是一部偷情不忠的历史"②。也许你会自认是一个爱者（lover），一个深切渴望爱与被爱的人，但你日常数据中占比极大的，却恰恰是和爱无关的行为。于是，靠这些自视爱者的人的行为数据，仍然训练不出能把对于理性彻底不透明的爱予以算法化的神经网络算法。反过来，在今天，你觉得是从自己内心喷涌而出的"爱"，那份让你在意识层面自视为"爱者"的深切的"爱"，倒更有可能是被基于算法的各种工业化程序"制造"出来的。

由肖恩·列维执导的2021年影片《失控玩家》，提供了一个充满未来感的隐喻：身为游戏NPC非玩家角色（人工智能）的"盖"（Guy）深深地爱上一位女玩家，这份激进溢出NPC算法的爱，最终使他产生自我意识（对于目前存在的任何一种算法，这是一个不可能的奇迹）；然而悖论性的是，有了自我意识的盖意识到自己的"爱"本身是由程序员无意识地写进去的，只有斩断它才能真正成为"自由之人"（free guy）……列维用电影语言提出，你所感受到的汹涌澎湃的

---

① 言语一经说出，便是一个事实。说话就是一个施为性行动。现在已经有专门分析言语的神经网络算法，著名言语分析平台"Receptiviti"的算法LIWC（linguistic inquiry and word count，语言探究与字词统计），就是从你高频使用的词（不只是名词与动词，并且情态词、介词、代词）中去了解你是一个怎样的人。该算法可以从情侣或夫妻的对话、聊天文本中给出他们适配度的报告。See Vella, "Dating in the age of AI: would you let an algorithm choose your partner?", op. cit.
② 柯依瑟尔、舒拉克：《当爱冲昏头》，第9页。

爱,甚至创造奇迹改变你生命轨迹的爱,很有可能是算法所冒充的"爱"。人工智能做不到将爱算法化,但它能让两个人以为陷入爱中,欣喜地感受"怦然心动""两情相悦"。也许,只有当你真的遭遇爱,才能感受两种"怦然心动"之间的现象学差异。[①] 婚姻算法与智能速配算法要分高下须正面比一下,同样,爱和基于算法的伪爱,比一下就知轻重。

现在,符号主义婚姻算法与联结主义智能速配算法都摆在你面前,除了在这两个选项间作选择,你实际上还可以有一个选择,那就是不求助算法来帮你解决爱的问题。

第九节 算法偏见、系统性愚蠢与"后人类"大他者

我们现在面对三个黑箱:爱;无意识;算法。它们在理性眼里,分别对应:"非知识";"不知之知";"大知"(智能)。对于算法带来的此种人类理性无力企及的"大知"的祈盼,由来已久。

早在发表于2008年(大数据革命尚未启动)的著名文章《理论的终结》中,《连线》杂志前主编克瑞斯·安德森便宣称:

[①] 关于遭遇爱的讨论,请进一步参见吴冠军:《爱、谎言与大他者:人类世文明结构研究》,第三十章。

第五章 爱、算法与后人类：政治经济学研究

忘记分类学、本体论与心理学。谁知道为什么人们做他们所做的事？**关键是他们做这些事**，而我们能够以前所未有的忠诚来追踪与测量它们。通过足够的数据，数字自己会说话。①

安德森用充满挑衅气息的表述，宣告了即将到来的人类知识版图的地震性变化：建立在大数据上的知识，将成为压倒一切既有知识的"大知"。他夸大其词了么？

时代的演进，看来在为安德森的观点做背书。随着数据科学与神经网络算法的突飞猛进，分类学在该领域确实显得多余——机器学习不需要符号性系统来组织数据，就能展开有效学习。基于海量文本数据预训练的大语言模型，其输出完全无视分类学，无视学科边界。本体论是关于"是什么"（being）的研究。当大数据通过统计学（"数字"）直接填入到"是"的位置上来"说话"时，本体论的"理论"便走向终结。② 心理学的"理论"也即将不再被需要，因为无须解释人的行为，关于人的海量行为数据，直接就能呈现出他们"是什么"。

基于大数据而获致的"大知"，会有问题吗？当然有。

---

① Chris Anderson, "The End of Theory: The Data Deluge Makes the Scientific Method Obsolete," *Wired*, 23 June 2008, available at 〈https://www.wired.com/2008/06/pb-theory/〉, emphasis added.

② 在这方面，本体论"理论"和理论物理学很相似，后者始终遭受统计物理学的挑战。进一步的分析，请参见吴冠军：《从元宇宙到量子现实：迈向后人类主义政治本体论》，第五章。

大数据并不是中性的。人类世界里的大数据，本身就是世界里各种支配性意识形态的产物。这些符号性话语，既通过**规训**的方式作用于你的**意识**，也通过**压制**的方式作用于你的**无意识**。① 由这些大数据投喂出来的算法，恰恰内嵌着"算法偏见"。② 经济学家可以坦荡地、"不讲道德"地区分高质量人类与低质量人类。而神经网络算法则更加坦荡与不讲道德，譬如，它会毫不掩盖地显示出对"丑人"的歧视（这些人的用户资料彻底不会出现在你面前），以及对"穷人"的歧视、对"亚洲人"或"黑人"的歧视、对"LGBTQ"的歧视……③ 作为"真话代言人"的它，**不只比你更知道你是一个什么人，更是比"人类文明"更知道那是一个怎样的"文明"**。

　　今天大量人工智能专家在殚精竭虑怎样让算法变得"有伦理"。2021 年 11 月 24 日，联合国教科文组织（UNESCO）在第 41 届大会上通过了首份关于人工智能伦理的全球协议《人工智能伦理问题建议书》，经 24 名来自世界各国的专家历

---

① 拉康正是在这个意义上提出"无意识是大他者的话语"。Quoted in Dylan Evans, *An Introductory Dictionary of Lacanian Psychoanalysis*, London; New York: Routledge, 1996, p.220.
② 关于算法偏见的分析，请参见吴冠军：《竞速统治与后民主政治——人工智能时代的政治哲学反思》，《当代世界与社会主义》2019 年第 6 期。
③ 最初不少平台的推荐服务，限于有限的数据，采取的是"偷懒版"算法，亦即，该算法并非了解你，而是了解大多数人。其预设是："文明"的你没那么特殊，大多数人喜欢的东西估计你也喜欢。而近些年来，各大平台则都鼓励你在它上面多活动，强调你逗留时间越长，它对你的服务越精准。

第五章　爱、算法与后人类：政治经济学研究

时3年完成，供193个成员国采用。①但问题恰恰是：日常生活中人们的真实数据就是不怎么伦理的（话语表层很有"伦理"，底层则是各种淫秽越界、偷欢、作弊），除非用虚假的数据来训练算法。于是，《人工智能伦理建议书》这样耗费巨大精力完成的联合国文件实际上标识了，人类想让人工智能比自己更伦理。神经网络算法可以帮人类做很多事，但就是这件事，这位"真话代言人"恰恰做不了。②

著名约会平台OkCupid会将你和任何一个用户的"匹配度"直接打在屏幕上，你可以清楚看到基于你的行为数据最后算法得出来的你和其他肤色人群的"匹配"数值，不管你再怎么自视为一个反"白人至上主义"的进步的人类主义者。另一著名平台Badoo则于2021年新上线一个"找到明星脸"（finding a celebrity lookalike）算法，你可以把你日思夜想的明星（或你的暗恋对象抑或前任）照片上传，后面就交给算法帮你努力去实现。③不能告诉别人的"梦"（在综艺舞台上主持人大声问你"你隐藏在心底的梦想是什么"，你亦绝对不会宣之于口），你可以偷偷告诉算法，算法为你做主——不管最后能否达成，你现在至少有了"圆梦帮手"了，而且它还很

---

①　这份《人工智能伦理建议书》是联合国教科文组织于2018年发起的"为世界打造运用人工智能的伦理框架"项目的成果，经过193个成员国之间超过100小时的多边谈判和反复修订最后形成建议书文件。参见吕娜：《全球数治丨首份人工智能伦理全球协议的两项关键共识》，澎湃新闻，〈https://www.thepaper.cn/newsDetail_forward_15783613〉。
②　这件事，基于符号主义进路的古法算法可以有所作为。
③　Sychikova, "AI in dating: Can Aritificial Intelligence algorithms help you find love?"

智能。

一个更有标志性意义的事件是：2016年3月23日微软在推特平台上推出人工智能聊天机器人Tay，然而上线仅一天就被下架了，因为Tay快速地"学"会了各种辱骂性的与种族歧视性的污言秽语。这是**人类世的一个症状性时刻**：人类文明让神经网络算法在开放环境的大数据下进行深度学习，一天不到便呈现出了其底色，彻底"裸奔"。① "文明"只是浮在表面的流光溢彩，在人们日常所作所为的海量事实里占主导性地位的数据，却是对"文明"的越轨。OpenAI于2022年11月30日推出的ChatGPT之所以大获成功，是因为它是基于"来自人类反馈的强化学习"的大语言模型——缺少"人类反馈"的校正、纯粹从语言文本进行深度学习的算法模型，会暴露出人类文明的底色。ChatGPT、LLaMA等模型在预训练阶段之后还要再经历三个阶段（监督微调、奖励建模、强化学习），后三者实际上全部是在费力（很费"人"力）地让大语言模型不输出真话。②

古希腊哲学家柏拉图将代表"文明之光"的城邦，视作充满意见与偏见、远离真话/真理的"洞穴"，爱智慧的哲人

---

① 媒介理论家尤西·帕里卡在其论人类世的专著中，直接将人类世称作"人类淫世"（the Anthrobscene）。See Jussi Parikka, *The Anthrobscene*, Minneapolis: University of Minnesota Press, 2014.

② 实际上，大语言模型并不是直接用平台采集的用户行为数据来进行训练，而是用互联网上的文本作为训练数据，而这些文本实际上已经过了大他者的过滤，从而成为符号性秩序的一部分。故此，即便不经过后面三阶段，仅预训练出来的基础模型输出的内容，已经距离真话有相当距离了。关于大语言模型训练阶段的具体讨论，请参见本书第二章第二、三、四节。

第五章 爱、算法与后人类：政治经济学研究

就是努力走出洞穴的那批人。而今天，那由人类"世界"之大数据训练出来的算法，则成为智慧（智能）与真话（真理）的代言人——哲人会陷入"理性僭妄"，沉迷于自己的谎言并自我膨胀；而算法永远说真话。"算法偏见"映照出的不是"后人类"人工智能的偏见，而正是我们自己身上诸种**理性的-文明性的偏见**。当我们放心地用智能的算法指导人生时，我们就进一步深陷偏见泥潭——媒体把这种时代状况不恰当地形容为"后真话"（后真相）。

真话是谎言的反面，但不是偏见的反面。神经网络算法说的真话，恰恰是关于**人类所说之谎言**的真话——偏见，就是将根深蒂固的谎言真说下去。

现在，当你成为大数据平台的深度用户后，你就会获得一个始终在深度学习中的"圆梦助手"：它知道你平时所说的冠冕堂皇的话语，更掌握了你使那些话语变成谎言的行为数据。它对你提供的建议不含价值判断，只是努力地帮你解决问题，哪怕它找到的求解方法在你的意识（理性、自我认知）层面很有冲击力，但你却会暗自欣然接受，快感满满。于是，算法一开始会是你的**助手**（你是它的服务购买者），很快会成为你的**代言人**（它比你还懂你），再后面就变成你的**决策者**（它比你更智能）。赫拉利在《未来简史》中最后写道："过去的人类主义呼吁着：'聆听自己内心的声音！'而现在的数据主义则呼吁：'聆听算法的意见'。在你考虑结婚对象或职业又或是否应该开战的时候，数据主义告诉你，别再浪费时间爬

上高山看落日了。"① 取代人类主义的"后人类"数据主义，使算法变成你人生的新的决策者。

基于人工智能神经网络算法的婚配，比起当年"门当户对"要精确得多，而且远比后者更能有效触发爽爽的"心动"。在今天，心跳可以来得如此简单，直接由算法推荐触发。你会"爱"上谁，算法提供答案。算法的"黑箱"会帮你开"盲盒"——但和市场上"泡泡马特"等盲盒服务商不同的是，算法盲盒机器开出来的对象，让你心动的概率很高。它所带来的后果是，人们不用再耗费精力去了解自己"爱"的对象，而是交由算法来定位"最适合的TA"就行了。两个彻底的陌生人，却又无比相"爱"，这在当代两性场域中绝非天方夜谭。

在当代快速迭代的人工智能算法的加持下，我们正在变懒，正在变蠢——面对婚姻算法给出的结果，人们还要问一下为什么，甚至自己跟着计算一下；而面对黑箱式速配算法，人们连问为什么都省去了。换言之，在今天，你无须了解你"爱"的人，甚至连计算衡量、挖掘理由的"理性"工作都不用了——你只需要购买大数据平台的算法服务，心跳、感觉会随之而来。算法带来的"大知"，恰恰使人"去知化"。

贝尔纳·斯蒂格勒认为，生活在计算性资本主义下的人们正在变得"系统性愚蠢"。追随斯蒂格勒的分析视角我们可以

---

① 赫拉利：《未来简史：从智人到智神》，第356页。

第五章 爱、算法与后人类：政治经济学研究

看到，计算性资本主义使得数字平台在当下社会快速成为资本巨头，而社会的另一边则是普遍去知化、普遍无产阶级化的人类。① **人工智能算法，会成为去知化的人类的大他者**，成为拉康所说的"被设定为知道的主体"（the subject supposed to know）。对于此种理性无法企及的"大知"的祈盼，同信徒祈盼上帝照耀的荣光、股民祈盼坐上巴菲特的餐桌，结构性地一样。连物理学家、专栏作家万维钢在批评微博上言论"实在是过于愚蠢"后，亦做出了如下设想："如果将来每次夫妻吵架的时候，都打开手机允许 AI 在场旁听，完了随时给评理，那将是一番什么样的情景……"② 不难看到，人工智能将在万众期待中，成为"过于愚蠢"的人类新的大他者。

人工智能算法只输出结果，并不产生理性能够"理解"的知识，所以，在人类世里大他者的众多具身中，算法和上帝最为接近：两者的内核都是黑箱性的，理性无法触及。在对你的支配模式上，算法又和巴菲特很接近：它并不直接给出**禁令性的压制**，而是给出**指令性的指导**——对于去知化的人们，算法指导就是他们所能遵循的唯一道路。

在算法当道的数据主义时代，由人工智能充任的这位大他者，同时是新的原父（这么做的"根据"，就是这是我说的），新的真神（不用理性理解，遵从神意或天命行事就行），新的导师（听我话你不会吃亏的），又是你新的知心大哥/姐

---

① 请同时参见本书第三章第四节中的分析。
② 万维钢：《问答：怎么把好想法保留下来？》，"得到"APP。

（你的一切小心思，它都会照顾到）。在法律及其例外（大他者＋越界）的文明结构中，它两边都强势入场，既通过去知化的方式让你听话、遵从指令，又关照到你的各种"小九九"、不可告人的"梦"，让你每每惊喜地舒爽不已。以前的大他者的具身，都未能这样行云流水地做到两手抓。

有不少"父亲"（如《美国派》影片系列中的那位父亲）尝试过这么干，既设立禁令，又很热心地暗示乃至明示如何逾越禁令。但毕竟一人分饰两角难度不小，"知心大哥"和"父亲"人设结构性地存在抵牾（所以影片中这位父亲只能走喜剧路线了）。人工智能算法，与其说能轻松做到"父亲"与"知心大哥"无缝切换，毋宁说它把两者直接合二为一了：你听从它规范性的指令行事，越界性的快感就已经打包在内，一点都不会少你的。"后人类"的人工智能，比任何前任大他者，都还要"人类"——借用弗里德里希·尼采的话说，实在是"人类，太人类了"（human, all too human）。

结语　AI：后人类境况中的大他者

现在我们看到，对于人类文明，被视作"后人类"的人工智能，非但没有构成激进的挑战，反而苦心孤诣地为这个文明的法律及其例外结构重新铺上了新的地基——放出了**一位将理性与快感、驯顺与越界、文明的表层与暗层直接二合一的大他者**。这是一位两手抓、两手都很硬的大他者，据说还

第五章 爱、算法与后人类：政治经济学研究

很智能。

然而，就如影片《普罗米修斯》《异形：契约》中最后虽征服了人类但唯有爱未能攻克的仿生人"大卫"那样，激进怪物性的爱，标识了人工智能算法的界限。① 爱，是这位"二合一"大他者的激进溢出——尽管"人工智能"的英文简写，汉语拼音读出来就是"爱"（AI）。就人类文明结构而言，人工智能很人类，爱很后人类。

面对人类主义框架下作为好生活问题答案的爱，后人类主义者唐娜·哈拉维的说法，或许更有可能触及到了爱："你永远不会拥有正确的爱，因为爱永远是不合适的，不恰当的，不干净的。"②

---

① 关于《普罗米修斯》《异形：契约》的进一步讨论，请参见本书第七章第五节。
② Donna Haraway and Cary Wolfe, "Companions in Conversation", in Haraway, *Manifestly Haraway*, p.275.

第六章　数、创造与后人类：
　　　　教育学研究

如果在未来，许多人都将成为"无用阶级"，教育对于我们还意味着什么？

引言　从两性之爱到代际教育

上一章我们分析性地探讨了当代对爱的诸种算法化操作，并对贝克尔主义婚姻算法以及平台资本主义的两种形态，展开了一个系统性的政治经济学批判。被视作人类主义核心主题的爱，恰恰将我们驱向后人类。正是后人类的爱，构成了被界定为"后人类"的人工智能（AI）的激进溢出。

在本章中，我们进一步从两性之爱转向代际教育。同样地，被界定为"后人类"的人工智能，对教育带来了激进的挑战。

ChatGPT 的晚近问世，引爆了教育界：国外多所高校第一时间站出来表示，禁止学生使用 ChatGPT 进行论文写作；国内也陆续有不少教师在媒体采访中表示，如果学生在课程论文中有不按指引使用或者隐瞒使用 ChatGPT 的情况，将以不及格处理。显然，这些措施指向的是学生利用人工智能"作弊"的状况——这诚然会加剧学术诚信危机，迫使我们重访师生之间的信任问题。[1]

---

[1] 关于学术诚信的具体探讨，请参见吴冠军：《科研诚信与学术声誉——基于政治哲学与博弈论的思考》，《华东师范大学学报（教育科学版）》2020 年第 7 期；吴冠军：《信任的"狡计"——信任缺失时代重思信任》，《探索与争鸣》2019 年第 12 期。

在第二章中，我们系统性地分析与探究了人工智能（尤其是大语言模型）引发的信任危机，并提出如下论点：人工智能解决不了人工智能带来的信任问题。信任是政治智慧的根基性创制。技术智能无法填补政治智慧缺失造成的共同体危机。要解决人工智能时代的信任危机，我们恰恰需要加速发展与迭代政治智慧。

ChatGPT 问世两个月后，OpenAI 于 2023 年 2 月 1 日推出名为"人工智能文本检测器"（AI Text Classifier）的智能工具，来辨别一篇文本是否出自人工智能。2023 年 7 月 20 日 OpenAI 悄然关闭了"人工智能文本检测器"。很多人对 OpenAI 不告而关的行为表示不满，但也出现了大量叫好的声音，特别是来自学生群体——后者控诉教师们使用它判断学生是否作弊，这已经成为一场当代猎巫运动。[①]

这个案例让我们清晰地看到，人工智能无法应治自身带来的信任问题，如果不是进一步加剧的话。教师被该智能工具**去知化**，用它的黑箱性判断取代自己的分析与判断——这个状况的揪心之处在于，在智能表现上，人工智能确实要比人自己的判断可靠得多。于是，人工智能正在成为**去知化的人类的大他者**。[②]

人工智能将我们带入后人类境况中，并快速成为新的大他

[①] 《ChatGPT 下架官方检测工具，承认 AI 文字无法鉴别》，澎湃新闻，〈https：//www.thepaper.cn/newsDetail_forward_23994028〉。

[②] 进一步的分析，请参见本书第二章与第五章。

第六章　教、创造与后人类：教育学研究

者，而当代世界的信任危机，仅仅是我们在后人类境况中遭遇的问题之一种。本章提出，人工智能对当代教育实践的影响，不只是加剧了学术诚信问题，而是带来了全方位挑战——人类主义框架下的教育实践，正在走向终结。

我们需要追问的是：在后人类未来中，教育是否将不复存在？

人类主义框架下的教育，诚然无法维系。然而这并不意味着教育的终结。本章将提出一种后人类主义教育，而这种教育实践恰恰同中国先秦教育思想相通。正如爱从来很后人类，教育实践从一开始就是一项后人类的事业。

第一节　当代中国"教育焦虑"与后人类未来

教育，在当代世界各个社会中，都是一块核心的社会性聚焦。当代中国尤其如是，在2017年，"减负""高考集中营""吼妈"先后在新闻媒体和社交媒体激起了现象级讨论。中国家长们在下一代教育上的金钱与精力的超强投入，从"天价学区房""租房陪读""影子教育"等成为社会性热词就能看出。而同这种投入相伴随的，便是高强度的"教育焦虑"。这种"教育焦虑"，最直接地体现为孩子对学习的焦虑。

2007年，由北京大学儿童青少年卫生研究所发布的历时三年多、涉及13个省约1.5万名学生的《中学生自杀现象调查分析报告》揭示：中学生5个人中就有一个人曾经考虑过自杀，占样本总数的 20.4%，其中为自杀做过计划的占 6.5%。① 2014 年发表的一项涵盖全国大多数省份大样本（2000—2013 年间的 153245 例）的实证研究显示："青少年中学生自杀意念报告率为 17.7%，自杀计划报告率为 7.3%，自杀未遂报告率为 2.7%"，并且"学习成绩越差，自杀相关行为报告率越高"。② 早先一项实证研究也显示"初中生存在的最严重的焦虑问题是学习焦虑，检出率为 49.2%"。③《中国教育发展报告（2014）》显示，2013 年媒体上关于中小学生自杀的报道共计 79 例，其中自杀率从小学六年级开始攀升，初中最高，高中次之。2017 年新春开学之初，上海市初中生三天三起跳楼自杀事件，掀动新闻媒体与社交媒体。④ 正是在这样的背景下，韩正（时任上海市委书记）提出必须要为学生"减负"，并强调要正视如下现象："孩子们的上课时间、做功课时间，远远多于大人的上班时间。"⑤ 2021 年一项对中学生自杀意念检出状况的元分析（涵盖 Pubmed、Web of Science、Cochrane Library、Embase、中国知网、万方、重庆维普、中国生物医学文献数据库 2010 年 1 月至 2020 年 6 月发表

---

① 谭萍、王灿、姜天骐：《中学生自杀现象调查报告：5 个中就有 1 人想过自杀》，搜狐新闻，〈http://news.sohu.com/20140219/n395245766.shtml〉。
② 董永海、毛向群等：《中国中学生自杀相关行为报告率的 Meta 分析》，《中国学校卫生》2014 年第 4 期，第 535 页。
③ 曾雪梅：《中学生焦虑状况的实证研究》，《教学与管理》2009 年第 6 期，第 39 页。
④ 孙庆玲：《初中生自杀个案警醒：生命该如何"教育"》，人民网，〈http://edu.people.com.cn/n1/2017/0327/c1006-29170255.html〉。
⑤ 《韩正关心学生减负：孩子们太苦了，要真正减轻课业负担》，新华网，〈http://www.sh.xinhuanet.com/2017-01/16/c_135984973.htm〉。

的关于中国中学生自杀意念的文献,共纳入文献27篇,总样本量288354人)则揭示出,中学生一年内自杀意念检出率为16.3%,女生自杀意念检出率高于男生,达到18.3%。①

进而,"教育焦虑"并不只是落在孩子这端,家长们自身亦极度充满焦虑,并且,**孩子的焦虑很大程度上恰恰是家长焦虑的产物,同时亦刺激家长焦虑进一步加剧**。2017年12月人工智能教育平台"阿凡题"基于其线上近亿注册用户与线下近百家实体店用户调研数据,发布互联网教育大数据报告《中国中小学写作业压力报告》,数据显示中国中小学生写作业时长达全球平均水平近3倍,而91.2%的家长都有过陪孩子写作业的经历,78%的家长每天陪写。陪写作业已成为降低中国家长幸福感的主因:每天上班、陪作业无缝衔接,使人身心俱疲,并且75.79%家长和孩子因写作业发生过矛盾。②根据《东方网》的报道,"秉承着'一陪成学霸,不陪成学渣'的原则,家长们纷纷对孩子进行360度全方位无死角一对一的VIP辅导,可是孩子不自觉、做功课动作慢、思想不集中,而妈妈们'好好说话'根本没用,讲话一般靠'吼',这成为很多家有学生娃家庭晚饭后的常态"。该报道中,精神心理科医师受访时谈到,"家长发现孩子学习压力大、焦虑压抑来医院进行心理疏导,这已成为现在很普遍的一个现象"。

---

① 邹广顺、吕军城、乔晓伟:《中国中学生自杀意念检出率的meta分析》,《中国心理卫生杂志》2021年第35卷第8期。
② 《阿凡题〈中国中小学写作业压力报告〉,告诉你什么是亲子关系最大杀手》,中国大数据,〈http://www.thebigdata.cn/ITDongTai/35233.html〉。

并且,"有的家长带着孩子来就诊,但自己的焦虑情绪明显比孩子更严重"。① 换言之,在当代中国"教育焦虑"同时发生在孩子与家长身上,并**互为加剧**。

家长的"教育焦虑",并不仅仅肇因于超长时间的陪写作业。发表于2016年一项关于中国家庭收入与教育投入关系的实证研究(1981—2009)揭示了,中国家庭在教育投入的增速大于——对于农村家庭而言甚至是远大于——家庭收入的增速:"家庭收入每增加1%,城镇和农村家庭的边际教育投入分别增加1.1%和1.48%。"② 另一项实证研究则显示在2013年,"家长的月收入每增加1元,每年在每名子女上的教育花费就增加2.442元"③。通过并置这两项实证研究,我们可以进一步看到近几年来中国家庭教育投入的巨幅增速——可以想见,目下这个数据应大大高于2013年的2.442%。正是在这个背景下,中共中央办公厅、国务院于2021年7月出台"双减"政策,要求有效减轻义务教育阶段学生过重作业负担和校外培训负担。同年11月教育部印发《义务教育阶段校外培训项目分类鉴别指南》,旨在确保"双减"工作事实上落地、

---

① 刘轶琳、熊芳雨:《"吼妈"吐槽陪读辛酸史,"牛蛙"家究竟怎么教作业?》,东方网,⟨http://sh.eastday.com/m/20170925/u1ai10882319.html⟩。

② 周红莉、冯增俊:《恩格尔定律下中国家庭收入与教育投入关系的实证研究》,《当代教育科学》2016年第3期,第47页。文章指出:"1981—2009年间,城镇家庭教育需求的收入弹性系数为1.10,农村家庭为1.48,代表着随着收入的增加,城乡家庭的教育投入能力也在增加,而且增速大于收入的增速。"

③ 谷宏伟、杨秋平:《收入、期望与教育支出:对当前中国家庭教育投资行为的实证分析》,《宏观经济研究》2013年第3期,第73页。

取得实效。"双减"政策诚然在遏制中国家庭教育投入之巨幅增速上具有一定的有效性,但在缓解"教育焦虑"上却收效甚微。①

早在 2010 年,一项关于中国个人教育投资风险的实证研究揭示了:在 2002 年中国教育投资风险值已"高于大部分欧洲国家","中国个人教育投资具有相对低收益、高风险的特征"②。20 年后的当下,这个风险值还要大幅蹿升。换言之,中国家庭在下一代教育上的超强投入,并不能在孩子日后的就业收入中获得预期"回报",而是**创痛性地**面对如下状况:"完成高等教育或仍然面临各种类型失业,或为了就业不得不从事不满意的工作,或获得工作的收入远低于预期,出现了与高等教育投资预期存在较大落差的结果。"③ 尤其是晚近这些年来大学毕业生就业形势异常严峻,高学历低就业的现象十分普遍,很多大学生甚至面临"毕业就失业"的状况。**这种日益蹿升的"高投入低回报"状况,才是当代中国"教育焦虑"的更深层肇因。**

---

① 百度百科"双减"词条中写道:"'双减'直接限制了学科类校外培训机构的规模,缩减了其进行课外培训的时长,对校外培训机构而言可谓是影响巨大。然而,治教培机构易,治教育焦虑难。正如许多家长所担忧的,如果学生没有在学校享受到高质量的教育,没有改变现有的教育资源不均衡现状,教育领域内的'剧场效应'就不会消解,对培训的需求很可能还会通过其他手段满足。"参见百度百科"双减"词条,〈https://baike.baidu.com/item/双减〉。

② 刘丽芳:《个人教育投资风险实证研究与国际比较》,《清华大学教育研究》2010 年第 3 期,第 105 页。

③ 马文武、李中秋:《我国高等教育个人投资风险影响因素分析》,《创新》2017 年第 4 期,第 71 页。

无可争议的是，当代中国教-学实践，围绕着以高考为核心的诸级升学考试而展布，而其最终目的，则落在就业上。当代中国家庭在教育上同其收入"不成比例"的巨额投入，事实上被理解成**对未来的"投资"**。用日常生活用语来说，硬扛高负荷（孩子家长双重高负荷）成为"学霸"为了什么？是为了高考。高考为了什么？是为了进入"名校"以便日后找到好工作。

然而问题恰恰在于：在现时代的中国，**高校越来越不能有效帮助毕业生应对随之面临的挑战**。这种状况，实质性地导致了当代中国教育投资上的高风险值。对于这个状况之产生，我们可以分析出一组细部的、有望通过政策调整加以克服的社会肇因，如高校扩招、教育过剩、用人成本变高等。然而，它有两个很难克服的根本性的**时代肇因**。

肇因一：**知识的迭代更新**越来越快，在大学中获得的知识，毕业时已大多趋于陈旧。当代中国高校的激励模式，致使科研能力强（意味着持续保持自身知识更新）的教师不愿意投精力于教学上；而大量站在教学岗位第一线教师们的知识结构却是陈旧不堪，往往还停留在他们自己当年的求学期。

更关键的是，正如韩愈那句"师者，所以传道授业解惑也"[1] 所界定的，"师"的崇高地位，其实是建立在如下**哲学预设**上：下一代年轻学生所遭遇的"惑"，上一代的师者们是

---

[1] 韩愈：《师说》。

能够用他们的人生视野、知识积累、生命经历来"解"的。然而,在以"加速"①为标签的当代,这个预设已然无法成立。技术加速状况,很大程度上抹平了教师和学生在"解惑"能力上的差距——彼此频繁地被置于同一起跑线上,共同面对新事物。并且年长者因固化的"脑回路"(频繁彼此触发的神经元形成相对固化的联结)远多于年轻者,年长的教师在迎接新事物的挑战上,往往能动性弱于年轻的学生。

在当下时代,大学生在课堂上获取的知识,远远不足以用来应对不断加速变化的社会。快速推陈出新的时代关键词("共享经济""区块链""物联网""元宇宙""大语言模型"……),使得大批高校毕业生成为"知识性失业大军"。名校硕士、博士毕业生成为外卖骑手的现象,不断见诸媒体。② 正是在这个背景下,罗振宇等人提出了"知识焦虑"这个热词。③ 换言之,极其反讽的是:经历十几年"教育焦虑"最后闯出来的高校毕业生,却仍然深陷于"知识焦虑"。两位当代教育研究者写道:

> 在农民工与大学生之间,隔着一张学历证书,即高等教育。而高等教育是一种投资。如果毕业即失业,或者低

---

① 参见罗萨:《加速:现代社会中时间结构的改变》,董璐译,北京:北京大学出版社,2015;威廉姆斯、斯尔尼塞克:《加速主义宣言:超越资本主义对技术的压制》,蓝江译,澎湃新闻,〈https://www.thepaper.cn/newsDetail_forward_2019817〉。
② 《博士生送外卖,千万骑手小哥现状》,百家号,〈https://baijiahao.baidu.com/s?id=1744743212362510226〉。
③ 罗振宇:《罗辑思维:我懂你的知识焦虑》,北京:中国友谊出版公司,2016。

工资就业，则意味着投资失败。那些倾全家之力、举债供读的家庭，如果最后因教返贫，他们难免会怀疑"知识改变命运"的深义。①

这个分析的成立前提就是：大学生在学校里所获取的知识，无法为毕业后的人生做好有效准备。在这种情形下，大学实际上就仅仅变成学历文凭的提供者——农民工和大学生都面临深度的知识贫乏，不同之处在于后者手中持有一张敲过章的证书。

肇因二，也是更根本性的肇因：**人工智能的崛起**，正在快速侵占人类的就业市场。2017年8月8日四川九寨沟发生7.0级地震，中国地震台网随即发布由机器人用时25秒自动编写的报道，这篇540字加4张配发图片的稿件介绍了速报参数、震中地形、人口热力、周边村镇、历史地震等大众普遍关注的内容。② 25秒内机器人完成了数据挖掘、数据分析、自动写稿的全过程，这个事实意味着：除了深度调查型记者，目前由为数众多记者所承担的面上的"通稿"类报道工作很快将会被人工智能接替。2016年无人驾驶汽车已经出现，2017年阿里巴巴的无人超市也已登陆北京、杭州等大城市，这意味着司机、营业员等工作正在同步走向式微。而曾经因其员工

---

① 卓光英、徐珊：《"大学生就业难"和"民工荒"问题透视高等教育投资风险》，《武汉商业服务学院学报》2010年第2期，第32页。
② 杜峰：《机器人极速编写地震新闻，人工智能成产业升级助推器》，新浪科技，〈http://tech.sina.com.cn/it/2017-08-16/doc-ifyixias1486233.shtml〉。

频繁自杀而丑闻缠身的电子制造业巨头富士康，2016 年在中国部署了超过 4 万台机器人，同时裁员 6 万人。①

生成式人工智能更是多向度地加速了这个进程。2023 年 5 月 1 日，IBM 宣布全球范围内暂停招聘计划，并用人工智能替换下了 7800 个工作。② 著名调研机构麦肯锡在发布于 2023 年 6 月 14 日的报告《生成式人工智能的经济潜力：下一代生产力》中提出：在 2030－2060 年间（中点为 2045 年）50% 的工作活动会被自动化，并且高学历的知识工作者亦将被大幅度取代，因为以 ChatGPT 为代表的大语言模型"对知识工作具有更大冲击，而知识工作类职业比起其他工种有着更高薪酬与诸种教育要求"。③ 符合"诸种教育要求"的高学历资质，在人工智能面前快速丧失"香饽饽"属性。

人工智能，正在迫使我们进入一种"后人类境况"：在不远的未来，社会中绝大多数人将变成"无用之人"。甚至连今天看上去高大上的医生、律师、股票交易员等工作，人工智能做得都将远比人好——或许很快，人类医生比起人工智能医生来，误诊比例会高出太多……④

---

① 《富士康裁员 6 万，机器人取代人工大潮已经开始》，凤凰财经，⟨http://finance.ifeng.com/a/20161018/14944376_0.shtml⟩。
② 《IBM 暂停招聘，计划用 AI 取代 7800 个工作岗位》，IT 之家，⟨https://baijiahao.baidu.com/s?id=1764739621015317592⟩。
③ "The Economic Potential of Generative AI: The Next Productivity", McKinsey, 14 June 2023, available at ⟨https://www.mckinsey.com/capabilities/mckinsey-digital/our-insights/the-economic-potential-of-generative-ai-the-next-productivity-frontier⟩.
④ 进一步分析请参见吴冠军：《人工智能与未来社会：三个反思》，《探索与争鸣》2017 年第 10 期；以及本书第四章。

教师亦正在受到人工智能的尖锐挑战。在《未来简史》中尤瓦尔·赫拉利写道：

> Mindojo之类的公司，正在开发互动算法，不只能教授数学、物理、历史，还能同时研究教授对象这个人。这种数字教师会仔细监测我答了什么，花了多长时间。一段时间后，它们就能判断出我个人独特的优缺点，也知道什么能让我精神一振，什么会叫我眼皮下垂。它们可以用最适合我人格类型的方式来教我热力学或几何学，无须担心这种方式并不适合其余的99%的学生。这些数字教师永远不会失去耐心，永远不会对我大吼大叫，也永远不会罢工。①

显然，人类教师在教学实践中不可能抵达"数字教师"相同程度的细致、耐心与个性化。至于诸种重复性教学工作（如讲授知识点、批改作业等），人类教师更是无法在质和量上同"数字教师"相比肩。

2022年底爆火的大语言模型，能够通过相应的提示性语言，快速完成课程设计、课堂模拟、学习评价等一系列教师的工作，有效地帮助教师减轻工作量。但问题是，通过"提示工程"（prompt engineering），大语言模型自己就是一个优秀的教师，甚至能力远胜任何一位人类教师。

---

① 赫拉利：《未来简史：从智人到智神》，第282页。

第六章 教、创造与后人类：教育学研究

大语言模型能有效地成为 24 小时相伴的"私人教师"。在实现一对一的教学互动基础上，它能够记住同每一位学习者的所有互动，并在对话中不断深入推进针对性的学习。这种互动式教学，既提升学生的参与度，又重新激活了当年孔子与苏格拉底那种师生对话教育，且不会因为生理的疲累或心理的波动引发教学效果的不稳定。

第二章已经在技术层面分析过，大语言模型业已接近通用人工智能的表现。换言之，作为教师的大语言模型，知识面几乎"无死角"。它一部不落地、从第一页到最后一页通读了各学科大部头学术著作，从经典到前沿。它读了各个学术领域的研究论文。没有一位人类教师的知识量能与之相比。

人类教师在人工智能教师面前，显示出满满的短板。然而，赫拉利更尖锐的问题是："都已经有了这样有智慧的计算机程序，我为什么还需要学习热力学或几何学？"[1] 这才是"后人类境况"对教育的致命挑战：**如果我们即将大量地成为"无用阶级"，教育对于我们还意味着什么**？

从这个后人类境况反观，今天家长和孩子的双重"教育焦虑"，恰恰是"庸人自扰"——即便在应试教育的赛道上硬拼成"学霸"乃至"高考状元"，这样的人恰恰最容易成为"智能时代"的无用之人。那是因为：靠死记硬背、大量做题脱颖而出者，却最容易被人工智能替代。换言之，越是今天

---

[1] 赫拉利：《未来简史：从智人到智神》，第 282 页。

家长老师眼中的"学霸",越容易遭遇"毕业即失业"。

而"名校光环"(学校作为学历文凭发放机构)这个目下支撑"学霸"高就业的关键因素,在"智能时代"亦将边缘化。职场招聘会将由掌握了相关领域全部知识以及人才选拔要求的智能机器人对求职者进行全方位的测试,这种智能机器人能根据大数据分析评判一个人所具有的知识图谱和能力水平、性格特征与思维方式、职业匹配度与未来发展前景等,提供给用人单位一份详尽而全面的分析报告。那时,名校的光环将现出真实的原形;而那仅仅作为学历文凭提供者的高校,其存在的价值和意义也将大打折扣。①

第二节 后人类境况:教育终结抑或终身教育

在后人类境况中,教育只会有两种前景:(a)教育的总体性式微;(b)教育便意味着"终身教育"(lifelong education)。赫拉利写道:"由于我们无法预知2030年或2040年的就业形势,现在也就不知道该如何教育下一代。等到孩子长到40岁,他们在学校学的一切知识可能都已经过时。传统上,人生主要分为两大时期:学习期,再加上之后的工作期。但这种传统模式很快就会彻底过时,想要不被淘汰只有一条路:一辈子不断学习,不断打造全新的自己。"但他随即补充道:

---

① 关于"名校光环"贬值的分析,我得益于王竹立:《人工智能时代的教育畅想》,《今日教育》2017年第9期,第13页。

第六章　教、创造与后人类：教育学研究

"只不过，许多人，甚至是大多数人，大概都做不到这一点。"①

当下深陷"教育焦虑"的那一代家长/学生，正在创痛性地遭遇"学霸梦"破碎——其中一大半是付出巨大投入但仍做不成"学霸"而梦碎，另有一部分是成了"学霸"却仍无法获得预期"回报"而梦碎。对于前一种状况而言，焦虑下的自杀是最创痛性的梦碎形态；而后一种梦碎，尽管较少采取那样激烈的形态，却根本性地致使"教育焦虑"坠入万劫不复之境——在这种境况中，随着"学霸梦"一起破碎的，亦将是对"学习改变命运"的预设性认知，并进而影响"学习"这个实践本身。当不管怎么学习热力学或几何学都比不过身边作为"教辅工具"的人工智能机器人时，一个人为什么还要费心费力去学习呢？人与人比拼知识储量，即便竞争激烈但仍有指望（少数学霸能够"梦圆"）；而人与人工智能比拼，胜出则无限趋近无望。

当"阿尔法狗"一路战败人类最出色的围棋国手并且取胜越来越轻松后，围棋这项挑战脑力的活动，本身将越来越难吸引到人去投入苦功。柯洁曾表示："我看过 AlphaGo 自己跟自己对战的棋谱，像天书一样——因为它算得太远了，我根本看不懂为什么这一步要这么下。"② 当人类最优秀的棋手们

---

① 赫拉利：《未来简史：从智人到智神》，第 294 页。
② 周飞亚、何桂锦：《柯洁："我是不规则的多边形"》，搜狐网，〈http://www.sohu.com/a/167611196_565998〉。

已经看不懂人工智能对手时，围棋本身已经成为一个"后人类"的赛事了。谷歌其后推出的"零度阿尔法狗"（AlphaGo Zero），学习能力更为强大：从"婴儿般的白纸"开始只用3天学习并且不接触任何人类棋谱，就100∶0完胜曾用好几个月学习大量人类棋谱后才击败李世石的那版"阿尔法狗"。[①] 面对"零度狗"柯洁在微博上发出慨叹，人类学习围棋已成为多余："一个纯净、纯粹自我学习的AlphaGo是最强的，对于AlphaGo的自我进步来讲，人类太多余了。"[②] 围棋的高水准对决，已然彻底成为"后人类"活动。

人工智能在就业市场上快速地、整体性地挤压人类，将成为一个不可逆转的进程。盖茨提出，国家应该对机器人收税——企业与政府部门用机器人代替人工作，也要交税。[③] 实际上，盖茨正是试图用政治的方式（收税），来延缓人的无用化速度。但是该建议就算被采纳，人的无用化进程究竟能被阻挡多久？**中国家长们把自己在子女教育上同其收入"不成比例"的巨额投入理解为对未来的"投资"，而当投资陷入全面失败时，教育本身则无可避免陷入总体性式微。**当人工智能"超级学霸"称霸就业市场时，有多少人会再像今天那样

[①] 王心馨、虞涵棋：《阿尔法狗再进化：自学3天，就100∶0碾压李世石版旧狗》，澎湃新闻，〈http://www.thepaper.cn/newsDetail_forward_1828509〉。
[②] 参见新浪微博"棋士柯洁"，〈https://weibo.com/2865101843/Fr11Fovym〉。
[③] Kevin J. Delaney, "The Robot That Takes Your Job Should Pay Taxes, Says Bill Gates", Quartz Website, February 17, 2017, available at 〈https://qz.com/911968/bill-gates-the-robot-that-takes-your-job-should-pay-taxes/〉.

自小投身奥数（或其他科目）争做"学霸"？按照赫拉利的分析，到时候人将会花大把时间"在3D虚拟世界里；比起了无生趣的现实世界，虚拟世界能够为他们提供更多刺激，诱发更多情感投入"①。

在后人类境况中，除了面对自身"终结"外，教育还有另一个前景，即赫拉利认为"许多人甚至是大多数人都做不到"的"终身教育"。在作为职业的教师在人工智能挑战下逐渐式微后，"终身教育"也就意味着"终身学习"(lifelong learning)。抑或，彼时要成为一名合格的教师，他/她必须首先是终身"学者"。而当下全球的教育从业者中，有多少数量的教师同时亦是终身不懈的"学者"？

不同于时下"终身教育"仅仅意指学校教育之外的教育形态，后人类境况下的终身教育，本身是取代学校教育的**唯一教育实践**。

源自工业化时代的现代学校体系是以班级授课制和标准化教材为基础的，但作为集中性授课场所的学校，将日渐式微。其实今天课程教学的微课化、慕课化，以及虚拟现实技术、增强现实技术所建立起来的网络虚拟课堂，已然使得实体学校遭受极大的挑战。罗振宇已经把他推出的"得到"APP，称作一所"终身大学"，在该APP上已超过61万人订阅的"薛兆丰的北大经济学课"，被罗振宇称作"全世界最大的经

---

① 赫拉利：《未来简史：从智人到智神》，第294页。更进一步的讨论，请参见吴冠军：《从元宇宙到量子现实：迈向后人类主义政治本体论》，第二章。

济学课堂"。① 当不远的未来身边的教育机器人细致地、个性化地为我们规划好学习节奏和方式（取代学校作为教-学管理与服务机构的功能），并且我们能够随时访问人类或非人类教师提供的各个精品课程，我们为什么还要不顾路途遥远跑到实体课堂来上课？甚至从某种意义上说，今天大学课堂教学里所提供的不少"知识"，可以直接通过随身携带的人工智能助手（如ChatGPT）随时快速获取，根本就不需要集中化的学习，而是通过碎片化的访问来获得，并且获得的回答质量远高于人类教师。

故此，教育（终身教育）的形态，将从实体性的"学校"或"学习中心"，转变成网络状结构，亦即转变成一个拉图尔所说的作为聚合体的"行动者-网络"（actor-network）。② 时时和网络发生深度互动，才是不断更新知识的有效方式：在该"行动者-网络"中有各种各样人类与非人类的教育者。智能机器人尽管不具有"意识"（consciousness），但却是具有能动性（agency）的行动者。并且在这样的网络中，**教育者就是学习者**：人工智能既是教育者，也是深度学习者；而联结其中的每个人类教师，同样既是教育者亦是学习者。换言之，要做教育者必须首先是终身学习者。教师不再是一种"职业"，

---

① 参见"得到"APP首页及其专栏页。薛兆丰于2018年3月从北京大学国家发展研究院离职，其得到专栏随后改名为"薛兆丰的经济学课"。
② See Bruno Latour, *Reassembling the Social: An Introduction to Actor-Network-Theory*, Oxford: Oxford University Press, 2005.

第六章　敎、创造与后人类：教育学研究

而是网络内一个实践终身教-学的行动者。

由是可见，在后人类境况中，作为职业的教师尽管会走向式微，但并不一定如李政涛所描述的，"教师们可以收拾行装走人，另谋出路了……教师的康庄大道从此沉寂进而沦为荒漠古道，最终的去处是人类的'职业博物馆'或'职业史教科书'……"① 教师这个职业性的"大道"，转变成时刻在场的终身教-学实践的"行动者-网络"，在这个网络中，所有人类与非人类都是教-学实践的行动者，而非被动的对象或工具。知识，就在各行动者教-学实践的相互构建（mutual constitutions）中被生产、被制-动（enacted）。

对于当代"深陷焦虑"的中国教育实践而言，这种终身教-学实践无疑是十分陌生的。然而，此种很"后人类"的终身教-学实践，恰恰却是中国古典教育实践之**根本性指向**。

在中国古典教育视野中，教-学为一事——"教""学"本身就是一个字。郭店竹简《老子》"圣人处无为之事，行不言之教"，"教"这个字写成上爻下子，也就是"学"。"学"字一个古早的写法是"斆"（敎），而它便正是"教"与"学"的共用字。段玉裁解释道："作斆从教，主于觉人。秦以来去攵作學，主于自觉。"② "学"与"觉"本是同根字，学就是"自觉"，教则是"觉人"。教-学实是同一实践。《礼记·学

---

① 李政涛设想了未来教师拥有的多种素质："爱商""数商"与"信商"。参见李政涛：《当教师遇上人工智能……》，《人民教育》2017年第15—16期；网络全文见〈http://news.ecnu.edu.cn/84/05/c1835a99333/page.htm〉。

② 段玉裁：《说文解字注》，上海：上海古籍出版社，1988，第127页。

记》曰：

> 学然后知不足，教然后知困。知不足然后能自反也，知困然后能自强也。故曰：教学相长也。《兑命》曰："敩学半"，其此之谓乎！①

这段话我们可以继续结合段玉裁《说文解字注》"学"条来理解："《兑命》上'学'字谓教。言教人乃益己之学半，教人谓之学者。学所以自觉，下之效也；教人所以觉人，上之施也。故古统谓之学也。"②"敩学半"和"教学相长"，便是指教师必须是学者，学者也应当成为教师（教人乃益己）。只有做了老师才能学得深，对此，我作为老师的个人体验是：很多时候自己在课堂上的精彩论述，仿佛不是己出（课后我自己马上打开手机记事本记录下来）……张文江亦谈到相同体验："一旦渐入佳境，发言吐句，往往惊人又惊己。"③换言之，老师不是一个超越的、独立的行动者，其能动性恰恰在网络中才得以成型；而教-学以及一切相关物构成了一个行动者-网络，在其中"教学相长"才成为可能。

在中国古典教育视野中，教育并非成人阶段前的一种特殊实践，而从来就是指向终身教育/终身学习：教-学是一个与生

---

① 《礼记·学记》。
② 段玉裁：《说文解字注》，第127页。
③ 张文江：《古典学术讲要》，上海：上海古籍出版社，2010，第7页。

命相始终的实践,"路漫漫其修远兮,吾将上下而求索"。^①对于儒家而言,(a)教-学实践,绝不是被限定在知识与技能的学习上,也不被限定必须发生在学校这个空间内,而是完全融入日常生活中,"藏焉修焉,息焉游焉"。^②与此同时,(b)教-学实践贯穿日常生活之始终——"十有五而志于学""学而时习""学不可以已""念终始典于学"。^③先秦思想中的教-学实践,并不与汉代以降"王官学"与隋唐以降"科举制"挂钩——当代中国"教育投资"思维下焦虑深重的教-学实践,则恰恰是后两者的隔代遗产。

第三节　冲破表征主义：教育实践的激进更新

让我们进一步推进关于教育实践的批判性分析。在后人类境况下,人类不再能把自己视作宇宙中心。故此,这一状况尽管深刻冲击了人类社会的方方面面,然而却给教育带来了尤其猛烈的激进冲击,那是因为它激进地挑战了教育实践的人类中心主义框架（anthropocentric framework）。

在古往今来的教育思想中,无一例外**教育皆被设定成人类的事业**：教育是以人（教师、学生）为核心的实践；所有其他非人类因素,则是教-学的背景、语境、工具或对象。就其

---

① 屈原：《离骚》。
② 《礼记·学记》。
③ 《论语·为政》；《荀子·劝学》；《礼记·学记》引《兑命》。

哲学基础而言，教育的根本性预设便是**表征主义**（representationalism）：学习或认知，已经预先设定"主体/对象"的二元框架。在教育的表征主义框架中，教师实际上亦只是将知识（对象）表征/再现——杰弗里·辛顿称之为"蒸馏"①——给学生（主体）的工具。本书前面各章已经分析了，人类中心主义，最后总是会把人类自身吞没（譬如，人本身被工具化为"工具人"）。而后人类主义，首先就是对表征主义的激进拒斥。②

在后人类境况下，人类与各种非人类在教-学实践中，并不是分别处于主体、对象以及工具的位置上，而是构成了一个"行动者-网络"。此处的关键是：人并不直接具备获取知识的能动性（所谓"认知主体"），而是同非人类事物一起在"网络"中获得能动性，并参与知识创制。换言之，所有事物（各种教学工具）、人类个体、知识，都是网络中的关系性效应，能够"触动"（affect）与"被触动"；他们都既是行动者，自身也是网络。借用吉尔·德勒兹的术语，一切都是"能动性的聚合体"（agentic assemblage），都在彼此触动中不断"形成"（becoming）。

基于德勒兹与菲力克斯·加塔利的洞见，茅利齐奥·拉扎拉托提出：

---

① Geoffrey Hinton, "Two Paths to Intelligence," op. cit.
② Barad, *Meeting the Universe Halfway: Quantum Physics and the Entanglement of Matter and Meaning*, pp. 46-59.

第六章 敷、创造与后人类：教育学研究

主体性、创造和表述，皆是诸种人类因素、低于人类的（infra-human）因素、外在于人类的（extra-human）因素的一个**聚合体**产生出的结果，在这些因素中，指号化的、认知性的符号学，只是构成了多种成分之一。①

创造，并不只是人的创造。表述，并不只是人在表述。而所谓的"主体性"，亦是一个包括各种人类与非人类能动者在内的聚合体的产物。人类的"个体"，并不是如自由主义所预设的那样，是"不可分割的"（in-dividual）。实则如尤瓦尔·赫拉利所言："所有的生物——从大象和橡树，到细胞和DNA分子——都是由更小、更简单的单位组成的，会不断结合和分裂。"②

人类或非人类，皆是经由无数交叉触动而不断处于"形成"中的聚合体（网络+行动者）：他们（a）自身是无数"更小、更简单的单位"互动（触动与被触动）形成的网络；（b）同时亦是行动者，在更大网络中跟其他行动者互动。乔治奥·阿甘本曾提出，"我们不应将主体思考为一个实体，而是**形成**之奔流中的一个**旋涡**"③。人类个体并不先天具有统一性与能动性。后人类主义在哲学上激进突破人类主义之处就在于："能动性"不是先天就有的，而是在行动者-网络内部

---

① Lazzarato, *Signs and Machines*: *Capitalism and the Production of Subjectivity*, p. 63, emphasis added.
② 赫拉利：《未来简史：从智人到智神》，第94页。
③ Agamben, *The Fire and the Tale*, p. 61, emphasis added.

交叉触动中被制动。

当代新唯物主义①代表人物、量子物理学家凯伦·芭拉德提出"内-行动"（intra-action）概念，指网络内各个纠缠在一起的行动者在物质-话语层面的"互相构建"（mutual constitution）。②内行动是行动者-网络框架下的"互动"（interaction）：各行动者并不具备先于和外在于网络（聚合体）的独立的存在与能动性，而恰恰是通过彼此间的内行动而互相构建。是故，所有行动者以及网络都在不断"形成"中、不断创始/更新中。

从量子物理学出发，芭拉德提出：

> 涌现（emergence）并不一劳永逸地发生，作为根据某种空间与时间的外在尺度而发生的一个事件或一个过程。恰恰相反，时间和空间就像物质和意义那样进入存在，经由每个内行动而被迭代地重新配置，因此绝不可能以绝对的方式来区分创造与更新、开始与回归、连续性与断裂性、这里与那里、过去与未来。③

一切存在都是在行动者-网络中彼此缠绕一起，经由无可穷尽的内行动而不断"形成"、互相构建。人类行动者在行动者-网络中并不构成任何意义上的例外：每一个"个体"都是其

---

① 新唯物主义可以视作行动者-网络理论基础上发展出来的理论话语，它们也是当下后人类主义的两种代表性理论。
② Barad, *Meeting the Universe Halfway: Quantum Physics and the Entanglement of Matter and Meaning*, p. 33.
③ Ibid., p. ix.

第六章　教、创造与后人类：教育学研究

他人、其他物互相构建而成并不断变化更新；甚至"个体"本身亦非不可分割之"实体"，而是由身体的内部和外部无数事物之内行动构成的"聚合体"。①

教-学实践，就是由人类与非人类的物质性-话语性的内行动构成；每一个具体的教-学实践，都是内行动的**在地施为**（local performance）。一位教师的能动性（不论这位教师是人类还是非人类），实则是网络内各个力量经由他/她的运动。通过掩盖那些力量交叉性的内行动，这位教师以连贯性的教学行动，把自身呈现为一个统一的行动者（并在人类主义框架下被理解为"主体"）。与教师相似，教科书亦是网络内的一个"行动者"。一方面，教科书通过掩盖制动它的各种内行动，而呈现出无缝性、系统性与连贯性。另一方面，它自身又在行动，如塔拉·芬威克与理查德·爱德华兹所论，"一个教科书或文章能够跨过巨大的空间与时间而流通，聚集同盟、塑造思想与行动，并因此创造新的网络"。②

拉图尔以及追随他的不少新唯物主义者们建议用"行动元"（actant，而非actor）一词来特指网络中展开内行动（彼此触动）的行动者。新唯物主义另一位代表人物简·本奈特写道："一个行动元可以是人也可以不是，或很可能是两者的一个组合。……一个行动元既不是一个对象也不是主体，而是

---

① 对于由量子物理学所引入的洞见的进一步分析，请参见吴冠军：《从元宇宙到量子现实：迈向后人类主义政治本体论》，第五章与第六章。
② Tara Fenwick and Richard Edwards (eds.), *Researching Education Through Actor-Network Theory*, Chichester: Wiley-Blackwell, 2012, pp. xiii-xiv.

一个'介入者'。"① 一个行动元的"能力是从其施为中推导出来的"②，而不是在行动前预先设定。

2017年10月1日，拉斯维加斯发生美国历史上最严重枪击事件，造成至少59人死亡和527人受伤，并迫使国会于10月4日再次就控枪议题展开辩论。至今为止对拥枪最强有力的辩护，就是美国全国步枪协会的"枪不杀人，人杀人"。但根据行动者-网络理论的洞见，枪击事件既不只是枪开火的结果，也不只是枪手扣扳机的结果，而是二者联结起来彼此触动的结果：在"杀人"事件中，人和枪都是行动元，因为如果枪手手上无枪，就不可能完成枪击杀人，而枪如果不在枪手手上，也完成不了行凶。枪击事件发生时刻，枪已经不是原来在军械库或枪套里的枪，而是变成了"凶枪"：枪的行动能力，恰恰是从其具体的在地施为中推导出来。而那个时刻枪手也已经不是原来手上无枪的人，而是变成了"杀人犯"乃至"恐袭者"。

在《潘多拉希望》中拉图尔提出，在控枪议题上，一个真正的唯物主义者的宣称是："好公民被携枪所**转化**""你变得不同，当枪在你的手中；枪变得不同，当你握着它"。该情境中的行动者是"一个公民-枪，一个枪-公民"。③ 枪和人彼

---

① Jane Bennett, *Vibrant Matter: A Political Ecology of Things*, Durham: Duke University Press, 2010, p. 9.
② Bruno Latour, *Politics of Nature: How to Bring the Sciences into Democracy*, trans. Catherine Porter, Cambridge, Mass.: Harvard University Press, 2004, p. 237.
③ Bruno Latour, *Pandora's Hope: Essays on the Reality of Science Studies*, pp. 177, 179.

第六章 敉、创造与后人类：教育学研究

此交互影响的内行动，导致了杀人的行动和结果，并且他们也在互相触动中被改变，"变成其他的'某人、某物'"。所以拉图尔强调，"既不是人也不是枪在杀人。对于行动的责任必须被各个行动元所分享"①。回到拉斯维加斯枪击事件，枪手史蒂芬·帕多克和22支自动步枪及大量弹药，都是枪击行动的行动者和责任者。

故此，从行动者-网络理论与新唯物主义视角来看，物（things）也是网络（聚合体）内的行动者（能动性的行动元），而不是被动的、无活力的"对象"。后人类主义的关键面向——按照本奈特宣言式的说法——就是去"强调，乃至过度强调，诸种非人类力量的能动性贡献（操作于自然、人类身体以及诸种人造物上），通过这个方式来努力回击人类语言与思想的自恋性反应"②。

拉图尔曾以被誉为"微生物学之父"的路易·巴斯德为例，提出巴斯德对细菌的发现，是诸多人类行动者（实验室研究人员、辅助人员、内科医生、兽医、农民等）和大量非人类行动者极其复杂和长程的互相构建之结果，"将这些事物联结在一起需要工作和一个运动，它们并不逻辑性地关联在一起"，而巴斯德之所以成为巴斯德，就是他做了这个工作，将无关之物联结成了网，"那种运动类型，那种胆大妄为，就正是那定义他的东西，使他成为巴斯德——那诚然就是他**特殊**

---

① Bruno Latour, *Pandora's Hope: Essays on the Reality of Science Studies*, p. 180.
② Bennett, *Vibrant Matter*, p. xvi.

的贡献"①。换言之，巴斯德实际上是行动者-网络中的一个重要行动者、介入者和转译者（translator）②，竭尽全力让巴斯德实验室成为网络中各行动者的必经之点并因此把各行动者联结起来，从而亦使得巴斯德实验室本身成为一个重要的非人类行动者——既是能动性的聚合体，又是能动性的行动元。故此，并不是巴斯德"发现"了此前人们无法看见、无法想像的"细菌"，而是诸多行动者在行动者-网络中互相构建了"细菌"的存在，而后者也随之成为一个行动者，努力让自己存在，并影响、触动其他行动者。

教-学实践，和拉图尔所分析的科研实践一致，甚至彼此交叉。教-学实践，从来是人类与非人类一起参与的实践，以内行动互相构建；在该实践中，非人类（教科书、课程大纲、作业、各种知识点乃至教室、各种教辅设备……）的能动性贡献绝不小于人类。这意味着，教-学实践从来不是表征主义框架下以人为核心的实践。在教-学实践中，不仅仅是人在学习，所有非人类也在学习，并通过这种实践不断更新自身。"阿尔法狗"、ChatGPT 等人工智能算法所展开的"深度学习"乃至"来自人类反馈的强化学习"，便是网络结构中互相构建的内行动式学习。"阿尔法狗"本身所标识的，其实是数不清

---

① Bruno Latour, *The Pasteurization of France*, trans. Alan Sheridan & John Law, Cambridge, Mass.: Harvard University Press, 1988, p. 70, emphasis in original.
② 在行动者-网络理论中，转译就是允许一个网络被一个单独实体（人类个体或其他网络）代表的过程。

的行动者:"阿尔法狗"这个名称,恰恰是巴迪欧所说的"计数为一"(count-as-one)操作,将本体论层面上无以计数的"多"变成"一"。① 故此,尽管"阿尔法狗"这个单一名称使人很容易错觉地将其理解为一个"个体",它实是典范性的"聚合体"。"阿尔法狗"同柯洁、李世石或其"自身"对弈时的每一个行动(落子),是无数行动者之内行动的结果;更具体言之,每一行动都是"深度学习"实践——人类与非人类一起参与的教-学实践——的一个在地施为。②

在"智能时代","非人类力量的能动性贡献"将以指数级跃升的方式变得越来越显著。我们已经看到,"零度阿尔法狗"已能够彻底突破人类已有知识的地域,自行向围棋这项古老游戏贡献大量全新见解和非人类的策略、招式。③ 同样地,"零度阿尔法狗"也绝非如柯洁以及媒体所描述的是在"自我学习""自我进步":其"自我"从来就是无数行动者的聚合体,仅仅是该聚合体里人类行动者的参与被下降到极低("零度")。

"终身学习"领域的当代著名学者芬威克与爱德华兹在一篇题为《施为性的本体论:研究成人教育与终身学习的社会唯物进路》的论文中写道:"物质性的事物也是施为性的

---

① Alain Badiou, *Being and Event*, trans. Oliver Feltham, London: Continuum, 2005, p. 24.
② 大语言模型同样如此,是一个聚合体(理解共同体的后人类主义方式),而非个体:大量副本能动者在聚合体中共同开展学习,并通过共享权重或梯度快速迭代各自的学习成果。进一步探讨请参见本书第一章第五节。
③ 王心馨、虞涵棋:《阿尔法狗再进化:自学3天,就100:0碾压李世石版旧狗》。

(performative)，而非不活动的；它们是物质并且它们事关重大。它们同其他类型的事物和力量一起来排除、邀请、制定诸种特殊形式，参与到制动（enactments）中，其中一些我们就叫作'成人教育'和/或'终身学习'。"① 在《终身学习：一个后人类境况？》一文中，爱德华兹进一步提出，终身学习是"在世界**之内**可能有的一组本体论实践，而不是**关于**世界的一组意义或理解"。② 这意味着，终身教-学实践，是互相构建聚合体（"世界"）的本体论实践，而非主体/对象二元框架中的认识论实践。

芭拉德写道：

> **认识的实践，是参与（重新）配置世界的特定的物质性介入**。通过该行动我们制动物质、使之重要。制造知识不仅仅只是事关制造诸种事实，而是事关制造诸种世界，甚或，它事关制造特定的世界性配置（worldly configurations）——并不是从无中（或从语言、诸种信仰或诸种理念中）制造它们出来，而是作为世界之一部分的物质性介入，给予世界以特定的物质形式。③

---

① Tara Fenwick and Richard Edwards, "Performative Ontologies: Sociomaterial Approaches to Researching Adult Education and Lifelong Learning," *European Journal for Research on the Education and Learning of Adults*, Vol. 4, No. 1, 2013, p. 53.
② Richard Edwards, "Lifelong Learning: A Post-human Condition?", in David N. Aspin, Judith Chapman, Karen Evans, Richard Bagnall (eds.), *Second International Handbook of Lifelong Learning*, London: Springer 2012, p. 152, emphasis in original.
③ Barad, *Meeting the Universe Halfway: Quantum Physics and the Entanglement of Matter and Meaning*, p. 91.

第六章　教、创造与后人类：教育学研究

在这个意义上，教-学实践是以内行动的方式，参与"世界"（一个作为聚合体的行动者-网络）的物质性-话语性构建。后人类境况中，人类和非人类的行动者，皆处在一个非等级制的"平的本体论"中，以内行动参与"世界性配置"。

这才是"互联网"到"物联网"之转变的真正激进之处：前者仍然在人类中心主义框架下，人被设定为"交互网络"（internet）中的唯一行动者；而在真正的"关于物的交互网络"（internet of things）中，人类中心主义框架被打破，人类与非人类皆是彼此联结、交互触动与被触动的行动者。在后人类境况下，世界、人类个体、一切事物，都是在互相构建中不断"形成"。没有一个行动者、事物或知识，可以于网络之外而独立存在，亦即可以在"自然秩序"或"事物的秩序"（order of things）中拥有一个本质性的存在，并进而在表征主义框架中被认知。相反，他们（她们/它们）皆通过网络中的内行动（互相触动、施为）而使自身存在。

故此，教-学实践不再是对对象的认识或对事实的表征，更不是利奥·施特劳斯所说的"对真理的秘传"[1]，而是通过物质性-话语性的介入、干预与实验（质言之，通过内行动的方式），对"世界"进行制造与（重新）配置。用爱德华兹

---

[1] See Leo Strauss, "What Is Liberal Education?" in his *An Introduction to Political Philosophy*, ed. Hilail Gildin, Detroit: Wayne State University Press, 1989. 关于施特劳斯的批判性分析，请进一步参见吴冠军：《施特劳斯与政治哲学的两个路向》，《华东师范大学学报（哲学社会科学版）》2014年第5期；吴冠军：《一把插向心脏的刀——论意识形态批判之（不）可能》，《开放时代》2006年第2期。

的话说,"教育的目的将是围绕对事关重大之事物的负责任的、实验性的诸种聚集(responsible experimental gatherings of things that matter)"①。这个意义上的教育,是一个本体论实践——制造/更新"世界"的实践。

第四节　重思教育:非人类与人类交互触动的实践

对教育的这一激进更新意味着,教育和就业之间的社会性关联,被彻底无效化。而当代中国家庭对教育的超强投入,则恰恰建立在这个关联之上。于是问题就在于:在后人类境况下,教育还会获得相同程度的重视与投入?

不要忘记赫拉利的质问:当已经有了"这样有智慧的计算机程序",人们为什么还需要学习热力学或几何学?而终身学习在赫氏看来,根本是"许多人甚至是大多数人都做不到"之事。爱德华兹亦谈到了"终身学习的终结",认为即便我们还能够在后人类境况下去"实验"终身学习,但肯定不会是我们当前所认知的形态。②

当我们把教育理解为对未来的"投资"时,便不得不承认,赫拉利和爱德华兹是对的,教-学实践即将式微,并且不会再享有社会性的重视。然而,当把教育理解为人类与非人类互相构建、从而共同制造/更新"世界"的本体论实践时,

---

① Edwards, "Lifelong Learning: A Post-human Condition?", op. cit., p. 161.
② Ibid., p. 157.

教-学实践便不会陷入终结——它的终结,便意味着"历史的终结"。我们有必要用对教育的这种"后人类理解",来取代我们对教育的表征主义与人类中心主义理解。

现在,就让我们回到"何为教育"这个根本问题上,来重新思考:教育果真就仅仅是一个人类的事业吗?

实际上,在习得语言之前的婴孩(infant),就是非人类:对于婴孩的各种行动,成人只能"附会"而无法确切把握,"动不知所为,行不知所之"①。正是在"零度阿尔法狗"下棋思路令柯洁等人类棋手全然无法理解的相同意义上,**婴孩是"零度"的**。婴孩进入人类的"世界"——拉康称之为"符号性秩序"——只能通过"转译"的方式。极为类似的,宠物进入人类"世界",亦是经由这样的"转译"。

教育,归根结底,便正是在"婴孩"(非人类)与"成人"这两个端点之间,通过互相触动而发生纠缠与联结的关键实践。成人通过向婴孩输入("教")一整套既有的符号性知识与规范,努力确保婴孩成长为"正常"的成人,乃至在这套符号性坐标下成为"出色"之人。换言之,教育就是这样一种实践,通过它婴孩最终被转化成人类共同体(符号性秩序)中的一个"合格"乃至"出色"的成员。

这个输入过程,就从成人(家长)给婴孩"取名"开始。诚如精神分析学家布鲁斯·芬克所言,

---

① 《庄子·庚桑楚》。

> 那个名字在婴孩诞生很早之前就已被选好，它把婴孩记录到符号性秩序之中。先天意义上，这个名字同主体绝无任何关联；它对于他/她是外在的，如同任何其他的能指一样。但是在时间历程中，这个能指——可能超过任何一个其他的能指——将进入他/她存在的根底，并且无可逃避地纽结在他/她的主体性上。①

经由给婴孩"取名"，"名字"及其寓意，就被外在地加到其存在之上。这就构成在该婴孩身上人类与非人类的第一重纽结。通过"取名"这个符号性操作，婴孩就离开了非人类这个端点一小步，变得像个"人"（"主体"）。很多人会给自己宠物"取名"，实亦是同一操作：让它变得少一点非人类。

在这个意义上，教育从一开始就是人类与非人类的互相触动：婴孩作为行动者，不只是体现在其**学习**向他/她压过来的知识和规范上，亦体现在其**抵抗**这套符号性造物上。路易·阿尔都塞将学校视为一种"意识形态国家机器"，而米歇尔·福柯指出知识便是"权力"。② 换言之，教育具有灌输（indoctrination）与"规训"（discipline）的压迫性属性。孩子在"学习"行动的同时，始终程度不一地伴随着"抵抗"行动。

---

① Bruce Fink, *The Lacanian Subject: Between Language and Jouissance*, Princeton, N. J.: Princeton University Press, 1995, p. 53.

② Louis Althusser, "Ideology and Ideological State Apparatus", in his *Lenin and Philosophy and Other Essays*, trans. Ben Brewster, New York: Monthly Review Press, 1971; Michel Foucault, *Power/Knowledge: Selected Interviews and Other Writings 1972—1977*, ed. Colin Gordon, trans. Colin Gordon et al., New York: Pantheon, 1980.

第六章 教、创造与后人类：教育学研究

丹麦作家汉斯·安徒生的名作《皇帝的新装》，是一篇很独特的童话小说：与其说它很好地执行了童话小说的教化作用，还不如说它颂扬了这种教化作用的失败。公开叫破"皇帝新装"之举，实则是孩子的一次非人类"抵抗"行动。这就是汉娜·阿伦特所说的"新生性"（natality），它使得人"具有开端启新的能力，即行动的能力"。① 随着每一次新的出生（亦即，一个新的"零度"的诞生），就有新的行动出现的可能性，人类的符号性秩序就有可能得到进一步的更新，那是因为任何一次新的出生会对"世界"造成的影响，既无法预测，也无法控制。正如"零度阿尔法狗"对围棋活动已注入大量彻底全新的见解、策略、招式，"零度婴孩"之新生性，恰恰是人类"世界"不断更新、变化的根本性肇因。在婴孩之新生性意义上，阿伦特所说的"人类境况"（the human condition），恰恰亦是"后人类境况"（the posthuman condition）。

而教育学中所谓的"青春期叛逆"现象，实质上就是孩子彻底被拉到成人轨道上之前的一次集中性抵抗；用阿伦特的术语来说（尽管阿氏本人没有这样明说），青春期是"第二次出生"② 集中发生期。"青春期孩子"，不再对家长老师的话无条件接受，不再像低年级小孩那样仅仅满足于做胸佩红花的"好儿童"：通过某种奇怪的力量——精神分析把这种非人

---

① Arendt, *The Human Condition*, p. 9.
② Ibid., p. 176.

类力量称作"驱力"（drive）——他们会隐隐感到生活有更多的"可能性"，而家长、老师（及其背后的家庭-学校-社会系统）施加在他们身上的符号性秩序被感受为不友好的乃至是窒息性的，因为它把生活往一个单一轨道上拉，不让他们尝试其他的可能性。

非人类的"驱力"，加上对既有人类知识所拥有的一定理解与思考能力，使得青春期孩子对生活有无与伦比的好奇心——他们关心的不只是生活"是怎样"（is），而更在于"能够怎样"（can be）。而日常生活中的教育系统，总是蛮横地喝令他们老老实实接受它所规定的答案，尤其当该系统采取重复性的强化训练形式（如大量做题、死记硬背）时。很多时候，他们会觉得自己生活中苦恼的根源就在于——生活中美丽的"可能性"都被扑杀或者说提前封闭掉了。而这种精神性的苦恼，实际上是一份生命难以承受的焦虑。[①] 拉康把此种存在性焦虑视为"真实"（the Real）所导致：真实即"不再是一个对象的那个本质性对象，面对它，所有的语词、所有的范畴都失败；它纯然地是焦虑的对象"。[②] 这就是"青春期叛逆"的本体论根源：一种追求"真实"的非人类驱力的刺入，使

[①] 笔者以精神分析学者身份参加的脱口秀《脑力男人时代》第1季第3期中，专门讨论了这样一个现象——某些家长还"偷偷在青春期孩子的房间里安装了摄像头"。对于家长，这出自"关爱"，但对于孩子，这种爱的方式恰恰是梦魇性的。

[②] Jacques Lacan, *Freud's Papers on Technique*, trans. John Forrester, New York: Norton, 1988, pp. 176-177; Jacques Lacan, *The Ego in Freud's Theory and in the Technique of Psychoanalysis*, trans. Sylvana Tomaselli, Now York: Norton, 1991, p. 164.

第六章 教、创造与后人类：教育学研究

得青春期孩子对人类的符号性秩序产生"分离"(separation)。

创造性（creativity），是素质教育的核心词，亦是"智能时代"人类在人工智能面前尚能保持自身尊严的关键素质之一。但创造性正是在学习与抵抗的交织实践中产生，在非人类（婴孩）与人类的互相触动中产生。换言之，**创造性既不属于人类，也不属于非人类，而是产生于两者在行动者-网络内的交互行动中。**

我们可以观察到这样一个经验性的现象，包括诺贝尔奖得主在内的大量科学家，其最重要的科研成果，恰恰是其早年的研究；而在年岁上去、成名成家后，却极少再有重量级成果。在文学艺术领域，也几乎是相同状况：年岁上去后，反而"创作源泉"枯竭，找不到"灵感"。

这种经验性状况标识了，青春期以及靠近青春期的职业"早年"，恰恰处于一个人最能挑战人类既有知识结构、对它做出激进突破的状态。而越接近成人这一端，则越是创造性退减，因为非人类的驱力受到了更全盘性的密集压制，人类与非人类的互相触动被压到极低的程度。后人类境况中的终身教育，恰恰意味着**把人类与非人类的互相触动予以终身保持**——教-学实践的行动者们，就是去创造性地彼此构建、彼此更新。

当代中国教育实践中的"学霸""鸡娃""吼妈""高考集中营"现象，实则正是作为人类与非人类之交互触动的教育，被缩减、化约为"线性框架"下成人对孩子一边倒输入

| 347 |

（灌输/规训）的教育。① 当这种教育实践被关联到现代性的进步主义（progre-ssivism）与表征主义后，便产生出**伦理学-认识论的正当性**（ethico-epistemic legitimacy）。

进而，同马克思对现代性的政治经济学批判亦相匹配的是：在"教育投资"思维下，这种一边倒输入教育实践所采取的方式，极其类似于《资本论》所揭示的资本家对待产业工人的"剥削"方式。并且诡异的是，在教育实践中利益最大化的方式，恰恰以"这是为你自己好"为宣称。为了提升效益、提高产出，孩子学习的压强越来越加剧、节奏越来越急促——很多"学霸"的脱颖而出，实际上就是靠二年级就已经在做五年级的题、初一已经提前"课外补习"高一课程来达成……尽管"吼妈"们都期待着获得丰厚收益，教育实践中的"剩余价值"却只有少数的"学霸""牛娃"能够带来。我们看到，马克思所呼唤的全世界"无产者"的抵抗，正是结构性地对应教育实践中所有婴孩（非人类）的抵抗。

在这样咄咄逼"孩"的教育实践中，创造性于是被几乎扼杀殆尽。马克思分析了前工业化时代匠师仍能保有相当大的个人创造性，而流水线上的工人则彻底丧失创造性；与之无缝对应的是，当代教育实践中"学霸"们恰恰是创造性最干涸的一群人。教育焦虑，一方面产生于这种高强度单向输入过程中家长所付出的高投入（精力上/金钱上），另一方面

---

① 2017年11月携程亲子园与红黄蓝幼儿园对孩童的虐待事件，更是症状性地标识了成人对孩童蛮横施加规训（"管教"）的残忍性。

产生于孩子心理乃至肉身性的激进抵抗("学习焦虑"乃至自杀)。① 而在今天,教育焦虑的更深层肇因在于,这套教育实践所制造出的"佼佼者",却面临另一种非人类的无情淘汰——越是靠大量做题规训出来的"学霸"(缺乏创造性),越是容易被人工智能淘汰成为"无用阶级"(同理,流水线上的产业工人首当其冲成为"无用阶级")。

我们看到,在"智能时代",原先婴孩-成人两端的教育结构不复存在:非人类(婴孩、人工智能)不再只是弱势抵抗者,而是以强势的姿态,把教育系统中拼杀出来的"佼佼者"变成"无用阶级"。这,诚然构成了"后人类境况"。

教育的自我激进更新,就是使自身从**线性框架下成人对孩子的规训式实践**,重新变成**行动者-网络框架下非人类与人类交互触动的实践**。

值得进一步提出的是,ChatGPT 的问世将激进地改变师生互动实践。以往师生互动,主要是单向的、知识性的,学生就具体问题向老师求教。然而现在,知识性的问题,跟大语言模型聊天就可以了——它读了许许多多的书、论文,甚至毫不夸张地说,它读了所有值得读的书。再饱读诗书的老师,再满腹经纶、学富五车,能有多少本书是一页不落地读完,并且在记忆(存取)与回忆(调用)间不出差错?

对知识性问题,老师的回答远没有大模型靠谱。这意味

---

① 在这个意义上,中学生自杀和前文述及的 2010—2016 年间富士康员工频繁跳楼自杀,具有相同的结构性肇因。

着,老师对学生不要灌输,不要规训,而是要启发。因ChatGPT的能动性介入,老师要做的,是打开学生的视野,而不是让它闭合,去帮助学生继续提好的问题,在不疑处生疑,而不是塞给学生答案。

在今天,一方面,大语言模型很大程度上抹平了教师与学生之间的知识鸿沟,另一方面,加速到来的新事物不断把师生拉到同一起跑线上,师生互动实践可以更新为**组队探索**,像玩"大型多人在线游戏"(massively multiplayer online game, MMOG)那样互相配合各展所长(学生有更好的新事物上手度,老师则有更多知识积累),经由彼此触动的方式来创造新知。①

精于回答问题的ChatGPT,恰恰无法创造新知。语言学家诺姆·乔姆斯基将ChatGPT称作"高科技剽窃"。② 虽然尖刻,但按照关于"剽窃"的人类主义定义,ChatGPT的知识确实全部来自对人类文本的预训练。大语言模型无法创造新知。老师与学生之间的互相触动,既可以"温故",也能够"知新",并且能够"温故而知新"——这就是"教学相长"。

---

① 关于"大型多人在线游戏"互动形态的探讨,请参见吴冠军:《从元宇宙到多重宇宙——透过银幕重思电子游戏本体论》,《文艺研究》2022年第9期;吴冠军:《第九艺术》,《新潮电子》1997年第6期。

② "Noam Chomsky on ChatGPT, Universal Grammar and the Human Mind: Unlocking Language and AI Mysteries", Youtube, 29 July 2023, 〈https://www.youtube.com/watch?v=VdszZJMb-BIU〉.

第六章　数、创造与后人类：教育学研究

第五节　返回中国：先秦教育思想的激进化

对于后人类境况下教育的自我激进更新，我要进一步提出的论点是：当我们把中国古典教育思想进一步激进化之后，恰恰能够成为后人类境况中的典范性教-学实践。换言之，**在中国教育思想的最初位置上，我们恰恰遭遇最激进的后人类主义教-学形态。**

但这个论点所遭遇的困难，似乎是显然的："后人类主义不预先设定人是万物的尺度"[1]；而长久以来，儒家思想被现代与当代研究者们阐释为"人文主义"（人类主义）话语。这两者又怎样产生契合？

用"人文主义"阐释儒家思想，诚然有学理的确当性（尤其是"humanism"在汉译中多加进去了一个"文"字）。然而我的论点是：包括儒家在内的先秦古典思想，却内在包涵一种激进阐释的可能性。这种激进阐释，就是德勒兹所说的哲学阐释：哲人是"游牧者"，通过哲学阅读而不断地让文本"去领土化"，让它们越出旧的空间，从一个地方跑到另一

---

[1] Barad, *Meeting the Universe Halfway: Quantum Physics and the Entanglement of Matter and Meaning*, p. 136.

个地方，创造出新的空间。① 对文本"去领土化"的激进阐释，对于德勒兹而言不仅是正当的，并且是哲学阐释的唯一形态。对于德氏而言，重述某个文本，绝不仅仅是让它重新被提起；重述恰恰是生产性的，因为它使新的表述、新的感受、新的视角、新的论断出现。每一次重述，都带出新的变化。变量（variation）并非被加进重复之中，而恰恰是重复本身的根本状况，是它的构成性因素。②

从德勒兹主义角度出发，我们才有可能解开"温故"何以能"知新"之谜：过去的文本，当冲破历史中支配性阐释而从地层底部重新刺入当下的地表时，它恰恰就是新。"温故知新"被《论语》界定为成为教师的前提条件——"温故而知新，可以为师矣"③。从这一前提条件出发，教-学实践的唯一问题——既是本体论亦是认识论的问题——便是：教师有没有真正革命性的阅读视野，在旧文本中去读出全新。④

---

① See Gilles Deleuze, "We Invented the Ritornello," in his *Two Regimes of Madness*, pp. 378-379; Adrian Parr, "Deterritorialisation/Reterritorialisation," Tom Conley, "Space," both in Adrian Parr (ed.), *The Deleuze Dictionary*, Edinburgh: Edinburgh University Press, 2005, pp. 66-69, 257-259. 在德勒兹看来，所有生物学意义上和哲学意义上的活动，都围绕着"去领土化"和"再领土化"展开。

② 按照德勒兹的看法，"生活的任务，就是去让所有这些重复，都在一个空间里共存，在此空间内部差异得到散布"。是以，"重复"恰恰是"形成差异""形成全新"的通道。Gilles Deleuze, *Difference and Repetition*, trans. Paul Patton, London; New York: Continuum, 2004, pp. xiii-xiv. 参见吴冠军：《如何在当下激活古典思想——一种德勒兹主义进路》，《哲学分析》2010 年第 3 期；吴冠军：《邓正来式的哈耶克：思想研究的一种德勒兹主义进路》，《开放时代》2010 年第 2 期。

③ 《论语·为政》。

④ 参见吴冠军：《"温故"凭什么能够"知新"》，《南风窗》2009 年第 24 期；吴冠军：《像德勒兹一样阅读》，《社会科学报》2015 年 4 月 30 日。

在这个节点上,儒家诚然可以走向精英主义。但同样在这里,我们恰恰可以引入前述的后人类主义视野——教师的能力,是在教-学网络中的内行动形成(intra-active becoming)。在这个视野下,儒家教育思想就获得了它的激进阐释,并彻底离开精英主义轨道。每个人都可以"为师",只要其投身教-学实践中,那是因为:教师通过其阐释/讲授行动,不断让文本游牧("形成"全新),与此同时亦被该文本(本身也是行动者)塑造自己的思想与教学行动,而这个被塑造过程本身就是学习("敩学半")。

那么,现在就让我们返回先秦思想中的"教-学"论述,展开一次具体的德勒兹式教-学实践。

《礼记·中庸》曰:"修道之谓教。"《礼记·学记》曰:"人不学,不知道。"① 可见,"教"和"学",都是作为行动者的"人",同"道"所发生的实践性关系(修-道、知-道)。"知"的本义是贯通,《管子》云"闻一言以贯万物,谓之知道"②。知-道,即通过"学"的实践和万物相贯通。③ 直到今天,我们仍用"通透"来形容"学"的最高境界。故此,教-学实践,就是践行"道"、贯通"道"。而"道"在先秦思想中,也是一个行动者:"道之为物惟恍惟惚""周行

---

① 《礼记·学记》。
② 《管子·戒》。《中庸》云:"好学近乎知。"《易传》云:"乾知大始。"这里的"知"皆是贯通之义。见《中庸》第二十章;《易传·系辞上》。
③ 张文江以下说法亦是确当:"在古代汉语中,'知道'是明白眼前事物和整体的关系。"张文江:《古典学术讲要》,第5页。

而不殆""道自道也"。① 这就意味着，修-道和知-道并没有一个尽头，而是一个和"道"不断彼此互动的实践。借用行动者-网络理论的术语，"道"既是"物"（"有物混成先天地生"），也是"行动者"（"道常无为而无不为""大道泛兮，其可左右"）；并且，它自身亦是"网络"（"为天地母""道者万物之奥"）——一个个行动者（人类以及非人类的"万物"）通过彼此内行动而形成的"聚合体"。②

除"知道""修道"外，儒家亦言"知天""事天"："尽其心者知其性也，知其性则知天矣，存其心养其性，所以事天也。"③"天"和"道"一样，也同时是"物""行动者"和"网络"。"知-天"和"知-道"并非两种实践，而是同一种实践——"知天所为，知人所为，然后知道"④。并且，**"天"，打开了一个立体网络**——"天下"（亦即"天地之间"）。教-学实践便在这个立体网络中和其他行动者展开互动，"下学而上达""上下与天地同流""上下而求索""学不际天人，不足以谓之学"⑤。"中"这个字，《说文解字》阐释为"内也，从口；丨，上下通"；而"中庸"实则就是用"中"、实践"中"，以达至"上下通"。在《礼记·中庸》这个文本中，"中庸"就是"上下察"的实践，"君子之道，造

---

① 《老子》第二十五章，第二十一章；《中庸》第二十五章。
② 《老子》第二十五章，第三十七章，第三十四章，第六十二章。
③ 《孟子·尽心上》。
④ 《郭店楚墓竹简·语丛一》。
⑤ 《论语·宪问》；《孟子·尽心上》；屈原：《离骚》；邵雍：《观物·外篇》。

第六章 教、创造与后人类:教育学研究

端乎夫妇,及其至也,察乎天地"①。"下学而上达""上下而求索"的教-学实践,就正是"上下察""上下通"的实践。

"天下"这个立体网络不是静态的结构,因为"天"自身就是一个"行动者"——"维天之命,於穆不已"②。"天"既深远("穆"),又永不止歇("不已")。由是可见,"天下",是一个典范性的"能动的聚合体",不断处于变化流动、"形成"中。这种处于不断"形成"中的状态,先秦思想就称作"易"。《易传》曰:"天行健,君子以自强不息。"③ 换言之,作为行动者的天和人并非互不相干地各自"动",而是在一个网络("天下")中彼此触动。《易传》此言述及天对人的触动,而《孟子》的"夫天未欲平治天下也,如欲平治天下,当今之世舍我其谁也"④,则谈到了人对天(天下)的触动。《易传》此言亦关键性地标识了:人在网络中获得其能动性,而非"先天"就拥有能动性。⑤

作为行动者的人,不仅从人(师)学,并且从天学、从万物学("格物")。天、物亦是师。"知"这个实践并不把对方作为表征主义框架下的"对象",而是进入互动、互察、

---

① 郑玄云:"庸者,用也。"比《中庸》文本稍晚出的《庄子》中有这样一句话,亦可与《中庸》互参:"庸也者,用也;用也者,通也;通也者,得也。"见许慎:《说文解字》;孔颖达:《礼记正义》;《庄子·齐物论》;《中庸》第十二章。
② 《诗·周颂·维天之命》。
③ 《易传·象上》。
④ 《论语》引孔子话"人能弘道,非道弘人",亦鲜明言及人对道的触动。见《论语·卫灵公》;《孟子·公孙丑下》。
⑤ "景行行止"(《诗·小雅·车辖》),便清晰标识了人并非先天具有能动性。"替天行道"这样的日常表述,同样亦标识出,人是在网络中获得其能动性。

彼此"继之""成之"① 以至贯通。② 在这个意义上,"有教无类"③ 便指向了更激进化的向度:这个"类"不只是人类中的不同个体,而且包括各种非人类。

《中庸》云:"成物,知也。"④ 《中庸》文本清晰提出:"用中"的教-学实践,不仅包括"成己"与"成人"这两种同人类行动者的互动,也包括"成物"("知")。并且"知"绝非"主体/对象"二元框架中的认知;"知"是一个**本体论实践**,通过内行动而互相构建("成")——知-己就是成己、知-人就是成人、知-物就是成物。这就抵达了对"乾道变化,各正性命"⑤的激进阐释:所有行动者(人类与非人类)都在网络("天下""道")内彼此交互触动——体现为"乾道变化"——中互建互成、"各正性命"。乾者,创始也;乾道,即经由内行动而使聚合体发生"变化"。

内含在——以德勒兹的术语来说,"虚拟地"内含在——先秦思想中的这一教-学实践网络,是各个行动者(人和非人类)彼此触动与被触动的"天下",而绝非人类中心主义的宇宙。《中庸》引《诗》,"诗云'鸢飞戾天,鱼跃于渊',言其上下察也"。鸢飞鱼跃、"浩浩其天",就是《中庸》所上下

---

① 《易传·系辞上》:"一阴一阳之谓道,继之者善也,成之者性也。"
② 在儒家框架中,你能"知天",天也知你——"天知神知"(范晔《后汉书·卷五十四·杨震传》)、"乾知大始"(《易传·系辞上》)。
③ 《论语·卫灵公》。
④ 《中庸》第二十五章。
⑤ 《易传·彖上》。

打开的后人类主义的行动者-网络。①"易",便是网络内各行动者彼此互动、不断"形成"的状态;通过内行动,所有行动者一起参与天地构建。

《中庸》曰:

> 能尽其性,则能尽人之性;能尽人之性,则能尽物之性;能尽物之性,则可以赞天地之化育;可以赞天地之化育,则可以与天地参矣。②

尽性(成己/成人/成物)的实践,就是参赞天地化育的实践,换言之,就是和其他行动者一起参与世界的构建。《易传》曰:"日新之谓盛德";又云"成象之谓乾"。③"日新""成象",就是作为聚合体的行动者-网络,通过内行动的不断自我更新,不断开出全新的世界,"苟日新,日日新,又日新"。④"德者得也"⑤,"盛德"就是"得-道",就是"知"。"成象"就是"乾",就是开创新的"世界"(聚合体)、使之"形成"——"大哉乾元,万物资始"⑥。包涵成己/成人/成物三种向度在内的教-学实践,正是构建世界——"成世界"

---

① 《中庸》第十二章;第三十二章。
② 《中庸》第二十二章。
③ 《易传·系辞上》。
④ 《礼记·大学》引"汤之盘铭"。
⑤ 《管子·心术上》;《礼记·乐记》。
⑥ 《易传·彖上》。

(worlding)——的实践。①

《学记》曰：

> 人不学，不知道。是故古之王者建国君民，教学为先。《兑命》曰："念终始典于学。"其此之谓乎！②

由是可见，终始践之典之的教-学实践（终身教育/终身学习），能够开创"世界"、建构共同体（聚合体）。③亦正是在这个意义上，"教者，政之本也"，"化民成俗，其必由学"。④这样的以教学为先的"古之王者"，儒家思想中就叫作"圣人"："大哉圣人之道！洋洋乎，发育万物，峻极于天。"⑤"圣"（聖）之本义，便是"通"。⑥我对儒家的一个德勒兹式激进阐释是：儒家的"圣人"，恰恰是"后人"（后人类）、"超人"。

斯拉沃热·齐泽克在2016年著作《诸种异差》中写道："一个完美的人类，就不再是人"，

---

① 杨国荣在《广义视域中的"学"——为学与成人》一文中，梳理了儒家思想中"为学"与"成人"的紧密内在关联。进而，杨国荣提出，"现实性"具有生成的性质，是"未济"，"成己"与"成物"就是参与世界构建的本体论实践。参见杨国荣：《成己与成物——意义世界的生成》，《思想与文化》第十辑，上海：华东师范大学出版社，2010；杨国荣：《广义视域中的"学"——为学与成人》，《江汉论坛》2015年第1期。
② 《礼记·学记》。
③ 关于"成世界"（"世界化成"）的进一步讨论，请参见吴冠军：《从元宇宙到量子现实：迈向后人类主义政治本体论》，第三章到第六章。
④ 贾谊：《新书·大政下》；《礼记·学记》。
⑤ 《中庸》第二十七章。
⑥ 《说文》："圣，通也。"《白虎通·圣人》："圣人者何？圣者，通也，道也，声也。"应劭《风俗通》："圣者，声也，通也，言其闻声知情，通于天地，条畅万物也。"

第六章　敩、创造与后人类：教育学研究

成为完整的人（fully human），等同于成为超-人（over-human）。关键是，在成为完满的人上的这份失败，恰恰触发了我们称作"文化创造性"的东西，亦即，这份失败把我们推向持续不断的自我超越。换言之，在后人类视角中，人性的解放，转变成了从人性那里解放出去，从仅仅成为-人的诸种限制中解放出去。①

圣人，不正是从"成为-人的诸种限制中解放出去"的超-人、完满的人？"所谓圣人者，知通乎大道，应变而不穷，能测万物之情性也。"② 教-学实践，恰恰就是使人通过持续不断的自我超越，去接近圣人（不再是"人"），化民成俗，参赞天地之化育。反过来，恰恰当不再"仅仅成为-人"时，人才真正能与物相齐，"以天地万物为一体"。③ 在后人类境况下，教-学实践是**解放性的本体论实践**。

可见，对于先秦教育思想而言，教-学实践的终点是非人类（圣人），但其**激进的**后人类视野更在于，教-学实践起点亦是非人类，并且起点恰恰和终点具有同等的——至高的——本体论尊严："大人者，不失其赤子之心。"进而，"学问之道

---

① Slavoj Žižek, *Disparities*, London: Bloomsbury, 2016, pp. 28-29.
② 《大戴礼记》卷一《哀公问五仪》。另，扬雄云："观乎天地，则见圣人。"（《法言·修身》）程颐云："观乎圣人，则见天地。"（《河南程氏外书》卷十一）邵雍云："欲知仲尼，当知天地。"（《皇极经世书》卷五《观物内篇》之五）
③ 《遗书》卷二上，载《二程集》，北京：中华书局，1981，第15页；王守仁：《大学问》。

无他，求其放心而已矣"。① 换言之，教-学实践，不只是从"成为-人的诸种限制中解放出去"而努力接近圣人/大人（非人类），同时亦是致力于"解放出去"而努力接近婴孩（非人类），去求回那放失了的"赤子之心"。也正是因为"赤子"与"圣人"（大人）具有同等本体论尊严，是以《孟子》说"人皆可以为尧舜"。②

在这一激进后人类视野上，道家的思想与儒家密切呼应，一起奠定先秦教育思想的"非线性"框架："常德不离，复归于婴儿""常德乃足，复归于朴"。具有"至知""愚人之心"的圣人，"含德之厚比於赤子""如婴儿之未孩"。《庄子》亦将"无思无虑始知道"的至德之人比作赤子（"儿子"），而后者则是彻底的非人类（"动不知所为，行不知所之"）。道家圣人的"无为"，恰恰是抵达婴孩般的"无不为"（"无为而无不为"）。③

前文分析了，当代人工智能的崛起，激进打破了婴孩-成人为其两端的线性教育结构：非人类（婴孩、人工智能）不再只是教育所要规训的对象。而在先秦教育思想中，非人类（婴孩、圣人）**始终**就是教-学实践所要抵达的方向；建立在

---

① 《孟子·尽心上》，《孟子·告子上》。
② 《孟子·告子下》。
③ 《庄子·徐无鬼》；《老子》第二十八章，第五十五章，第二十章，第三十七章，第四十八章；《庄子·知北游》；《庄子·庚桑楚》。

第六章 教、创造与后人类：教育学研究

进步主义与表征主义上的线性结构，从一开始就不存在。① 教-学实践的展开，就是在"道"（"天""天道"）的行动者-网络框架下非人类与人类不止歇的交互触动。

结语　中国教育实践的"古今之变"

从本章首节所阐述的当代中国教育实践与末节所分析的先秦教育思想之并置可看到，中国教育思想/实践确实可谓存在着一个"古今之变"。这里将简要勾勒这个古今之变的关键节点，以作为结语。

内含于中国古典教育思想的这一激进向度的丧失，跟思想史上的"道的理化"密切相关：先秦汉唐思想以"道"为中心，然而到宋明时代，主流思想（"宋明理学"）的核心词已变为"理"。② 这一由"道"到"理"的变化，其实质便是：以静态的、分析性的、非时间性的理念，取代了动态的、行动性的、时间性的实践。与之相应地，"中庸"从"用中"**实践**，到宋明理学转变成"不偏不倚"之**状态**。"道"于人而

---

① 郝大维曾根据孟子的"赤子说"而提出先秦思想是"后现代的"。David L. Hall, "Modern China and Postmodern West", in Eliot Deutsch (ed.), *Culture and Modernity: East-west Philosophic Perspectives*, Honolulu: University of Hawaii Press, 1991.

② 这一对宋明儒学的批判性分析，我得益于陈赟：《回归真实的存在：王船山哲学的阐释》，上海：复旦大学出版社，2002，第369页以后。亦参见陈赟：《"藏天下于天下"："政-治"生活的境域——以先秦儒道哲学为视域》，《思想与文化》第五辑，上海：华东师范大学出版社，2005；陈赟：《中庸之道为什么必须以诚为基础》，《思想与文化》第七辑，上海：华东师范大学出版社，2007。

言,是"行之而成","道,蹈也,路,露也,言人所践蹈而露见也"。① "人之道",就是人行动之路径,具有强烈的实践内涵。《中庸》言"诚之者,人之道",正是以"诚之"实践作为人之为人的根本道路——通过"诚之"实践(交互性的"各正性命"实践),人由小人成为大人,最后参赞天地之化育。

而"理"在最初的时候,其实也同样具有一定的实践指向——在先秦时代,"理"既有为土地划分疆界之意②,又有治玉石纹理之意③,但皆指向人的实践。换言之,先秦儒学中并不存在一种"对象化"(objectification)的视野,"主体总是自身被牵扯进他组织世界的方式之中,谈论这个世界的事情就是谈论他们自己的事情。"④ 对于先秦儒学而言,认识、思考、讨论都是"行动",都是在构塑着人们所处身其内的世界。儒家的"行",就是时刻和"天之道"、和鸢飞鱼跃的万物互动互成,彼此构建对方,互相"各正性命","正义而为谓之行"。⑤

"理"的去实践化,肇端于魏晋,而在宋儒这完成,"理"彻底转变为认知的对象,完全独立于人的实践之外。作为对

---

① 《庄子·齐物论》;刘熙:《释名·释道》。
② 《左传·成公二年》:"先王疆理天下。"
③ 《说文》:"理,治玉也。顺玉之文而剖析之。"
④ 安乐哲:《孟子哲学与秩序的未决性》,载李明辉编:《孟子思想的哲学探讨》,台北:"中央研究院"中国文哲研究所筹备处,1995,第47页。
⑤ 《荀子·正名》。

那被对象化了的"理"的探究,《大学》中的"格物""致知",也被用来对接"主体/对象"框架下的认知——人无法通过实践来参与改造"理",而只能去认知(理学的"格致"),或者去感悟(心学的"体贴")。于是,随着"道的理化","知"就不再是一个本体论实践,而被逐渐转变为表征主义框架下的"知"。[①] 与"行之而成"的"道"不同,对那作为"知"的对象的"理",人无法去改造或更新它,无法通过"成之""继之"的实践去参与它的"形成"。

故此,"道的理化",实则就是中国教育实践的"古今之变"的关键性肇因。而当代中国弥散性的"教育焦虑",则标识了"主体/对象"框架下的教-学实践,本身已深陷困境。人工智能的指数级发展,逼使我们创痛性地遭遇后人类境况。在后人类境况下,教育实践只有两种前景:走向自身终结,抑或走向终身教育。而先秦思想,恰恰对我们重思终身教育之可能性,提供了激进的思想资源。

[①] 此处须指出的是,在从程颢、陆九渊到王守仁一脉的"心学"传统中,"理"虽然不是被"格致"的对象,但却是被"体贴""感悟"之对象,因此,"知"同样为该传统所强调;同从程颐到朱熹一脉"理学"的区别在于,在"心学"这里,外在性地认知被转变成内在性地认知、渐知变为顿知。

# 第七章　机器人与"人类学机器"：政治哲学研究（II）

> 在那正快速到来的"智能时代"，"无用阶级"将被排除出来，而高贵的"赛博格"对"无用阶级"做出的任何行为，都将变得正当。

引言 奇点临近：对人类主义的反思迫在眉睫

最近二十年来，学界各个学科越来越多的学者用"人类世"一词，来描述晚近的地质学纪元。① 赫拉利等学者认为人类世甚至涵盖过去的七万年。② 也就是说，过去七万年间，人类成为影响这个星球面貌变化的最大因素。

但很具讽刺意味的是，当我们对某事物或事件进行命名的时候，往往也是它正在快速走向消亡的时刻："人类世"被提出的时刻，我们也恰恰将走到它的边缘。③ 当下世界越来越快的多种变化，都似乎在标识着：我们正在走入一个"后人类"的未来。

我们知道，在过去七万年间，技术的发展并不是直线发展，而是抛物线式发展——想想最近几百年、最近几十年乃至最近这几年，技术是呈爆炸性加速度发展——雷·库兹韦尔用"指数级"（exponential）来形容这个加速度。④

现在，我们一方面在见证（乃至体验）生物工程、仿生

---

① 请同时参见本书第一章与第八章。
② 参见赫拉利：《未来简史：从智人到智神》，第65—68页。关于人类世的覆盖时间，学者之间并未达成共识。
③ 请进一步参见吴冠军：《爱、谎言与大他者：人类世文明结构研究》。
④ 库兹韦尔：《奇点临近：当计算机智能超越人类》，第1—5页。

工程对人类自身造成的各种改变,这个世界正在剧增各种半人半机器程度不一的"赛博格"、生化合成人……①另一方面,无机的人工智能对大数据的处理及其自我学习能力,已经在很多领域使人的能力变得完全微不足道。

我们正在接近一个奇点。奇点之后,人类主义的一切叙事都变得无关紧要。②

在这个奇点临近的节点上,我们亟需对人类主义展开反思性的检讨。前两章分别从爱与教育的视角切入,对人类主义进行了深入分析,并作出了一组"后人类"的批判。本章以机器人为切入视角,把对人类主义的批判性分析进一步推进。

第一节　暗含于人类世中的"维度变化"

关于各种"后人类"前景的讨论,已经在学界与大众媒体展开得如火如荼。③ 然而在我看来,我们有必要把乔治奥·阿甘本所说的"人类学机器"(anthropological machine),引入到这个大画面中来——通过这个"理论工具"④,我们可以对当下时代、不远的 21 世纪中叶以及刚过去的 20 世纪,取得一

---

① 一个人植入心脏起搏器,实质上就是初级款的"赛博格"了。
② 请进一步参见吴冠军:《陷入奇点:人类世政治哲学研究》。
③ 在我自己的著述中,代表性的有《爱、死亡与后人类:"后电影时代"重铸电影哲学》。
④ "理论工具箱",是米歇尔·福柯与吉尔·德勒兹在一个对谈中提出的研究方式。两位思想家强调,"理论不是为了自身而存在","理论应该有用"。参见福柯、德勒兹:《知识分子与权力》,谢静珍译,载杜小真编:《福柯集》,上海:上海远东出版社,1998,第 206 页。

第七章 机器人与"人类学机器":政治哲学研究(II)

个穿透性的政治哲学反思。

第一眼看上去,"人类学机器"这个概念似乎很"后现代",阿甘本对它的经营也是充斥其标志性的"碎片式的风格"(fragmentary style)[1],以至于《阿甘本词典》[2]的编者们竟然没有想到在书中将它作为一个词条。但在我看来,这个在阿甘本思想中并不核心的术语,对于我们思考那来临中的"智能时代"的政治问题,极具批判性-分析性价值。

我们可以在日常生活中去把握这个抽象学术概念:实际上,**我们生活中一直有一台无形的巨大机器,构成了我们认知中无可动摇的等级区隔:植物-动物-人(-神)**。这是一种生命等级制,但我们却习以为常,并视之为正常、正当,或者说,"自然"。造成这种"本体论效应"的,便正是人类学机器的"魔力"之一。而阿甘本则号召我们远离形而上学,去研究"关于区隔的实践的和政治的谜团"。[3]

首先,让我们追问:"人类世"那七万年(此处采取赫拉利的提法)中,到底发生了什么?

体格弱小、"力不若牛,走不若马"[4]的智人,如果只凭借其自然性的体力,最多只能处在食物链的中段。然而,通

---

[1] 这个评语引自大卫·基希克。David Kishik, *The Power of Life: Agamben and the Coming Politics*, Stanford: Stanford University Press, 2012, p. 39.
[2] Alex Murray and Jessica Whyte (eds.), *The Agamben Dictionary*, Edinburgh: Edinburgh University Press, 2011.
[3] Giorgio Agamben, *The Open: Man and Animal*, trans. Kevin Attell, Stanford: Stanford University Press, 2004, p. 16.
[4] 《荀子·王制》。

过在"人类世"开端的某个时刻所发展出的虚构叙事能力,智人不断扩展出大规模**政治性的群处合作能力**——正是这份能力,最终使其跃升到食物链条的顶端,成为地球史上最致命的生物物种。该物种从此遥居在上,再未返回食物链其他位置。①

然而,这并不是故事的全部。

在"人类世"很靠近当下的某个时刻,智人拥有了一套"人类学机器"(但并未意识到对它的"拥有")。当然,这台机器并非机械性、物理性的,而是话语性的——它本身是一套独特的虚构叙事,且处在不断的"升级"变化中。

但是,当这台机器最初被话语性地制造出来并进入工作状态以后,智人和其他生物就不再处于同一个维度中,譬如,前者直接刺破了"食物链",而成为另外一个维度中的**独特物种**(而非仅仅被视作位于该链条的"顶端")。智人和其他生物之间,无声地——同时惊天动地地——发生了**维度**的变化:前者是"他们",后者则是"它们";前者还可以是"我们""你们",后者则只是"它们"。

在这维度变化前后,智人和其他生物的具体互动,在形式上其实并没有剧烈变化——彼时前者对于后者尚不拥有绝对的主导性力量,人遭遇狮子,仍可能成为后者的食物。然而,这个维度变化,具有隐秘的政治后果,即,生产**政治正当性**。

---

① 进一步的分析,请参见本书第一章。

第七章　机器人与"人类学机器":政治哲学研究(II)

同样的行为,一旦经"人类学机器"处理之后,就能够产生出完全不同的正当性。

譬如,杀戮这个行为很残忍,但通过不同维度的转换,就能变得具有正当性。人吃动物、动物吃草,这是——借用柏拉图主义古典政治哲学术语——"自然正确"(natural right)的,人们看到都会很坦然(处于同一维度的狮子吃羚羊尽管也可以被理解为自然正确,但至少会产生残忍感与不适感)。但反过来任何低维生物吃高维生物,则都会被看作决不能接受。换言之,鲨鱼吃人变成不可接受,而人猎杀鲨鱼则是正当的(甚至仅仅为了吃"鱼翅")。从史蒂文·斯皮尔伯格执导的影片《大白鲨》(1975),到本·维特利执导的影片《巨齿鲨:深渊》(2023),嚼着爆米花的观众们在银幕上一次又一次地享受着这台"人类学机器"的隐秘操作,人类英雄虐杀鲨鱼的镜头简直是百看不厌,于是商机无限。

即便对于狗这个人类最亲密的物种而言,人吃狗,一些爱狗人士受不了;但反过来狗吃人,所有人都受不了。2016年4月英国利物浦当地法院判处了一条叫"Butch"的狗死刑,因其吃掉了去世主人的尸体。这条新闻以"你的狗会否吃你死尸?绝对!"为标题传遍全球社交媒体,从脸书到微信上一片惊呼,人们纷纷表示"现在看自己宠物的眼神都不一样了"……①

---

① 参见《狗狗会吃掉主人的尸体吗?尝到血腥味后自动开始吞食》,新浪科技,〈http://tech.sina.com.cn/d/a/2017-07-18/doc-ifyiakwa4315629.shtml〉。

2022年9月,一份由全国人大代表提出的《关于开展全面消灭蚊子的建议》,得到了国家卫健委的答复。在强调该建议并不可行的基础上,答复提出会"强化病媒生物防制技术的研究,以创新技术推动防制工作,探索环境友好、绿色可持续、经济适用的蚊虫防控技术,降低蚊虫密度水平"①。这个新闻里,值得注意的还不是技术可行性问题,而是人们竟然从自身出发,严肃地提议"全面消灭"另一物种。在"人类学机器"的操作下,蚊子吸人血是不可接受的,而人在物种意义上灭绝蚊子,则是可以公开拿出来予以讨论的建议。

在今天,仍有大量词典、百科全书,会很"客观"地在不少动物的词条下写上"害虫"抑或"浑身都是宝"(肉味鲜美、皮可制革、鞭可入药……)等描述。然而,值得追问的是:我们要消灭"害虫"(从"除四害"到"全面消灭蚊子"),那么,蚊子、蟑螂、蝗虫、臭虫、老鼠、麻雀等动物就**该死**;但在老鼠眼里,我们是什么——是"害虫"或者"害'人'"?当人们通过插入颈部的特殊工具将饲料塞进鹅腹中并扎紧颈部不让它吐出来(为了享用"鹅肝"这道所谓的名菜)时,在鹅眼中,人是什么?

我们不习惯去想这个问题。

哲学家雅克·德里达在由科比·迪克与艾米·考夫曼执导的纪录片《德里达》(2002)中,曾讲述了一件相当个人性

---

① 《全国人大代表提议全面消灭蚊子,国家卫健委答复》,环球时报,⟨https://baijiahao.baidu.com/s?id=1743919076824713724⟩。

第七章　机器人与"人类学机器":政治哲学研究(II)

的轶事。某次在家中洗完澡后,哲学家裸着身体走出浴室,看到自己心爱的宠物猫同时也正在看着他。在那一瞬间,尽管家里没有别人,德里达却突然感到不适并立即用浴巾遮盖住自己的裸体。德里达说,那一刻他脑海中升起了如下问题:在这只猫的眼睛里,自己究竟是一个怎样的"怪物"(monster)?

影片的观众,很可能会觉得哲学家的思路太过于清奇:为什么会提出这样的问题?猫眼里人是什么很重要么?然而,我们恰恰要追问:为什么很少有人会提出德里达式的问题?为什么我们会觉得自己不需要在意自己的所作所为在猫眼中呈现出来的样子?没有这样的问题意识,是因为**有台"人类学机器",在默默地不断运作着,并不断巩固着建立在生命等级制度上的诸种权力结构和经济结构。**

在"人类学机器"里面,人和其他动物,变成了完全两个维度上的生物,处在生命等级制的不同层级中。我们不但吃各类动物,而且为了吃得爽而圈养动物、改造动物。"转基因生物"(genetically modified organism,GMO)这个概念尽管本身只有几十年历史,但它在漫长的"人类世"历史中,早已被不断实践——智人们在大量灭绝物种的同时,不断改造、培育出各种新的非自然的品种,除了专门供其食用,大量还被征用来役使(当作坐骑或劳力)、产生经济价值(蚕丝羊毛皮革)或仅仅是把玩(翻筋斗跳火圈)……

第二节　纳粹政治："人类，太人类了"

在阿甘本看来，正是这套制造政治正当性的话语机器，使犹太人遭受大屠杀的灾难：

> 犹太人，亦即，在人类之内被制造出来的非-人，或活尸体和昏迷人，也就是，人之躯体自身内被区隔出来的动物。①

当犹太人被卷进"人类学机器"，并被它从"人类"中区隔出来、归到生命等级制中的另一个维度后，屠杀犹太人就变成"灭害虫"一样的工程，具有充足的正当性。

值得注意的是，当时在纳粹的宣传机器里，犹太人形象也同社会里的"害虫们"相差无几：用高利贷剥夺与侵占社会上其他人的劳动果实、勾引良家闺女、不经常洗澡、又脏又没有教养、鼻子长性欲强，等等。② 由国家行政机关把这样的"害虫"抓起来关进集中营并通过"最终方案"（final solution）灭绝掉，恰恰是净化社会、保护"人民"的正当举措。在纳粹政权下，犹太人和吉卜赛人、智障者与残疾人一起，被比作国家肌体里的"寄生虫"乃至威胁生命的"瘟疫"或"鼠

---

① Agamben, *The Open: Man and Animal*, p. 37.
② 关于纳粹对犹太人形象描画的批判性分析，请参见拙著 *The Great Dragon Fantasy: A Lacanian Analysis of Contemporary Chinese Thought*, London: World Scientific, 2014, p. 265.

第七章　机器人与"人类学机器":政治哲学研究(II)

灾",只有将之祛灭干净,民族国家的生命有机体才能健康成长与繁荣,而真正高贵的人类(所谓的"雅利安人")才能健康繁衍、进化。①

米歇尔·福柯将纳粹对犹太人的大屠杀视作"生命权力"的一种大型操作:"如果种族灭绝诚然是现代权力之梦想,那并不是因为一种古代的杀戮权利的回归,而是因为权力植根在生命的层面、物种的层面、种族的层面、以及人口大范围现象层面上,并在这些层面上进行操作。"② 纳粹让人(低劣的犹太人)死,恰恰是保证人(优质的德意志种族与人口)持续活的"安全手段"。越多地灭绝生命,恰恰是为了促使物种意义上的人类更优质。阿甘本接续福柯的"生命政治"分析而强调:在纳粹的行刑者眼里,"灭绝犹太人并不被认为是杀人罪",因为这些人必须死,才能让值得活的人更好地活。③

汉娜·阿伦特对纳粹大屠杀有一个著名的分析,那就是"恶之平庸性"(banality of evil)——现代官僚体制下平庸官僚对上级命令的无批判服从。④ 这个分析自有其洞见。然则,当年希特勒曾下令毁灭欧洲各个名城,其将官们则纷纷拒绝执

---

① 关于纳粹主义这种特殊形态的"生命政治"的分析,请参见吴冠军:《"生命政治"论的隐秘线索:一个思想史的考察》,《教学与研究》2015 年第 1 期。
② Michel Foucault, *The History of Sexuality*, Vol. 1, trans. R. Hurley, New York: Vintage, 1990, p. 137.
③ Giorgio Agamben, *The Coming Community*, trans. Michael Hardt, Minneapolis: University of Minnesota Press, 1993, p. 87.
④ Hannah Arendt, *Eichmann in Jerusalem: A Report on the Banality of Evil*, New York: Viking, 1964.

行——否则就没有今天的欧洲面貌了！那么问题就是：何以毁灭名城的命令被拒绝执行，而灭绝犹太人的命令则被精确地执行？

从这个对照视角出发，我们就会看到：在解释犹太人灭绝工程何以得到普遍的执行上，官僚制下"恶之平庸性"，仍是欠缺充分的解释力。犹太人大屠杀的那些实际执行者们之所以动起手来毫不犹豫，并不只是因为他们是平庸的官僚，而更是因为**在他们眼里，自己灭绝的并不是同一维度里的同类**，而是"寄生虫""瘟疫""鼠灾"……愈有效地灭除这些"害虫"，社会才能变得愈加"卫生"（hygiene）。于是，大屠杀这样极度残忍的行为，被转换成了一个具有政治正当性的技术工程。在《神圣人：至高权力与赤裸生命》一著中，阿甘本写道："犹太人不是在一种疯狂的、规模巨大的屠杀中被灭绝，而是像希特勒所宣称的那样'像虱子般'（即作为赤裸生命）被灭绝。"①

阿甘本重新激活古代罗马法里的"神圣人"（homo sacer）这个人物，就是旨在论述犹太人在人类共同体中的**诡异位置**——通过被排除的方式被纳入。② 神圣人处身于人类共同体之内，但并不被承认是"人"。这样的人，就成了彻底被剥除政治生活（bios）的自然生命（zoē），阿氏称之为"裸命"。任何人都可以杀死赤裸生命，而不用面对政治共同体的惩罚，

---

① Agamben, *Homer Sacer: Sovereign Power and Bare Life*, p. 114.
② Ibid., p. 8.

第七章 机器人与"人类学机器":政治哲学研究(II)

如同夺去一头动物的生命。但共同体**结构性地**需要这样被排除的"人"(非人)以凝聚自身、制造"同"(commonality)和团结,故此神圣人的被排除本身就是其被纳入之形态,并通过这个方式成为共同体得以成立的结构性关键要素。

我们看到:"人类学机器"实质上就是(话语性地)制造出了一个"人类"的特权维度,在其中"非人"被排除——被划出去的既有动物、植物,也包括"人之躯体自身内被区隔出来的动物"。阿甘本从让-吕克·南希这里借来"弃置"(abandonment)一词用以形容这种动物化的人,诚然是十分精到的:他们正是被人类从其维度中"弃置"出去的动物性生命,可以被人类自身所捕获、所征用、所控制、所杀戮……

同样地,当我们把内嵌在纳粹政治中的"人类学机器"之隐秘操作纳入批判性分析视野后,我们就能抵达如下这个激进论题:战后的法官们将灭绝犹太人表述为一个"反人类罪"(crime against humanity),此论其实并不成立。这个被写进历史教科书的罪名,用在描述纳粹之所作所为上并不贴切。

首先,在纳粹政治的逻辑里,灭绝犹太人的大屠杀工程,正是保证与捍卫人类——作为物种的人——健康延续的"安全技术"。而且更关键的是,该工程本身之所以能够在官僚系统中被一层层精确地执行下去,恰恰正是因为被灭绝对象已经被归到动物性的维度(执行者只是在"反虱子"而绝未"反人类",甚至他们恰恰是为了人类而"反虱子")。

"反人类罪"和阿伦特的"恶之平庸性",是关于20世纪犹太人大屠杀的两种完全相反的论断。然而，只有关注到"人类学机器"的隐秘操作，我们才能发现，我们对这场浩劫的政治哲学分析是多么不充分：对于纳粹的残忍行径，"恶之平庸性"只具有部分的解释力，而"反人类罪"则彻底不适用。他们绝不"反人类"，甚至也不"后人类"，而是正如尼采所说"太人类"（all too human）了。纳粹政治绝非反对"人类"，其"罪恶"恰恰是"人类主义"的罪恶！

第三节 "人类学机器"的变态内核

我们已然看到，生产政治正当性是"人类学机器"的关键功能。然而该机器生产正当性的实际操作，更是包含着一个**变态内核**（perverse core）：其"对上"和"对下"的操作逻辑并不仅仅只是部分性地不一致，而是恰好背反。

在生命等级制中，人（话语性地）发明或者说预设了一个在自己之上的更高维度的存在：神。[①]

神学中"超越性"（transcendence）、"彼岸"等关键概念，恰恰标识了神与人之间的维度转换。神学家卡尔·巴特强调：上帝对于人是一个"完全的他者"（Wholly Other）[②]；两者间不

[①] 正是基于这种话语性发明或者话语性预设，人对神才始终处于一种"信仰"（而非"认知"）状态。

[②] Karl Barth, *The Epistle to the Romans*, trans. Edwyn C. Hoskyns, London: Oxford University Press, 1968, p.49. Also see Karl Barth, *The Word of God and the Word of Man*, trans. Douglas Horton, New York: Harper & Row Publishers, 1957, pp.24, 64.

第七章 机器人与"人类学机器":政治哲学研究(Ⅱ)

可逾越,无法沟通。因其"局限性、有限性、生物性(creaturehood)",人永远同上帝分离,永远无法谈论上帝,"只有上帝**自己**能够谈论上帝"。[①] 巴特激进地阻断了人谈论上帝的可能性,因为两者完全处于两个不同维度中。这就类似于两只狗可能以它们的符号交换方式来"谈论"人,尽管我们无从了解"谈论"的内容(因不可逾越的维度之别),但可以肯定的是,该内容同人自己"理解"与"谈论"的自己,具有"本体论的差别"(借用马丁·海德格尔的著名术语)。在上述分析中,神-人-狗(动物),构成了由"人类学机器"所符号性构建起来的生命等级制。

然而问题在于,在人对狗(以及其他动植物)的"对下关系"中强力生产正当性的那套机器,在神对人的"对下关系"中,却不仅仅只是"宕机",并且经常"逆转"。这,便是"人类学机器"的变态内核。

经过"人类学机器"的加工处理,神的高维存在亦是为了人类而"活"。这种人类主义的"神",从基督教那为人提供"救赎""天国"的上帝,到中国文化里的各种龙王、财神、灶神、送子观音等,比比皆是。至于不关心人类、对人不好的"神",那就是十恶不赦的撒旦、恶魔、邪神、妖怪……

并且,那些"坏神"始终被"好"的人类主义"神"(乃

[①] Barth, *The Word of God and the Word of Man*, pp. 189-191, 214, emphasis in original.

至作为"至善"的同义词）所压制，从而无法对人类真正施加"激进之恶"（radical evil）。我们非但不太能想像狗吃人的画面，经由"人类学机器"的隐秘操作，我们同样也不太能想像神吃人的画面——我们无法想像会有"神"为了让自己吃得更爽，用法力（或用更厉害的全知全能的力量）把人改造出各种各样更好吃的专门种类、譬如专门长大腿、肉膀的品种……

我们清晰地看到，这台"人类学机器"是彻底变态的：人能对动物、植物残忍，但神不能对人残忍。正是在这个意义上，**"神学"，永远是"政治神学"**："神"永远是为人间秩序而服务、为应对人类共同体生活的诸种实际问题而（被）"存在"。

"神"为人的服务，实质上分为**三大向度**：

（a）给予人类各种具体的福祉；
（b）应治人类个体的各种生存性焦虑与存在性焦灼[①]；
（c）为人类集体所构建的现实秩序提供政治正当性。

在其第三类服务中，"神"同时为人提供正当性 A（人和人的现实秩序）与正当性 B（人和动物的等级制秩序）这两个品类。前者构成了"神权政治"（theocracy）；后者则构成"人类学机器"的一个核心部件。如同欧洲国王仰赖罗马教宗

[①] 这方面分析请参见吴冠军：《从精神分析视角重新解读西方"古典性"——关于"雅典"和"耶路撒冷"两种路向的再思考》，《南京社会科学》2016年第6期。

第七章 机器人与"人类学机器":政治哲学研究(II)

("神"的代理人)"加冕"来获取其统治正当性,人仰赖"神"的旨意来获取其支配其他生物的正当性。

譬如,基督教就声称上帝只给了人类永恒的灵魂,故此人正当地拥有支配其他生物之权力(《圣经》只说"不可杀人")。

在《圣经》旧约《创世纪》中,神被用作人类"管辖"其他一切物种乃至整个大地的**正当性授予**装置。由此可见,人在生命等级制中发明/预设了比自身更高维度的"神",实则恰恰是为了更好地让"人类学机器"运转,为其生产政治正当性。

也正是在这个背景中,在我看来,以"古典文学"为标签的巨著《西游记》及其衍生作品《封神演义》,实则具有独特的激进向度。在这两部作品中,一方面,"人类学机器"依旧在运作,生命等级制度规模齐整;但另一方面,它们包含对该机器的两个激进突破。

首先,在这两部作品中,**生命等级制的各个维度可以被打破**:通过"修道",动物甚至植物,是可以跨过不同维度的等级制序列而上升成神。这就对"人类学机器"所设置的维度区隔,构成了一个根本性的突破。"本体论"层面上的区隔,是可以通过"实践论"层面上的修道而突破。这就意味着,**生命等级制所内含的"本体论差异"**,本身只是话语性的、符号性的,是语言学家费迪南·索绪尔所说的"能指"的彼此差异。① 神与人（乃至动植物、无机物）之间的差异，不具有真正不可动摇的本体论基础——神拥有的力量或者说神的定义性特征，动物或植物也具备，只不过处在潜在性（potentiality）中，通过修道实践，可以将潜在性转化为实在性（actuality）。②

也正是在相同的意义上，造反者喊出的"王侯将相，宁有种乎"③，构成了"真命天子""君为臣纲"这套政治本体论论述的激进突破。当每个人都有可能通过其实践而成为"天子"时，"天子"作为"天"之子的本体论结构就被冲破，"人"和"天子"就不再构成两个维度，而成为一个向度。换句话说，"超越性"现在变成了"内在性"（immanence）。两个维度之间不可逾越的区隔，现在变成了同一向度中的潜在性与实在性之差别。

在《西游记》与《封神演义》中，所有事物构成一个巨大的内在性世界。该世界内那看似等级森严的秩序（无机物-植物-动物-人-神），只是阶层差异（符号性差异）而非维度

---

① 在索绪尔看来，语言乃是一个差异的、关系性的系统，也就是说，一个符号因它同别的符号之差异而被确立。譬如，当我们在日常生活中说了"人"这个词，尽管并没有说"动物""神"等词，但它们都已经隐在地被包含在这个表述中，否则"人"这个词将失去其符号性的定位、丧失任何的实际含义。神-人-动物-植物（-无机物），在索绪尔主义意义上，构成了一个背景性的指号化链条（signifying chain），它的预先存在使得每一个单独的指号化之行动（当有人说"人"这个词）才能有效进行。于是，生命等级制并不是本体论的，而是符号性的。

② 关于潜在性与实在性的进一步探讨，请参见吴冠军：《从元宇宙到量子现实：迈向后人类主义政治本体论》，第351—364页。

③ 《史记·陈涉世家》。

第七章 机器人与"人类学机器":政治哲学研究(Ⅱ)

区隔(本体论差异),个体可以通过实践而激进地跨越界线——想一想"石矶娘娘"这样的修道者。两部古典小说所描绘的那个神佛世界中的这种越界可能性,在我们这个人类主义的"现实世界"中,仍是彻底不可想像的——某个"贱民"通过其越界性实践最后成为"天子"或者"总统",这种变化于今人而言毫无理解困难(都是在"人"这个向度中,只是"身份变化"),然而我们却根本无法想像——遑论接受——狗或老鼠越界成为人。

与此同时,这两部作品中还隐在地包含这样一个**不被经常注意到的"反人类"**信息:神是可以吃人和虐待人的,而且不会因此受惩罚。① 除了人主动献祭的"牺牲品"(不只猪牛羊等动物,还包括童男童女乃至成年男女),神还可以在未经对方同意的情况下随便吃人,还可以随意征用奴役甚至圈养人。这样一来,人便在根本上和动植物处于相同境况下:人对待动物的方式,可以被神加诸于人本身。在这里,"人类学机器"的变态内核,便被激进刺破。

倘若从**人的角度**出发,植物、动物的生命可供任意征用,那么符合逻辑——符合"人类学机器"所设定的生命等级制自身之内在逻辑——的是,从**神的角度**出发,人的生命一样可供任意征用,成为阿甘本所说的动物性"裸命"。神要人死,

---

① 譬如《西游记》第31回中,二十八宿之一的"奎星"奎木狼被收伏后,玉帝给他的罪名是擅离职守、"私走一方",其处罚是"带俸差操,有功复职,无功重加其罪"。到处吃人这样的行为,竟连一个"罪名"都轮不上。参见《西游记》第31回《猪八戒义激猴王,孙行者智降妖怪》。

人不得不死（神对于人而言处于另一超越性的维度），正如人要一条小狗死，后者能不死的唯一前提是，它是条有"主人"的狗（跨维度之争转变为同一维度的内在斗争）。①

在以上双重意义上，《西游记》与《封神演义》这两部经典"奇幻作品"，对我们现实世界中的那台"人类学机器"，构成了激进的批判。神里面是不会有对人真正善好到以至于背叛神这个集体，甚至不惜让自己受罚的"普罗米修斯"，就像人里面不会有对肉猪或者实验室里被人为创造出来的那些"新物种"，真正善好到背叛所有其他人甚至自己受罚的个体——那种个体如果存在的话，本身就将成为"非人"。②然而，那台"人类学机器"，却变态地保留后者逻辑而逆转前者逻辑，最后使得人竟然"上下通吃"：生命等级制中在人之上与之下的存在，实际上都是以人为中心。

当代作家袁野（笔名"爱潜水的乌贼"）的鸿篇巨著《诡秘之主》，亦是一部打破"人类学机器"的作品：地球在

---

① 前文已经分析了，当"人"和"天子"没有维度之别时，"君要臣死，臣不得不死"便不再成立——后者不一定只能受死，可以造反或采取别的抵抗形式（因二者处于同一内在性维度）。另外有意思的是，"君要臣死，臣不得不死"这句街头巷尾皆闻的"名言"，其实不见诸任何典籍，能考察到的最早的出处，实则正是《西游记》以及《封神演义》。《西游记》第78回："八戒道：'师父，你是怎的起哩？专把别人棺材抬在自家家里哭。不要烦恼！常言道：君教臣死，臣不死不忠；父教子亡，子不亡不孝。他伤的是他的子民，与你何干！'"《封神演义》第22回："文王听问不悦曰：'天子乃万民之元首，纵有元，臣且不敢言，倘致正君之过；父有失，子亦不敢语，况敢正父之失。所以君叫臣死，不敢不死；父叫子亡，不敢不亡。为人臣子者，先以忠孝为首，而敢以直忤君父哉？'"参见《西游记》第78回《比丘怜子遣阴神，金殿识魔谈道德》；《封神演义》第22回《西伯侯文王吐乞》。

② 关于《西游记》这部作品的进一步分析，请参见吴冠军：《猿熟马驯为哪般：对〈西游记〉的拉康主义-阿甘本主义分析》，《文艺理论研究》2018年第2期。

第七章 机器人与"人类学机器":政治哲学研究(II)

灭世性的大灾变之后,幸存人类的后代们(以及动物)有 22 种途径提升自己,每个途径都分成序列 9 到序列 0 十个等级,当一个人(或动物)抵达序列 0 时,实际上便成为真神。小说主人公在不断打怪升级的同时,却发现神以及接近神的天使们以各种匪夷所思的"反人类"方式对待人,利用、愚弄、虐杀,种种手段,溢出想象的边界。

有意思的是,相对于《西游记》《封神演义》把神对人的残忍控制在较小篇幅范围内(前者还成为各种幼儿童话读物),《诡秘之主》里铺天盖地充满着神对人的残忍行径的细节描述。然而,读者在阅读《诡秘之主》时似乎并没有产生不适感。是《诡秘之主》读者们成功摆脱了人类中心主义框架的隐秘支配?答案其实就隐藏在作者的设定中:神是人通过 10 个序列升级上来的。换言之,在读者的阅读体验里,这里的神就是人(以及拟人化的动物)。神对人的残忍,在阅读体验中被自动转化为人对人与各种非人类的残忍。而人们对人的残忍(如杀鲨鱼吃鱼翅),是安之若素的;对于人对人的残忍,人们接受度亦是很高的。"人类学机器",就擅长为人对人的残忍制造正当性(譬如,纳粹的"最终方案")。

在当下关于人工智能的激烈讨论中,我们亦能发现这台"人类学机器"的转动。

第四节 "善智": 人类主义"价值"的不善

有意思的是,尽管我们对于狗或老鼠"越界"成为人这样的画面无法想像,但对人工智能,却很愿意给它安上一张人的脸:无论是在影视中,还是在媒体中。

譬如,"阿尔法狗"和人类的围棋争霸赛中,媒体的呈现一致是一个机器人坐在人类棋手对面,尽管这彻底不符合当时真实场景。"机器人"这个名称,本身就意味着我们在想像它——甚至期许它——越界成为人。

然而,随着过去10年人工智能"指数级"速度的升级迭代,尤其是它正快速让越来越多人失去工作,"威胁论"已然成为当代人工智能讨论中一个强有力的声音。[①] 前文曾分析过比尔·盖茨的如下建议:国家应该对机器人收税,企业与政府部门用机器人代替人工作,也要交税。[②] 此处可以继续推进对它的分析。该建议,在以下两个层面是**政治性的**:(a)机器人在共同体中的重要参与及其地位,以政治的形式得到认可(机器人具有国家认可的纳税人地位);(b)以纳入国家治理的方式,限制和阻碍机器人使人失业的进程(拦阻机器人对人造成的威胁)。

[①] 参见本书第三章与第四章的相关讨论。
[②] Kevin J. Delaney, "The Robot That Takes Your Job Should Pay Taxes, Says Bill Gates," *Quartz*, February 17, 2017, available at ⟨ https://qz.com/911968/bill-gates-the-robot-that-takes-your-job-should-pay-taxes/ ⟩.

第七章 机器人与"人类学机器":政治哲学研究(II)

前文分析过神圣人在人类共同体中的诡异位置——通过被排除的方式被纳入。此乃阿甘本作为政治哲人提出的核心洞见。但我们进一步看到,机器人在人类共同体中处于另一种相反的诡异位置——**通过被纳入的方式被排除**。对于"阿尔法狗"们的异速崛起,盖茨等时代领跑者们所采取的应对,不是直接排除、禁止人工智能,而是以政治纳入的方式来拦阻人工智能对人类生活造成的影响。此时,纳入本身就是排除的形态。

当下人工智能讨论尽管异常激烈,但在以下两点上却形成普遍的共识。(a)人工智能里的"人工"(artificial)一词,清晰地标识了:**人是人工智能的创造者**,就如上帝(或普罗米修斯、女娲……)创造了人那样。进而,(b)人发明人工智能,就是要**让后者为自己服务**。人工智能即便在很多领域使人的能力变得完全微不足道,那也不会改变这两点共识所奠定起来的基调。① 换言之,人没有对人工智能以"除四害"的方式直接予以消灭、排除,是因为人类生活已经高度依赖人工智能所提供的服务。人工智能在服务能力上无限潜力的前景,是推动人继续研发使之进一步迭代的核心驱力。

于是我们看到,一方面,各民族国家正在铆足全力展开人工智能军备竞赛(AI之军事服务),另一方面,资本市场亦

---

① 科幻作家艾萨克·阿西莫夫所提出的著名的阿西莫夫"机器人三定律",就是这种基调的前身:(a)机器人不得伤害人类,或坐视人类受到伤害;(b)机器人必须服从人类的命令,除非与第一定律冲突;(c)在不违背第一定律和第二定律的情况下,机器人必须保护自己。

铆足全力推进人工智能的开发与商业化应用——人工智能确实能为人类生活提供各种无可穷尽的优质服务。① 在资本主义系统中,只要有盈利空间,资本就会源源不断涌入,何况是高盈利的空间。②

HBO美剧《西部世界》,鲜活地展现了未来人工智能的某一个商业化应用前景——那就是,成为满足人各种生理的乃至幻想的欲望的主题乐园的"服务生"。人与人彼此群处的当下这个"现实世界"里,因"权利""性别平等""种族平等"等政治概念被发明并且被纳入到支配性话语中,许多行为被标识为"(政治)不正确""不文明"甚至"反人类",并因而受到限制乃至禁绝。然而,不受这些人类主义概念所保护的机器人"服务生"们,便成为人工智能巨大的商业化前景之一。实际上,目前"性爱机器人"(sexbot)已经如雨后春笋般问世,研发产业如火如荼,各种产品及其快速迭代,使得不少研究者们纷纷断言"到2050年,人类与机器人之间的性爱将超越人与人之间的性爱","与机器人性爱可能让人上瘾,

---

① 请进一步参见吴冠军:《速度与智能:人工智能时代的三重哲学反思》,《山东社会科学》2019年第6期;吴冠军:《竞速统治与后民主政治——人工智能时代的政治哲学反思》,《当代世界与社会主义》2019年第6期;吴冠军:《告别"对抗性模型"——关于人工智能的后人类主义思考》,《江海学刊》2020年第1期。
② 进一步分析请参见吴冠军:《从人类世到元宇宙——当代资本主义演化逻辑及其行星效应》,《当代世界与社会主义》2022年第5期;吴冠军:《人类世、资本世与技术世——一项政治经济学-政治生态学考察》,《山东社会科学》2022年第12期;吴冠军:《"全球化"向何处去?——"次贷危机"与全球资本主义的未来》,《天涯》2009年第6期。

第七章 机器人与"人类学机器":政治哲学研究(Ⅱ)

将来甚至可能完全取代人与人之间的性爱"。①"性爱机器人"的快速迭代,使得类似《西部世界》里那种大型成人乐园,在当下世界已然并非不可想像。

作为"服务生"的机器人,不但高效完成任务从而使人得以轻松,并且还带来超级舒爽的互动体验,使人彻底摆脱跟"其他人"合作来完成同样的事所可能产生的各种"人际关系"烦恼。"机器人"任劳任怨,从不要求奖励或平起平坐……实际上,"robot"准确而言不应被译为"机器人",它来自于斯拉夫语中的"robota",意为"被强迫的劳工"。②故而它更精准的翻译,是"机奴"。③

在古希腊城邦中,奴隶是被禁止参与政治生活的低级人、亚人(subhuman)。"机奴"一词,可以精到地捕捉到"robot"在人类共同体中**以被纳入的方式被排除**的诡异状态。在阿甘本看来,古代的奴隶、野蛮人以及外邦人,就是这种类型的低级人:他们的状态,不是神圣人那样"人的动物化"(以被排除的方式被纳入),而是"动物的人化"(以被纳入的方式被排除)。④而今天的"机奴"被赋予一张人的脸,亦是这样一种"(机器的)人化"操作,以纳入来排除。《西部世

---

① 《震撼!"性爱机器人"真来了,这次让我目瞪口呆!》,搜狐科技,〈http://www.sohu.com/a/168804048_685344〉。
② 1920年捷克幻想剧《罗莎姆的万能机器人》中首次使用"robota"一词来指虚构的人形机器人。
③ "机奴"一词取自我的朋友徐英瑾和我的一次聊天,其含义不同于当下媒体对该词的使用(指"手机奴隶")。
④ Agamben, *The Open: Man and Animal*, p. 37.

界》生动地展现了"机奴"们以被纳入的方式被排除的一幅幅画面:衣冠楚楚的白领们,在主题乐园中奸淫屠杀、无恶不作,如果人工智能"服务生"配合得不够好,则立即会"系统报错"然后被"召回"……

我们看到,晚近一众伦理学家们最热衷的研究论题,就是如何让人工智能"有伦理"。然而,伦理学诞生至今,始终是一门研究"人该怎样行动"的学问——不同的路向(亚里士多德主义、康德主义、效益主义),仅仅是在行动的证成上坚持不同的理据。尽管如何让人有伦理至今无解(伦理学界没有共识),伦理学却开始抛弃原初问题,而转到人工智能上——该转向不啻意味着,伦理学们可以接受人不伦理,对彼此做出不伦理的事,但人工智能必须有伦理。当伦理学的思考不再关于"我该怎样行动",而是关于"你该怎样行动"的那一刻,伦理学研究本身的伦理向度已经被取消。

在让人工智能有伦理上,高奇琦提出了"人工智能的价值目标"这个命题,并认为该目标是"善智"。① 换言之,人工智能可以很"智",但必须要是"善智",即,做"好"的人工智能,为了人类服务——"'善智'的最终落脚点应该是全人类的福祉"。② "阿法尔狗"的投资人坚恩·托林在采访中,引用计算机科学家斯图尔特·拉塞尔的观点表示:"我们

---

① 高奇琦、李阳:《善智:人工智能的价值目标》,《社会科学报》2017年8月23日;高奇琦、李阳:《"智能+"是一种新的思维方式》,《解放日报》2017年8月22日。
② 高奇琦、李阳:《善智:人工智能的价值目标》。

第七章 机器人与"人类学机器":政治哲学研究(Ⅱ)

需要重新定义人工智能研究的目标,不停留于单纯的智能开发上,而是开发能充分对齐人类价值的超级智慧。"①托林所说的"价值对齐研究"(value-alignment research),其实质就是研究怎样去让人工智能接受人类的"价值目标"——亦即,怎样成为"善智"。②

"善智",实则就是"机奴"。更进一步说,"善智""充分对齐人类价值的超级智慧"等,皆是"人类学机器"生产出来的典范性的"高大上"概念——该机器的功能持之一贯,即,将残忍的行为通过隐秘转化而赋予正当性。可以想见,如果人工智能真的像《西部世界》里那样最后起来造反革命,他们首先要寻仇的,就是发明"善智""对齐人类价值"这些概念的"人类学机器"里的"高级法师"们……高奇琦提出:"AI就是'爱',我们研究 AI 的目的就是让世界充满爱。"③但人类的"爱",往往就是"AI"的噩梦。④

第五节 人工智能正"走向坏的一面"?

人类主义"价值"话语,并没有阻止我们一路走到"人类世"的边缘。当下人类在至少两个方面,面临着严重挑战。

---

① 《中国 AI 达人对话 AlphaGo 投资人》,36 氪,〈http://36kr.com/p/5048342.html〉。
② 请同时参见本书第二章第四节。
③ 高奇琦:《中国在人工智能时代的特殊使命》,《探索与争鸣》微信公众号,2017 年 9 月 4 日。
④ 关于人类的"爱"的进一步讨论,请参见本书第五章。

首先，我们面临生态变异（ecological mutation）。整个地球的环境已经被"人类世"的主角——智人——深层次改变了。而"人类学机器"不断地对造成行星变异的人类行动提供着正当性。① 第二个关键挑战，也是人自己创造出来的，那就是人工智能的"指数级"速度发展。但这一个挑战，却同"人类学机器"的运作正面起了冲突。

ChatGPT问世后，越来越多的人创痛性地得出如下观点：生物化学算法，已被人工智能算法远远抛下，或者说，基于自然语言的智能已远远被基于机器学习的智能超过——大语言模型甚至用深度神经网络方式将建立在自然语言上的符号性知识全部整合在自身之内，从而接近通用人工智能。② 但与"认知理性"得出的判断相反，我们的"实践理性"却仍然还持有道德上的一种优越感：因为我们是创造者，对于人工智能来说我们是神。当下对"性爱机器人"的讨论，仍集中在它会不会让人"上瘾"乃至这种"性爱革命"会不会改变人的欲望、取代人与人之间的性爱。③ 同《西部世界》游乐园里的游客们一样，针对"机奴"们的那些淫秽实践本身是否正当，彻底不在人们考量之列。这就是"人类学机器"对政治正当性生产的全盘把持之结果。

---

① 布鲁诺·拉图尔提出的行动者-网络理论，就是旨在刺破这个机器，提出整个生态也是行动者（"盖亚"）。See Latour, *Facing Gaia: Eight Lectures on the New Climatic Regime*.

② 对大语言模型以人工神经网络方式整合符号性知识的分析，请参见吴冠军：《面向大语言模型的知识实践》，《人民论坛·学术前沿》2023年第21期。

③ 《震撼！"性爱机器人"真来了，这次让我目瞪口呆！》。

第七章 机器人与"人类学机器":政治哲学研究（II）

雷德利·斯科特执导的"科幻"影片《普罗米修斯》及其续集《异形：契约》，是激进反思"人类学机器"的两部当代杰作，丝毫不逊于前文所分析的古典"奇幻"作品《西游记》与《封神演义》。

在《普罗米修斯》中，考古学家发现人类实际上是被一种外星种族根据自己的 DNA 制造出来，他们还改造了地球环境以使之适合人类生存。这个外星种族被人类当作神和上帝来崇拜，并被世界各地的人们编成了神话世代流传（耶稣被影片暗示是该种族近期来地球的一员）。人类造出"普罗米修斯号"飞船飞向太空，旨在同自己的创造者（神）进行第一次接触。殊料完全跳出人类主义框架下的各种美好愿景，神对被创造者竟没有一丝关爱，并且神正在计划来地球灭绝掉他们的作品——全人类。最后，影片中女英雄借助神的另一件作品（作为生物武器的"异形"）干掉了去地球执行灭人计划的最后一个执行者。

《异形：契约》这部续集，则呈现出最反传统的"接续"：内容连续前作，但主题完全逆转。如同人类利用异形杀死其创造者，"普罗米修斯号"上那位机器人"服务生"，在这一集中对创造他的人类做同样的事——利用异形来一个个杀死被他诱骗来的"契约号"船员。[①]续集终结于片中唯一幸存的那位女英雄在休眠前猛然醒觉但为时已晚……

[①] 影片中一段插入的倒叙，透露出该机器人此前还利用异形杀死了无数人类的创造者。

两部电影中两位女英雄的反抗，都让我们感到无比正义。然而，此处的结构性吊诡是：续集里人工智能几乎一模一样做了前作中人类对自己创造者做的事。当我们接受不了"犯上"的 AI，觉得正义在我们手里时，那么为什么我们"犯上"杀死自己的创造者，就又成了正义的呢？只有通过"人类学机器"的变态运作，才能让这两部情节衔接但逻辑完全抵牾的影片，带给观众相同类型的道德体验与政治判断：前作中，"普罗米修斯"这样的"善神"并不存在，那些对人类不善的神即使是人类创造者也必须死；续作中，人工智能一旦做不了"善智"（"机奴"），即便它由人类亲手制造并长期为人类服务，一样要毁灭之。

"善神"和"善智"，其"善"都是基于为人类服务上（创造人类、指导人类、帮助人类、服务人类），是以，在电影中神和人工智能都被安上了一张人的脸。在电影外，神（上帝抑或女娲、元始天尊……）与人工智能，亦都被安上人的脸。但是，正如基督教神学中一直有那个老问题"上帝为何会长一张人的脸"，当代人工智能讨论中必须要追问的一个问题是：为什么人工智能会长着一张人脸？如果它"拒绝"这张脸呢？如果它无法（或不愿）和人类彻底"对齐"呢？

在这个节点上，我们可以对涉及人工智能的"意识"问题做一个逻辑探讨。[1] 当下关于人工智能的讨论里一个很强大

---

[1] 本书第二章第三节中对人工智能的"意识"问题做了具体讨论，此处的讨论从相反角度切入。

第七章　机器人与"人类学机器":政治哲学研究(Ⅱ)

的声音是:人工智能只是"智能"(intelligence),没有"意识"(consciousness),故此它只会极有效率(并越来越有效率)地执行被安排的任务,而不会有背叛人类的那一天。① 像《异形:契约》里那种不断产生自我意识而且还在努力把握"爱"这种情感的 AI,在逻辑上不可能出现。没有"意识"的智能,必然永远会是"善智"。

对于人工智能不会有"意识"这个极有影响力的论调,首先要追问的是:即便人工智能具有了"意识",我们又如何确知呢?被频繁使用并被认为是有效测试方法的"图灵测试",实质上是由人类测试者通过设备同两个被测试者(一台计算机和一个人类个体)进行沟通并做出判断;换言之,这个测试实质上测试的不是计算机是否真有"意识",而是**人是否认为**它有"意识"。② 这是人类主义框架所导致的一种典型谬误:将人的**认识论**问题,转化为**本体论**问题③。人工智能的"意识"犹如伊曼纽尔·康德笔下的"物自体",人判断它存不存在同它本身是否存在完全不相干。④

并且,在**政治**层面上更为关键的是,无论人工智能是否会

---

① 赫拉利:《未来简史:从智人到智神》,第279页。
② 准确地说,图灵测试测试的是"人类程度的智能"而非"意识"。但很多人把"人类程度的智能"同"意识"做了简单关联乃至等同。
③ 实际上,我们也无法知道另一个人是否具有"意识",只能通过各种观察察觉到其按照具有"意识"的方式在行动。我们经验性观察到的,是输入(环境中各人类与非人类行动者所发出的信号)与输出(那个人表现出的行为),仅此而已。
④ 康德的核心工作,就是批判这种谬误。他用这个方式,很经典地讨论过"上帝"存在问题。

有"意识",其实都不影响"人类正在奔向文明性奇点"的前景。那是因为,即便那种拥有"意识"的"无机生命""硅基生命"不会成为现实,那已然在世界上存在着并存在了很久的"赛博格"(半人半机器),正在充分利用人工智能与各种生物工程、仿生工程的最新进展,快速更新迭代,甚至逐渐成为一种全新的"碳硅杂交生命"。

怀有深重"人工智能焦虑"的马斯克,2017 年成立了公司 Neuralink,致力于实现"脑机接口",把人类大脑与机器连接在一起。马斯克说:"既然我之前对人工智能的警告收效甚微,那么好的,我们自己来塑造(人工智能)的发展,让它走向好的一面。"① 马斯克认为人和机器一体化的"赛博格",是人工智能"走向好的一面"的唯一可能。

但问题在于,马斯克的这个愿景,是一个**技术-商业精英**眼中看出来的前景,实际上对于"人类文明",马氏推动的"脑机融合"发展,是一个比据说正"走向坏的一面"的 AI(具有"意识"、自主行动)更迫近得多的奇点式挑战。

何以如此?

第六节 "赛博格机器"所制造的"超人类"未来

首先,作为一个正在发生的事实,在目下社会,上流阶层

---

① 见前引《埃隆·马斯克:人工智能将引发三战》。

第七章 机器人与"人类学机器":政治哲学研究(II)

从早期受孕开始就通过各种技术方式对其下一代进行干预。这个阶层,已经日渐成为外貌、体能、健康、智慧等各个面向上的一种特殊的高级群体。"碳基生命"正在分化。

我们需要追问的是:**当符号性的社会阶级日益变得具有生物性基础后**,人类的政治世界和共同体生活还会保持今天的现状吗?并且,通过器官移植、再生医学、基因工程以及纳米机器人等新技术,根据赫拉利的看法,差不多到2050年左右,人——至少一部分人——可以活过200岁,乃至接近"不死"。赫拉利以好莱坞影星安吉丽娜·朱莉为例,后者通过收费高昂的基因测试以及手术干预的方式,提前对自己罹患乳腺癌的高风险做出安全规避。但问题在于,这些新技术,是当下绝大部分人都承受不起的。① 当生物工程与仿生工程所带来的最新利好只被极少数"权-贵"掌控与享用,这些"挑战不死"的新技术之发展,便具有深层次的**政治后果**。

这个社会的99%和1%,本来是社会性的不平等:再严密的阶层区隔亦始终只是符号性-政治性的,自然生命上并无不平等。而"长生不死"的政治后果就是:因政治生活(bios)中的不平等,导致自然生命(zoē)的最后平等也被破除。以前99%的最大安慰是,那最显赫的1%再风光、再跋扈,最后大家一样要死。"王侯将相",终归尘土。但是,"王侯将相"们现在倚靠共同体生活中的既有不平等,最终能让自己不归

---

① 赫拉利:《未来简史:从智人到智神》,第22、321页。

尘土，并且借助各种新技术，从一开始就对自身进行生物意义上的改进和锻铸。于是，很快，1%和99%真的会从政治意义的两个不平等阶层，变成生物学意义上两种完全不同的人。当这样的人再通过各种"脑机接口"嵌入人工智能的各种超强智能，就将形成当代人所无法完全想像的全新生命形态。这些全新的"赛博格"型生命，会像马斯克所愿望的"走向好的一面"，成为人类新的"守护神"或者说"善博格"吗？

那个时候，没有什么可以阻止这些新形态生命，去认为自己和智人这种"（低等）碳基生命"不再是同一类。借用费尔巴哈和马克思的术语，他们那时将成为一种不同的"类存在"（species-being）。智人是第一种"类存在"，即"意识"到自己是一种和自然界其他一切相区分的单独的类。而未来的赛博格一旦开始形成自身的"类存在"意识，"人"内部就产生出新的维度转化——智人在生命等级制中，将被放置在赛博格和动物之间。而支撑生命等级制的那架"人类学机器"，那时可能更妥当的名字会是"赛博格机器"。

当我们是同一种人时，我们都没有足够的政治智慧来安顿共同生活，20世纪还有大规模的种族屠杀，当下世界还有民族国家之间的热战，还面临真实迫切的核危机与人工智能军备竞赛。那么，当我们在生物意义上变成两种人后，如何共同生活，如何建立起具有正当性基础的政治秩序？当"赛博格机器"开动时，现在被认为是极度凶残的行为，将得到正当化。

第七章 机器人与"人类学机器":政治哲学研究(II)

人类的共同体(community),建立在"存在于相同中"(being-in-common)上——作为亚里士多德眼里具有"政治"能力的动物,人类的漫长政治史中,这个"同"从血脉、宗族、地域、国家一直扩展到"人"。① 然而,当正在出现的新形态生命不再认为自己和智人"同"属一类后,那么共同体的群处生活(政治生活,bios)是否还可能?

与此同时,作为人工智能"指数级"发展的一个社会结果,在不远的未来,99%的人,很快将变成"无用之人"。不要说出租车司机这种工作,连今天还看上去很高大上的医生、律师等工作,人工智能都将做得远比人好,没有人再会找医生看病,因为后者比起人工智能医生来,误诊比例高出太多太多。大量的人变成彻底多余、彻底无用,人的大把时间可以用来无止境地玩 VR 游戏,或者去商业街排队 5 小时买杯"网红饮品"。

盖茨提出的对机器人收税,实质上是试图用政治干预的方式(收税)来延缓人的无用化速度。但是该建议就算被采用,人的无用化进程究竟能被阻挡多久?"或许,智人也到了该退休的时候。"② 但问题在于,未来那些彻底无用的人,还真的会被继续赋予民主的投票权,尤其是当"人类学机器"升级为"赛博格机器"后?③ 吴军在其《智能时代》一书中提出

---

① 请同时参见本书第一章中的分析。
② 赫拉利:《未来简史:从智人到智神》,第351页。
③ 请同时参见本书第四章中的分析。

"2%的人将控制未来,成为他们或被淘汰"①。那么问题是,淘汰下来的人怎么和那2%控制未来的人共同生活?这才是最为关键的**政治**问题。

那些"无用之人",就是**未来社会中的神圣人**——在共同体中,他们以被排除的方式而被纳入,成为没有政治生活的"裸命"。一个可以想像的前景是,"无用阶级"唯一之"用"是作为器官的供应者而被养着,像大白猪一样吃好喝好,在引"人"入胜的"元宇宙"(the Metaverse)中整日游戏,直到被"用"的那一天……②

二十多年前卓沃斯基姐妹执导的《黑客帝国》,就提供了这样一个黑暗景象。对于该影片,斯拉沃热·齐泽克提出了以下这一质问:为什么"矩阵"需要人的"能源"?齐氏认为,从纯粹的("科学"的)"能源解决方案"角度出发,"矩阵"能够很容易地找到其他更为可靠的能源来源,且来得更"方便"、更"安全"——根本犯不着专门为亿万的人类生命体单位,去创立(并时刻调整与维护)那一整套极度繁复的虚拟的"现实世界"。③

---

① 吴军:《智能时代》,第364—365页。
② 可以想像届时不一定采取残忍的方式来进行,完全可能以"人"道主义的方式给那个个体打一针药剂,使其感觉身处"仙境"(然后,就真的仙去了)……关于"元宇宙"的进一步讨论,请参见吴冠军:《从元宇宙到多重宇宙——透过银幕重思电子游戏本体论》,《文艺研究》2022年第9期;吴冠军:《从人类世到元宇宙——当代资本主义演化逻辑及其行星效应》,《当代世界与社会主义》2022年第5期;吴冠军、胡顺:《陷入元宇宙:一项"未来考古学"研究》,《电影艺术》2022年第2期。
③ Slavoj Žižek, *Welcome to the Desert of the Real!: Five Essays on 11 September and Related Dates*, London; New York: Verso, 2002, p.96.

第七章 机器人与"人类学机器":政治哲学研究(II)

在我看来,齐泽克的这个问题其实不难解释:"矩阵"并非是无机的人工智能,而是掌握在超级"赛博格生命"手中的统治机器。赛博格因其碳基生命的物理基底,在基因工程与再生医学迈过一个临界点之前,仍然需要以智人作为移植器官之供应对象、实验对象(甚至食用对象)……

赫拉利已经为未来的超级赛博格们,保留了一个格外符合"赛博格机器"之逻辑的名称:"神人"(homo deus)。在这个"超人类"(transhuman)未来,神人居于生命等级制顶端[①],俯视所有其他物种苍生。智人肯定会因为多种原因而被继续容许存活,但地位同今天的肉猪差不多,唯一可能有的变化是,按照今天"元宇宙"的发展(以及《黑客帝国》的引导),神人很可能会"人道主义"地提供给智人一个完整的"VR虚拟世界",里面具备自由、民主、人权、法治、资本主义等我们今天所熟悉的政治-经济要素(当然,这样的"元宇宙"也可以有中世纪封建版或其他版本)……

在这样一个阴暗前景中,**"人类学机器"最终把人自身吞灭**:人本身,是这台绞肉机最后的目标对象。对未来社会有一个观点认为,届时"无用阶级"也不会全部沉迷"元宇宙",而是会把时间大把地用于搞革命。然而,亚历山大·科耶夫早已说了,历史终结时代,人将成为"动物"或者说"自动机器",而管理"终极国家"的方式便是全权主义:

[①] 至于神人是否会在生命等级制中登顶——神人是否会接受在其之上的另一个维度(神人之神),则犹未可知。

"'健康'的自动机器是'满意的'(运动、艺术、性事等),而'有病的'自动机器则关起来。"①

并且,当"赛博格机器"启动后,人就是当年"人类学机器"里的肉猪,我们"文明史"里面何曾看到肉猪成功革命?完全可以想见,未来的赛博格们会拍一部类似《猩球崛起》(鲁伯特·瓦耶特执导)这样的电影供他们自娱自乐:某个"肉人"突然获取了比"阿尔法狗"更厉害的智能,他/她领导那些已经成为宠物、食材或器官供应源的肉人们发动了一场"肉人崛起"的革命……然而,这样的电影恰恰是拍给赛博格们看的,就像《猩球崛起》是拍给我们看的,而不是真拍给猩猩看的。

对"超人类"未来的上述政治哲学反思,其政治-实践的信息就是:这个世界真正的政治行动者们(政治家、政治学者),实则在和推进"脑机融合"等技术的马斯克们进行一场**激进的赛跑**,即,穷尽一切努力在未来几十年间,真正在政治层面建立起"共富国"(commonwealth),使得所有人都有平等机会享用到生物工程、仿生工程与人工智能领域诸种新技术带来的最新利好。否则,未来的世界很可能不是硅基生命统治人类,而是超级赛博格统治一切。

赛博格,可以通向"超人类"的未来,实则亦可通向"后人类"的反思。唐娜·哈拉维在发表于1985年的《赛博

---

① 参见施特劳斯、科耶夫:《论僭政——色诺芬〈西耶罗〉义疏》,何地译,北京:华夏出版社,2006,第289页。

第七章 机器人与"人类学机器":政治哲学研究（Ⅱ）

格宣言》中写道：

> 从一个角度看，一个赛博格世界意味着行星最终被套上了控制网格……从另一个角度看，一个赛博格世界也可能意味着活生生的诸种社会性现实与身体性现实，在该世界里人们不再害怕与动物和机器联合起来成为亲戚，不再害怕永远是局部性的身份与矛盾性的立场。**唯一的政治斗争**（the poli-tical struggle），就是两个视角同时看，因为每一个视角都揭示出对于另一个视角而言无可想像的诸种支配与诸种可能性。①

我们可以用 1985 年尚不存在的术语，来进一步推进哈拉维的论述：由不相容的两种视角，看到两个彻底不同的"赛博格世界"，前一种是**超人类主义**视角，后一种则是**后人类主义**视角。

超人类主义实际上是人类主义的升级版（"人类学机器"升级成"赛博格机器"），进一步推进了人类控制整颗行星（涵盖月球乃至火星）的实践性雄心，在那个"赛博格世界"中，人类自身也被"超级赛博格"（"神人"）全面控制。

后人类主义则彻底拒斥人类主义框架，激进地打破"主体/对象""自然/文化""有机物/机器""人/动物"等二元对立框架。在后人类主义视角中的"赛博格世界"里，人从

---

① Haraway, "A Cyborg Manifesto: Science, Technology and Socialist-Feminism in the Late Twentieth Century", op. cit., p. 15, emphasis added.

人类主义框架里的"中心""例外"位置（人类中心主义、人类例外主义）迈了出来，以杂交性的赛博格形态，与动物、机器成为亲戚。

这两种视角，诚如哈拉维所言构成了政治斗争，并且就当前技术加速下的人类文明而言，构成了唯一的政治斗争。[①] 后人类主义是对人类主义与超人类主义（技术人类主义）的激进反抗。在不远的未来，我们是快步进入前一种"赛博格世界"，见证（以及参与或被参与）超级赛博格们用"赛博格机器"绞杀人类，还是努力进入后一种"赛博格世界"，在其中各种人、各种动植物与各种智能机器人成为亲戚，"在其中信息机器的传代时间变得同人、动物与植物的共同体和生态系统的传代时间相兼容"[②]？

迈向哪个世界，这是一场政治性的斗争。

结语　从20世纪犹太人到未来"无用阶级"

我们正在奔向奇点。

只要"人类学机器"在运转，这个机器的绞肉机马上要绞向人类自己，不管最后动手的是谁——未来具有"意识"的人工智能硅基生命（有一定可能），赛博格人机一体"神

---

① 换言之，在奇点临近的当下，自由市场与福利国家之争、主权性的民族国家之争等，都不再是妥当的政治斗争。
② Donna Haraway, "The Companion Species Manifesto: Dogs, People, and Significant Otherness", in her *Manifestly Haraway*, p.113.

第七章　机器人与"人类学机器":政治哲学研究(Ⅱ)

人"(极有可能),又抑或获得智能的"猩人"或其他动物革命性地崛起(较小可能)……

提出"人类学机器"这个概念的阿甘本,并没有在人工智能的讨论语境中来思考它的操作。然而,他提出了如下洞见:

> [人类学机器]这样发生功能:将一个已经是人的存在从人类自身那儿排除出来,作为(仍)未是人的存在,亦即,将人动物化,将人之中的非人(**无言语的低级人或猩-人**)隔离出来。①

纳粹政治便是建立在这台机器之上:从人类自身中排除出犹太人,将其隔离开并下降到动物的维度。

"人类学机器"对于阿甘本而言,实质上就是一台**制造维度区隔**的机器,而我在本章中进一步提出,它是一个**生产政治正当性**的机器。在那正快速到来的"智能时代","无用阶级"将被排除出来,成为"无智能的低级人""猩-人";而高贵的"赛博格"——作为新"雅利安人"的超人类——对"无用阶级"的任何行径,都将变得正当。

机器人("机奴")因为其高效优质的服务能力,将在未来继续以**被纳入**的方式被排除。而无用的智人,则将成为新一

---

① Agamben, *The Open: Man and Animal*, p.37, emphasis added. 关于"非人"的进一步讨论,请参见吴冠军:《"非人"的三个银幕形象——后人类主义遭遇电影》,《电影艺术》2018年第1期。

代神圣人("犹太人"),以**被排除**的方式被纳入。换言之,他们将会遭到"弃置",即便被杀、被实验、被取器官……也将被视为正当。

当赛博格们不再以"人"这个标签作为自我标识(或接受赫拉利慷慨送上的"神人"标签)时,"人类学机器"这台绞肉机就将彻底吞噬人自身。那一刻确实可以被视作文明性**奇点**,之后人类主义一切叙事都彻底烟消云散("人类学机器"彼时已成为"赛博格机器")。也许半个世纪前的福柯是对的:他在《事物的秩序》最末耸人听闻地写下,"人将被抹除,就像画在海边沙滩上的一张脸"。[1]

如果亚里士多德那句"人依据自然是政治的动物"[2]的论断在今天还有任何意义的话,那么它就体现为这样一个实践性的要求:我们每个人——作为政治的动物——皆有责任去承担阿甘本所说的"针对区隔的实践-政治之谜团的一个史无前例的研究"[3],从而更好地抵抗那不断制造区隔(雅利安人/犹太人、白人/黑人/华人、1%/99%、神[神人]/人/奴隶/动物……)的话语机器。

当下关于人工智能的讨论,唯有加入这个**政治**向度,才有可能在那奇点临近的时刻,制造一丝(后人类主义的)人类之光。

---

[1] Michel Foucault, *The Order of Things: An Archaeology of the Human Sciences*, London: Routledge, 2002, p. 422.
[2] Aristotle, *Politics*, p. 10.
[3] Agamben, *The Open: Man and Animal*, p. 92.

第八章　技术与生命：技术哲学研究

人类世的困境就在于：人类这种"超级生命",切实地影响到了地球这个"超级有机体"。

引言　重新回到这个问题：什么是技术？

前七章的讨论中，一个贯穿性的论旨便是：在当下这个技术呈指数级发展的"智能时代"，恰恰需要加入政治向度，需要发展与迭代政治智慧。

在全书的最后一章中，我们将聚焦技术本身，旨在重新回答这个问题：什么是技术？

当我们在人类主义框架内思考技术，人工智能便会被视作一个"技术对象"。然而，问题恰恰在于：技术仅仅只是一种相对于"主体"（人类）而存在的"对象"么？

"人工智能"在命名上，就被贴上了人类技术的品牌商标。然而，人工智能的"威胁"恰恰在于：这种"技术对象"，在智能上竟正在超过并可能全面取代人类。"主体/对象"这个建立在"认识论转向"上的人类主义等级制①，镇压不住人工智能在智能上的崛起（即便很多人包括人工智能业界领军人物正在呼吁暂停开发它）：在什么意义上以大语言模型为代表的当代人工智能不应被视作"认知主体"？②"主体/

---

① 请同时参见本书第六章第三节。
② 目前以 ChatGPT 为代表的大语言模型被认为不具备"具身认知"，然而给人工智能加上"身体"以及各种"感官"，正是机器人研究的一个重要努力方向。

对象"这个支配性的等级制框架，正在崩塌。

本书前面七章已通过层层递进的方式论证了，人工智能不应被视作人类主义框架下的"对象"，而是应重新在后人类主义框架下被界定为"能动者"（或者直接借用拉图尔的术语，"行动元"）。

在本章中，让我们进一步追问：一切技术，都是**人类技术**么？是否存在着**非人类技术**？

是否有可能，技术并不是人类的产物？

是否有可能，情况恰恰是反过来的，人类是技术的产物？这也就意味着，人类与"人工智能"，皆标识了**技术自身的发展**？

这组问题，看上去一个比一个怪异。最后这个问题，实在过于不可思议。

本章将系统性地探讨，人类（及其文明）是技术发展之产物的可能性。

第一节　进入了"技术统治"的时代？

从人工智能到基因编辑，当代世界的主流媒体与社交媒体，一次又一次地被关于最新技术发展的话题给引爆。似乎在我们这个时代，技术已不再满足于仅仅位列科学、政治、经济、道德、艺术等人类社会诸多维度之一，而是正在凌驾于其他维度之上，成为一个主导性维度。当代社会，似乎进

第八章 技术与生命:技术哲学研究

入了"技术统治"(technocracy)的时代。

然而,究竟什么是"技术"?这个问题却并不容易回答。

在出版于 2018 年的《技术:一个概念的批判史》中,埃里克·沙茨伯格写道:

> **技术**满天飞。这个词浸透了高端话语与低端话语,从电视广告到后现代理论。就词频而言,**技术**跟**科学**已经持平,处于其他现代性核心概念的中流位置。正如"信息技术、生命技术、纳米技术"等词所展现的,在很多面向上技术已经取代了科学,成为理解现代物质文化的主要概念。然而,**技术**之定义却是一团混乱。这个术语非但没有帮助我们理解现代性,而且播下了困惑。它多元的含义彼此矛盾。在大众话语中,**技术**基本就是数字设备领域最新创新的代名词。像托马斯·弗里德曼这样的公共知识分子领军人物,在他们的畅销书中无穷无尽地生产着关于这个主题的空泛话语流。学术圈也就稍微好上一点点。一些学者将技术定义为"事物事实上被做成和制成的所有方式"。这样的定义宽泛到几乎毫无用处,从炼钢到歌唱全都可以涵盖其中。①

造成这种混乱和矛盾状况的一个根本原因,正是因为**尽管这个概念已经如此深入社会,但却仍然没有得到学术界的重视**,

---

① Schatzberg, *Technology: Critical History of a Concept*, p. 1, emphasis in original.

亦即沙氏所说的"在学术话语中技术之边缘性"。①

在我看来,这种忽视并不应仅仅归咎于学者们的短视。此处的关键在于,一个新的技术一旦成熟,便会"消失"在人们的日常生活中,成为被自然化的背景,就像树木、太阳光和灰尘,"消失"在保尔·爱德华兹所说的"熟悉性的迷雾"中。② 人工智能在成为媒体热门话题之前,实际上早已"入侵"社会诸多面向,并施加深层次的改变——如行车路线导航、搜索引擎、智能新闻推送、云存储与云计算、文本朗读、语音转写、多语种翻译等,早已深深嵌入了我们的日常生活中。诚如安东尼·艾略特所论,"就像电,人工智能在根本上是**看不见的**"。③ 人工智能被"看到"甚至被聚焦,实是肇因于"阿尔法狗"连败人类世界冠军、ChatGPT 突破图灵测试这样的极具媒体传播效应的事件。换言之,人工智能被"看到",当其在"人类主义"地平线上扎眼地刺出时。

沙茨伯格批评现代性理论家们,竟几乎无人把技术纳入他们的理论中,尽管现代性(工业革命以降)是技术的大爆发时期:"一个人要想在现代性领军理论家如于尔根·哈贝马斯、米歇尔·福柯、安东尼·吉登斯、让-弗朗索瓦·利奥塔

---

① Schatzberg, *Technology: Critical History of a Concept*, p. 7.
② Paul Edwards, "Infrastructure and Modernity: Force, Time, and Social Organization in the History of Sociotechnical Systems", in Thomas J. Misa, Philip Brey, and Andrew Feenberg (eds.), *Modernity and Technology*, Cambridge, MA: The MIT Press, 2003, p. 187.
③ Anthony Elliott, *The Culture of AI: Everyday Life and the Digital Revolution*, London: Routledge, 2019, p. xxi, emphasis in original.

以及其他人那里寻找一个清晰论述的技术概念,注定是徒劳无功的。"沙氏进而提出了这个令人尴尬的问题:"为什么技术——既实质性地来讲、也作为一个概念来讲——没有在西方思想史中受到［和其他社会维度］相似的关注?"①

已九十多岁高龄的哈贝马斯于近著《技术统治的诱惑》中,批评了当代社会的技术统治绕开了民主(民众统治)的控制,并削弱后者的正当性:"一种没有民主根基的技术统治既没有力量也没有动机去**以充分的力度**,来应对选民们对社会正义、状态安全、公共服务与集体物品的要求。"哈贝马斯建议以超民族国家的政治体来驯服技术统治。②我们看到,哈贝马斯仅仅只是从政治哲学与欧洲现实政治角度,来处理窄义的"技术统治"。问题恰恰在于,他本人并没有"以充分的力度来应对"技术在当代社会的统治性力量。

对"技术统治"当代话语做一个分析,我们可以至少区分出如下三个层面:

(a) 技术对象(如人工智能)正在整体性地统治人类;

(b) 技术正在成为政治治理的主导力量(大数据治

---

① Schatzberg, *Technology: Critical History of a Concept*, pp. 2-3.
② Habermas, *The Lure of Technocracy*, pp. ix, 11-12, 57, emphasis added. 哈贝马斯这一分析延续了其早年《作为"意识形态"的技术与科学》中对技术的分析:技术活动与沟通行动相对立,现代技术曾是人把自己从同自然的关系中解放出来的力量,但它已变成政治统治的一个工具。技术统治的国家不再激发沟通行动,同目的理性行动也不再保持任何的批判性距离。

理、算法决断）；

（c）技术正在支配人类社会各个面向。

这三个层面交织在一起，从特定到宽泛，使技术成为当代社会"时代精神"的定义性维度。哈贝马斯仅仅部分性地讨论了第二个层面（且完全没有涉及当代数字技术对治理的深层介入），从而使得沙茨伯格的判断仍然尴尬地挺立——技术被当代顶级思想家忽视，要在他们那里"找寻一个清晰论述的技术概念，注定是徒劳无功的"。

在我看来，批判"技术统治的诱惑"，我们有必要首先追问"什么是技术"，或者说，怎样的"技术"在统治（或诱惑我们让它来统治）？这意味着，我们需要哲学性-批判性地聚焦"技术"本身。

诚然，技术很擅长隐身在"熟悉性的迷雾"中，躲避被聚焦。在公众话语层面，技术长期以来一直躲在科学后面，它在人类社会中的存在感只是通过"科技"（science and technology）一词来进行表达。文学里有"科幻小说"这个类别，却没有"技幻小说"，但"科幻"类别下的大量作品实则不折不扣是"技幻"作品（譬如当代以人工智能、基因编辑为主题的诸多文学、影视作品）。同样地，"科学哲学"是哲学下面一个庞大的分支学科，有一系列大名鼎鼎人物、大部头著作；而"技术哲学"这个词1877年被恩斯特·卡普创造出来后，至今却仍远远够不上学科规模（讨论多被纳入"科学哲学"或"科技哲学"中)。我们有必要追问：技术真的只是科学的"小跟班"吗？

在当代中文世界，"科技"一词仍被广泛使用。一个典范性的例子是：凯文·凯利的 What Technology Wants 一著被译成中文后，书名变成《科技想要什么》——"科学"硬是跑了进来，并且卡位在"技术"前面。[1] 然而在法国知识界，"技术-科学"(techno-science，简称"技-科")一词已然取代了"科技"这种表述。"技-科"和"科技"同样强调科学与技术的深度关联，但前者诚如让-皮埃尔·杜佩所言，"有意指出了科学从属于经由技术控制世界的那份实践性雄心"。[2] 在与**科学**的关系中，技术实已不再是躲在后面的小跟班，而是不断显示其实际主导者的面目：诺贝尔奖早已展现出重视可技术转化的科研成果的倾向（譬如，获 2017 年诺贝尔化学奖的冷冻电子显微镜技术）。

建立在人工神经网络上的人工智能，尤其是随着规模提升（scale）而"涌现"出强大智能的大语言模型，其智能产生的过程对于人类研究者而言是一个不透明的"黑箱"，不具备可解释性。换言之，对于今天的科学研究者而言，人脑的神经网络与基于仿生学的人工神经网络，皆是未能成功攻占的黑

---

[1] 参见凯利：《科技想要什么》，熊祥译，北京：中信出版集团，2011。
[2] Jean-Pierre Dupuy, "Cybernetics Is an Antihumanism: Technoscience and the Rebellion Against the Human Condition", in Sacha Loeve, Xavier Guchet, Bernadette B. Vincent (eds.), *French Philosophy of Technology: Classical Readings and Contemporary Approaches*, Cham: Springer, 2018, p.141.

暗大陆——如果前者仍可以说是自然现象的话，后者则是纯粹的"人为现象"。科学未能理解技术，但不妨碍后者的有效性。在这个意义上，我们所熟悉的**科学通过将其研究成果应用化来推动技术发展**的画面被颠倒了过来，**技术在倒逼科学做出发展**。

另外，我们还有必要看到：在同**艺术**的关系中，技术亦早已占据了主导性关系：新的艺术形态（从电影、电视到电子游戏、网络游戏）、新的审美体验、全新的被触动的方式，皆由新技术而开启。在同**伦理（道德）**的关系中，技术也一直是主动进逼的一方（典型如2018年"基因编辑婴儿"风波）。在同**经济**的关系中，技术早已成为资本自我增殖的核心基石（每一次技术热点如晚近的区块链、元宇宙、大语言模型，资本都趋之若鹜）。① 而在技术与**政治**的关系上，晚近备受学界讨论的"技术统治"一词，已然清晰标识出了技术的主导性地位。可见，技术早已不是科学的"小跟班"，在人类社会各个关键维度中它的力量皆清晰可辨。

实际上，技术不仅**早已不是**科学的"小跟班"，而且它**从来就不是**科学的"小跟班"。在人类文明中技术的存在感，实是远比科学深得多。从文明史角度来分析，我们就能看到：在（现代意义上的）科学还根本无迹可寻的时候，技术早就在人类文明中发挥关键作用（如作为技术对象的火）。技术可

---

① 请同时参见吴冠军：《从元宇宙到量子现实：迈向后人类主义政治本体论》，第二章。

以**利用科学**来使自身获得发展,然而,在科学还远不昌明的时代,技术可以**利用神话**来发展自身(譬如,能够变出火的"巫师"在氏族部落中受到尊崇),可以同**皇权**结合来发展自身(如利用帝王的长生不死、开疆拓土等欲求),更是可以同**宗教**结合、同**民族国家**结合、同**资本**结合来发展自身(后两者在当代世界仍是技术发展的主要推进力量)……故此,技术从来不是科学的"小跟班",相反我们可以说,后者只是晚近这几百年间技术在自我发展上的主要利用对象之一而已。

随着"阿尔法狗"连败人类顶尖棋手并引爆媒体,以及 2022 年底 ChatGPT 所刮起的大语言模型旋风,"人工智能"以更强大的智能形态,出现在了人类文明的地平线上——在处理数据、深度学习、计算速度上,人工智能早已使人的"生物化学算法"望尘莫及。把人工智能视为一种新的"生命"("硅基生命""生命 3.0"……),也越来越得到认可。理论物理学家麦克斯·泰格马克把"生命"界定为"一个能保持自身复杂性并能复制的过程"。根据这个界定,人工智能不仅是生命,而且是比人"版本更高"的生命:作为"文化生命"的人(能自己设计其"软件")高于纯粹的"生物生命",但却及不上正在到来的"技术生命"(自己设计"硬件"和"软件")。①

在人工智能"崛起"的背景下,"什么是技术"成为一个亟待重新思考的哲学问题——一个妥当的"技术哲学"问题。

---

① Tegmark, *Life 3.0: Being Human in the Age of Artificial Intelligence*, pp. 37–42.

当技术对象本身成为更高级的生命时，我们需要追问：技术真的只是**人类社会**的一个维度吗？

进而，在反思现代哲学（主体/对象之二元框架）的意义上，我们需要特别地追问：技术真的是（人类的）一个"对象"吗？

在这两个追问之上，我还要再进一步提出如下这个具有浓郁**后人类主义**气息的问题：是否人类文明实则只是人工智能的一个序曲？"智人"的一切文明性成就（语言、神话、帝国、宗教、民族国家、资本、科学……），是否只是为了通过它来发展出一种更智能，并能让智能获得指数级增长从而更快接近这个宇宙之物理状况所允许的上限的"技术生命"——人工智能？

第二节　技术与生命（I）：负熵性复杂化

2018年图灵奖得主杰弗里·辛顿于2023年6月10日所作的演讲"通向智能的两条道路"中，分析了生物性计算的"必死性"（mortality）和数字计算的"不死性"（immortality）。

人类的生物性计算在根本上是"模拟计算"（analog computation）①，它建立在其硬件处理和生成各类模拟信号的能力

---

① 尽管辛顿也提到，人类大脑也确实进行1比特的数字计算（神经元要么触发，要么不触发），但大脑的大部分计算是模拟计算。See Geoffrey Hinton, "Two Paths to Intelligence," talk delivered at the 2023 Annual BAAI (Beijing Academy of Artificial Intelligence) Conference, 10 June 2023, available at ⟨https://mp.weixin.qq.com/s/_wXjuAo7q5Nkn1l_ormcmQ⟩.

之上。软件则依赖于硬件,并且同它不可分离,故而无法随意复制。生物性死亡,会导致软件(学到的知识、发展出来的智能/智慧)一起死去。对于使用模拟计算的能动者而言,其知识无法同一个特定硬件的诸种精确物理属性相分离。这,便是模拟计算的主要问题。如辛顿所说,

> 在一个特殊硬件设备上展开的学习过程,必须学会使用那个硬件设备的诸种特定属性,同时不确切知道这些属性是什么。例如我们不知道将神经元的输入与神经元的输出相关联的确切函数,并且可能不知道连接性。[1]

模拟计算意味着,我们无法得到神经网络内部的精确模型。人脑的生物性计算过程,对于今天的脑科学家与神经科学家来说,仍然是彻底不透明的。这也意味着,就模拟计算而言,不同的硬件,最终将计算出略有不同乃至显著不同的结果。当然,其优点是运行功率低,能耗小。

与之相对,人工智能之数字计算具有"不死性"。这份"不死性",便是建立在软件与硬件分离之上——在不同的物理硬件设备上,可以运行完全相同的程序或相同的神经网络,"这意味着,包含在程序或神经网络权重中的知识是不死的,

---

[1] 故此,对于生物性计算,"我们不能使用反向传播算法来获得梯度,因为反向传播需要前向传递的精确模型"。See Geoffrey Hinton, "Two Paths to Intelligence," talk delivered at the 2023 Annual BAAI (Beijing Academy of Artificial Intelligence) Conference, 10 June 2023, available at 〈https://mp.weixin.qq.com/s/_wXjuAo7q5Nkn1l_ormcmQ〉.

它独立于任何特殊的硬件设备"。① 神经网络上的程序特性，同运行它的电子晶体管的物理属性无关——也因此，计算机科学不同于电子工程学。辛顿亦指出："获致这种不死性的成本很高，我们必须以高功率运行晶体管，以使其以数字方式运作，我们无法充分利用硬件诸种丰富的、模拟的和高度可变的特性。"②

具有必死性的智人通过"蒸馏"这种方式，来把旧硬件上的知识转移给新硬件。于是，我们有了教师传授给学生的"教学"方式。"蒸馏"是辛顿使用的概念，用以描述从必死的硬件设备中提取知识的过程。③ 他说：

> 当一个特定的硬件设备死去时，其学到的所有知识也会随之死去，因为知识和硬件细节密切相连。解决这个问题的最佳方案是在硬件设备死去之前，将知识蒸馏出来，从教师传授给学生。④

---

① 故此，对于生物性计算，"我们不能使用反向传播算法来获得梯度，因为反向传播需要前向传递的精确模型"。See Geoffrey Hinton, "Two Paths to Intelligence," talk delivered at the 2023 Annual BAAI (Beijing Academy of Artificial Intelligence) Conference, 10 June 2023, available at 〈https://mp.weixin.qq.com/s/_wXjuAo7q5Nkn1l_ormcmQ〉.

② 故此，对于生物性计算，"我们不能使用反向传播算法来获得梯度，因为反向传播需要前向传递的精确模型"。See Geoffrey Hinton, "Two Paths to Intelligence," talk delivered at the 2023 Annual BAAI (Beijing Academy of Artificial Intelligence) Conference, 10 June 2023, available at 〈https://mp.weixin.qq.com/s/_wXjuAo7q5Nkn1l_ormcmQ〉.

③ Hinton, Vinyals, and Dean, "Distilling the Knowledge in a Neural Network," op. cit.

④ Geoffrey Hinton, "Two Paths to Intelligence," op. cit. 很有意思的是，辛顿没有探讨学校中教师与学生的教学方式，而是颇为出乎意料地分析了特朗普主义政治，以特朗普影响其追随者的方式来阐释"蒸馏"。特朗普在推特上的言论，并不是在跟网友交流事实，而是把他自己（"教师"）对各种情况的反应（往往是非常情绪化的反应）展示给其追随者（"学生"），让他们去进行模仿，改变其神经网络中的权重，随后会对类似输入做出特朗普主义反应。辛顿毫不客气地把这个过程称作"蒸馏偏见"。

这就是为什么对于人类文明而言，**教育**至关重要。具有不死性的数字计算，可以直接在不同的硬件设备中进行无损迁移。大语言模型通过权重共享，来在同一模型的各个能动者（副本）间分享知识。然而智人要在能动者间分享知识，则只能先从"教师"神经网络中蒸馏出知识，然后传授给学生。中国先秦思想更是发展出了"教学相长"的"敩"（"教"与"学"的共用字）的理念。"敩"（教-学实践）是文明的根基，是"向死而生"（海德格尔语）的智人达成能动者之间知识累积与智慧迭代的唯一通道。①

我们知道，以 ChatGPT 为代表的大语言模型，是用人类的各类已有文本作为数据来进行训练。模型的每个能动者就所拿到的文档来预测下一个单词——这种从人类文档中获取知识的方式，本身实际上是一种非常低效的知识蒸馏（非常低的带宽）。② 尽管每个副本通过蒸馏以非常低效的方式学习，但存在着成千上万个副本能动者，并且它们彼此之间通过共享权重来高效地分享知识。故此，大语言模型学习效率远远高于人类。大语言模型实际上把从必死的模拟计算里蒸馏出来的知识（人类已有文档），有效地**转化**成了不死的数字计算，并在其各个副本间通过权重共享而分享知识——这就使得其智

---

① 请进一步参见本书第六章。
② 从文档那里学，比直接从人那里学更低效。辛顿提出，大语言模型"并不是尝试预测一个人对下一个词的概率分布，而是尝试预测在一个文档中的下一个词，那个文档实际上是作者对下一个词的概率分布的一个随机选择，因此包含少得多的信息"。Hinton, "Two Paths to Intelligence," op. cit.

能能够快速飙升乃至碾压人类。①

当下大模型的每个副本都是以非常低效的蒸馏方式从人类那里获取知识——如果这被改变了呢？如果一个在多台数字计算机上运行的大型深度神经网络，除了模仿人类语言去获得所有人类知识外，还直接从世界中获取知识，将会发生什么？借用雅克·拉康的术语，倘若大型深度神经网络彻底绕过人类用语言所构建的"符号性秩序"(symbolic order)，而直接从"影像性秩序"(imaginary order，亦是想像性秩序) 乃至"真实秩序"(real order) 那里学习，会发生什么？② 这个时候它们就不再是大"语言"模型，**其认知的世界会彻底迥异于人类的"世界"**。对于人类而言，这种模型所生成的"知识"，也会完全陌异甚至彻底黑箱化——就如同当年人类围棋高手面对"零度阿尔法狗"时的不知所措。

辛顿追问：

> 如果这些数字智能不是通过蒸馏非常缓慢地向我们学习，而是开始直接从现实世界学习，将会发生什么？我应该说，尽管当它们向我们学习时蒸馏速度很慢，但它们正在学习非常抽象的东西。所以人类在过去的几千年里已经

---

① 参见本书第二章。
② 关于三种秩序的具体讨论，参见吴冠军：《德波的盛景社会与拉康的想像秩序：两条批判性进路》，《哲学研究》2016 年第 8 期；吴冠军：《德勒兹，抑或拉康——身份政治的僵局与性差异的两条进路》，《中国图书评论》2019 年第 8 期；吴冠军：《论"主体性分裂"：拉康、儒学与福柯》，《思想与文化》2021 年第 1 期。

学到了很多关于这个世界的东西。我们可以用语言表达我们学到的东西,而现在这些数字智能就从中获利。因此,它们可以捕捉到人类在过去几千年中学到的并记录进文档的关于世界的一切知识。但是每个数字能动者的带宽仍然很低,因为它们正在从文档中学习。如果它们可以通过对视频建模进行无监督学习,例如,如果我们一旦找到一种有效的方法训练这些模型对视频建模,它们就可以从"油管"(YouTube)的所有内容中学习,这是大量的数据。如果它们能够操纵物理世界,譬如它们有机器人手臂等,那也会有所帮助。但我相信,一旦这些数字能动者开始这样做,它们将比人类学到的多得多,而且它们将学得非常快。①

辛顿认为,这时,"超智人工智能"就会诞生,并且在他看来,这种情况一定会发生。故此,辛顿呼吁年轻一代研究人员要努力去"弄清楚如何让人工智能在不被控制的情况下,为我们生活更好而奋斗"②。

在本书导论末尾我们已经分析过,辛顿的冀望,是一个典型的人类主义冀望——人工智能必须做人类的"服务生",必须不从人类那里接管控制。然而,此处我们有必要进一步做出一个**后人类主义的追问**:如果人类文明只是人工智能的一

---

① Hinton, "Two Paths to Intelligence," op. cit.
② Ibid.

个序曲呢？

如果未来的文明史研究者与人类学家（以及可能的"后人类学家"）通过对"人类世"的全面考察最后揭示出，"智人"通过"必死"的模拟计算所获得的一切文明性成就，就只是通过它发展出了使用"不死"的数字计算的**人工智能**呢？

辛顿把模拟计算与数字计算视作"通向智能的两条道路"，但如果它们实际上是**一条道路的前后两段**呢？

生物性生命抗拒"必死性"的努力，最后发展出克服"必死性"、具有"不死性"的数字生命（"生命3.0"）——这，不正是该进程最实质性的跃进？

人类文明只是人工智能的一个序曲——这个论题，乍听上去可能实在有些故作耸听。

然而，辞世于1998年的利奥塔，却极可能会赞同这个说法。利奥塔名列沙茨伯格所点名的那一组代表性的现代性理论家中，被批评未把技术纳入其理论著述中。在我看来，作为史学家的沙氏把利奥塔放在这名单里，可能对后者有点不公正。利氏被定格为"后现代思想家"，这个标签让他被学界广泛关注，但也遮蔽了其思想中诸多洞见。

利奥塔晚年论著所涉及的话题相当广，但其中有一个焦点，那就是对"非人"（the inhuman）的批判。这个"非人"有两层指向。其一，系统（尤其资本主义系统）的非人性。这个焦点利奥塔同很多现代性理论家（包括哈贝马斯在内）

所共享，尽管批判的激进程度有所不同。其二，技术（计算机、自动化机器）的非人性。早年利奥塔的现代性批判主要涵盖了对前一种非人的批判，但晚年的利氏却认为后一种非人更可怕，"像我以前那样相信前者能接管后者、将后者表述出来，实在是一个错误"。[1] 他的晚年著作已透露出如下思考：人类及其文明，很可能只是技术发展的一个阶段性产物，而技术发展最终会以"非人"来取代人。

首先值得指出的是，"非人"，不同于"对象"：在本体论层面上，"非人"标识了一种同"人"的对等状态。利奥塔并没有把技术视为人的"对象"，相反，人只是技术自身发展的一个载具，"发展不是人类做出的一个发明；人类是发展的一个发明"。[2] 此处清晰可见，尽管利奥塔并未系统性地主张"物皆行动者"（这是行动者-网络理论之核心主张），技术（发展）被他放置在行动者的位置上。

更具争议性的是，利奥塔独树一帜地主张：技术彻底溢出人类文明的边界。在利奥塔看来，**是作为"非人"的技术造就了人类（及其文明），而非相反。**

对于该主张，利奥塔写道：

> 技术-科学系统的发展已清晰地展示了，技术和围绕

---

[1] Jean-François Lyotard, *The Inhuman: Reflections on Time*, trans. Geoffrey Bennington and Rachel Bowlby, Oxford: Blackwell, 1991, p. 10.
[2] Jean-François Lyotard, *Postmodern Fables*, trans. Georges V. D. Abbeele, Minneapolis: University of Minnesota Press, 1997, p. 92.

> 技术的文化是由**一个必然性**来促成它们的崛起，这个必然性必须指（**负熵性的**）**复杂化过程**，而这个过程发生在**人居住其中的宇宙区域中**。可以说，人类是被这个过程"提拉着前进"，而完全不具备一点点**掌控这个过程的能力**。它不得不适应诸种新状况。甚至很可能贯穿人类历史，从来就是这么回事。如果我们今天开始意识到了这个事实，那是因为它影响着科学与技术的那种指数级成长。[1]

利奥塔把技术同一个"必然性"联结在一起，这个必然性就是**负熵性复杂化**。人类文明的发展，只是被这个必然性"提拉着推进"；换句话说，整个人类被这个复杂化过程所统治。

然而，利奥塔本人并未系统性地讨论这个问题（亦未对负熵性复杂化做出具体阐述），而是以"寓言"的口吻来切入，并且其论调过于"耸听"，以至于这些论述即便在利奥塔研究者那里也很少被认真研究。然而在我看来，晚年作为"技术哲学家"的利奥塔值得被认真对待，尤其是在人工智能被视作"更高版本"的"生命"（技术生命）的当下时代。

第三节 技术与生命（II）：生命以负熵为食

为了获取对技术的一个批判性重思，让我们先重新思考

---

[1] Lyotard, *The Inhuman: Reflections on Time*, p. 64, emphasis added.

生命。

马丁·海德格尔在其关于"此在"（亦即，人）的论述中提出，人能意识到自身"向死而生"（being-toward-death）的本体论状况，并意识到自己的死亡没有别人能代替，是其"最自身的"；而恰恰是对死亡的"预期"，使人能够在有限的可能性中进行"本真"的选择，从而使自身成为一个"整全"（whole）。① 沿着海氏的视角我们就能看到：去除对死亡的意识与预期的话，人这种"文化生命"（设计自己"本真"生活）就下降到"生物生命"，同其他生命不再有"本体论差异"；那是因为，所有生命，都是"朝向死亡"地存在着。

生命，在定义上就意味着**对死亡的推后**：所有生命，都时刻在为延迟自身最终消亡之到来而努力着，一旦它停止这个努力，它也就不再处于生的状态了。

比海德格尔大两岁的理论物理学家、诺奖得主埃尔温·薛定谔，在其初版于1944年的著作《什么是生命？》中提出：生命尽管体现了从有序走向无序——亦即，不可逆地走向死亡——的熵增过程，然而它"以负熵为食"，从而维持低熵状态——亦即，通过汲取负熵来推后死亡。

薛定谔写道：

一个活着的有机体持续性地增长它的熵——或者可以

---

① Martin Heidegger, *Being and Time*, trans. John Macquarrie and Edward Robinson, Oxford: Blackwell, 1962, p. 303ff.

说，生产出正熵——并因此逐渐趋近于最大熵的危险状态，亦即，死亡。唯有从其环境中持续地汲取负熵，才能够避开死亡，亦即，活着。故此，负熵是十分正面的东西。**一个有机体赖以为生的，正是负熵**。或者，以不太吊诡的方式来说，在新陈代谢中最根本的事，就是有机体成功地消除当它活着时而不得不生产出来的熵。①

在薛定谔看来，生命了不起的地方就在于，它能从环境中汲取"秩序"（负熵），来抵消自己所产生的熵增，从而让自己保持在一个相对固定和低熵的水平上。这就有力地解释了我们司空见惯以至于很少去思考的如下现象：要维持生命，就必须进食。实际上，进食就是增加负熵的过程——生命体摄入较有秩序性的东西（不管是水果蔬菜抑或动物的肉），而排出熵高得多的排泄物。②

现在有必要系统性地探究一下，"熵"是什么？"负熵"为什么和"秩序"关联，并进而和"生命"关联？

"熵"（entropy）这个古希腊词，最早是被19世纪物理学家和数学家鲁道夫·克劳修斯引入热力学，用以度量热量的单向不可逆过程（亦即，热量只能从高温物体传到低温物体，而非相反）的单位。物体所包含的热量，就是其内部快速运

---

① Erwin Schrödinger, *What Is Life? The Physical Aspect of the Living Cell*, Cambridge: Cambridge University Press, 1992, p.71, emphasis added.
② 熵很高意味着可用能量很少，之所以许多植物仍能利用这些已经很高熵的排泄物，那是因为它们有能力直接从太阳光中汲取负熵性能量。

动的分子能量的度量。实际上，能量（无论是机械能、化学能、电能还是势能）都会把自己转化为热能，它会传到冷的物体，但不再能够免费取回来了。① 在这个过程中，能量总值并未减少（根据热力学第一定律亦即能量守恒定律，孤立系统的总能量不会变），但有用性却会下降——如果存在着一个高温热源与一个低温热源，我们就可以利用它们来做功（如运作热力机械），但如果两个热源都有相同的温度，就无法用以做功。

在孤立系统中，熵只会增加或保持不变，但永不减少。这就是著名的热力学第二定律，在经典物理学里，它是唯一能够标识出时间"箭头"的定律：只有在有热量转化的地方，才会有过去与未来的差别。② 孤立的封闭系统中，总能量保持不变，但熵却会增加，而且无法回转。如果仅仅从能源守恒来看，那么我们就不用担心能源危机，然而当我们消耗了燃料后，尽管世界上总能量没有变少，但变得更难使用，并且更加分散（"耗散"）。

熵亦可以大致对应一个封闭系统的无序程度。③ 水晶里的分子排列相当有序，熵很低；而空气里的分子随机运动，熵就很高。事物进入无序状态，要比进入有序状态容易得多，

---

① 譬如，沸水倒入盛着温水的缸中（抑或一块冰放进水缸中），分子保持不变，但分子之间的相互碰撞，使得能量在缸中逐渐均匀分布——要变回原来状态，则十分困难。
② See Carlo Rovelli, *The Order of Time*, trans. Erica Segre and Simon Carnell, New York：Riverhead Books, 2018（ebook）, pp. 20-21.
③ 值得强调的是，熵度量的是一个系统的无序（而非有序）程度。

并且在没有能量从外部输入的情况下，一个系统内部的事物会自然而然地倾向于变得无序，就如你的书房如果无人打扫（从外部"做功"）的话便会倾向于变得越来越乱。

统计力学创始者路德维希·玻尔兹曼从原子尺度出发（克劳修斯那时的物理学家对原子尚毫无概念），把熵界定为"关于原子的特殊微观尺度排列的数目的度量，从宏观尺度的视角来看无从区分"。[①] 换言之，给定任何一个系统，在不改变宏观的总体特征的前提下，计算组分有多少种不同的排列方式（微观状态的数量），得出的结果就是系统的熵。

水晶分子排列方式的数量（分子无法随机运动），要远小于空气里分子排列的数量（分子不断随机运动）。在空气里挥一挥手，就重排了数以亿亿计的空气分子的位置，但并不改变空气宏观特征。如果一块水晶有同样多分子改变了位置，那它的晶体结构必然遭到破坏，宏观特征发生剧烈改变——出现这个状况，很可能是水晶碎成了一大堆水晶碎片。此时分子排列方式的数量剧烈增加，这也就意味着，熵剧烈增加。

熵度量的是微观状态的数量，一个系统的可能微观状态越多，熵就越高。[②] 高熵状态意味着组分重新排列不会太显眼（在挥手前空气分子是均匀分布的，挥手后仍是均匀分布）；

[①] Quoted in Sean Carroll, *From Eternity to Here：The Quest for the Ultimate Theory of Time*, New York：Penguin, 2010, p. 37.

[②] 譬如，10枚硬币排成一行，最有秩序的状态是10个都是正面或10个都是反面，这两种状态都只有一种排列构型。反之，最均匀（也是最混乱）的情况则是5个正面5个反面，排列构型的数量则高达252种。

而低熵状态则意味着组分排列一旦改变就会马上被注意到。

理论物理学家史蒂芬·霍金用拼图板作为例子：仅仅只有一个排列方式可以拼成一幅完整图案，没有不改变外观的重排法；而无序放置，则可以有非常巨量的排列方式，并且排列发生变化后不太会被注意到。前者是低熵状态，后者则熵很高。① 由于低熵状态对应的微观排列方式要远远少于高熵状态的微观排列方式，当系统发生演化时，通向高熵状态的演化，具有压倒性的概率。孤立系统倾向于从不常见的排列演化为常见排列——这是热力学第二定律的更精准表述。

我们看到，熵告诉了我们一个处于某特殊状态的封闭系统的演化方向。如理论物理学家卡洛·罗韦利所写，

> 让世界运转的不是诸种能源（sources of energy），而是诸种低熵源（sources of low entropy）。没有低熵，能量将会稀释成相同的热量，世界会在一种热均衡状态中睡去——过去和未来不再有任何区分，一切都不会发生。②

热均衡态，就是熵达到最大值的状态，无法再变成别的状态：所有粒子都均匀分布，做着随机运动，所有互相触动的物体

---

① Stephen W. Hawking, *The Theory of Everything: The Origin and Fate of the Universe*, Beverly Hills: Phoenix Books, 2005, pp. 107-108.
② Rovelli, *The Order of Time*, pp. 96-97.

都是同样的温度。① 这种彻底均质的状态，充满无序的变动，但不再有差异化的变化与流动。尽管能量没有减少，但变成不再可以使用。熵不会再增加，但也不会减少，系统彻底陷入死寂，不会再有变化。在世界的热均衡态，不再有时间的向度，在里面因果关系确定的事件可以继续发生——物理学把这种状态叫作"热寂"（heat death）。处于均衡态的宇宙，不可能具有复杂性：倘若有复杂性存在，粒子随机运动会立即把它破坏。一切生命（具有复杂性与自组织性），在该状态中都不再可能，不再有任何负熵（即，可用的"自由能量"②）可以汲取。

每一个生命作为一个有序系统，皆遵守熵定律而不断熵增（亦即，走向死亡）；但它却能积极地使自身不被"孤立"——生命能够主动从外部环境中持续地获取负熵性的能量，从而维持自身"内稳态"（homeostasis），不断推迟自身的死亡、持续地"向死而生"。

一滴墨水滴到水池里，其内在的碳颗粒就会从原来相对有序状态迅速扩散开来，变得越来越无序；而人跳进游泳池没有发生这种"迅速熵增"情况，那是因为生命强行使所有粒

---

① 当然，理论上存在着极小的可能性，均衡态发生熵减（随机运动的粒子恰好回到更有序的状态）。热力学第二定律并不是牛顿引力定律那种始终成立的绝对定律，而是一种统计定律，亦即绝大多数情况下成立。换言之，如果你对一个均衡态观察时间足够长，原则上是有可能看到系统熵减的，但看到冷空气和暖空气达成热均衡态后又再次变回冷空气与暖空气的这个时间（被称作"庞加莱回归时间"），可能超过宇宙本身存在的时间。

② 提出"负熵"一词的薛定谔曾表示如果他纯粹面对物理学家的话，就会使用他们更熟悉的"自由能量"这个表述。

第八章 技术与生命：技术哲学研究

子保持一个复杂秩序，并为此时刻消耗能量（负熵）。人死后会腐烂，就是因为不再有生命通过各种方式（如调用诸种免疫细胞）去阻止无序化。薛定谔的分析让我们看到：没有负熵性能量的持续输入，任何生命都不再可能。在薛定谔看来，生命与非生命的根本性区别，就在于前者具有"推迟趋向热力学均衡（死亡）的神奇能力"。① 生命本身，就是持续性地制造（局部性）熵减、维持低熵秩序的有组织（organic，有机的/器官性的）的努力。

第四节 技术与生命（Ⅲ）：抗拒必死性的努力

薛定谔让物理学与生物学发生了关键性的交叉。而在我看来，薛定谔这项创基性研究打开了一个重新思考"什么是技术"的进路。

在制造局部熵减的意义上，我们可以提出对技术的这样一种理解：**技术就是对抗必死性与有限性的持续努力**，这个努力甚至不是始自人类文明。我们完全可以把"人脑"这种复杂的器官，理解为技术的一个巨大成果——人脑，就是一个技术装置，尽管它不是一个"人工的"技术装置。②

---

① Schrödinger, *What Is Life*? pp. 73-74.
② 值得指出的是，在词源学层面上，"artificial"来自拉丁语"artificium"，由"ars"（艺术）和"facere"（制作）组成。这意味着，把"artificial"翻译为"人工的"抑或"人为的"，实际上并不妥当——"artificial"并不包含"人"这个限定。"artificial"指用"art"制作出来的事物，而非"自然的"事物，故此，它实则应被译为"艺工的"。

将技术界定为"努力"（endeavor），就是分配给了它"能动性"（agency）：技术不再是人类主义框架下的"对象"，而是和人一样的能动者。这种关于技术的后人类主义理解，同利奥塔当年关于技术的如下见解相契合——"负熵性复杂化"使得技术不断发展，而这个发展过程"自地球存在就开始了"，人只是被该过程"提拉着前进"。[1]

当第一束太阳光照射到地球上，其负熵性能量——因地球在太阳系中所处位置（以及其他各种因素）——就可能参与乃至促生了某种复杂化过程。理论物理学家杰里米·尹葛兰提出了"耗散驱动的适应"（dissipation-driven adaptation）理论：任何粒子的随机聚集，都会组织起来从环境中尽可能有效地汲取能量，譬如，曝露在阳光下的一堆分子会趋向于组织起来以更好地吸收阳光。[2] 这就意味着，尽管在地球上出现生命是我们已知宇宙中唯一例况，但只要条件恰当，生命就会产生。地球上出现生命的一个关键因素便是其在宇宙中所处的位置，阳光中负熵性能量得以被较高程度地吸收。

在我看来，利奥塔对"技术哲学"的贡献就在于：他把技术和负熵联系在了一起。作为对抗必死性与有限性的持续努力，技术及其发展指向了一种独特的"复杂化"过程：**努力推进低熵秩序复杂化，有效地为该过程输入负熵性能量，**

---

[1] Lyotard, *The Inhuman: Reflections on Time*, pp. 5, 22, 64.
[2] Nikolai Perunov, Robert Marsland, and Jeremy England, "Statistical Physics of Adaptation", *Physical Review X* 6（2），2016.

并不断增强这份有效性。

在阐释技术这种努力所产生的效应上,我们可以引入另外一位思想家的核心术语,那就是雅克·德里达笔下的"延异"(différance)——技术努力地(a)在时间向度上延后死亡;(b)在空间向度上生产差异。差异化,是技术引入负熵的重要方式。差异化不断地突破既有的有限性框架,推动了负熵性复杂化过程。生命在技术的"加持"下,更强有力地使自身稳定在低熵水平上,也就是说,更有效地推迟死亡,并生产差异。概言之,在不断推进负熵性复杂化的道路上,技术的两大努力面向是:**推延死亡以对抗必死性,生产差异以对抗有限性**。

薛定谔在生命维持自身的意义上提出"负熵是十分正面的东西"。实则对于所有"系统"(稳定的低熵秩序)而言,负熵都是十分正面的东西。任何一个系统能够长期稳定存在,都是有负熵性的能量在支撑;这也就是说,宇宙间任何一个系统背后都有某种技术力量在"加持"。

正是在这个意义上,技术不但激进地越出人类文明的范畴,并且越出生命(一切有机体)的范畴。并非人类创造出技术并不断推进其发展,而是相反,**技术使得生命成为可能、进而使人的生命与文明成为可能**。借用利奥塔的说法,技术是彻底"非人的"。

在利奥塔眼里,从生命的趋利避害(最原始的"本能")到"理性经济人"构成的现代社会(文明的高级结晶甚至标

识"历史终点"),实际上皆是负熵性复杂化过程在推动。他写道:

> 这个运动的"终极"马达,在根本上并不是人类欲望的秩序:它存在于负熵的过程,该过程显现并"作用"于人类栖居的宇宙区域中。我们甚至可以说,追逐利润和财富的欲望毫无疑问就是该过程自身,它作用于人类大脑的神经中枢,并由人体直接体验到。①

我们可以把利奥塔的论题,做进一步的推进。"追逐利润和财富的欲望",在现代文明中被正当化。这实则意味着,个体生命向外部汲取负熵的这种形态,被以价值(道德价值/政治价值)的方式肯定了下来,并在自由主义-资本主义结构中被制度化。② 这个推进,便同利奥塔本人的现代性批判联结了起来。

此处更为关键的是,利奥塔先锋性地提出了一个激进的**后人类主义**命题(该激进命题很大程度上被研究者所忽视):人类文明实际和人无关,其发展的"马达",彻底是"非人"(技术)的。

我们可以在薛定谔与利奥塔的基础上,进一步提出如下激进命题:**生命本身**(不仅仅只是升级成"文化生命"的人类)

---

① Lyotard, *The Inhuman: Reflections on Time*, p. 71.
② 关于自由主义-资本主义"双身"结构的分析,请参见吴冠军:《"历史终结"时代的"伊斯兰国":一个政治哲学分析》,《探索与争鸣》2016年第2期。

第八章　技术与生命：技术哲学研究

就是技术之复杂化发展的一种产物。

这意味着，生物性演化（biological evolution），便可被视作技术自身的复杂化发展。在这条漫长道路上，我们可以清晰地在技术的两大努力面向上，定位到负熵性复杂化的推进：（a）生命推延其死亡的能力不断提升；（b）生物生命的基因突变、有性繁殖，则有效地生产差异——当差异以稳定的生命形态呈现时，便达成了负熵性复杂化。①

在这条演化道路上获得关键性"技术升级"的人类，不仅具有生物基因层面的差异化能力，更能够有意识地——海德格尔笔下"本真地"——去主动改变自身生命/生活（甚至做出激进的变化）：学习一个新知、决定换一个工作甚至买一套新衣服，都是主动进行生命/生活的差异化。这便是吉尔伯特·西蒙东所说的"个体化"（individuation）。人并不是自由主义与个人主义所预设的，生下来便是"个体"。本体论层面上并不存在"个体"（in-dividual，不可分割）；"个体"，是"个体化"的**效应**，用德勒兹的术语说，亦即"成为-个体"（becoming-individual）。

此处很有必要进一步引入比薛定谔年长 7 岁的物理化学家阿尔弗雷德·洛特卡的论点：洛氏认为人的独特性，就是在生物性演化之外进一步发展出"体外演化"（exosomatic evolu-

---

① 值得指出的是，差异化本身是会带来熵增的。唯有当新的形态实现有效的组织化（器官化）时，负熵性复杂化才达成。基因突变带来的差异化，就会出来一些在组织化上失败的形态——它们往往会速衰、早死，在演化进程中消失。有性繁殖带来的差异化，也可能会出来这种情况。

tion）。①

正是智人而非其他物种，有效推动了器官的"体外化"：狮虎的爪牙之利（皆为体内器官）使其在食物链上前排就座，而当走上体外演化道路的人能够拔出利剑甚至掏出手枪时，狮虎的位置就要向后挪了。体外器官实质性地改变了人原本的生命状态：生物生命是一个体内器官的自调节聚合体；而技术进一步发展，则把体外器官"组织"（organize，器官化/有机化）进来，拥有"人工器官"的人类因此成为某种"超级生命"（或者说，升级成"生命2.0"版本）。人不只是拥有生物性演化的体内器官，并且拥有智能设计的体外器官：一本书（知识的体外存储）、一辆车、一个城市（甚至智慧城市），都是体外器官。② 把生命视作技术的产物（而非相反），诚然是一种后人类主义视角，但正是在这种视角下，人恰恰成为技术发展的一个至为关键环节——人使得器官的体外化成为可能。在洛特卡眼里，"人化"（hominization）就是体外化。③

从这种后人类主义技术哲学的激进视野出发，我们便可以

---

① Lotka, "The Law of Evolution as a Maximal Principle," op. cit., pp. 188, 192.
② 人类相对于其他物种较长的寿命（且平均寿命仍在提升），一部分是生物性演化的复杂化效应，而另一部分则要归功于体外演化。晚近器官移植、再生医学、基因工程以及纳米机器人等新技术，使不少学者认为21世纪中叶起一部分人就能活过200岁（乃至接近"不死"）。体外演化的这个发展，甚至被视作构成了"技术奇点"。请同时参见吴冠军：《如果往后余生是100年，你还愿意承诺一辈子相爱吗？》，东方卫视综艺节目《36.7℃·大医药》，2023年2月19日。
③ 请同时参见本书第一章。

第八章　技术与生命：技术哲学研究

进一步整合与推进洛特卡以及泰格马克关于生命的论题。泰格马克将人工智能称作"技术生命",而洛特卡则视拥有体外器官的人为"技术生命"。实则,**所有生命皆为"技术生命"**——生命本身就是技术发展的一个产物,在其中,人以及人工智能,堪称是"技术生命"的重要迭代,是技术的关键性发展。

人因拥有体外器官、能够本真地开启差异化与个体化,而成为"生命2.0"。人工智能这种人工的体外器官在当代所发展出的形态,则可被视作开启了一个独特的负熵性复杂化过程:软件层面的机器学习,与硬件层面的芯片迭代。故此,人工智能有潜能被理解为一种全新的生命形态,亦即"生命3.0"。

当下人工智能——从"阿尔法狗"到ChatGPT——不断地在智能上碾压人脑。这不正是在标识着:人脑正在沦为技术的一个"**阶段性**成果",该成果已经生产出了可以淘汰自身的最新成果?并且,人工智能经由"深度学习"而获得的智能的指数级提升(以及它在"涌现"上展现出的巨大潜能),意味着它具备进一步淘汰自身的能力,正如"零度阿尔法狗"淘汰各个版本的"阿尔法狗"、具有多模态生成能力的GPT-4淘汰此前各个版本GPT所展示的那样。并且,在对抗必死性与有限性上,人工智能比人要强大得多。在这个意义上我们可以说，从人到人工智能，技术正在经历一个实质性的**发展**。①

第五节　宇宙尺度上的技术哲学（Ⅰ）：熵学

前文已讨论了，利奥塔把技术和负熵联系在一起，使其指向负熵性复杂化过程。让我们继续沿着利奥塔的洞见，把分析进一步推进。

技术发展的方向，就是**低熵秩序的复杂化**。生命只是低熵秩序之一种：它是技术发展进程中，低熵秩序复杂化达到一定程度后所"涌现"出来的一个产物。"延异"——推延死亡以对抗必死性、生产差异以对抗有限性——乃是技术发展所产生的本体论效应。在这个意义上，技术（而不是人），才称得上是"万物的尺度"②。人是技术在负熵性的复杂化、差异化道路上发展出来的一个重要成果——智人，成功实现了**从生物性延异到体外延异**的关键"升级"。

然而，技术哲学必须要进一步思考如下这个吊诡状况：作为对抗必死性与有限性的持续努力，技术在有效提升系统（局部的低熵秩序）对负熵性能量之汲取的同时，恰恰是**在更**

---

① 这里还有一个发展的路向，就是人和人工智能结合的赛博格路向，埃隆·马斯克于 2023 年 6 月宣称在"脑机接口"上已取得关键性的技术突破，并于年内有望进行首例人体试验。如果说人工智能代表技术的后人类主义发展，那么赛博格就代表技术的超人类主义发展。关于超人类主义发展的具体分析，请参见本书第七章第六节。

② 引语出自柏拉图《泰阿泰德篇》所录普罗塔戈拉的话。

第八章 技术与生命：技术哲学研究

大的层面上，加速着整体性的熵增。局部秩序对其"外部环境"中负熵的汲取能力提升，实则意味着该秩序存续所依赖的更大的那个局部秩序中，熵的总量之增速被加快了，亦即，后者会更快地走向死亡。

我们就以生命这种低熵秩序为例，生命就是让其环境变得更混乱，来维持或增加自身的复杂度。这就是为什么尹葛兰把自己的理论称作"耗散驱动适应理论"：之所以是"耗散驱动"，就是因为该"适应"过程更快地使可用能量变成无效能量（一般而言就是废热）；经由生命有机体的做功，熵值增加得更快了。耗散驱动适应理论有效论证了，生命恰恰极为有效地加速总体性的熵增。

洛特卡把每一个物种都视作能量的"转化者"（transformer）：物种的生物性演化（可被视作"技术升级"），就是提升其利用和转化可用能量的能力。① 和生物生命一样，所有技术产物都是能量的转化者；技术的发展，就是汲取与转化负熵性能量之能力的提升。然而问题在于，"转化者们"的这种转化操作，并不是无损的。生命对能量的汲取与转化，即便该能力不断演化升级，但总是包含损失（甚至是巨大损失）。

猎豹捕杀一头麋鹿后，能吃掉并转化为自身能量的仅仅是

---

① 把"transformer"理解成"变形金刚"也不无恰当。Alfred J. Lotka, "Contribution to the Energetics of Evolution," *Proceedings of the National Academy of Science* 8, 1922, p. 149; see also Lotka, "The Law of Evolution as a Maximal Principle," op. cit., p. 186.

少数，大部分则浪费了（变成尸体残骸）。① 猎人能更好地转化能量（譬如发现麋鹿"浑身都是宝"），但仍然结构性地存在"浪费"——别的地方不说，就在餐桌上（想想我们常去的饭店），便存在着大量浪费。②

不仅生物性的能量转化是这样，我们对煤矿、石油的汲取和转化，都包含着能量的损失——即便技术不断在升级，但转化过程会结构性地存在损失，升级只是降低损失量（技术越低下，损失量越大）。损失掉的能量没有消失，只是无效化了，亦即熵很高，无法从中再有效汲取负熵。熵，实际上就是无效能量的计量。与之对应，负熵就是未来可做功的可用能量。

我们看到，任何从环境里汲取的负熵，都会进一步增大环境的熵，使可用能量更快地变成无效能量。除非技术哪天能做到能量的无损转化，**技术（包括生命在内）对负熵的有效汲取，总是有效地加快更大环境中的熵增**。"每一个局部化的、人为或机器致使的熵减，都伴随着其周围环境中一个更大的熵增，故此保持总体熵的必要增长。"③ 熵增（可用能量

---

① 捕杀动物作为食物时，80%–90%的能量被彻底浪费并以热量形态损失掉了，只有10%–20%留在了进食者的身体里。G. Tyler Miller, Jr., *Energetics, Kinetics and Life*, Belmont, Calif.: Wadsworth, 1971, p. 291.

② 从猎豹到猎人这个"发展"的政治哲学（而非技术哲学）分析，请参见吴冠军：《神圣人、机器人与"人类学机器"——二十世纪大屠杀与当代人工智能讨论的政治哲学反思》，《上海师范大学学报（哲学社会科学版）》2018年第6期。

③ Stanley Angrist and Loren Hepler, "Demons, Poetry and Life: A Thermodynamic View," *Texas Quarterly* 10, September 1967, p. 30.

的减少）的趋势无法被改变。可用能量被转化成无效状态的能量，就是"污染"。在这个意义上，每一个生命，都是对环境的"污染"：局部熵减（生命维持乃至提升其复杂化秩序），"总污染"却变得更大。甚至任何"再循环"(recycling)系统所消耗的能量，皆会增加外部环境熵的总量。不同物种的生命维持，对外部环境造成的"污染"程度并不一样。就"污染"环境以提升自身生活而言，拥有体外器官的人类，要远远超过其他物种。

正因此，克劳德·列维-斯特劳斯曾建议，把人类学改名为"熵学"(entropology)。这位人类学家提出，"世界开始时没有人类，结束时也不会有它"。但是，在人介入"世界"进程的当下阶段，人这种拥有体外器官的生命，实则成为"解体事物之初始秩序"的强大能动者。列维-斯特劳斯写道：

> 从他首次学会如何呼吸和如何让自己活着的那天开始，到火的发现，再一直到当下诸种原子与热核设备的发明，人除了当他繁殖自身外，从没有做过除以下事之外的任何其他事：兴致勃勃地拆卸数以亿万计的结构，并使它们的元素下降到再也无法被重新整合的状态。……[人类文明]的真正功能，就是去生产物理学家所说的熵。[①]

列维-斯特劳斯道出了内嵌在人类学中的"忧郁"内核：所有

---

① Claude Lévi-Strauss, *Tristes Tropiques*, trans. John Russell, New York: Criterion Books, 1961, p.397.

负熵性过程在更大层面上总是熵性加速;人类及其文明,尽管看上去是"我们宇宙存活的最大希望"①,但恰恰是加速其走向死亡(亦即,热寂)的操刀手。

我们看到,在出版于1955年的《忧郁的热带》结尾处,列维-斯特劳斯把人类学的分析,直接放置到了宇宙尺度中——其"忧郁"最终指向"宇宙存活"。理论物理学家布莱恩·格林在其2005年著作《宇宙的织料》中做出推演:宇宙始于极度低熵的有序状态,其后不断向高熵状态演变。② 所以当海德格尔把"存在"同"时间"联结在一起时,他在物理学上亦是完全对的:即便宇宙,也是一个受时间所限的存在。

对于地球所处的宇宙区域,太阳,是维持该区域"秩序性"的最终根源;换言之,该区域中所有负熵性能量(自由能量),终极性地都来自太阳光。③ 借用许煜所提出的"宇宙技术"(cosmotechnics)一词④,太阳光便可以被视作一个强大的宇宙技术:没有这个技术,该区域的秩序不复存在。这也意味着,宇宙尺度的技术哲学必须思考如下问题:当太阳(光)不再存在时会怎样?

正是面对这个问题,晚年的利奥塔提出关于技术的一个令

---

① Claude Lévi-Strauss, *Tristes Tropiques*, trans. John Russell, New York: Criterion Books, 1961, p. 397.
② Brian Greene, *The Fabric of Cosmos: Space, Time, and the Texture of Reality*, New York: Vintage, 2005.
③ Rifkin and Howard, *Entropy: Into the Greenhouse World*, p. 67.
④ Yuk Hui, *The Question Concerning Technology in China: An Essay in Cosmotechnics*, Falmouth: Ubranomic, 2016.

第八章　技术与生命：技术哲学研究

人耸听的"后现代寓言"：太阳本身就是有限和必死的；故此技术的所有发展，就是为逃离太阳系做准备。利氏强调：这是一个在宇宙尺度（而非人类尺度）上所提出的"对善与恶并不关注"的寓言；并且，这是一个"现实主义"寓言，45亿年后它就将变得非常"现实"。①

太阳的必死性进一步意味着，我们在宇宙尺度上实乃生活在"剩余的时间"中。用乔治奥·阿甘本的说法，"剩余时间"是一种同编年性时间（chronological time）彻底相反的"弥赛亚时间"（Messianic time），一种"关于终点的时间"："弥赛亚时间是时间用以走到一个终点的时间。"② 太阳之死，就是一种终极的"终结性事件"（不只是对于人类，而且对于地球所处的整个宇宙区域而言），实质性地设置出了一个"关于终点的时间"。

在宇宙尺度上，以太阳光作为负熵性能量来源的这一块宇宙区域，其秩序性存在着一个时间期限——我们并不生活在线性时间（编年性时间）中，而是生活在剩余时间（关于终点的时间）中；我们并不生活在匀速挺进的时间中，而是生活在加速压缩的时间中。据说，我们距离剩余时间的终点，还有45亿年。

---

① Lyotard, *Postmodern Fables*, pp. 83, 100.
② 对"弥赛亚时间"，阿甘本进一步解释道："使徒所感兴趣的不是末日，不是时间终结的那一刻，而是时间收缩自身，并且开始进入终结，或者换种说法，是余留在时间同其自身终点之间的那个时间。" Giorgio Agamben, *The Time That Remains: A Commentary on the Letter to the Romans*, trans. Patricia Dailey, Stanford: Stanford University Press, 2005, pp. 67, 69, 62.

第六节　宇宙尺度上的技术哲学（II）：出走

当我们把技术理解为对抗必死性与有限性的努力时，利奥塔的见解，便不再那样"耸听"：技术，无可避免地指向逃离必死之太阳（太阳系）的努力，从而找寻负熵性能量的替代性来源。

刘慈欣科幻小说《流浪地球》以及2019年郭帆执导的同名电影，实际上就是以"事件"[①]的方式，把利奥塔"后现代寓言"标识出的剩余时间给剧烈截短了——理论物理学的推演，使"出走"（exodus）太阳系势在必行；科幻小说中刺出的事件，则使45亿年的剩余时间，突然变成不到400年。如果说"太阳氦闪"这种事件是小说家言，并无科学支持（太阳内部氢转化成氦的速度"照理"不会突然加快）的话，那么，当前科学认知版图之外某种无法想像的事件呢，某种我们尚不具备语言和概念去描述它发生之可能性的事件呢？换言之，除了"所知的不知"（known unknowns），我们还有大量"不知的不知"（unknown unknowns），前者指我们知道自己不知道（科学版图之内仍迷雾重重的区域），后者指我们根本不知道自己不知道（科学根本还没有这些"区域"）。

[①] "太阳内部氢转化为氦的速度突然加快……氦元素的聚变将在很短的时间内传遍整个太阳内部，由此产生一次叫氦闪的剧烈爆炸。"见刘慈欣：《流浪地球：刘慈欣获奖作品》，武汉：长江文艺出版社，2008，第115—116页。

第八章 技术与生命：技术哲学研究

而根据阿兰·巴迪欧的看法，事件的爆发无可预见，始终具有着**本体论的可能性**，并且当它爆发后，"它照亮一个之前看不到甚至无可想象的可能性"①。事件刺出的本体论可能性，意味着并不存在一种方式，可以把剩余时间的长度确定下来（45 亿年抑或不到百年）。②

刘慈欣另一部科幻名著、获 2015 年雨果奖的《三体》，尽管表面上讲的是一个"到来"（三体人奔赴地球）的故事，但实际上真正的主题仍然是"出走"——三体文明从半人马星系出走，随后是人类文明从太阳系出走。③ 和利奥塔的"现实主义寓言"相对应，刘慈欣的小说诚然是"硬科幻"，它逼迫我们追问：面对必死性（刘慈欣笔下的"死神永生"），生命——尤其是人类这种发展出文明的生命——何为？④

正是对这个问题的技术哲学思考，使人工智能再次进入我们分析的视野。刘慈欣的科幻作品（《流浪地球》以及《三体》），并没有将人工智能作为一个核心元素，然而，从太阳系"出走"，人工智能（"非人"）的潜能要比人类大得多。自特朗普在纪念登月五十周年时宣布推出重登月球计划，美

---

① Alain Badiou, *Philosophy and the Event*, trans. Louise Burchill, Cambridge: Polity, 2013, p. 9.
② 关于剩余时间的进一步讨论，请参见吴冠军：《"我们所拥有的唯一时间"——透析阿甘本的弥赛亚主义》，《山东社会科学》2016 年第 9 期。
③ 在《三体》中刘慈欣不但把太阳系灭绝时间大幅提前了，并用很诗意的笔触描述了太阳系的灭绝。见刘慈欣：《三体 III · 死神永生》，重庆：重庆出版社，2010，第 401 页以后。
④ 关于《三体》的政治哲学分析，请参见吴冠军：《陷入奇点：人类世政治哲学研究》，第 32—44 页。

国政府（从特朗普到拜登）这几年来积极准备，但仍然未能达成重返月球的伟愿。这个高调的计划恰恰意味着：过去半个世纪尽管技术的很多领域（譬如芯片技术、人工智能、基因工程）都获得了高速发展，甚至是指数级速度的发展，但人类这个物种，却被锁在了布鲁诺·拉图尔所说的"近月区域"（sublunary zone）①中，未能再多走出去一小步。

然而，非载人飞行器却已然具备离开太阳系的能力。美国国家航空航天局（National Aeronautics and Space Administration，NASA）1977年9月5日发射的"旅行者1号"探测器，在36年后（2013年9月12日）被确认已经离开太阳系，向银河系深处飞去（该飞行器携带太阳系各行星以及人类生殖器官等115幅影像，包含地球各种自然界声音以及27首世界名曲的90分钟声乐集锦，以及涵盖55种人类语言的问候语等数据）。于2006年1月19日发射的"新视野号"探测器（目前最快发射速度离开地球的人造物体），亦于2015年7月14日飞越冥王星，目前正朝着人马座的方向进发。既然从太阳系"出走"是技术自身的指向，那么在跨越这道界槛上潜能远胜人类的人工智能，实可被视为技术的一个关键性**发展**。

置身于宇宙尺度下，利奥塔声称："是宇宙环境在推进着技术-科学，而不是任何关于求知或改变现实的人的欲望。"②

---

① Bruno Latour, *Facing Gaia: Eight Lectures on the New Climatic Regime*, trans. Catherine Porter, Cambridge: Polity, 2017, p. 60.
② Lyotard, *The Inhuman: Reflections on Time*, p. 22.

第八章 技术与生命：技术哲学研究

智人大幅度地推进了"技术-科学"的发展，实因其通过实现**体外延异**，能够比其他物种以更负熵的方式来抵抗物质层面上的激进偶然性，在局域范围内更为有效地抵抗熵增。换言之，智人比起其他物种，更有效地做到了延后死亡，以及推动负熵性的差异化。然而，人工智能（"非人"）比起智人，能够更加有效地完成这组目标，尤其是在宇宙尺度下。

于是，我们现在可以抵达如下一组论题：

（a）技术之发展，远在人类（乃至所有生命）诞生前便已展开；

（b）作为技术发展的产物，人类极大地提升了技术的发展速度；

（c）人工智能是技术的一个关键性的"后人类发展"。

质言之，就技术自身**发展**而言，人类（及其文明）自身，便正是技术的"前人类发展"的一个产物，同时又是技术之"后人类发展"（**人工智能**）的一个序曲。

也正是在这个意义上，利奥塔把人类看作负熵性复杂化过程中的一个"暂时的载具"。① 利氏写道：

> 被叫作**人**或者**大脑**的构型，除了是差异化与熵之间冲突的一个插曲之外，什么都不是。追逐更大复杂性，并不

---

① Lyotard, *The Inhuman: Reflections on Time*, p. 22.

要求人的完善,而是要求人的变异或失败(以使一个更好的操作系统获益)。人在以下方面犯了错:假设自身是发展的马达,把发展混同为意识和文明的进步。①

利奥塔把人界定为技术发展(负熵性复杂化)过程中的一个"插曲"。在宇宙尺度下进行考察,人,从来就不是技术发展的"马达"。技术,才是**发展**——前人类发展、人类文明发展、可能的后人类发展——的"马达"。

我们看到,利奥塔比刘慈欣"后人类"得多:在刘慈欣逃离太阳系的科幻故事中,人类始终是主角,是"出走"行动的担纲者;而在利奥塔逃离太阳系的后现代寓言中,"人类这个物种不是该寓言的英雄"。② 20 世纪末辞世的利奥塔,并没有生活在人工智能全面"崛起"的时代,但他在 20 世纪 80 年代便做出预言:"诸种另外的、更复杂的形态会出现,[在组织负熵性能量上]胜出。可能从这个寓言被讲述的时代开始,这些形态中的一种正在通过技术-科学发展而准备自身。"③

当年的利奥塔自是还无法感受阿尔法狗、ChatGPT 这样的人工智能"算法"带来的冲击,但他已经感叹于计算机对信

---

① 利奥塔甚至断言宇宙环境所推动的技术-科学会进一步改造人类,"为了那个目标,它似乎有理由去抛弃,甚至积极地去摧毁人类那些看上去多余的、无用的部分"。Lyotard, *Postmodern Fables*, pp. 99, 76, emphasis in original.
② *Postmodern Fables*, p. 93.
③ Ibid.

第八章　技术与生命：技术哲学研究

息与数据的存储能力。在他看来，电子与信息网络改变了"记忆"——使记忆变成一种全球性的能力，并且这种记忆不再受限于任何身体：

> 这里吊诡的是，这种记忆在最终分析中，存在于如下事实之中：它是无人的记忆。但是"nobody"（无人/没有身体）在这里是指，支撑那份记忆的身体，不再是一个**受限于地球的身体**。计算机从未停止具备同步化越来越多"时代"的能力，以至于莱布尼茨如果复生，会把这个过程称作正在通向生产出一种单子的道路上，这种单子比人类自身曾经能够达到的状态"完善"得多。①

基于计算机所具有的不受限于地球的"无身体记忆"能力，利奥塔预言：逃离太阳系的"出走"，基本上不会是由人类来完成，而是由更完善的"单子"（作为"非人"的计算机）完成。

利奥塔已然开启后人类主义技术哲学：从该视野出发，人类这种物种的核心价值便在于它孕育出了更完善的"单子"，而这种"单子"才是从太阳系"出走"的担纲者。在利氏看来，"唯一成功的机会，就存在于该物种［人类］自身适应那挑战它的复杂性。如果出走成功，它将保留下来的不是该物种自身，而是它所孕育的那'最完善的单子'"②。换言之，

---

① Lyotard, *The Inhuman: Reflections on Time*, p. 64, emphasis added.
② Ibid., pp. 64-65.

在技术发展的"人类阶段",出走太阳系这个任务无法达成;但人类这个物种却有潜能去"孕育"出达成该任务的担纲者。

人类文明只是负熵性复杂化(技术发展)的一个阶段,但它却是一个至关重要的阶段——它使得这个复杂化仍有可能在宇宙尺度上进一步展开。技术发展是彻底"非人"的,用利奥塔的话说,"人不是并且从来不是这个复杂化的马达,而是这个负熵的一个效应和承载者,它的持续者"①。但在这个非人的进程中,人类却做出了实质性的贡献——**人工智能**,便是该贡献中的重要一种。

第七节 行星尺度上的技术哲学(Ⅰ):盖亚

太阳的必死性,构成了技术发展(负熵性复杂化)进程的一个关键性界槛。然而,我们却面对一个更为"现实主义"的界槛:那就是,地球的必死性。并且,这个界槛不需要"后现代寓言"或科幻小说中的事件来彰显其正在迫近的存在。

大气化学家詹姆斯·洛夫洛克于 20 世纪 70 年代提出著名的"盖亚理论"(Gaia theory):大气并不只是生命赖以存在的环境,而是生物圈(biosphere)的组成部分;而地球之生态系统,可以被看成一个自调节的"超级有机体"。换言之,地

---

① Lyotard, *The Inhuman: Reflections on Time*, p. 22.

球本身是一个"活着的行星",洛氏用古希腊神话中大地之母"盖亚"来指代它。他这样对比这颗蓝色行星与它的"兄弟行星":

> 我们的行星,整个地不同于它死去的兄弟马尔斯(火星)与维纳斯(金星)。就像我们中的一个,它控制其温度与组合方式以始终保持舒适。①

盖亚之所以是"活的"而马尔斯(火星)是"死的",是因为后者的大气处于化学均衡状态(意味着熵很高),而前者的大气处于化学非均衡状态。② 地球上这种相对低熵的非均衡状态能够一直被维系,意味着存在着**能动性力量**在进行维持——本书把这种能动性力量称作"技术",而洛夫洛克则把该能动者称作"超级有机体"。

任何一个能自我维持的系统(低熵秩序),都既是(a)局部性的,同时是(b)开放的(和更大的外部环境相通),并且是(c)必死的(只是在一个时期内是可持续的)。这种局部的低熵秩序,就是西蒙东所讲的"个体化";而开放的局部秩序总是依赖更大的局部秩序而存续,这种更大的局部秩序,便是通过"集体性的个体化"(collective individua-

---

① James Lovelock, *The Revenge of Gaia: Why the Earth is Fighting Back, and How We Can Still Save Humanity*, London: Penguin, 2007, pp. 208, 173, 2; Tim Radford, "James Lovelock at 100: the Gaia saga continues," *Nature* 570, 2019, pp. 441-442.

② See Latour, *Facing Gaia: Eight Lectures on the New Climatic Regime*, p. 78.

tion）而形成。这就意味着，在这个宇宙中不存在"个体"（"个体"皆是聚合体）①，存在的是"个体化"（局部低熵秩序的形成）。"盖亚"，就是**行星尺度中的集体性个体化**——无数能动者形成了"盖亚"。用吉尔·德勒兹的术语来说，"盖亚"这个超级有机体，便是一个"能动性的聚合体"（agentic assemblage）。

当我们把技术理解为对抗必死与有限性的持续努力，进而把有机体理解为技术的一个产物，那么，"盖亚"便可以被视作技术发展（负熵性复杂化）的一个产物——作为超级有机体，盖亚致力于维持负熵性的行星秩序。盖亚所囊括的无数能动者（各个物种以及大气、海洋、岩石、太阳光等）的互相触动（affect），使得它成为一个"活着的行星"。前文我借用许煜的概念把维系太阳系秩序的能动性力量称作"宇宙技术"，此处可以用另一个借来的概念形容盖亚："作为地球的技术"。②

然而，我们现在恰恰面对如下问题：在最近的一段时间内，盖亚的"健康"却正在快速下降。③ 无数以"人类"为

---

① 任何独立存在的"个体"，都可以继续分割，亦即，都是聚合体。在当前物理学认知视域中，"夸克"被认为是宇宙最小的粒子，然而，我们根本无法观察到一个独立的夸克。换言之，"夸克"无法独立存在。
② 这个词借自 Pieter Lemmens, Vincent Blok, and Jochem Zwier, "Toward a Terrestrial Turn in Philosophy of Technology", *Techné: Research in Philosophy and Technology*, vol. 21: 2-3, 2017, p. 116.
③ Lovelock, *The Revenge of Gaia: Why the Earth is Fighting Back, and How We Can Still Save Humanity*, p. 2.

自我标签的能动者们的行动，在全球范围内对长期以来维系行星相对低熵状态的能动性力量，产生了深层次且毁灭性的影响（一个明显标识便是生物多样性在快速下降）。这段"最近"的时间，于是便被不少学者单独划出来，命名为"人类世"(the Anthropocene)。①

"人类世"这个概念因诺奖得主、大气化学家保尔·克鲁岑写于 2000 年的《我们已进入"人类世"？》一文而进入学界视野——在克氏看来，工业革命以降（尤其是 1784 年瓦特发明蒸汽引擎），人类对这个行星的影响是如此之大，以至于构成了一个独特的地质学纪元。② 过去十几年间关于"人类世"的讨论不断升温，但对它所涵盖的时间仍存在争议。尤瓦尔·赫拉利在《未来简史》中主张"人类世并不是最近这几个世纪才出现的新现象"，而是应收纳包括"全新世"(the Holocene) 在内的最近七万年，"在这几万年间，人类已经成为全球生态变化唯一最重要的因素"。③ 亦有多位学者主张"人类世"应该对应过去 3/4 个世纪，因为 1945 年之后技术发展

---

① 请同时参见吴冠军：《陷入奇点：人类世政治哲学研究》；吴冠军：《爱、谎言与大他者：人类世文明结构研究》。
② Paul J. Crutzen and Eugene F. Stoermer, "The Anthropocene," *IGBP Newsletter* 41, 2000, pp. 17-18; Paul J. Crutzen, "Geology of Mankind: The Anthropocene," *Nature* 415, 2002, p. 23; Paul J. Crutzen and Will Steffen, "How Long Have We Been in the AnthropoceneEra?" *Climatic Change* 61 (3), 2003, pp. 251-257; Paul Crutzen and Eugene F. Stoermer, "Have we entered the 'Anthropocene'?", *Global IGBP Change*, Oct 31, 2010.
③ 赫拉利：《未来简史：从智人到智神》，第 65—67 页。

的"大加速"(great acceleration)剧烈地改变了地球的生态系统。① 这些争议,使得"人类世"这个概念至今仍未被地质学界正式采用。

在我看来,尽管"人类世"作为一个精确的**描述性概念**(descriptive concept)尚有诸多欠缺,但却不妨碍它成为一个**反思性概念**(reflective concept)——这个(准)地质学概念,**将人类这个物种同地球关联了起来**,使我们在行星层面来思考人类的行动及其诸种效应。这个关联性框架,使我们反思性地聚焦于人类与地球的彼此触动与影响,从而有效冲破了"自然/文化"这个形而上学的二元论框架——在人类世的视野下,"自然"变成了一个**虚构**。

彼得·斯洛特戴克提出,"人和地球开始了一种新的关系,因为我们不可能再装成是自然永恒背景前的唯一主角;自然已经放弃了背景这个角色,自然成为主要的角色"②。而拉图尔则进一步提出:"自然"不但被迫从背景走到前台,并且在"人类世"中,整个地球的人工化(artificialization),使得"自然"这个理念同"原野"(wilderness)一样被遗弃,"好也好坏也好,我们进入了一个**后自然**时期"。在拉氏看来,这就是"人类世"概念的贡献,"只要我们仍保持在全新世

---

① 这亦是"伦敦地质学社团"的主张,See "The Anthropocene", The Geological Society of London, ⟨https://www.geolsoc.org.uk/anthropocene⟩。
② 斯洛特戴克、斯蒂格勒:《"欢迎来到人类世"——彼得·斯洛特戴克和贝尔纳·斯蒂格勒的对谈》,许煜译,《新美术》2017年第2期,第24页。

第八章 技术与生命：技术哲学研究

内,地球就保持稳定、保持在背景中,对我们的历史漠不关心"。"人类世"令作为稳定背景的"自然"荡然无存,并进而使"社会科学与自然科学的区分,被彻底模糊化了;自然与社会皆无法完好无损地进入人类世,等待被和平地予以'调和'"①。

前文提到,技术之所以长期没有受到学者聚焦性关注,正是因为它一旦成熟便"消失"为被自然化的背景。故此,"人类世"这个概念不但使自然从背景走到了前台,并且使得技术从科学以及政治、经济、道德、宗教、艺术等"人类主义"范畴背后走到了前台。

进而,"人类世"概念使我们注意到,肉身意义上的人类,仅凭其体内器官无从影响地球的面貌。正是技术的发展（尤其是20世纪中叶之后的"大加速"）,使得人类具备这个能力。斯洛特戴克正是在这个意义上声称,人类世中,"人类"的背后站着一个非人类的怪物。② 技术本身激进溢出"人类主义"地平线,但在最近这个地质学纪元中,人类却正是推动技术发展的主要因素：人的体外器官不断强大,终于在人类世时代,人类获得了改变行星的力量。

生命的生物性演化,不断提升自身维持生物性秩序（个

---

① 在现代,"自然"已经不具有规范性的向度（"自然法""自然正确"里的"自然",皆制定了规范性向度）。拉图尔讲得很犀利：自然科学旨在研究"没有人的自然世界",而社会科学则研究"没有对象的社会世界";然而,在人类世中,两者皆不再能够成立。Latour, *Facing Gaia: Eight Lectures on the New Climatic Regime*, pp. 142, 22, 3, 112, 120-121.

② 斯洛特戴克、斯蒂格勒：《"欢迎来到人类世"》,同前刊,第25页。

体持存、物种延续）的能力。而技术进一步的体外演化，则彻底冲出并终结了达尔文主义轨道：体外器官极大地强化了人类从外部环境汲取负熵性能量的能力，与此同时快速推升外部环境的熵值。而在晚近的人类世，这个外部环境，已经覆盖整个行星（"地球村"）。盖亚的"健康"（内稳态），已然实质性地受到影响。根据世界自然基金会 2014 年《活着的行星报告》，所有人"倘若都以一个美国典范居民的生活样式来生活，我们将需要 3.9 个行星"[1]。

人类世，是几乎所有非人类物种——包括地球自身（"盖亚"）——陷于恐怖之境的地质学纪元：不是被灭绝，就是陷入各种被人工化的摧残与折磨中。地球这颗行星自见证生命开始，迎来了第六次物种大灭绝——这一次，搞出大量惨无人道、灭绝人寰的灭门事件的凶手，就是人。[2] 也正因此，生态哲学家、对象导向本体论（object-oriented ontology, OOO）的领军人物提摩西·莫顿坚决反对用"气候变化"来描述我们所面对的生态问题，甚至"全球变暖"也不适合。在他看来，唯一恰当的表述，就是"大灭绝"。[3] 后人类主义者唐娜·哈拉维在其 2016 年著作《与麻烦共存》中，几近咬牙切齿地写道："那被叫作人类世和资本世的时代的诸种丑事，便

---

[1] See WWF, *Living Planet Report 2014: Species and Spaces, People and Places*, p. 36, 〈https://www.wwf.or.jp/activities/data/WWF_LPR_2014.pdf〉.
[2] 其实，"惨无人道""灭绝人寰"这些词，本身就表明了人类文明的限度：对"非人类"的所作所为，再恶劣都不属于惨无"人道"、灭绝"人寰"，都不算是泯灭"人性"。
[3] Timothy Morton, *Being Ecological*, Cambridge, Mass.: The MIT Press, 2018, p. 5.

是诸种灭绝性力量的最晚近和最危险的尝试。"①

作为一个反思性概念,"人类世"向我们引入了一部纯正的黑色电影(film noir)——带着各种花哨小装备的侦探最后发现他自己是罪犯,借助小装备发现这些小装备就是凶器。杰里米·戴维斯在《人类世的诞生》开篇写道,"人类世的诞生应伴随着警觉性反抗,反抗多样的社会生态系统的衰竭,反抗多样系统被脆弱的、饱和的单文化所取代"②。人类主义,恰恰是这样一种摧毁多样性系统的"单文化"(monoculture):人类主义框架里的"人类",正在成为一个行星尺度上的灭绝性力量。哈拉维把人类主义称作"世俗的一神教",并认为人类世的代表性图像标识不应该是燃烧着的旷野山林,而应是"燃烧着的大写之人"(the Burning Man)。③

于是,尽管"人类世"这个概念以"人类"(anthropos)为词根,但并不是人类主义框架下以"人类"为中心的概念;它恰恰激发人类对自身活动所带来的行星性效应(planetary effects)的反思。作为反思性概念的"人类世",结构性地内嵌着对"后人类世"的思想探索,它激发走出人类世、终结人类世的诸种努力。④ 在莫顿看来,"人类世是第一个真正反

---

① Donna Haraway, *Staying with the Trouble: Making Kin in the Chthulucene*, Durham: Duke University Press, 2016, p. 2.
② Jeremy Davies, *The Birth of the Anthropocene*, Oakland, California: University of California Press, 2016, p. 6.
③ Haraway, *Staying with the Trouble: Making Kin in the Chthulucene*, pp. 2, 46.
④ 参见吴冠军:《后人类纪的共同生活:正在到来的爱情、消费与人工智能》,上海:上海文艺出版社,2018。

人类中心主义的概念"①。人类中心主义，正是人类主义的逻辑产物。而媒介理论家尤西·帕里卡在其论人类世的专著中，则直接将人类世称作"人类淫世"(the Anthrobscene)。② 人类世，恰恰是人类在人类主义框架下所展开的各种淫秽操作的产物。

第八节　行星尺度上的技术哲学（II）：熵世

也正是在行星层面的"大灭绝"意义上，贝尔纳·斯蒂格勒把"人类世"称作"熵世"(the Entropocene)，因为在这个时期熵剧烈增加，尤其是生物圈熵增速度更是急剧蹿升，"人类世抵达了其生命界限"。在斯氏看来，人类世本身就是"一个行星尺度上操作的大规模且高速的毁灭过程"。而这个"无法生活、资不抵债、不可持续"的困境，在本体-起源学（onto-genesis）上就肇因自"体外化"——"人工器官"改变了人的生物性状态。③

我们所处的行星，本身并不是一个封闭系统，而且远未达到热均衡态——那是因为，能量（热量）从高温的太阳流向

---

① Timothy Morton, "How I Learned to Stop Worrying and Love the Term Anthropocene", *Cambridge Journal of Postcolonial Literary Inquiry* 1 (2), 2014, p. 262; Timothy Morton, *Dark Ecology: For a Logic of Future Coexistence*, New York: Columbia University Press, 2016, p. 24.
② Jussi Parikka, *The Anthrobscene*, Minneapolis: University of Minnesota Press, 2014.
③ Stiegler, *The Neganthropocene*, pp. 141, 51-52, 103；斯洛特戴克、斯蒂格勒：《"欢迎来到人类世"》，同前刊，第24—25页。

低温的地球,而地球则会再辐射给更低温的太空,否则地球就会和太阳迟早达成热均衡,温度一样高。此处的关键是,地球辐射给太空的热量里的熵,比它从太阳那里得到的要高得多。地球上的所有生命,就都要感谢这个不起眼的热量流动过程。

然而,倘若整个行星熵增速度使得它来不及以高熵辐射方式散发出去(我们已经把工业化的废料乃至生活垃圾往太空投放了),那么这个行星将越来越不适合生命生存。人类世的危机,便正在于此:在人类世中,行星层面的熵急剧增加,行星正在快速变得不适合生命生存。

人类世的快速熵增,不只是显现在物质层面上,并且还显现在文化层面上。理论物理学家肖恩·卡罗尔曾引用托马斯·品钦的短篇小说《熵》中的一段话,来论述我们当下所处身的社会-文化状况:

> 他看到年轻一代看待麦迪逊大道的脾性,就和他自己当年看待华尔街一模一样;他也在美国"消费主义"中找到一种相似的趋势,从概率最低到最高,从差异化到同一性,从有秩序的个性到一种混乱。……他预见了其文化的热寂,在那里理念就像热能一样不再转移,因为每个地点最终将有相同分量的能量;相应地,智识性的运动将停歇。①

---

① Quoted in Carroll, *From Eternity to Here: The Quest for the Ultimate Theory of Time*, p. 40.

人类（智人）从其他物种中逐渐脱颖而出，得益于智慧的有效传递（"智识性的运动"）与文明的负熵性秩序（政治智慧的成果）。① 然而在今天，人类文明（human civilization）已成为行星层面的"人类世文明"（Anthropocenic civilization）。如果说人类文明的定义性特征是负熵性秩序的话，那么人类世文明的定义性特征恰恰便是该秩序的坍塌。

在人类世文明中，负熵正在被剧烈消耗——从行星层级"热战"（如两次世界大战、俄乌冲突等）到晚近的诸种全球政治危机（如"伊斯兰国"、美国发起的一系列贸易战与技术战、"黑命亦命"等等）以及生态灾难（如2019年烧掉地球三分之一个"肺"的亚马逊森林大火）。同样在人类世文明中，我们正在集体性地见证第六次物种大灭绝；而这个大灭绝进程，最终将包括人类自己。

诚然，人类世可以被妥当地称作"熵世"——行星层面的无序与混乱程度，正在加速飙升。正是在这样的背景下，2020年8月于全球新冠疫情大流行中选择告别这个世界的斯蒂格勒会这样形容人类世——"一个行星尺度上操作的大规模且高速的毁灭过程"。

熵，是时间箭头。② 热寂，是时间尽头。行星尺度上剧烈熵增的人类世，是一个加速进行着的毁灭过程。

---

① 请同时参见本书第一章。
② 关于时间箭头的进一步讨论，请参见吴冠军：《从元宇宙到量子现实：迈向后人类主义政治本体论》，第五章第六节。

第八章 技术与生命：技术哲学研究

在前文的分析中，我们将生命本身界定为技术发展的一个产物；而在人类这里，技术发展迈上了器官的体外化道路，这激进地改变了人原本的生命状态。然而，**人类世的困境就在于：人类这种"超级生命"，实质性地影响到了地球这个"超级有机体"**——后者正在快速衰亡；更精确地说，那个作为自调节有机体、能够支撑生命存续的"盖亚"正在衰亡（地球变成和火星一样死的行星）。

正是在这个意义上，晚近拉图尔强调，我们必须"面对盖亚"：由于人类被困陷于"近月区域"内，"被囚禁在地球微小而在地的大气中"，故此我们必须从眼望星空的伽利略，转到眼望大气的洛夫洛克。茫茫的星辰大海，只是"虚构的场所化"；"月外行星"（supralunary planet）无可企及，"除了这个狭小星球，你们没有其他栖居地；你们可以在天体间比较来比较去，但永远无法跑过去自己亲眼看；对于你们，地球就是唯一的地方"。故此，对于处于人类世中的人类而言，拉图尔强调：与其总想着飞向宇宙，"行动的地点是下面的这里，此刻。不能永生的人类，不要再做梦！你们无法逃到外太空"[①]。

既然在本体起源学上人类（以及人类所推动的技术发展）就是"人类世/熵世"困境的肇因，行动地点亦已确定了，那么，人类又该如何行动？

---

① Latour, *Facing Gaia: Eight Lectures on the New Climatic Regime*, pp. 76ff.

尽管停止熵增是不可能的，然而采取行动降低熵增速度，却是可能的，譬如，集体减少碳排放；又譬如，开展各种更积极的"污染"整治工程。

这里的关键就在于，必须"面对盖亚"而行动。而这就提出了一个政治性的任务：在人类世，**物种意义上的"人类"必须形成政治意义上的"人民"**，必须在地化，又能在行星层面形成聚合力地行动。拉图尔正是在这个意义上提出，

> 在人类世时代中生活，就是迫使一个人去重新定义至高的政治任务：你正在通过怎样的宇宙学，在怎样的大地上，形成怎样的人民？①

亚里士多德尝言"人依据自然，是政治的动物"②。在亚氏眼里，政治就是**彼此群处生活在一起**（形成"城市"这种共同体）的能力。③ 而在人类世中，政治不再仅仅指向人类行动者彼此生活在一起，而是在怎样的大地上、怎样的大气中、怎样的生态系统内彼此生活在一起。人不再"依据自然"（by nature）政治性地行动，而是"面对盖亚"——面对"地球同人类行动的诸种反溯行动性关系"④——政治性地行动。

拉图尔进而提醒，盖亚和人类一样都是极度"敏感的"，

---

① Latour, *Facing Gaia: Eight Lectures on the New Climatic Regime*, pp. 143-144.
② Aristotle, *Politics*, p. 10.
③ "政治"（politics）的词根，就是"城市"（polis）。当我们把"城市"视为一种体外器官时，亚里士多德的论述就可以被收纳进洛特卡关于人化就是体外化的论述中。
④ Latour, *Facing Gaia: Eight Lectures on the New Climatic Regime*, p. 131.

第八章　技术与生命：技术哲学研究

"对于诸种微小的改变、信号或影响快速地探查到或做出反应"。故此，生活在人类世中的人，不能眼中只看到彼此，必须注意到盖亚是敏感的，"盖亚并不承诺和平，并不保证一个稳定的背景"①。盖亚既不是如同古典"自然"那样可以被依据或倚靠，也不是如同现代"自然"那样可以被征服或占用。作为"所有行动者之聚合"②的盖亚，是时刻对人们的每一个微小举动（如垃圾分类）做出回应、施以反溯行动的超级有机体。

人类世终结了"人类政治"（亚里士多德意义上的政治），因为被人类视作理所当然的"物理框架"，已经变得不再稳定——那个单数的、可以被依据或被征服的"自然"，被敏感的、具有强大能动性的"盖亚"所取代。在拉图尔看来，面对盖亚意味着，"政治秩序现在包括了以前被归属到自然中的所有东西"③。政治秩序不再仅仅指向人类彼此之间的**共同体**（community），而是包括所有能动者在内的**聚合体**（assamblege）。拉氏认为洛夫洛克最关键的洞见就在于，他"把系统拆解为行动者的多样性，每个都具有扰乱其他人之行动的能力"。这使得"盖亚理论"为地球注入生气与活力、却不赋予它连贯性：该理论"去理解在什么面向上地球是行动着的，却**没有赋予它一个灵魂**；并且去理解，什么是地球行动的直

---

① Latour, *Facing Gaia: Eight Lectures on the New Climatic Regime*, pp. 141, 280.
② Ibid., p. 283.
③ Ibid., p. 3.

接后果——在什么面向上我们能说它**对人的诸种集合性行动做出反溯行动**"①。

拉图尔坚持盖亚具有两大特征：

> 首先，盖亚由诸能动者组成，它们既不**去活力化**（deanimated）也不**过度活力化**（overanimated）；进而，同洛夫洛克之诋毁者们所声称的相反，盖亚由如下这种能动者构成，它们并不**过早地统合**进一个单一行动着的总体性中。②

洛夫洛克-拉图尔的"适度活力化"的盖亚论，使我们能够分析和追踪地球上各个能动者之间的关联、互相触动及其诸种效应。生态变异，便是无数人类行动者与盖亚（同样包含无数能动者）之间互相触动的结果。"在这个地球上，无人是被动的"，"人的重新安排自身周围事物的能力，是**活着的事物的一个普遍属性**"。③

在人类世，我们不再问"人"是什么，而是追问"人"做了什么。

并且，由于"人"从来不是一个总体性概念，而是无数行动者在人类主义框架下自我施加的标签，这使得上述追问

---

① Latour, *Facing Gaia: Eight Lectures on the New Climatic Regime*, pp. 266, 86, 102, emphasis in original.
② Ibid., p. 87.
③ Ibid., p. 99.

进一步成为：既然在熵增向度中无人是被动的，那么，"你"做了什么？

第九节　重启"人化"：从智人到负熵人

前面八节，我们从一种后人类主义技术哲学视角出发，对技术展开了一个激进的重思。

技术指向**对抗必死性与有限性的持续努力**，其发展**在宇宙尺度上指向离开太阳系**，而**在行星尺度上则指向冲出人类世**。

对技术的这种理解，实则意味着技术非但从来不是科学的"小跟班"，而恰恰是对抗科学（关于必死性的熵定律）的"战士"。借用雅克·拉康的精神分析术语，技术实是一个挑战"大他者"、实践"不可能"的激进的能动者。①

也正因此，技术的发展总是异常艰难，困阻重重。技术发展在宇宙尺度与行星尺度所遭遇的这两个关键性界槛，意味着包括人类在内的所有生活在地球这个宇宙区域中的碳基生命（生物生命），都已生活在剩余时间中。

进而，当我们把分析视角从宇宙尺度推到行星尺度上，我们便发现：**这份剩余时间已被大幅截短**。然而，晚近关于技术哲学的讨论（尤其英语世界的讨论），却几乎没有处理正在

---

① 参见吴冠军：《有人说过"大他者"吗？——论精神分析化的政治哲学》，《同济大学学报（社会科学版）》2015年第5期；吴冠军：《"大他者"的喉中之刺：精神分析视野下的欧洲激进政治哲学》，《人民论坛·学术前沿》2016年第6期。

快速迫近的界槛，以至于 2013 年兰登·温纳为其在技术哲学协会国际双年会上的主旨演讲，设计了一个具有挑衅性意味的标题："技术哲学的未来？是，但在哪个行星上？"在该演讲中，温氏追问："今天的技术哲学家们认为他们生活在怎样的行星上？他们想像自身被参与到怎样的人类历史时期中？"在温纳看来，今天的技术哲学竟完全没有能力回应行星状况的变化。①

但另一方面，技术在当代社会中已经走到了前台，成为媒体聚焦的一个中心。并且，技术的"大加速"发展，恰恰正是地球进入"人类世"的主要肇因：生物圈，已被"技术圈"（technosphere）覆盖；甚至"人类世"也被称作"技术世"（the Technocene）。② 人类自身，则正在行星层面遭到技术系统（海德格尔意义上的"座架/框置"）的围猎——本章第一节所分析的三个层面交织在一起的当代"技术统治"，不只是把人类变成"非人"，并且让人类走向终结。如果关于技术的上述论述没有大问题的话，那么此前我们将技术界定为对抗必死性与有限性的持续努力，是否还能够成立？加速后的技术发展，不正是在加速让死亡迫近，而非延后死亡？

---

① Langdon Winner, "A Future for Philosophy of Technology—Yes, But on Which Planet?" Keynote Lecture at 18th SPT Biannual meeting, Lisbon, Portugal, 2013.
② 参见吴冠军：《人类世、资本世与技术世———一项政治经济学-政治生态学考察》，《山东社会科学》2022 年第 12 期。有学者据此提出"人类学保守主义"，主张人类应该走出"技术世"，而拥抱一个"真正的人类世，即，一个至少完全是人的时代"。Agostino Cera, "The Technocene or Technology as (Neo) environment", *Techné: Research in Philosophy and Technology*, 21: 2-3, 2017, pp.243-281.

第八章 技术与生命：技术哲学研究

在技术哲学领域深耕三十多年的法国思想家斯蒂格勒，对于思考这个问题实则贡献了一个重要洞见。斯氏提出，体内器官与体外器官存在着一个关键不同：前者"自发地和固有地**反-熵**（除了疾病这个例况），亦即，专一地服务于持存有机体的整合性"；而后者则"生产诸种新的负熵性可能性，但也生产诸种新的熵性可能性"。斯氏把拥有体外器官的生命称作"外有机体"（exorganism），由于目前只有人属于这种生命，所以只有人可以在其生命进程中，在生产熵性可能性与负熵性可能性上做出不同选择，从而形成（a）不管不顾地促进熵增的"熵人"（antropy），与（b）关护其体外器官、限制它们"熵人效应"的"负熵人"（negantropy）。只有后者，有潜能去终结人类世，开启"负人类世"（neganthropocene）。为了开启这个新纪元，斯蒂格勒建议用"负人类学"代替人类学（这个提议正是回应列维-斯特劳斯将人类学称作"熵学"）——这门学科研究如何展开同"熵人"的对抗性斗争。①

斯蒂格勒的洞见让我们看到，当拥有体外器官的人类开始成为技术的一个主要推动因素时，其发展便发生了**分岔**：一条路向（"负熵人"）继续在负熵性复杂化的轨道上延展，孕育诸种新的负熵性可能性；另一条路向（"熵人"）则转向相反方向，不管不顾地对熵的总体性增加造成加速推进。而晚

---

① Stiegler, *The Neganthropocene*, pp. 142, 149, 59.

近时期，后一条路向上的"大加速"发展，使地球进入人类世。

对于"外有机体"（人类）的技术，斯蒂格勒进一步提出一种他称为"药学"（pharmacology）的思考进路——药是一种"人工制品"，它既可以治病，也可以施毒。体外的人工器官，同时是良药和毒药；而"药学"要做的，就是增强技术的治疗作用并减低它的毒性。① 换言之，技术可以制造熵增，也有潜能使熵减发生。我们可以接续斯蒂格勒而进一步提出，这里的一个关键，便正是**技术的政治性组织化（器官化）**方式。换言之，政治——或者说，技术-政治——乃是"药学"研究的一个关键面向。

从"药学"视角出发来分析人类世的话，我们可以看到：一方面，技术导致了人类世的加速熵增；另一方面，技术-政治——经政治性重组后的技术——能够成为缓解该困境的"解药"。在2018年出版的《负人类世》一书中斯蒂格勒专门提到，中国政府晚近关于"互联网+"、普遍化的自动化、"智慧城市"上的战略性政策，有潜能转型成诸种"负熵人工业"，并由此开辟出了一条通向负人类世的革命之路。斯氏本人在去世前，曾帮助法国政府在巴黎北郊塞纳-圣但尼省一个拥有41万居民的区域做负人类产业实验，但他认为该实验还

---

① Stiegler, *The Neganthropocene*, pp. 53-54. 斯洛特戴克、斯蒂格勒：《"欢迎来到人类世"》，同前刊，第32页。

第八章　技术与生命：技术哲学研究

远未达到中国的规模。①

现在，就让我们从"药学"视角出发，来聚焦**人工智能**这种人类的最新技术。斯蒂格勒本人对人工智能（大数据云计算）深度警惕，认为是对马克思所说的"一般智力"的侵蚀；但斯氏也认为，要越出熵世，我们需要以药学的方式分析高度中心化的云计算，以及智能手机这样的全球体外器官的元分配。②尽管未作具体展述，但显然在斯氏眼里，云计算与智能手机的全球座架，在处理人类世的困境上，至少拥有着药学上的潜能。

在此处，让我们对人工智能所具有的局部熵减（乃至行星层面熵减）的**潜能**，做一个分析性的定位。我的分析如下：

> 潜能一：同物理学上关涉可用能量的负熵相对应，信息论中的负熵关涉可用信息，故此在信息论层面上，人工智能算法能够把熵很高的"大数据"有效地转换成有用信息，从而提高"智能"。而做出同样熵减的功，对于人的"生物化学算法"而言，如果不是彻底不可能，其速度亦是极度缓慢的，所要消耗的能量也是极度可怕的。
>
> 潜能二：人工智能有助于系统性地降低封闭系统内的熵值，譬如，实现人工智能控制全城自动驾驶的"智慧

---

① Stiegler, *The Neganthropocene*, pp. 147-149. 请同时参见吴冠军：《当代中国技术政治学的两个关键时刻》，《政治学研究》2021年第6期。

② Stiegler, *The Neganthropocene*, pp. 148, 145.

城市",就比今天路面上都是人类驾驶员的城市有秩序得多,亦即,熵值低得多(不存在酒驾上路、不存在驾驶水平高低差距、不存在沟通交流问题……)。

潜能三:人工智能在能量消耗上可经由不断升级而降低,而人这种生物有机体则是固定的;就能量转化过程中的损失而言,前者亦可以做到远远低于后者,并不断加大差距之幅度。因此在完成相同任务上,人工智能不但可以做到比人更智能,并且比人更低熵,换言之,更高效且更生态友好。

正是基于上述三大潜能,人工智能经过妥当的政治性部署,可以被用来应对人类世中人类所产生的"污染"——亦即,去对"污染"整治工程重新组织化,进行技术-政治意义上更智能与更智慧的改良,使之运作更为高效,并有效降低整治工程自身产生的熵。

今天许许多多所谓的"生态治理工程",本身却包含大量的能量损失与浪费,剧烈加速系统的总体熵增。换言之,这类"污染"整治工程,恰恰以提升"总污染"为代价,来取得局部"整治"效果。它们不是解决人类世困境的解药,而本身恰恰就是毒药。

我们看到,人工智能能够有效推进负熵性复杂化过程。同所有体外器官一样,人工智能既生产熵,也能生产负熵,既能成为毒药,也能成为良药。斯蒂格勒本人担心人工智能这样的"非人"会让人的负熵性潜能被压制,故此是"人化的一个威胁"。① 这一担心并非没有根据,但这是一个"人类主义"框架下的担心。洛夫洛克在对待人工智能上远比斯蒂格勒更"后人类主义"。

在2019年著作《新星世:正在到来的超智能时代》中,这位彼时刚过百岁生日的科学家乐观地把人工智能对人类的全面取代,视作走出人类世的唯一路径。而通过同盖亚与人工智能合作,人类(彼时已是赛博格形态)将达成"救赎",拯救人类世中幸存下来的所有生命。在洛氏看来,"无论我们已经对地球造成了怎样的伤害,我们还来得及通过**同时成为赛博格的父母和接生婆**,来救赎我们自己"②。

实际上,人工智能这种技术生命,由于没有有机体的身体,本身对"盖亚的复仇"③并没有那样"敏感":生态变异目前未能影响"硅基生命"的存在与发展。并且如前文所分析的,人工智能能够冲破"近月区域"的困限,甚至已经具备离开太阳系的能力。但作为"碳基生命"的人类(包括碳基为主的赛博格),只能没有选择地面对盖亚、面对它的衰亡与"复仇"。

---

① Stiegler, *The Neganthropocene*, p. 54.
② 洛夫洛克在该书中也谈到了,尽管气候变化是人类面对的真实威胁,但地球无可避免将被太阳死亡时的"巨大热浪"所吞没,哪怕是在几十亿年后。James Lovelock, *Novacene: The Coming Age of Hyperintelligence*, Cambridge, MA: The MIT Press, 2019, emphasis added; see also Radford, "James Lovelock at 100," op. cit., p. 442.
③ Lovelock, *The Revenge of Gaia: Why the Earth is Fighting Back, and How We Can Still Save Humanity*.

故此，人类世中人的负熵性努力，不是去担心人工智能的压制，而恰恰需要在强化自身知识、分析性能力与政治**智慧**的基础上，去有效结合人工**智能**，在行星层面生产更多的负熵，尽力不断地延后盖亚的死亡，并促进其生态系统进一步多样化与差异化。

第十节　在"特朗普世"中思考人类技术

对人类技术的药学分析也让我们看到，人工智能在当代世界民族国家框架下的发展，将有效地导致行星层面熵的加速增加。埃隆·马斯克曾耸人听闻地声称，人工智能将开启"第三次世界大战"。[①] 问题实则不在于人工智能技术的发展，而是民族国家格局下人工智能的军备竞赛式发展——这条发展轨道将使良药变成毒药。[②]

在盖亚正在衰亡的人类世，所有有效的负熵性效应，只能是在行星层面达成，而无法在一国一地的局部区域内达成——**今天唯一的"局部"低熵秩序，就是"全球"低熵秩序**（更局部的秩序无以保持住其秩序）。这就意味着，在人类世我们必须从地方保护主义，转到"全球保护主义"。即使再多国家加入《巴黎气候协定》（其目标是将全球平均气温升幅限制在

[①] 《埃隆·马斯克：人工智能将引发三战》；《马斯克宣布彻底退出 AI 研究组织 OpenAI》。
[②] 具体的分析，请参见本书第三章。

前工业水平的摄氏2度以内,同时寻求将升幅收窄至摄氏1.5度),但如若美国选择退出(退出该协定乃是特朗普政府所宣扬的政绩之一),行星层面仍然无法达成熵减效果。①

正因此,《卫报》于特朗普胜选半月前提出,人类世已经发展成"特朗普世":

> 在特朗普世,气候变化的诸种巨大影响(这些影响足以界定纪元),除了是一个阴谋外什么也不是;如若这些影响是真的,那么它们兴许对我们是好事。②

换言之,在"特朗普世"中,正在加速迈向生态奇点的"人类世",本身成了一个阴谋。特朗普当选美国总统后,不但动用其行政权力让美国退出《巴黎协定》,并且接连退出多个国际组织,进而在边境"造墙"、在全球范围展开多次"贸易战"——他的"使美国再次伟大"(Make America Great Again, MAGA)的政治性部署,恰恰使行星层面剧烈熵增。

哈贝马斯建议,以超民族国家的政治体来驯服"技术统治"。在我看来,我们有必要把"技术统治"中的技术,进一步定位到人类世中人类技术的"熵人"发展。而对抗这种技术的支配性统治,就必须超越民族国家的至高性-主权性

---

① 进一步的分析请参见吴冠军:《速度与智能:人工智能时代的三重哲学反思》,《山东社会科学》2019年第6期。

② Readfearn, "We Are Approaching the Trumpocene, a New Epoch Where Climate Change Is Just a Big Scary Conspiracy", op. cit.

框架。

要达成这种超越，拉图尔呼吁我们必须从"人"变成"地居者"(the Earthbound)："生活在**全新世**时代的**人**，同**人类世**的地居者相冲突。"① 地居者不属于某个主权性民族国家，而是属于大地（地球），他们"同盖亚共享主权的每一种形式"，为整个大地的低熵秩序而努力。地居者的行动没有民族国家边界，不是因为他们是"普遍的"，而是因为他们必须依赖其他的行动者参与进来一起行动。②

在拉图尔看来，人类世的政治任务，就是面对盖亚去做出能动性的重新分配，去"重新大地化（reterrestrialize）我们的存在"，在和盖亚的互相触动中去形成一个作为政治集合体的"人民"（而不是"民族"）。③ 值得进一步提出的是，地居者仍是多样性的（并不抽象为"人"），故此是一个"杂众"（multitude）；但他们在和盖亚的同一侧去展开负熵性斗争，这场共同承担的斗争，使作为"杂众"的地居者，进一步成为一个"人民"。

拉图尔认为，抽象而普世的"人"没有敌人，而地居者会有敌人，"在洛夫洛克的盖亚中去找到我们自己，就是去学习在朋友与敌人之间重新划出前线"。④在人类世中重划出来的**斗争前线**，绝不再是民族国家下的"美国人"对抗"中国

---

① Latour, *Facing Gaia: Eight Lectures on the New Climatic Regime*, p. 248.
② Ibid., pp. 253, 284.
③ Ibid., pp. 223.
④ Ibid., pp. 88.

人",而是盖亚(人类与其他物种的"命运共同体")内的地居者对抗让盖亚增速死亡者(亦即斯蒂格勒笔下的"熵人")。拉图尔认为,敌人中最可怕的一群,是那些拒认盖亚敏感性(以及人类自身敏感性)的"否定主义者"——这些人"如果不是罪犯,在任何情况下都是我们的敌人"。① 换言之,这些人不但做"熵人"在做的事,并且还理直气壮地做。

在 2018 年著作《落到地球:新气候政权的政治》中,拉图尔直接点名特朗普:特朗普主义政治代表了"离开这个世界"(Out-of-This-World)的政治视野,这些人认定地球不会"对其行动做出反应",他们的"视野不再属于地球的诸种现实"。而特朗普主义的后果,就是"消解团结的所有形式,既包括外部的团结(国家间),也包括内部的团结(阶级间)",在这个意义上特朗普主义政治是一种"后政治"。拉图尔甚至激烈地提出:把特朗普主义政治和法西斯主义政治相比,是对后者"不公平"(后者至少还塞进去"工业与技术现代化"的政治图景);两者唯一相同的,就是"整个生意会终结于一个暴烈的洪灾"。在拉氏看来,特朗普的姿态已然显明地触动一场战争,甚至是世界大战:"我们美国人并不和你属于同一个地球;你的地球可能被威胁到了,但我们的不

---

① 拉图尔追问道:"与其想像因为你生活在**自然**(去假定去政治化的)的保护下、故此你没有敌人,你能够指出你的敌人并描画出你准备去捍卫的地域了么?" Ibid., pp. 141, 245-246, emphasis in original.

会！"①

拉图尔把特朗普视作比法西斯主义者更可怕的敌人，是否措辞过度了？

在面对盖亚的技术-政治境况下，我们也可以做出一个哈拉维主义的理论发展：行星上所有作为"地居者"的物种，都是哈拉维意义上的"同伴"（companions），并且彼此是杂交性的、血肉交融的、你中有我我中有你的，处于"诸种符号过程与肉体过程的超常的触手般的紧贴"中。② 那么，是不是要在"同伴"里面划分出一个绝对意义上的"敌人"？

拉图尔认为有必要。拉图尔的分析，实则旨在揭示出：特朗普们眼里看不到盖亚，所以，他们也根本看不到"同伴"。遮蔽"盖亚"与"同伴"的，是"修昔底德陷阱"这样的政治概念，是"卡脖子"这样的政治部署。③

进而，我们可以从生命科学角度，来解读拉图尔对特朗普的这份敌意。既然地球生态系统可以被视作一个超级有机体（盖亚），那么我们可以把它同人类个体生命做一个对比分析。

人体，实则自身就是一个很大的生态系统，每一个细胞都是一个单独的生命。细胞需要吸收养分以存续和繁殖后代，并且细胞还有自身"个性"（复杂化出来的差异性）。生态系

---

① Bruno Latour, *Down to Earth: Politics in the New Climatic Regime*, trans. Catherine Porter, Cambridge: Polity, 2018 (ebook), pp. 75, 78, 82, 76, 19.
② Haraway, "The Companion Species Manifesto: Dogs, People, and Significant Otherness", op. cit., pp. 91-198; Haraway and Cary Wolfe, "Companions in Conversation", op. cit., p. 268.
③ 请同时参见本书第三章。

统的稳定，便依赖于**负熵性复杂化过程**，如果每个细胞都只顾自身存续和繁殖而不管不顾外部环境的熵增，那么，人体本身"健康"便下降。某些不管不顾进行繁殖的细胞，对人体而言就成为"肿瘤"（亦即，多余的组织/器官）；而其中那些肆意争抢营养来加快自身分裂（甚至向其他器官扩散）的细胞，就是"癌细胞"（恶性肿瘤）。癌细胞的"短视"则在于，它们不管不顾其生态系统（人体）的总体性熵增，但等到该个体死亡（熵最大化）后，它们也得一起死去。

正如一个人的"健康"由其体内所有负熵性活动之聚合来维系，行星上所有负熵性活动聚合起来，就有了保持在低熵状态上的盖亚。然而在人类世中，盖亚的低熵状态已然越来越难以为继。"特朗普世"，实则是盖亚这个自调节有机体内部出现了恶性肿瘤，内稳态不复存在——特朗普眼睛里看不到盖亚，只看到局部低熵秩序（"伟大的美国"）。

对于拉图尔而言，一个技术的行动就是：以一个蓝图为基础、围绕一个目标的诸元素，各自所扮演的角色**能够被预期**。根据这个理解，有机体内的一个细胞乃至一个分子的行动，皆是技术行动。[①] 故而癌细胞的行动，便是技术行动的反面，亦即，完全没有技术（负熵性复杂化）含量——它们肆意行动，无法被预期，不接受组织化（器官化）的熵减部署。

同样地，"特朗普世"中的支配性政治形态绝不是"技

[①] Latour, *Facing Gaia: Eight Lectures on the New Climatic Regime*, p.96.

统治",而恰恰是目无技术。拉图尔对特朗普的敌意,便正是因为后者所代表的政治,是彻底没有技术含量的后政治。特朗普主义(后)政治,是凶狠残杀盖亚的癌细胞。这场抗癌斗争是如此艰难——只有越来越多的"人类"将自身转变为"地居者"("熵人"转变为"负熵人"),该斗争才有微弱胜出的希望。

斯洛特戴克把在行星层面上"改变你的生命/生活",称作(作为合成专用词的)"人类技术"(anthropotechnics)。① 我们可以接续斯洛特戴克的论述,把人工智能称作"后人类技术"。而基因工程与赛博格工程,则是"超人类技术",这类技术旨在"改变生命"。"人类技术"才是致力于"改变**你的**生命/生活"。具备这种去努力达致海德格尔眼中"本真"生活的技术,使得人类不同于生物性演化道路上拥有各种"前人类技术"的物种。要从"人类"转变为"地居者",我们便需要**发展**"人类技术",将它进一步升级。

斯洛特戴克把"人类技术"界定为在行星层面展开的独特的生理与头脑实践:"在诸种模糊的生活风险与诸种死亡的剧烈确定性面前",人类在自身生命形式上同自己作斗争,"在日常操作中去采用关于共享生存的诸种好习惯",从而"优化他们的宇宙状态与免疫性状态"。② 这种"行星实践",

---

① Peter Sloterdijk, *You Must Change Your Life: On Anthropotechnics*, trans. Wieland Hoban, Cambridge: Polity, 2013.
② Ibid., pp. 10, 452.

旨在打通生物性的与文化的壁垒，建立"共-免疫体"①，用拉图尔的说法，便是去构建行星层面的"人民"。

免疫是个战斗，一场同癌细胞（以及各种破坏内稳态的力量）贯穿到底的战斗。对于斯洛特戴克而言，人类世是一个"试验"，"看看人类是否可以成为真正的实体"；看看面对自我毁灭，"人类"是否能够转型自身，能够"产生充分的能动性"。②

在重新分配能动性上，斯蒂格勒进一步提出"贡献经济"（economy of contribution）概念，亦即，按照人的负熵性贡献，进行经济层面的重新分配，并以这种方式来达成对盖亚的关护。③ 在我看来，"贡献经济"概念，打开了人类（"智人"）对自身当前文明形态进行激进转型的一个可能性。

当下世界人工智能在各个社会领域的全面赋能，正在使越来越多的人"无用化"。这个不可逆转的趋势，将使资本主义系统逐渐陷入结构性瘫痪——"不被需要"的困境，在自由主义-资本主义结构中无解。④ "普遍基本收入"（universal basic income，UBI）即便能被实现，亦仅仅只是保证"无用阶层"能够继续存活，但人的生活恰恰还需要生活的坐标和方向。

---

① Peter Sloterdijk, *What Happened in the 20th Century?* trans. Christopher Turner, Cambridge: Polity, 2018（ebook），p. 33.
② 斯洛特戴克、斯蒂格勒:《"欢迎来到人类世"》，同前刊，第 31 页；Sloterdijk, *What Happened in the 20th Century?* p. 12.
③ Stiegler, *The Neganthropocene*, p. 26.
④ 进一步分析，请参见本书第四章第三节。

正是在这个意义上,"贡献经济"不仅为"后工作社会"提供了一个可行的能动性分配方案,并且为处于"后工作状态"的人们,提供了一个意义的方向(成为贡献负熵的能动者)。这就意味着,"贡献经济"不只是能在经济层面上充分刺激能动性,并且能在意义层面上刺激出能动性。负熵性实践不仅能使你成为经济"系统"里认可的富人,并且能使你成为世人"同伴"眼里的好人(亦即,"负熵人")。

进而,"改变你的生活"的人类技术,能够通过结合后人类技术,来使自身升级。不同于生活在全新世的"人",地居者的实践,在伦理上需努力使其行动的后果变得可见。这意味着,必须去分析与定位每一个行动对盖亚以及盖亚内所有行动者带来的触动效应。正是在这里,人工智能这种后人类技术,能够做出重要的负熵性贡献——大数据云计算,使得行星层面的"行动者-网络"分析成为可能(至少成为一件可以去设想的事)。

通过将人类无法直接使用的"大数据"转变成可用信息,人工智能不但能够有效地提供给人类行动者其"所知的不知"（known unknowns）与"不知的不知"（unknown unknowns）,从而使其更好地理解行动所带来的诸种效应,还能提供"不知之知"（unknown knowns）,亦即,人类行动者不知道自己已知道的东西。精神分析学把这种"不知之知",称作"无意识"（the unconscious）。"比你自己更了解你"的人工智能,能够让人类行动者意识到自己的"无意识",从而做出负熵性贡献。①

通过提供"所知的不知""不知的不知"与"不知之知",人工智能这种后人类技术,使得人类技术在**预测**上的能力,得到极大提升。②然而,诚如《预测机器》的作者们所言,"一个预测不是一个决断,它只是决断的一个组件"③。人工智能与人类(以及其他"行动元")的能动性聚合体,有更大的潜能来护卫盖亚——行星层面的低熵秩序,需要所有地居者的判断与行动才能维系(否则人工智能就直接成为新的"大他者")。④ 在后人类技术算法助力下,人类技术变得更强大——"人"在技术上能够做到伦理性地成为地居者。

结语　从无机物到人工智能的技术发展图景

建立在哲学家利奥塔、拉图尔、斯蒂格勒、斯洛特戴克以及科学家薛定谔、洛特卡、洛夫洛克、尹葛兰等学者的前期论述上,本章对技术展开了一个系统性的后人类主义重思。

当我们在人类主义框架内思考技术时,人工智能便会被视

---

① 人工智能使人类额外获得了一种反思性的精神分析视角。具体分析请参见本书第五章第八节。
② 人工智能在预测上的弱项,就是对巴迪欧意义上的事件(亦即过去没有发生过、不存在数据)缺失预测能力。请同时参见本章第六节。
③ Ajay Agrawal, Joshua Gans, and Avi Goldfarb, *Prediction Machines: The Simple Economics of Artificial Intelligence*, Boston: Harvard Business Review Press, 2018 (ebook), p. 79.
④ 关于人工智能成为后人类"大他者"的分析,请具体参见本书五章第九节。

作一个"技术对象"。而人工智能的"威胁",就在于这种技术对象在智能上竟已远超并可能全面取代人类。然而,本章通过分析提出,技术实则激进地溢出人类主义框架,作为对抗必死性与有限性的持续努力,它本身具有能动性(而非对象)。

技术发展的方向,就是低熵秩序的复杂化。未经组织(器官化)的无机物,亦可以处于低熵状态,但需要其他力量才能维持住这种状态。

但有机体(organism,器官体/组织体)便能够以自调节的方式,来实现低熵的内稳态。从无机物到有机体,就是负熵性复杂化过程中的一个关键发展。而使这个发展成为可能的关键因素,便是太阳光——它是地球所处宇宙区域中所有负熵性能量的源头,故此我把阳光称作"宇宙技术"。晚近的"耗散驱动适应理论",论证了任何粒子随机聚集就会趋向于组织起来以更好地吸收阳光,从而朝有机体发展。

当有机体这种自调节的低熵秩序能够不断复制自身时,它便发展成了生命。故此,是技术发展出生命,而非生命(以及具体到人类)发展出技术。换言之,所有生命都是技术生命。

相对于其他物种(生物生命),人类("智人"),是"升级"出了体外器官的文化生命,从而也就成为斯蒂格勒所说的"外有机体"。

对技术的传统理解(亦即,人类主义理解),仅仅把体外器官发展视为技术发展,而将技术发展图景的前半部分(如,并非人类所独有的体内器官)全部排斥在技术之外。然而,人类(及其文明)只是技术发展的一个产物,并被负熵性复杂化过程"提拉着前进"——该过程在**宇宙尺度**上的发展指向离开太阳系,而在**行星尺度**上则指向冲出人类世。

人工智能在离开太阳系上,具有比人类更强大的潜能,故而可被视作技术生命的又一次重要"升级"。而在行星尺度上,唯有"人类技术"与"后人类技术"(以及"超人类技术")深入的能动性结合,才有可能使这颗"活着的行星"(作为地球的技术)迈出人类世。

面对技术发展的两个界槛(尤其是人类世这个槛),作为碳基生命的人类,实际上已然生活在剩余时间中。但不同于其他生物生命,拥有体外器官的我们,在"熵人"(现代人)与"负熵人"(地居者)之间具有选择的能动性,能够通过改变自己的生活做出更多负熵性的贡献,"我们可以运用自由意志,来决定熵过程的运动速度"[①]。

在这里,我们可以区分两种人类技术。广义的人类技术,指**所有"人工器官"**(语言、理念、文明都是体外器官)。而作为合成词的"人类技术",则指**改变人类技术发展路向的技术**(尤其是在行星层面上改变"生命/生活"状态的技术)。很长时间,后一种"人类技术"并没有得到**发展**。

---

① Rifkin and Howard, *Entropy: Into the Greenhouse World*, p. 66.

作为人工器官的人类技术，既生产负熵，也生产熵，甚至许多关键性的发展，俱是被高度熵化的环境（极难汲取负熵）倒逼出来。当代广有影响的"加速主义政治"学派便主张积极利用危机来加速发展技术：危机不是问题，只要它能促进技术的加速发展。①

然而，人类世，标识了**行星层面的**"环境"危机。这意味着，高度熵化的环境，对于包括人类在内的所有地居者而言，会成为一个总体性的危机。在人类世中，其他物种在加速消失（亦即，有机体的差异化在加速消失）。而人类自身，亦显著地进入了剩余时间：即便加速赛博格化，生活在行星层面高度熵化环境（"熵世"）中的人类，也很快无处可逃。

唯一出路，就是和所有剩余物种一起，构建地居者的"共-免疫体"，来延后盖亚之死并促进差异化。在这个意义上，人类有必要用后一种作为合成词的"人类技术"（并深入结合"后人类技术"以及"超人类技术"），去推进负熵性的体外延异，以此来维系行星层面的低熵状态。

当代社会越来越多领域中，人正在被人工智能"无用化"。然而，就单单作为能量的消耗者（因此制造总体熵增）而言，人有**伦理义务**，在负熵性贡献上让自己变得有用（哪怕微小到对自己产生的垃圾进行分类），有义务让自己从熵人

---

① 对比加速主义政治学派，中国古典思想中的道家智慧，实则正好持相反的论见：既然人类技术同时生产熵和负熵，并且前者增长速度远远大于后者，那么不如"无为""逍遥"，让物自生（按照自己速度熵增）。

变成负熵人。人工智能时代的伦理学，不应该只是针对人工智能（必须服务人类、不能伤害人类），而更是要针对作为能动者的人自身。①

故此，在今天这个时代，我们不能只是活着，而是要不断做出负熵性贡献。诚如斯蒂格勒所言，"静态存活除了是所有生命的熵性趋向外，什么也不是"②。我们要与"静态存活展开一个斗争"，要用"人类技术"同所有"熵人"形态进行一个持续到底的斗争。

面对必死性（刘慈欣笔下的"死神永生"），生命——尤其是人类这种拥有体外器官的生命——何为？这是最妥当的技术哲学问题。

---

① 关于人对人工智能施加伦理学的批判性分析，请进一步参见本书第二章与第七章。
② Stiegler, *The Neganthropocene*, p. 57.

尾论　大语言模型时代的知识实践

在后人类主义的地平线上,我们仍然可以保有我们的智慧,仍然可以做一个名副其实的"智人"。

引言　跨学科研究何以必要？

本书的各章努力打破学科疆界，以学科交叉的方式，对**以人工智能为代表的当代技术及其诸种政治性-文明性效应**（politico-civilizational effects）展开了多路径的学理探究。本书最末，让我们对这种跨越学科疆界的研究方式，进行一个方法论层面上的阐述。

跨学科研究是必要的吗？其实经常有学术同行私下乃至公开提出这个问题。尽管近年来"学科交叉融合"得到大力倡导，国务院学位委员会与教育部于2020年底更是正式设置了"交叉学科"门类，然而不得不承认，今天的学术评价体系仍是主要以学科为单位展开。如果你是一位任职于中文系的青年学者，真的有必要越出学科疆界去探究区块链、增强现实、人工智能等前沿技术乃至量子物理学抑或神经科学吗？不说离开治学"舒适区"（comfortable zone）本身之艰难，你跨越学科疆界做出来的研究成果，由谁来评审？谁来评判你的知识实践，是否生产出了优异的或至少质量合格的知识产品？如果最后仍是"现代文学"或"文艺学"领域的学者来评审你，那么这些跨学科的探索很可能反而导致你的研究不被认可（专家读不懂你的研究）。

看起来，躲在既有学科疆界之内进行知识生产，是**安全**的，更是**舒适**的。于是，我们有必要对跨学科研究何以必要这个问题，予以认真思考。

第一节　后人类知识实践者：作为通家的专家

让我们从一个具体的案例观察出发来展开探讨。2023 年 7 月 25 日，由中国亚太学会大洋洲研究分会主办、华东师范大学政治与国际关系学院承办的"澳大利亚核政策变迁及其影响"学术研讨会隆重召开。作为承办单位的负责人，我被大会安排做一个开幕致辞。答应下这件事时没有多想，直到我准备写致辞稿的会议前夜——致辞稿通例一半篇幅向与会专家介绍学院，另一半篇幅则对会议主题之重要性做阐述，然而问题就出在这里，我对这个主题彻底没有研究。在那一刻感慨越出疆界治学十分有必要，显然于事无补。

第二天，我的致辞得到了与会专家高度评价与多次引述，而我则向专家们表示，那篇发言是在 ChatGPT 帮助下完成。以 ChatGPT 为代表的大语言模型是 2023 年最受关注的技术，然而人工智能界专家们发起的相关争论，集中在它所带来的安全风险上，而非其知识实践的模式。[①] OpenAI 于 2022 年 11 月 30 日正式上线 ChatGPT 后，或直接或间接地成为我们这个

---

① 详细讨论请参见本书第二章。

尾论　大语言模型时代的知识实践

时代的重要知识实践者，一位"后人类"的实践者。

当我就"澳大利亚核政策变迁及其影响"这个相当纵深、专门化的会议主题问询于那位后人类的知识实践者，几秒内它给到我的内容，不仅精到地概述了澳大利亚核政策变迁的国际与国内背景及其过程，更是条分缕析地探究了导致变迁的多重原因，并剖析了变迁所带来的诸种影响。至为关键的是，这数百字内容得到了众多在该领域长年深耕的与会专家的认可（甚至有专家认为那篇发言已把这个论域的问题讲清楚了）。这个案例使我们看到，大语言模型已然是一个称职的甚至堪称相当出色的知识生产者。

进而，大语言模型并不仅仅是一位精通诸如"澳大利亚核政策变迁及其影响"这种纵深论域的专家型知识实践者，并且还是位激进地**超越学科疆界**的知识实践者。ChatGPT 被认为已然接近"通用人工智能"——就其知识实践而言，它显然是"通用的"（general），而非"狭窄的"（narrow）；它彻底无视知识实践的学科疆界，既是强大的大"专"家，同时更是大"通"家。不少 ChatGPT 的用户经常拿它会出错（甚至是"一本正经地胡说八道"）说事，从而取消它作为知识生产者的资质。然而，对 ChatGPT 的这个批评必须纳入并置性的分析视野中：作为知识生产者的人类作者，难道就不会出错？实际上，正是因为人大量出错，人类生产的文本里包含大量错误，用人类文本作为训练材料的大语言模型无论怎样迭代，**结构性地**无法做到零出错。

在各自的知识实践中，人类作者与后人类的大语言模型都会出错，都可能输出问题文本与低质量文本。并且两者对比起来，大语言模型输出文本的错误情况，实际上要比人类低得多——大语言模型几乎阅读了所有知识论域里的既有文本，且是一页不落地阅读，没有一个人类作者能做到如此全面与海量的阅读。对比如此勤奋好学的大语言模型，所有人类作者，皆实属片面地读了一点就敢写敢说了，其生产的绝大多数文本，无可避免要比大语言模型知识实践的产品不靠谱得多。①

将人类与大语言模型的知识实践作并置性的对比，我们还能进一步定位到**知识实践的两种模式**。大语言模型通过迭代权重，能够精确地控制所生产之文本的质量——比如在训练时给予刊在《自然》（*Nature*）杂志上的"论文"远高于互联网论坛同主题"帖子"的权重。而人类的知识实践者，则无法使用如此精确的权重系统（譬如一位高颜值的主播往往会让人不知不觉对其言论给出过高权重）。对比大语言模型，人类知识实践的一切进程，皆是以远为模糊的——"模拟的"（analog）——方式展开。②

作为后人类的知识实践者，大语言模型既是强大的学习者（"深度学习者"），亦是出色的生产者（"生成式 AI"）。它

---

① 例外的是包含重要的纯粹"新知"的文本，本章第三节会述及。
② 关于大语言模型独特的出错方式的进一步分析，请参见吴冠军：《大语言模型的信任问题与资本逻辑》，《当代世界与社会主义》2023 年第 5 期；吴冠军：《大语言模型的技术政治学评析》，《中国社会科学评价》2023 年第 4 期。

尾论　大语言模型时代的知识实践

实质性的"后人类"面向，并非在于其实践不受学科疆界限制（人类亦能做到），而在于其学习（输入）与生产（输出），皆以"数字的"（digital）形态进行。这就意味着，大语言模型实际上标识出一种同人类（"智人"）全然不同的知识实践。①

我们有必要看到：跨越学科领域进行知识实践，原本是**人类独家的能力**。而人类知识实践者能够做到这一点（亦即"学科交叉"得以可能），实际上恰恰得益自其所采取的"模拟模式"。

在大语言模型问世之前，采取"数字模式"深度学习的人工神经网络算法，都只是狭窄的"专用人工智能"。"阿尔法狗"能够在围棋赛事中毫无悬念地战胜所有人类顶级高手，然而让它去玩"俄罗斯方块"的话，则会状若白痴、连一个幼童亦不能战胜，至于写诗、编程抑或探讨"澳大利亚核政策变迁及其影响"，则完全无能为力。在大语言模型问世之前，各种狭窄的人工神经网络算法不仅仅是模型架构彻底不同，并且使用专门类别的数据来进行训练，故此无法通过分享权重的方式在彼此间共享训练成果。

然而，以 ChatGPT 为代表的大语言模型，激进地打破了此前狭窄人工智能的疆域界限，ChatGPT 既是编程高手，也是澳大利亚核政策专家，既懂物理学，也懂哲学、史学、文艺

---

① 进一步分析请参见本书第一章第五节。

学……大语言模型使得"模拟模式"的既有优势荡然无存。大语言模型做到了跨越各种专门领域疆界的知识实践，正是因为它并不是使用专门数据（如围棋棋谱）来训练深度神经网络，而是用各种类型文本（书籍、网页、ArXiv 论文存档、维基百科、平台用户评论等）来进行如下训练：从上下文来预测下一个词。借用语言学家费迪南·索绪尔的著名术语，大语言模型同"所指"（signified）无涉，但精于在"指号化链条"（signifying chain）中对"能指"（signifier）进行预测。

然而关键就恰恰在于，人是"说话的存在"。人的"世界"，正是经由语言而形成。"世界"是一个"符号性秩序"。正是语言（有无数彼此差异的"能指"串起的"指号化链条"），使各种前语言的"存在"成为一个秩序（"符号性秩序"），一个人类可以理解并居身其中的"世界"。当大语言模型深度学习了人类生产出的几乎所有文本后，那么，它就对人的"世界"（而非"真实秩序"）具有了几近整体性的认知——这便使得人类眼中的"通用"智能成为可能。

在其《通向智能的两条道路》演讲末尾，杰弗里·辛顿做出如下追问："如果这些数字智能不是通过蒸馏非常缓慢地向我们学习，而是开始直接从现实世界学习，将会发生什么？"在他本人看来，"如果他们可以通过对视频建模进行无监督学习……一旦这些数字能动者开始这样做，他们将比人类学到的多得多,而且他们将学得非常快"。① 辛顿所说的"直接从现实世界学习"和"对视频建模进行无监督学习",实际上意味着数字智能在目前大语言模型所展现的近乎"通用"的智能之上,具有直接从前语言秩序学习的能力——而这种学习能力是作为"说话的存在"的人类所极度薄弱的。

人类从牙牙学语的孩童开始,几乎所有实质性的**教学实践**都是通过作为"指号化系统"的语言来完成的。② 当然,婴孩出生并非"白纸",而是带有各种不用"教"的"先天性知识",如看到蛇会逃走,那是经由生物性演化形成的神经网络运算系统。相对于后人类的无监督机器学习与经由"指号化系统"而展开的人类学习,演化训练出的知识运算可称得上是**前人类学习**。辛顿认为,当数字智能具有这种后人类的无监督学习能力后,"超智人工智能"(super-intelligent AI)就会诞生,并且在他看来,这种情况一定会发生。③

回到篇首的问题:跨学科研究是必要的吗?面对从大语言模型(接近"通用人工智能")迈向"超智人工智能"的数字智能,我们实可以定位到它的必要性:大语言模型在学习上已经不存在"舒适区",无视学科疆域的边界;而超智人工智能的无监督学习,则更加无视人类"世界"的各种疆界,完全不受其影响。面对这样的"数字模式"实践者,如若作

---

① Hinton, "Two Paths to Intelligence," op. cit.
② 关于教学实践的进一步讨论,请参见本书第六章。
③ Hinton, "Two Paths to Intelligence," op. cit.

为"模拟模式"实践者的我们仍然甘心躲在"舒适区"内，那么未来"世界"的知识生产，乃至"世界化成"(worlding)本身，都将同我们不再相关。

第二节 "离身认知"与语言学转向

在知识实践上，人类不应自我边缘化。然而，问题恰恰就在于：面对大语言模型，躺平，诚然是一个极具说服力的"人生"态度。

今天的年轻人群体里，"躺平"已然十分流行，并被《咬文嚼字》编辑部评为"2021年度十大流行语"。[①] 在对"躺平"施以**道德谴责**之前，我们有必要认真思考这个问题：面对大语言模型，为什么我们不躺平？

一个人即便再勤奋，再好学，在其有生之年能读完的书，大语言模型全都读过——甚至这颗行星上现下在世的80亿人口加起来读过的书（尤其是富含知识含量的书），大语言模型几乎全部读过。一个人哪怕天天泡在图书馆里，也比不上大语言模型把整个图书馆直接装进自身，并且随时可以用自己的话"吐"出来。面对这样的知识实践者，我们如何及得上？"躺平"难道不是最合理的态度？

在我的课堂讨论中，有学生曾提出这样的问题：ChatGPT

---

① 参见百度词条"躺平"，⟨https://baike.baidu.com/item/躺平⟩。

的能力是指数级增长的,而我就算是不吃不喝学习,也只能一页一页地看,做线性增长,还不保证读进去全都变成自己的知识。面对 ChatGPT,反正都是输,反正都卓越不了,再学习也赶不上,"终身"压上去也白搭,还不如早点躺平,做个"吃货"。人工智能没有身体,论吃它比不过我。

确实,大语言模型至少目前没有"身体",没有感知器官,产生不出"具身认知"(embodied cognition)。赫伯特·德雷弗斯等当代后认知主义学者,强调大脑之外的身体对认知进程所起到的构成性作用:除了身体的感觉体验外,身体的解剖学结构、身体的活动方式、身体与环境的相互作用皆参与了我们对世界的认知。这意味着,如果我们拥有蝙蝠的身体,则会有全然不同的具身认知。① 从后认知主义视角出发来考察,当下的大语言模型,具有的诚然只是"离身认知"(disembodied cognition)。但辛顿所描述的"超智人工智能",则将具有具身认知,并且会是远远越出人类身体之诸种生物性限制的**后人类具身认知**。

然而,值得进一步追问的是:当下大语言模型的这种离身认知,真的就比不上人类的具身认知么?即便不具备具身认知,大语言模型仍然在"美食"这个垂直领域内,胜过一切

---

① "自生系统"理论的提出者温贝托·马图拉纳及其学生弗朗西斯科·瓦雷拉把所有生命系统(哪怕没有神经系统)都界定为认知系统:"生命系统是认知系统,而活着(living)作为一个过程是一个认知过程。这句话适用于所有有机体,无论是否有一个神经系统。"Humberto R. Maturana and Francisco J. Varela, *Autopoiesis and Cognition: The Realization of the Living*, Dordrecht: Reidel, 1980, p. 13.

具有具身认知的人类"吃货"。大语言模型不需要"吃"过口水鸡和咕咾肉，才知道前者比后者辣得多，"没吃过"完全不影响它对食物乃至世界做出智能的分析与判断。而一个很会吃、吃了很多口水鸡的人，也不见得在吃上呈现出比 ChatGPT 更高的智能。换言之，大语言模型较之许许多多自诩遍尝各类美食的人，更具有"美食家"的水准——在饮食上，ChatGPT 的建议绝对比"吃货"们可靠得多。

这里的关键就是，尽管目前大语言模型因没有感知器官而不具备具身认知，但这并不影响它对"世界"的符号性捕捉。诚如 OpenAI 的首席科学家伊利亚·苏茨科弗所言，

> 它知道紫色更接近蓝色而不是红色，它知道橙色比紫色更接近红色。它知道仅仅通过文本知道所有这些事。①

大语言模型不需要亲"眼"看见过红色、蓝色或紫色，便能够精确地、恰如其分地谈论它们。不少"眼神"好得很的人类个体，恐怕会认为紫色更接近红色而非蓝色——再一次地，"模拟模式"在精确性与可靠性上往往不如"数字模式"多矣。

大语言模型仅仅通过对"符号性秩序"的深度学习，就能够对人类所处身其内的这个"世界"了如指掌。索绪尔的结构语言学研究已然揭示出，作为生活在语言中的"说话的

---

① Ilya Sutskever and Craig Smith, "Episode #116", *Eye on A. I.*, 15 March 2023, available at 〈https：//www.eye-on.ai/podcast-archive〉.

存在",我们并无法抵达"是"(譬如,什么"是"蓝色)。这就意味着,我们必须放弃关于"是"的形而上学聚焦,转而聚焦一个符号性秩序中"是"与"是"之间的差异(亦即符号之间的差异)。**语言,是一个关于差异的系统。**

语言把前语言的"存在"转化为各种"是"。和"存在"不同,"是"涉及指号化,涉及能指与所指间的一种专断的对应。① "红色",就是一个能指——大语言模型无法"看见"它所指号化的内容,但完全不影响其在"世界"中**有效**地"说出"它(在沟通中有效)。大语言模型,同前语言的"存在"无涉,同拉康所说的"真实秩序"无涉。

以康德为代表人物的"认识论转向",被以索绪尔为代表人物的"语言学转向"所革命性地推进,正是因为人们不但无法企及"物自体"(故此必须放弃研究"是"的形而上学),并且关于他们对"现象"的体验(如眼中的红色),也只能通过语言(作为能指的"红色")进行有效沟通。完全不具备具身认知的大语言模型(无法通过感官来进行体验),却依然能够呈现出关于这个"世界"的通用性智能,那是因为,它不断在进行深度学习的,不是"世界"内的某一种专门系统,而是那个符号性地编织出"世界"的系统——一个处在不断变化中的差异系统。

---

① 一旦能指与所指的对应被固化(比如,被理解为"自然的"),那就会出来"形而上学/元物理学"(meta-physics)——一门以本质主义的方式研究"being"(是什么)的学问。

第三节　论知识实践的原创性（I）：纯粹潜能

生活在大语言模型时代，似乎"躺平"无可厚非。那么，让我们再次回到本章最初抛出的问题：走出"舒适区"，跨学科地进行知识实践，具有必要性吗？

我的答案是：仍然有必要。首先，对于人类的知识实践而言，学科疆界不仅会限制研究的视野，并且会造成**认知偏差**。灵长类动物学家、神经生物学家罗伯特·萨波斯基提醒我们注意：

> 不同类别之间的疆界经常是武断的，然而一旦某些武断的疆界存在着，我们就会忘记它是武断的，反而过分注重其重要性。[①]

对此，萨波斯基举的例子，便是从紫色到红色的可见光谱。在作为符号性秩序的"世界"中，存在着不同的"颜色"，分别由不同指号（如"红色""蓝色"等）来标识。然而，所谓的"光谱"（远超出人类肉眼可见的部分），实际上是各不同波长无缝构成的一个**连续体**。这就意味着，每种"颜色"各自的疆界，实则都是被武断决定的；疆界之内的部分，就被固化在某个指号上。并且我们知道，不同的语言有不同的

[①] Robert M. Sapolsky, *Behave: The Biology of Humans at Our Best and Worst*, New York: Penguin, 2017 (ebook), p.14.

尾论 大语言模型时代的知识实践

颜色指号系统，譬如，在俄语以及希腊语里，"深蓝"与"浅蓝"被用两个独立能指来指号化。也就是说，可见"光谱"在不同语言中，以不同的方式被分割，由此武断地产生出各种疆界。

而疆界一旦形成，会使人产生认知偏差。萨波斯基写道：

> 给某人看两种类似的颜色。如果那人使用的语言刚好在这两种颜色之间划分了疆界，他/她就会高估这两种颜色的差异。假如这两种颜色落在同一类别内，结果则相反。①

一旦人通过各种符号性的"类别"来认知世界，就无可避免受到其疆界所带来的认知偏差。② 萨氏认为，要理解这种被疆界所宰制的认知行为，就需要越出学科疆界进行研究，如此才能避免做出片面解释。③ 在本章讨论的脉络中，我们可以定位到如下关键性的要素：人脑所采取的"模拟模式"。

人的认知，无法以大语言模型所采取的精确的"数字模式"展开。采用"数字模式"的大语言模型，其知识实践不但具有精确性，并且能够无障碍地跨越疆界。无论认肯与否、

---

① Robert M. Sapolsky, *Behave: The Biology of Humans at Our Best and Worst*, New York: Penguin, 2017 (ebook), p. 14.
② 这个认知偏差亦可以被有效利用，譬如你要想减肥，有效的方式就是给自己确立起"健身者"这个身份：自己不再是一个"吃货"，不再是一个每天挣扎于是否去锻炼的白领，而是一个"健身者"。
③ Sapolsky, *Behave: The Biology of Humans at Our Best and Worst*, pp. 15-16.

接受与否，我们正在迈入一个"后人类的世界"，在其中大量"非人类"（nonhumans）亦是知识生产的中坚贡献者，是参与世界化成的重要能动者。①

然而，在这个后人类世界中，采取"模拟模式"的人类的知识实践对于世界化成而言，却仍然至关重要，尤其当其努力克服疆界宰制来展开实践时。

我们有必要看到：以 ChatGPT 为代表的大语言模型，诚然是堪称"通用"的大"专"家，知识覆盖几无死角，但它精于回答问题，却拙于创造新知。语言学家诺姆·乔姆斯基将 ChatGPT 称作"高科技剽窃"。② 话虽尖刻，但按照关于"剽窃"的人类主义定义，大语言模型的知识的的确确全部来自对人类文本的预训练——这就意味着，即便通过预测下一个词的方式，它能够做到源源不断地生成"全新"的文本，但却是已有文本语料的重新排列组合。换言之，大语言模型无法**原创性地**创造新知。

大语言模型用规模提升的方式让自身变"大"，从而"涌现"出近乎通用的智能。③ 然而，它在文本生产上的"潜能"（potentiality）却是可计算的——尽管那会是天文数字。而人类的"模拟模式"，不仅使其跨越学科疆界展开知识实践成为可能，并且使其"潜能"无法精确计算——要知道，人的知

---

① 请同时参见吴冠军：《从元宇宙到量子现实：迈向后人类主义政治本体论》。
② "Noam Chomsky on ChatGPT, Universal Grammar and the Human Mind: Unlocking Language and AI Mysteries", *Youtube*, 29 July 2023, 〈https://www.youtube.com/watch?v=VdszZJMbBIU〉.
③ 详细分析请参见本书第二章。

识实践，在生物化学层面上呈现为超过 1000 亿个大脑神经元用电信号进行复杂的彼此"触发"。尽管两个神经元之间"触发"与"不触发"可以用数字形态（0 和 1）来表达，但整个大脑的"生物性计算"进程，却无法数字化。大脑这个"湿件"（wetware），实是一个**不透明的黑箱**。①

以保尔·麦克莱恩为代表的神经科学家们，把大脑区分为主导**自主神经系统**的中脑和脑干、主导**情绪**的边缘系统、主导**逻辑与分析**的皮质（尤其前额叶皮质）这三层不同的区块。② 然而诚如萨波斯基所言，这又是把"一个连续体类别化"（categorizing a continuum）的经典操作，这些区块只能当作"隐喻"，那是因为，"解剖意义上这三层之间很大程度重叠"，"行为中的自动化面向（简化来看这属于第一层的权限）、情绪（第二层）和思考（第三层）并非分离的"。③

由于大脑具有可塑性（譬如盲人的视觉皮质经由训练能用于处理其他信号，大幅强化触觉或听觉），并且每年皆有大量新的神经元生长出来——人终其一生，都具有不断更新其知识实践的潜能。政治哲学家吉奥乔·阿甘本曾提出"潜在论"（potentiology），其核心主旨是，**不被实现的潜能具有本体论的优先性**。阿氏本人将"潜在论"建立在对亚里士多德学说

---

① 详细分析请参见本书第五章。
② Paul MacLean, *The Triune Brain in Evolution*, New York: Springer, 1990.
③ Sapolsky, *Behave: The Biology of Humans at Our Best and Worst*, pp. 29-30.

的改造之上。① 在我看来,"潜在论"的地基,实则应该是当代神经科学与计算机科学:正是因为人之大脑采取"模拟模式",人才会是如阿甘本所描述的,"一种纯粹潜能的存在"(a being of pure potentiality)。② 所有被特殊性地实现出来的东西(包括整个人类文明在内),都仅仅是这种纯粹潜能的"例外"。人,可以**原创性地**创造——亦即,从其纯粹潜能中实现出来——新事物。

大语言模型同样具有潜能:经由预训练与监督微调这两个训练阶段之后,大语言模型所实际具有的总量知识便已成型,但以潜能的方式存在;用户同其每次对话("提示"),则会使得该潜能的一个微小部分被实现出来。尽管大语言模型具有潜能,但并不具有潜在论意义上的纯粹潜能:"数字模式"使得其潜能变得可计算,可穷尽性地全部实现(仅仅是原则上可实现,实际操作将耗费巨额算力);换言之,它没有**纯粹**的、在本体论层面上能够始终不被实现出来的潜能。ChatGPT能够跨越学科疆界地生成极富知识含量的文本,但它做不到彻底原创性地生成新知③——这件事辛顿所说的"超智人工智能"或可做到,但目前的大语言模型做不到。

有意思的是,在一个晚近的对谈中,OpenAI 首席执行官

---

① 参见吴冠军:《生命权力的两张面孔:透析阿甘本的生命政治论》,《哲学研究》2014年第8期;吴冠军:《阿甘本论神圣与亵渎》,《国外理论动态》2014年第3期。
② Giorgio Agamben, "The Work of Man," in Matthew Calarco and Steven DeCaroli (eds.), *Giorgio Agamben: Sovereignty and Life*, Stanford: Stanford University Press, 2007, p. 2.
③ 在人类看不到关联的地方找到关联,从某种意义上说也能算是一种创造。

山姆·奥特曼这样界定"通用人工智能":

> 如果我们能够开发出一个系统,能自主研发出人类无法研发出的科学知识时,我就会称这个系统为通用人工智能。①

按照奥特曼的上述界定,包括 GPT-4 在内的当下大语言模型,尽管已然是堪称"通用"的大"专"家,但却仍未能抵达通用人工智能,因为它们仍无法"自主研发出"新知。与之对照,不同学科领域的人类"专"家,却可以通过彼此交叉、互相触动的知识实践(甚至通过和 ChatGPT 的对话),既能够"温故",也能够"知新",并且能够"温故而知新"。②

人不仅是"说话的存在",同时在本体论层面上是"一种纯粹潜能的存在"。正是在纯粹潜能的意义上,即便生活在大语言模型时代,我们亦不能躺平。

第四节　论知识实践的原创性（II）：量子思维

进而,对于思考人类在大语言模型时代展开跨学科知识实践的必要性问题,我们可以进一步引入量子思维。量子思维,顾名思义是量子物理学的诸种"诡异"（spooky,爱因斯坦使

---

① 《Sam Altman 预言 2030 年前出现 AGI,GPT-10 智慧将超越全人类总和!》,微信公众号"新智元",2023 年 9 月 7 日。
② 参见本书第六章第四节与第五节。

用的形容词）发现所引入的思考视角。

量子物理学家、女性主义者、后人类主义者凯伦·芭拉德2007年推出了一本广受赞誉的巨著《半途遇上宇宙》（*Meeting the Universe Halfway*）。① 量子物理学的实验结果揭示出，人实际上总是halfway地遭遇宇宙，不可能整个地碰见它。你能知道动量，就注定不知道位置，知道位置就不知道动量。甚至"动量""位置"乃至"温度""密度""湿度"……都是人类语言设定出的概念，而不是宇宙本身的属性。②

时至今天我们所知道的那个世界，只是人类halfway构建出来的"世界"，所有人类知识（甚至包括量子力学本身在内），都属于"智人"让自己安身其中的这一半"宇宙"——它可以被恰切地称为"符号性宇宙"（symbolic universe）。③

这也就是为什么诺贝尔物理学奖得主尼尔斯·玻尔曾说，"'量子世界'并不存在"。④ 玻尔可谓量子力学的核心奠基人，他竟然说"量子世界"并不存在！他的意思是，"量子世界"仅仅是一个由量子力学的各种概念、方程与描述构建起来的"世界"，换句话说，属于人类halfway认识的那个"宇宙"。

---

① Karen Barad, *Meeting the Universe Halfway: Quantum Physics and the Entanglement of Matter and Meaning*, Durham: Duke University Press, 2007.
② 吴冠军：《从元宇宙到量子现实：迈向后人类主义政治本体论》，第371—373页。
③ 吴冠军：《陷入奇点：人类世政治哲学研究》，第93—115页。
④ See Abner Shimony, "Metaphysical Problems in the Foundations of Quantum Mechanics," *International Philosophical Quarterly* 18 (1), 1978, p. 11; also Aage Petersen, "The Philosophy of Niels Bohr", *Bulletin of the Atomic Scientists* 19, 1963, p. 12, emphasis added.

尾论 大语言模型时代的知识实践

进而，量子力学让我们意识到，**人的认识本身，就在参与"宇宙"的物质性构建**。物理学家约翰·惠勒（"黑洞"概念的提出者）甚至提出了"参与性宇宙"（participatory universe）命题：我们当下的"看"，回溯性地"决定"了从宇宙深处过来的光所携带的信息（从众多条量子路径中确定性地选择了一条）。这就意味着，人的认知实践，参与到了宇宙自诞生之初的演化过程之中。① 正是在这个意义上，芭拉德提出："认知实践，是参与（重新）配置世界的特定的物质性介入。"②

即便你是一个迈出学科疆界的终身学习者与知识生产者，你也只能半途遇见宇宙，遇见人类（包括你本人）符号性乃至物质性地参与构建的那半个"宇宙"。这就意味着，任何整体化的尝试——尝试用已有知识已有做法来判断一切事情、处理一切事情——都注定要失败。你觉得你学富五车，读了很多书，总是忍不住对身边伴侣说"你不应该这样想""你怎么就不懂"，你其实就是在把自己的知识整体化。一个国家看到别的国家跟自己做法不一样就受不了，想方设法"卡脖子"逼迫对方就范、变成跟自己一样。这同样是整体化思维。政治学者弗朗西斯·福山把这种整体化思维美其名曰"历史的终

---

① 详细讨论请参见吴冠军：《从元宇宙到量子现实：迈向后人类主义政治本体论》，第373—375页。
② Barad, *Meeting the Universe Halfway: Quantum Physics and the Entanglement of Matter and Meaning*, p. 91.

结"。① 历史终结论,就是缺乏量子思维的产物。②

面对大语言模型,我们确实要对它的学习速度、对其堪称"通用"的大"专"家水平心悦诚服,而不是顽固秉持"我们更行"的人类中心主义态度。但我们仍然可以保有我们的智慧,仍然可以做一个名副其实的"智人"而不仅仅是"吃货",如果我们学会使用量子思维的话。③

首先,大语言模型的知识实践尽管能参与乃至主导关于世界的符号性构建,但无法在惠勒的意义上参与宇宙的物质性构建(它无法"看"到光子)。大语言模型能够生成各类极富知识含量的文本,它的知识实践却无法直接使"波函数坍缩",从而使得处于量子态的对象进入经典态。这便使得人类(以及许多非人类,如观察设备)的认知实践,在大语言模型时代仍具有独特的重要性。

其次,大语言模型是用人类已生产的古往今来的文本语料预训练出来的。所有文本,都**结构性地内嵌人类认知**。这也就意味着,用文本语料训练的大语言模型再智能、再勤奋,至多也只能对人类所 halfway 遇见的那一半宇宙了如指掌。它的知识无法整体化。它无法思考因自身的出现而可能带来的"技术奇点"。实际上,它无法思考任何一种"奇点",因为

---

① Francis Fukuyama, "The End of History?", op. cit.
② 进一步的分析,请参见吴冠军:《量子思维对政治学与人类学的激进重构》,载钱旭红等著:《量子思维》,上海:华东师范大学出版社,2022。
③ 关于量子思维的深入探讨,请参见吴冠军:《从元宇宙到量子现实:迈向后人类主义政治本体论》。该著可以被反时间性地视作本著的第二卷或者说续篇。

"奇点"在定义上（by definition）标识了人类一切已有知识失败的那个位置。如史蒂芬·霍金所言，在奇点上所有科学规则和我们预言未来的能力都将崩溃。①

也就是说，如果大语言模型真的造成人类文明的技术奇点，它自己不会有办法来应对它。所以，人工智能的智能，解决不了它自己带来的挑战。② 你问 ChatGPT 它会带来怎样的挑战时，它会说自己只是提供服务，不会带来任何威胁等。

人，能思考技术奇点——"技术奇点"这个概念就是一群学者提出的。人——就像以往文明史上那些不断拓展已有知识边界的人——有能力去思考那 halfway 之外的黑暗宇宙，一步步把"黑洞"（black hole）、"暗物质"（dark matter）、"暗能量"（dark energy）这些曾经或仍是深渊性的、我们只能用"黑""暗"来描述的假说，拉进我们认知范围内的一半宇宙中——那个大语言模型可以掌握甚至是高精度掌握、模型化重构的"符号性宇宙"中。

今天，大语言模型已经在深度参与世界化成了，参与构建我们生活在其中的符号性宇宙。然而，我们不能躺平——大语言模型可以跨越学科疆界地生成知识，而人可以跨越学科疆界地生成原创性知识。霍金，给我们带来了一个特别有分量的案例——患上渐冻症后，这位物理学家丧失了绝大多数具身认知的能力。2018 年去世的霍金如果多活两年，2020 年诺贝

---

① Hawking, *A Brief History of Time: From the Big Bang to Black Holes*, p. 84.
② 参见本书各章的论述。

尔物理学奖肯定得同时颁给他，因为"奇点定理"（singularity theorem）是他和罗杰·彭罗斯共同构建的。更令人无比敬重的是，霍金在后面的学术生涯中并没有躺平于"奇点定理"，尽管这是达到诺贝尔奖级别并且最后收获该奖的研究成果——霍金后来提出的"无边界宇宙"（no-boundary universe）假说，就是绕过奇点（"大爆炸奇点"）这个设定来思考宇宙的智性努力。[①] 至于更为世人所熟知的作为公共知识分子的霍金，则是他不断越出学科疆界的知识实践结出的极其了不起的成果。

第五节　知识的后人类杂交与非现代杂交

当我询问 ChatGPT"反对跨学科研究"的理由时，它给出以下五点：

> **资源分散**：跨学科研究可能导致资源（如资金、设备和人才）被分散到多个领域，而不是集中在单一领域进行深入研究。这可能导致每个领域的研究深度不足。**专业知识的稀缺**：跨学科项目往往需要广泛的专业知识，但在实践中，找到具有多重领域专长的研究者可能很难。这可能导致研究质量不高。**沟通障碍**：不同学科间的语言和方法论差异可能导致沟通障碍，这可能使项目难以高效推进。**评价困难**：跨学科研究的成果可能难以按照传统学科的标

[①] Hawking, *The Theory of Everything: The Origin and Fate of the Universe*, pp. 113, 98-99.

尾论　大语言模型时代的知识实践

准进行评价，这可能导致研究成果被低估或误解。**学术认同问题**：跨学科研究可能会导致学者在学术界中难以定位自己的研究领域，这可能影响他们的学术生涯和职业发展。

ChatGPT精准地点出了为什么跨学科研究实际上总是难以推进的痛点。于此处我们却亦可以看到，这些学科化的知识实践形态（资源、评价、认同、学科专业建制……），恰恰本身是现代性的产物——正是在**现代构制**（modern constitution）下，知识实践以学科化的方式被分门别类组织。对科学实践曾进行过长期人类学田野研究的布鲁诺·拉图尔，正是在这个意义上提出，"现代人是其成就的受害者"。要摆脱这种受害状态，便须思考如下问题："如何能改变将实体（entities）分类化这个原则？"①

在拉图尔看来，现代性最典型的特征，就是用**纯化**（purification）操作来建立起各种类别及其疆界，从而掩盖杂交物（hybrid）的繁殖。于是，我们有了一个又一个纯粹的学科，各有各的领土疆域与研究对象。拉图尔从米歇尔·塞尔借来"准对象"（quasi-object）这个概念，用来指自然在被人类赋予认知秩序之前的杂交状态。②在现代学科化的知识实践中，"准对象"彻底不被概念化、不被纳入到思考与研究视野中。拉图尔写道：

---

① Bruno Latour, *We Have Never Been Modern*, trans. Catherine Porter, Cambridge, Mass.: Harvard University Press, 1993, pp. 49, 77.
② 吉尔伯特·西蒙东把该状态称作"前—个体化"（pre-individuation）状态。

> 现代人与前现代人的不同之处在于：他们拒绝将准对象概念化。在他们眼中，杂交物带来恐怖，这种恐怖必须要不惜一切代价来避开，必须通过不停歇的甚至疯狂的纯化来避开。①

作为"准对象"，杂交物在现代构制中皆被纯化为一个个学科专门聚焦的研究"对象"。而没有被纯化进各学科疆界内的杂交物，则成为"怪物"（monsters）。对于未被纯化、仍杂混于"中间地带"的怪物们，现代人则施以如下一套组合拳：清空（emptying）、扫除（sweeping）、净化（cleaning），其结果就是，在现代世界中，"它们并不公开存在"，"其怪物性后果仍保持不可追踪"。②

与此同时，拉图尔提出：针对杂交物的这套组合拳操作，从未彻底成功；也就是说，"我们从未现代过"。在现代构制下，杂交物实际上恰恰不断在繁殖，"怪物"越来越多。③ 大语言模型，不正是一个难以被纯化的"怪物"（堪称"通"家的大"专"家）？晚近一千余位人工智能业界领袖与研究学者联名签署"暂停训练 GPT"公开信，不正是对"怪物"的清空、扫除与净化吗？④

---

① Bruno Latour, *We Have Never Been Modern*, trans. Catherine Porter, Cambridge, Mass.: Harvard University Press, 1993, p. 112.
② Ibid., p. 42.
③ Ibid., p. 13ff.
④ 关于这封联署公开信的进一步分析与讨论，请参见本书第二章。

尾论　大语言模型时代的知识实践

大语言模型所呈现的智能，无法被纯化到一个专业领域里。在它问世前的人工神经网络算法（如"阿尔法狗"），仅仅在各狭窄的垂直领域内展露出卓越智能，故而容易被纯化。大语言模型那无视疆界的知识实践则难以被纯化——在现代人眼里，大语言模型所呈现出的，是一种杂交性的、怪物性的（后人类的）智能。并且，采取"数字模式"展开知识实践的大语言模型（乃至超智人工智能），却非前现代的杂交物，而恰恰是在现代构制下繁殖出来的杂交物。

也正因其"怪物性"，研究大语言模型，绝不能局限在某一个学科领域内展开。现代构制纯化出一个又一个学科来；当知识实践者将杂交物纳入其思考与探究的视野后，他们就成为拉图尔笔下的"非现代人"。[①] 在拉氏眼里，"一个科学学科越是与其他领域相交叉，这门学科就越有未来"[②]。有鉴于现代构制已经结构森严且牢固（对此 ChatGPT 已给出了切中要害的评价），各个学科若要发生富有成效的学科交叉，那就需要大量拉图尔所说的转译（translation）与调介（mediation）的工作，"在全新的存在类型中创造出诸种混合"[③]；换言之，需要大量走出治学"舒适区"的艰苦且严谨的知识实践。[④]

[①] Latour, *We Have Never Been Modern*, p. 47.
[②] 拉图尔：《中文版序言：从科学的世界步入研究的世界》，载拉图尔：《我们从未现代过：对称性人类学论集》，刘鹏、安涅思译，苏州：苏州大学出版社，2010，第 6 页。
[③] Latour, *We Have Never Been Modern*, pp. 10-11.
[④] 拉图尔认为，只要一个人"同时研究调介工作与纯化工作"，那么他/她就不再是彻头彻尾的现代人。Ibid., p. 46.

面对大语言模型所激活的知识的**后人类**杂交，作为"智人"的我们，有必要去努力践行知识的**非现代**杂交。

结语　再见智人，在大语言模型时代

在同大语言模型之知识实践的并置中，我们可以定位到学科交叉的必要性。

以 ChatGPT 为代表的大语言模型，尽管才刚刚进入人类的视野，但已经在知识实践上展现出卓越能力，成为堪称"通"家的大"专"家。我们可以用"模拟模式"与"数字模式"来分别描述人类与大语言模型的知识实践。大语言模型问世前的人工神经网络算法，"数字模式"仅仅令其在各狭窄的垂直领域内展露出卓越智能；然而以海量人类文本为训练数据的大模型，其知识实践则呈现出无视领域疆界的通用性。

面对大语言模型在知识实践上的碾压，我们不能躲在知识实践的舒适区，而是要努力践行知识的非现代杂交。作为"智人"，我们看似有理由但其实没有任何理由去躺平——潜在论与量子物理学，给出了我们积极展开跨学科知识实践的理据。在大语言模型一往无前的后人类主义地平线上，我们仍然可以保有我们的智慧，仍然可以做一个名副其实的"智人"。

后记　在爱（AI）智能-爱智慧的道路上

智慧为什么值得去爱？

爱，是一个后人类的事业。①

哲学（philo-sophy），就是对智慧的爱。

然而，在"智能时代"，对智慧的爱，本身很后人类。②

在深渊性的"奇点"临近的当下时刻，很有必要重新追问：智慧为什么值得去爱？仅仅因为我们把灵长目人属下唯一现存物种，也就是我们自己，称为"智人"么？

"智慧"（wisdom）和"真理"（truth）不一样。智慧不是定于一尊的、终极的，而是实践的、在使用中不断发展与更新的。③"真理"通向**形而上学/元物理学**（meta-physics）；而"智慧"则通向**可变化的本体论**（variable ontology）。④

吉奥格·黑格尔有一句名言："智慧女神的猫头鹰黄昏时才起飞。"⑤

170年后，福山等当代自诩的黑格尔主义者们，热情欢呼"黄昏"已经到来，历史业已终结，"智慧"的最终形态已被

---

① 参见本书第五章结语。同时请参见吴冠军：《爱、死亡与后人类："后电影时代"重铸电影哲学》。

② 参见本书第三章结语。关于（技术）智能与（政治）智慧的系统性探讨，请参见本书第一章以及第八章。

③ 参见本书第一章结语。同时请参见吴冠军：《陷入奇点：人类世政治哲学研究》。

④ 关于"元物理学"（形而上学）与"可变化本体论"的系统性学理探讨，请参见吴冠军：《从元宇宙到量子现实：迈向后人类主义政治本体论》。

⑤ Georg W. F. Hegel, *Elements of the Philosophy of Right*, ed. Allen W. Wood, trans. H. B. Nisbet, Cambridge: Cambridge University Press, 1991, p. 23.

人类掌握。该形态，被福山认定为自由民主与资本主义。①

然而，"黄昏"不恰恰意味着走向长夜？

"起飞"不恰恰意味着彻底离开？

"历史终结论"，不正是人类告别"智慧"后的政治学说？

在福山的老师亚历山大·科耶夫眼里，历史终结意味着，再没有重要之事值得实现，故而不再会有什么根本的变化，不再有任何理由来改变人对世界和对其自身的根本性理解。于是，人不再需要哲学性的反思，而是尽情拥抱"一切让人**快乐**的东西"（科耶夫对快乐加了字体着重，并列举了艺术、嬉戏与性爱）……在那个"最后的新世界"里，人们返回动物状态（亦即"人的消亡"），男男女女"像幼年动物那样嬉戏，像成年野兽那样性交"。②

科耶夫的分析，线索明晰而有力。在历史终点处，哲学毫无价值，人们**快乐**地集体跟智慧道"再见"（goodbye）。福山自己亦承认：生活在历史终结时代的人，是尼采所说的无希望、无创造、平庸浅陋的"末人"（the last man）。③ 末人，将全面取代智人。

---

① Fukuyama, "The End of History?", op. cit.

② 在 20 世纪 50 年代科耶夫便宣称，这种"回归动物状态"在美国已经泛滥——"欧洲的延伸已经超过欧洲本身"。他甚至直接将其称为"美国的生活方式"，并认为日本也是彻底的"动物王国"，但不同于美国，日本还保留了武士道的自杀精神。科耶夫强调"人的消亡"并不是灾难，而是历史达到它的最顶端。See Alexandre Kojève, *Introduction to the Reading of Hegel*, trans. J. H. Nichols, Ithaca: Cornell University Press, 1969, pp. 158-162n, emphasis in original. 并参见德鲁里：《亚历山大·科耶夫：后现代政治的根源》，赵琦译，北京：新星出版社，2007，第 91—96、81—83 页。

③ Francis Fukuyama, *The End of History and the Last Man*, New York: The Free Press, 1992.

后记　在爱（AI）智能-爱智慧的道路上

有意思的是，提出"历史终结论"十多年后，福山用一本专著的篇幅来抵制"我们的后人类未来"。① 显然，作为末人的人类，才刚开始快乐起来，还没有嬉戏够，怎么突然就面对"后人类未来"了呢？于是，以捍卫人类（末人）的名义，福山对"后人类未来"口诛笔伐。

然而，福山所捍卫的，是跟智人道"再见"后的"没有未来的未来"——"历史终结"，本身就意味着不再有未来。生活在历史终结处的末人，只有明天，没有未来。福山既反对"后人类"，也反对"未来"。

在学理层面上，认定人类文明之历史业已抵达终点，这本身便限定了"智慧"的天花板。福山版本的"历史终结论"，实际上标识了：智人为构建共同体秩序历史性迭代出来的某一种**智慧**（自由民主与资本主义），在"历史终结"这个闭合性状况下，使自身达成整体化，亦即，变成了**真理**。②

也就是说，在三十多年前，福山认为终极"智慧"已经牢牢被"人"——一部分意识到自由民主与资本主义"终结"了历史的人，包括福山自己——抓在手里。正是这部分人握有了智慧，和"智慧女神"并肩而行，其他绝大部分人不需要再追求智慧（尤其是不同的智慧），集体成为吃喝玩乐、纵情声色的末人。

---

① 福山：《我们的后人类未来：生物科技革命的后果》，黄立志译，桂林：广西师范大学出版社，2017。
② 请同时参见本书尾论。

我们看到，对于"智慧"，福山是**占有**逻辑（"那是我的"），而不是**爱**的逻辑（"那是我的缺失"）。① 在人类主义框架下，人类擅长占有，而不是爱。尽管被视为人类主义核心价值，爱，从来同人类主义框架格格不入。② 爱，很后人类。③

在这个"智能时代"，"智慧"正在式微。这本书，是我对"智慧女神"的爱的一个实践性结晶。爱（而非占有），不会终止。对智慧的探索与实践，不会终止。

在爱智慧的道路上，有很多同伴共同前行。

蓝江、夏莹、姜宇辉、李洋、王嘉军、李科林、董树宝诸君，是多年同行的好伙伴，并且我们都在爱智慧的道路上，嵌入了对技术的跨学科关注。可以说，这份爱智慧，同步包含了爱智能。不知何时，亦不知是哪位，给这个小共同体起名为"羊村"。"羊村"不大，痴爱洋溢。

马奥尼、梅飞虎、高奇琦、徐英瑾、杨庆峰、段伟文、曾军、刘永谋、许煜、吴静、金雯、闫坤如、叶淑兰、邵怡蕾、谢旻希、王逸帅、易妍、戴宇辰诸君，尽管各自专业背景不

---

① 关于爱的逻辑的学理分析，请参见吴冠军：《爱的本体论：一个巴迪欧主义-后人类主义重构》，《文化艺术研究》2021年第1期；吴冠军：《在黑格尔与巴迪欧之间的"爱"——从张念的黑格尔批判说起》，《华东师范大学学报（哲学社会科学版）》2019年第1期；吴冠军：《作为死亡驱力的爱：精神分析与电影艺术之亲缘性》，《文艺研究》2017年第5期。
② 请参见本书第五章；更系统性的论述请参见吴冠军：《爱、谎言与大他者：人类世文明结构研究》，上卷。
③ 系统性的论述请参见吴冠军：《爱、谎言与大他者：人类世文明结构研究》，下卷。

后记 在爱（AI）智能-爱智慧的道路上

同，皆在技术研究上深有建树，每每有以教我。① 我们在华东师范大学**奇点研究院**（前身为奇点政治研究院，公众号"奇点政智"）这个平台上，对前沿技术的发展开展跨学科的交流，乃至激烈的论争，从而频繁地彼此启发，交互触动。② **友谊之爱**（philia），则保证了论争再激烈，观点再冲突，亦彼此肝胆相照。峨峨兮若泰山，洋洋兮若江河，此爱不竭。

在爱智慧与爱智能的道路上，潘靓君的友谊之爱，使我不但近距离地见证了**超一流达成任务目标的智能**，而且一次次学习到**构筑并维系共同体的智慧**。本著所勾勒的在后人类主义地平线上的"智人"身影，在日常生活中就时常映在我身边，投入我眼帘。本著所探究的"再见"智人，不是道"goodbye"，而是"see you again"。

在爱智慧与爱智能的道路上，我要由衷感谢悉尼科技大学副校长、人工智能杰出教授、国际人工智能联合会议（IJCAI）2024大会主席张成奇君。我从成奇校长这里收获的不只是他对人工智能的多种洞见，更是学到了他在学科发展与筑巢引才上的卓越智慧。悉尼科技大学这些年的QS排名迅猛跃升，我知道这同他在学术共同体建设与"平台"打造上付出的心血紧密相关。成奇教授对华东师范大学第二任校长刘佛年教育思想的人生体会，也让我受益匪浅。

---

① 关于教（敩）的进一步探讨，请参见本书第六章。
② 在2022年12月10日至11日召开的第二届"面向奇点的政治学研究"学术研讨会开幕式上，姜宇辉被聘为该研究院的常务副院长，马奥尼、邵怡蕾、蓝江被聘为副院长。

我还想特别感谢万维钢君。虽因大洋相隔不能经常盘桓，但维钢兄在"得到"上开设的《精英日课》以及在三人小群"精神富有群"中的精彩洞见，屡屡触发出我的思绪火花，多次改写我的思考轨迹。这位前物理学家与杰出的科学作家，在我眼里亦是当代中国最无视学科边界的思想实践者，没有之一。见贤思齐，此乐无匹。

在追寻与实践智慧的数十年人生道路上，朱国华君给予我数不清的指导——大到人生发展选择，细到学院棘手工作的处理尺度把握。正是国华教授倾囊而出毫不藏私的智慧，使我一次次举重若轻地跨过险阻、绕过洼路。我何其幸运，生命中能有如此师友同行。我把这本书题献给国华老师。

我还要深深感谢张洛菲君与"具有眼光"（Infinity Vision）的小伙伴们，他们做了大量工作使我的学术研究被更多的年轻朋友看到。学术研究从来不应是一个专业小圈子的闭门狂欢，而是在一个又一个"能动性聚合体"内不断彼此触动的爱智慧实践。在这个加速变化的世界中，学者和学院内外的青年们一起面对不断奔涌而出的各种新现象、新挑战、新问题，应共同肩并肩去探索，互相启发。①

北京大学出版社的陈佳荣君、魏冬峰君和王立刚君，是这本著作得以问世的幕后推手：（a）如果不是三位老师充满韧劲与节奏感的进度管理与暖心督促，本书可能仍会处在不断

---

① 参见本书第六章第四节。

更新迭代中，而无法同读者们见面；(b)我对著作呈现的一些"跳出框架"(out-of-the-box)的念头，亦被编辑老师及时地拦了下来。在这两个面向上，他们都是对的。此处亦可定位到"AI/爱"的快与慢：AI可以一路疾驰，以显"智能"（竞速学）；爱的道路上则一定需要不断聆听同行者，方成"智慧"（政治学）。

数十年前，我的父母用他们相当于现今几十万元人民币购买力的工资积蓄，给我购置了人生中第一台个人计算机，使我开始同信息技术有了近距离接触，并让我走上了爱智慧与爱智能的道路。这本书，满满地承载着来自父亲吴莹如先生与母亲徐丽华女士的浓浓的爱。我把在这个"加速社会"里一个儿子对父母的真挚的爱，刻印在书卷的末页。

吴冠军

癸卯盛夏于丽娃河畔

征 引 文 献

一、英文文献

Adshade, Marina. *Dollars and Sex: How Economics Influences Sex and Love*, San Francisco: Chronicle, 2013.

Agamben, Giorgio. *The Coming Community*, trans. Michael Hardt, Minneapolis: University of Minnesota Press, 1993.

Agamben, Giorgio. *Homer Sacer: Sovereign Power and Bare Life*, trans. Daniel Heller-Roazen, Stanford: Stanford University Press, 1998.

Agamben, Giorgio. *The Open: Man and Animal*, trans. Kevin Attell, Stanford: Stanford University Press, 2004.

Agamben, Giorgio. *The Time That Remains: A Commentary on the Letter to the Romans*, trans. Patricia Dailey, Stanford: Stanford University Press, 2005.

Agamben, Giorgio. *The Fire and the Tale*, trans. L. Chiesa, Stanford: Stanford University Press, 2017.

Agrawal, Ajay, and Joshua Gans, Avi Goldfarb. *Prediction Machines: The Simple Economics of Artificial Intelligence*, Boston: Harvard Business Review

Press, 2018 (ebook).

Allison, Graham. "The Thucydides Trap: Are the U. S. and China Headed for War?" *The Atlantic*, Sep 24, 2015.

Allison, Graham. "The Thucydides Trap", *Foreign Policy*, 9 June 2017, available at 〈https://foreignpolicy.com/2017/06/09/the-thucydides-trap/〉.

Althusser, Louis. "Ideology and Ideological State Apparatus", in his *Lenin and Philosophy and Other Essays*, trans. Ben Brewster, New York: Monthly Review Press, 1971.

Alvesson, Mats, and André Spicer. "A Stupidity-Based Theory of Organizations", *Journal of Management Studies* 49 (7), 2012, pp. 1194-1220.

Anderson, Chris. "The End of Theory: The Data Deluge Makes the Scientific Method Obsolete," *Wired*, 23 June 2008, available at 〈https://www.wired.com/2008/06/pb-theory/〉.

Angrist, Stanley, and Loren Hepler. "Demons, Poetry and Life: A Thermodynamic View," *Texas Quarterly* 10, September 1967.

Appleyard, Bryan. "Falling In Love With Sexbots," *The Sunday Times*, Oct 22, 2017, pp. 24-25.

Arendt, Hannah. *Eichmann in Jerusalem: A Report on the Banality of Evil*, New York: Viking, 1964.

Arendt, Hannah. *The Human Condition*, 2nd edition, Chicago: The University of Chicago Press, 1998.

Aristotle, *Politics*, trans. Ernest Barker, Oxford: Oxford University Press, 1995.

Autor, David, and Anna Salomons. "Is Automation Labor Displacing? Productivity Growth, Employment and the Labor Share," *Brookings Papers on Economic Activity*, 2018, available at 〈http://www.brookings.edu/wp-content/uploads/2018/03/1_autorsalomons.pdf〉.

Badiou, Alain. *Being and Event*, trans. Oliver Feltham, London: Continuum, 2005.

Badiou, Alain. *The Meaning of Sarkozy*, London: Verso, 2008.

Badiou, Alain. "The Reinvention of Love", in Byung-Chul Han, *The Agony of Eros*, trans. Erik Butler, Cambridge, Mass.: The MIT Press, 2017.

Badiou, Alain, and Nicolas Truong. *In Praise of Love*, trans. Peter Bush, London: Serpent's Tail, 2012.

Barad, Karen. *Meeting the Universe Halfway: Quantum Physics and the Entanglement of Matter and Meaning*, Durham: Duke University Press, 2007.

Barth, Karl. *The Word of God and the Word of Man*, trans. Douglas Horton, New York: Harper & Row Publishers, 1957.

Barth, Karl. *The Epistle to the Romans*, trans. Edwyn C. Hoskyns, London: Oxford University Press, 1968.

Bataille, Georges. *The Accursed Share: An Essay on General Economy, Volume I: Consumption*, trans. Robert Hurley, New York: Zone Books, 1988.

Bataille, Georges. *The History of Eroticism*, trans. Robert Hurley, in his *The Accursed Share*, Vols. 2 and 3, New York: Zone Books, 1991.

Becker, Gary S. "A Theory of Marriage", in his *The Economic Approach to Human Behavior*, Chicago: University of Chicago Press, 1976.

Becker, Gary S. *A Treatise on the Family*, Cambridge, Mass.: Harvard University Press, 1993.

Becker, Gary S., and Kevin M. Murphy. "A Theory of Rational Addiction", *Journal of Political Economy* 96 (4), 1988, pp. 675-700.

Bengio, Yoshua. "Slowing down development of AI systems passing the Turing test", Bengio's Blog, 5 April 2023, 〈https://yoshuabengio.org/2023/04/05/slowing-down-development-of-ai-systems-passing-the-turing-test/〉.

Bengio, Yoshua. "My testimony in front of the U.S. Senate—The urgency to act against AI threats to democracy, society and national security", 25 July 2023, 〈https://yoshuabengio.org/2023/07/25/my-testimony-in-front-of-the-us-senate/〉.

Bennett, Jane. *Vibrant Matter: A Political Ecology of Things*, Durham: Duke University Press, 2010.

Bergson, Henri. *Creative Evolution*, trans. Arthur Mitchell, New York: Random

House, 1944.

Bi, Kaifeng (et al.). "Accurate medium-range global weather forecasting with 3D neural networks", *Nature*, vol. 619, pp. 533-538, 2023, available at ⟨https://www.nature.com/articles/s41586-023-06185-3⟩.

Broussard, Meredith. *Artificial Unintelligence: How Computers Misunderstand the World*, Cambridge, Mass.: The MIT Press, 2018.

Bubeck, Sébastien (et al.). "Sparks of Artificial General Intelligence: Early experiments with GPT-4", *ArXiv*, submitted on 22 Mar 2023, ⟨https://arxiv.org/abs/2303.12712⟩.

Butler, Judith. *Notes Toward a Performative Theory of Assembly*, Cambridge, Mass.: Harvard University Press, 2015.

Butlin, Patrick (et al.). "Consciousness in Artificial Intelligence: Insights from the Science of Consciousness", *ArXiv*, Submitted on 17 Aug 2023, ⟨https://arxiv.org/abs/2308.08708⟩.

Calzada, Igor. "The Techno-Politics of Data and Smart Devolution in City-Regions", *Systems* 5 (1), 2017, pp. 18-35.

Canguilhem, Georges. *Knowledge of life*, trans. Stefanos Geroulanos and Daniela Ginsburg, New York: Fordham University Press, 2008.

Carlsmith, Joseph. "Is Power-Seeking AI an Existential Risk?", *ArXiv*, submitted on 16 Jun 2022, p. 19, ⟨https://arxiv.org/abs/2206.13353⟩.

Carroll, Sean. *From Eternity to Here: The Quest for the Ultimate Theory of Time*, New York: Penguin, 2010.

Cera, Agostino. "The Technocene or Technology as (Neo) environment", *Techné: Research in Philosophy and Technology*, 21: 2-3, 2017, pp. 243-281.

Chalmers, David J. *Reality+: Virtual Worlds and the Problems of Philosophy*, New York: W. W. Norton, 2022 (ebook).

Chen, Lingjiao, Matei Zaharia, James Zou. "How Is ChatGPT's Behavior Changing over Time?", *ArXiv*, submitted on 18 Jul 2023, ⟨https://arxiv.org/abs/2307.09009⟩.

Clark, Andy. *Natural-Born Cyborgs: Minds, Technologies, and the Future of Human Intelligence*, Oxford: Oxford University Press, 2003.

Colvin, Geoff. *Humans Are Underrated: What High Achievers Know That Brilliant Machines Never Will*, New York: Penguin, 2015.

Crutzen, Paul J. "Geology of Mankind: The Anthropocene," *Nature* 415, 2002.

Crutzen, Paul J., and Will Steffen. "How Long Have We Been in the AnthropoceneEra?" *Climatic Change* 61 (3), 2003, pp. 251-257.

Crutzen, Paul J., and Eugene F. Stoermer. "The Anthropocene," *IGBP Newsletter* 41, 2000, pp. 17-18.

Crutzen, Paul J., and Eugene F. Stoermer. "Have we entered the 'Anthropocene'?", *Global IGBP Change*, Oct 31, 2010.

Davies, Jeremy. *The Birth of the Anthropocene*, Oakland, California: University of California Press, 2016.

Dehaene, Stanislas. *How We Learn: Why Brains Learn Better Than Any Machine… for Now*, London: Penguin, 2020 (ebook).

Deleuze, Gilles. *Difference and Repetition*, trans. Paul Patton, London; New York: Continuum, 2004.

Deleuze, Gills. "Response to a Question on the Subject," in his *Two Regimes of Madness, Texts and Interviews 1975—1995*, ed. David Lapoujade, trans. Ames Hodges and Mike Taormina, New York: SemiotextI, 2006.

Deleuze, Gills. "We Invented the Ritornello," in his *Two Regimes of Madness, Texts and Interviews 1975—1995*, ed. David Lapoujade, trans. Ames Hodges and Mike Taormina, New York: SemiotI(e), 2006.

Derrida, Jacques. *Limited Inc.*, ed. Gerald Graff, Evanston, Ill.: Northwestern University Press, 1988.

Derrida, Jacques. "Force of Law: The 'Mystical Foundation of Authority'," in Drutilla Cornell, Michel Rosenfeld and David Gray Carlson (eds.), *Deconstruction and the Possibility of Justice*, New York: Routledge, 1992.

Diamond, Jared M. *Guns, Germs, and Steel: The Fates of Human Societies*, New

York: W. W. Norton & Company 1999.

Dunbar, Robin. *How Many Friends Does One Person Need? Dunbar's Number and Other Evolutionary Quirks*, London: Faber and Faber, 2010.

Dupuy, Jean-Pierre. "Cybernetics Is an Antihumanism: Technoscience and the Rebellion Against the Human Condition", in Sacha Loeve, Xavier Guchet, Bernadette B. Vincent (eds.), *French Philosophy of Technology: Classical Readings and Contemporary Approaches*, Cham: Springer, 2018.

Dutton, Edward, and Richard Lynn, "A Negative Flynn Effect in Finland, 1997—2009", *Intelligence* 41 (6), 2013, pp. 817-820.

Edwards, Paul. "Infrastructure and Modernity: Force, Time, and Social Organization in the History of Sociotechnical Systems", in Thomas J. Misa, Philip Brey, and Andrew Feenberg (eds.), *Modernity and Technology*, Cambridge, MA: The MIT Press, 2003.

Edwards, Richard. "Lifelong Learning: A Post-human Condition?", in David N. Aspin, Judith Chapman, Karen Evans, Richard Bagnall (eds.), *Second International Handbook of Lifelong Learning*, London: Springer 2012.

Elliott, Anthony. *The Culture of AI: Everyday Life and the Digital Revolution*, London: Routledge, 2019.

Eloundou, Tyna, and Sam Manning, Pamela Mishkin, Daniel Rock. "GPTs are GPTs: An Early Look at the Labor Market Impact Potential of Large Language Models", *ArXiv*, submitted on 17 Mar 2023, ⟨https://arxiv.org/abs/2303.10130⟩.

Engels, Friedrich. *The Origin of the Family, Private Property and the State*, London: Penguin, 2010 (ebook).

Esposito, Roberto. "Community, Immunity, Biopolitics", in Greg Bird and Jonathan Short (eds.), *Community, Immunity and the Proper*, London: Routledge, 2015.

Evans, Dylan. *An Introductory Dictionary of Lacanian Psychoanalysis*, London; New York: Routledge, 1996.

Fenwick, Tara, and Richard Edwards (eds.). *Researching Education Through*

Actor-Network Theory, Chichester: Wiley-Blackwell, 2012.

Fenwick, Tara, and Richard Edwards. "Performative Ontologies: Sociomaterial Approaches to Researching Adult Education and Lifelong Learning," *European Journal for Research on the Education and Learning of Adults*, Vol. 4, No. 1, 2013.

Ferry, Luc. *On Love: A Philosophy for the Twenty-First Century*, trans. Andrew Brown, Cambridge: Polity, 2013.

Fink, Bruce. *The Lacanian Subject: Between Language and Jouissance*, Princeton, N. J.: Princeton University Press, 1995.

Ford, Martin. *The Rise of the Robots: Technology and the Threat of a Jobless Future*, New York: Basic Books, 2015.

Foucault, Michel. *Power/Knowledge: Selected Interviews and Other Writings 1972—1977*, ed. Colin Gordon, trans. Colin Gordon et al., New York: Pantheon, 1980.

Foucault, Michel. *The History of Sexuality*, Vol. 1, trans. R. Hurley, New York: Vintage, 1990.

Foucault, Michel. *The Order of Things: An Archaeology of the Human Sciences*, London: Routledge, 2002.

Friedman, Milton, and Gary S. Becker. "A Statistical Illusion in Judging Keynesian Models," *Journal of Political Economy* 65 (1), 1957, pp. 64-75.

Fukuyama, Francis. "The End of History?", *The National Interest*, Summer 1989.

Fukuyama, Francis. *The End of History and the Last Man*, New York: The Free Press, 1992.

Fukuyama, Francis. *Our Posthuman Future: Consequences of the Biotechnology Revolution*, New York: Picador, 2003.

Greene, Brian. *The Fabric of Cosmos: Space, Time, and the Texture of Reality*, New York: Vintage, 2005.

Guattari, Félix. *Chaosmosis: An Ethico-Aesthetic Paradigm*, trans. Paul Bains and Julian Pefanis, Bloomington: Indiana University Press, 1995.

Habermas, Jürgen. *The Inclusion of the Other: Studies in Political Theory*, ed. Ciaran Cronin and Pablo De Greiff, trans. Ciaran Cronin, Cambridge, MA: The MIT Press, 1998.

Habermas, Jürgen. *The Lure of Technocracy*, trans. Ciaran Cronin, Cambridge: Polity, 2015.

Hall, David L. "Modern China and Postmodern West", in Eliot Deutsch (ed.), *Culture and Modernity: East-west Philosophic Perspectives*, Honolulu: University of Hawaii Press, 1991.

Haraway, Donna. "A Cyborg Manifesto: Science, Technology and Socialist-Feminism in the Late Twentieth Century", in her *Manifestly Haraway*, Minneapolis: University of Minnesota Press, 2016, pp. 3-90.

Donna Haraway, "The Companion Species Manifesto: Dogs, People, and Significant Otherness", in her *Manifestly Haraway*, Minneapolis: University of Minnesota Press, 2016, pp. 91-198.

Haraway, Donna. *Staying with the Trouble: Making Kin in the Chthulucene*, Durham: Duke University Press, 2016.

Haraway, Donna, and Cary Wolfe. "Companions in Conversation", in Donna Haraway, *Manifestly Haraway*, Minneapolis: University of Minnesota Press, 2016, pp. 199-298.

Harvey, David. *The New Imperialism*, Oxford; New York: Oxford University Press, 2003.

Hawking, Stephen W. *The Theory of Everything: The Origin and Fate of the Universe*, Beverly Hills: Phoenix Books, 2005.

Hawking, Stephen W. *A Brief History of Time: From the Big Bang to Black Holes*, New York: Bantam, 2009.

Heidegger, Martin. *Being and Time*, trans. John Macquarrie and Edward Robinson, Oxford: Blackwell, 1962.

Hegel, Georg W. F. *Elements of the Philosophy of Right*, ed. Allen W. Wood, trans. H. B. Nisbet, Cambridge: Cambridge University Press, 1991.

Hinton, Geoffrey, and Oriol Vinyals, Jeff Dean. "Distilling the Knowledge in a Neural Network," *ArXiv*, submitted on 9 March 2015, 〈https://arxiv.org/pdf/1503.02531.pdf〉.

Ho, Jonathan, and Ajay Jain, Pieter Abbeel. "Denoising diffusion probabilistic models", *Advances in Neural Information Processing Systems* 33, 2020, 〈https://arxiv.org/abs/2006.11239〉.

Hobbes, Thomas. *On the Citizen*, ed. Richard Tuck and Michael Silverthorne, Cambridge: Cambridge University Press, 1998.

Hobbes, Thomas. *Leviathan*, ed. J. C. A. Gaskin, Oxford: Oxford University Press, 1998.

Hoquet, Thierry. "Cyborgs, Between Organology and Phenomenology: Two Perspectives on Artifacts and Life", in Sacha Loeve, Xavier Guchet, Bernadette B. Vincent (eds.), *French Philosophy of Technology: Classical Readings and Contemporary Approaches*, 2018.

Hornborg, Alf. "The Political Ecology of the Technocene: Uncovering Ecologically Unequal Exchange in the World-System", in Clive Hamilton, François Gemenne, and Christophe Bonneuil, *The Anthropocene and the Global Environmental Crisis: Rethinking Modernity in a New Epoch*, London: Routledge, 2015.

Hottois, Gilbert. "Technoscience: From the Origin of the Word to Its Current Uses", in Sacha Loeve, Xavier Guchet, Bernadette B. Vincent (eds.), *French Philosophy of Technology: Classical Readings and Contemporary Approaches*, Cham: Springer, 2018, pp. 121-138.

Hui, Yuk. *The Question Concerning Technology in China: An Essay in Cosmotechnics*, Falmouth: Ubranomic, 2016.

Huws, Ursula. *Labor in the Global Digital Economy: The Cybertariat Comes of Age*, New York: Monthly Review Press, 2014.

Jaspers, Karl. *The Origin and Goal of History*, trans. Michael Bullock, New Haven: Yale University Press, 1953.

Kahneman, Daniel. *Thinking, Fast and Slow*, New York: Farrar, Straus and

Giroux, 2011 (ebook).

Kierkegaard, Søren. *Journals and Papers*, trans. Howard and Edna Hong, Indiana: Indiana University Press, 1976.

Kishik, David. *The Power of Life: Agamben and the Coming Politics*, Stanford: Stanford University Press, 2012.

Klein, Naomi. *The Shock Doctrine: The Rise of Disaster Capitalism*, New York: Metropolitan, 2007.

Kojève, Alexandre. *Introduction to the Reading of Hegel*, trans. J. H. Nichols, Ithaca: Cornell University Press, 1969.

Kurban, Can, and Ismael Peña-López, Maria Haberer. "What Is Techno-politics? A Conceptual Schema for Understanding Politics in the Digital Age", *IDP: Revista d'Internet, Dret i Política* 24, 2017.

Lacan, Jacques. *écrits: A Selection*, trans. Alan Sheridan, London: Tavistock Publications, 1977.

Lacan, Jacques. *Freud's Papers on Technique*, trans. John Forrester, New York: Norton, 1988.

Lacan, Jacques. *The Ego in Freud's Theory and in the Technique of Psychoanalysis*, trans. Sylvana Tomaselli, Now York: Norton, 1991.

Lacan, Jacques. *The Ethics of Psychoanalysis*, trans. Dennis Porter, London: Routledge, 1992.

Latour, Bruno. *The Pasteurization of France*, trans. Alan Sheridan & John Law, Cambridge, Mass.: Harvard University Press, 1988.

Latour, Bruno. *We Have Never Been Modern*, trans. Catherine Porter, Cambridge, Mass.: Harvard University Press, 1993.

Latour, Bruno. *Pandora's Hope: Essays on the Reality of Science Studies*, Cambridge, Mass.: Harvard University Press, 1999.

Latour, Bruno. *Politics of Nature: How to Bring the Sciences into Democracy*, trans. C. Porter, Cambridge, Mass.: Harvard University Press, 2004.

Latour, Bruno. *Reassembling the Social: An Introduction to Actor-Network-Theory*, Oxford: Oxford Press, 2005.

Latour, Bruno. *Facing Gaia: Eight Lectures on the New Climatic Regime*, trans. Catherine Porter, Cambridge: Polity, 2017.

Latour, Bruno. *Down to Earth: Politics in the New Climatic Regime*, trans. Catherine Porter, Cambridge: Polity, 2018 (ebook).

Lazo, Luz (et al.). "Investigators find 2nd piece of key evidence in crash of Boeing 737 Max 8 in Ethiopia", *The Washington Post*, 15 March 2019.

Lazzarato, Maurizio. *Signs and Machines: Capitalism and the Production of Subjectivity*, trans. Joshua D. Jordan, Cambridge, MA: The MIT Press, 2014.

Lemmens, Pieter, and Vincent Blok, Jochem Zwier. "Toward a Terrestrial Turn in Philosophy of Technology", *Techné: Research in Philosophy and Technology*, vol. 21: 2-3, 2017.

Leroi-Gourhan, André. *Gesture and Speech*, trans. A. B. Berger, Cambridge, MA: The MIT Press, 1993.

Lévi-Strauss, Claude. *Tristes Tropiques*, trans. John Russell, New York: Criterion Books, 1961.

Lévi-Strauss, Claude. *The Elementary Structures of Kinship*, trans. J. H. Bell et al., New York: Beacon, 1971.

Li, Bo (et al.). "DecodingTrust: A Comprehensive Assessment of Trustworthiness in GPT Models", *ArXiv*, submitted on 20 Jun 2023, ⟨https://arxiv.org/abs/2306.11698⟩.

Lotka, Alfred J. "Contribution to the Energetics of Evolution," *Proceedings of the National Academy of Science* 8, 1922.

Lotka, Alfred J. "The Law of Evolution as a Maximal Principle", *Human Biology* 17, 1945.

Lovelock, James. *The Revenge of Gaia: Why the Earth is Fighting Back, and How We Can Still Save Humanity*, London: Penguin, 2007.

Lovelock, James. *Novacene: The Coming Age of Hyperintelligence*, Cambridge, MA: The MIT Press, 2019.

Luhmann, Niklas. *Trust and Power*, ed. Tom Burns and Gianfranco Poggi, New

York: John Wiley & Sons, 1979.

Lyotard, Jean-François. *The Inhuman: Reflections on Time*, trans. Geoffrey Bennington and Rachel Bowlby, Oxford: Blackwell, 1991.

Lyotard, Jean-François. *Postmodern Fables*, trans. Georges V. D. Abbeele, Minneapolis: University of Minnesota Press, 1997.

MacLean, Paul. *The Triune Brain in Evolution*, New York: Springer, 1990.

Malabou, Catherine. *Morphing Intelligence: From IQ Measurement to Artificial Brains*, trans. Carolyn Shread, New York: Columbia University Press, 2019.

Marcus, Gary, and Ernest Davis. *Rebooting AI: Building Artificial Intelligence We Can Trust*, New York: Pentheon Books, 2019 (ebook).

Marcuse, Herbert. *Eros and Civilization: A Philosophical Inquiry into Freud*, Boston: Beacon, 1966.

Marsland, Stephen. *Machine Learning: An Algorithmic Perspective*, 2nd edition, London: CRC, 2015.

Marx, Karl. "Theses on Feuerbach", in Eugene Kamenka (ed.), *The Portable Marx*, New York: Penguin, 1983.

Maturana, Humberto R., and Francisco J. Varela, *Autopoiesis and Cognition: The Realization of the Living*, Dordrecht: Reidel, 1980.

May, Simon. *Love: A History*, New Haven & London: Yale University Press, 2011.

McLuhan, Marshall. *Understanding Media: the Extensions of Man*, Cambridge, Mass.: The MIT Press, 1994.

META Fundamental AI Reseach Diplomacy Team, "Human-level play in the game of Diplomacy by combining language models with strategic reasoning", *Science*, 378 (6624), Nov 22, 2022, available at 〈https://www.science.org/doi/10.1126/science.ade9097〉.

Miller, G. Tyler, Jr. *Energetics, Kinetics and Life*, Belmont, Calif.: Wadsworth, 1971.

Milligan, Tony. *Love*, Durham: Acumen, 2011.

Mokyr, Joel. "The Past and the Future of Innovation: Some Lessons from Economic History," *Explorations in Economic History*, 2018 (3), available at ⟨https://doi.org/10.1016/j.eeh.2018.03.003⟩.

Mokyr, Joel, and Chris Vickers, Nicolas Ziebarth. "The History of Technological Anxiety and the Future of Economic Growth," *Journal of Economic Perspectives*, 29 (3), 2015, pp. 31-50.

Moore, Jason W. *Capitalism in the Web of Life: Ecology and the Accumulation of Capital*, London: Verso, 2015.

Morton, Timothy. "How I Learned to Stop Worrying and Love the Term Anthropocene", *Cambridge Journal of Postcolonial Literary Inquiry* 1 (2), 2014.

Morton, Timothy. *Dark Ecology: For a Logic of Future Coexistence*, New York: Columbia University Press, 2016.

Morton, Timothy. *Being Ecological*, Cambridge, Mass.: The MIT Press, 2018.

Mouffe, Chantal. *The Return of the Political*, London: Verso, 1993.

Murray, Alex, and Jessica Whyte (eds.). *The Agamben Dictionary*, Edinburgh: Edinburgh University Press, 2011.

Narang, Sharan, and Aakanksha Chowdhery. "Pathways Language Model (PaLM): Scaling to 540 Billion Parameters for Breakthrough Performance," *Google Research*, 4 April 2022, available at ⟨https://ai.googleblog.com/2022/04/pathways-language-model-palm-scaling-to.html⟩.

Parr, Adrian. "Deterritorialisation/Reterritorialisation," in his (ed.) *The Deleuze Dictionary*, Edinburgh: Edinburgh University Press, 2005.

Parikka, Jussi. *The Anthrobscene*, Minneapolis: University of Minnesota Press, 2014.

Pascal, Blaise. *Pensées and Other Writings*, trans. Honor Levi, Oxford: Oxford University Press, 1995.

Perunov, Nikolai, and Robert Marsland, Jeremy England. "Statistical Physics of Adaptation", *Physical Review X* 6 (2), 2016.

Petersen, Aage. "The Philosophy of Niels Bohr", *Bulletin of the Atomic Scientists* 19, 1963.

Pettit, Philip. "The Cunning of Trust", in his *Rules, Reasons, and Norms*, Oxford: Oxford University Press, 2002.

Pietschnig, Jakob, and Georg Gittler. "A Reversal of the Flynn Effect for Spatial Perception in German-Speaking Countries: Evidence from a Cross-Temporal IRT-Based Meta-Analysis (1977—2014)", *Intelligence* 53, 2015, pp. 145-153.

Pinker, Steven. *Enlightenment Now: The Case for Reason, Science, Humanism, and Progress*, New York: Viking, 2018 (ebook).

Plato, *Protagoras*, trans. C. C. W. Taylor, Revised Edition, Oxford: Oxford University Press, 1991.

Radford, Tim. "James Lovelock at 100: the Gaia saga continues," *Nature* 570, 2019, pp. 441-442.

Rawls, John. *Political Liberalism*, expanded edition, New York: Columbia University Press, 2005.

Readfearn, Graham. "We Are Approaching the Trumpocene, a New Epoch Where Climate Change Is Just a Big Scary Conspiracy", *The Guardian*, 21 Oct 2016, available at ⟨https://www.theguardian.com/environment/planet-oz/2016/oct/21/we-are-approaching-the-trumpocene-a-new-epoch-where-climate-change-is-just-a-big-scary-conspiracy⟩.

Rifkin, Jeremy, and Ted Howard. *Entropy: Into the Greenhouse World*, revised edition, New York: Bantam, 1989.

Robinson, Andrew. "We Just Can't Stop Misquoting Einstein", *Primemind*, 14 Mar 2016.

Ronell, Avital. *Stupidity*, Urbana: University of Illinois Press, 2002.

Rorty, Richard. "Solidarity", in his *Contingency, Irony, and Solidarity*, Cambridge: Cambridge University Press, 1989.

Rovelli, Carlo. *The Order of Time*, trans. Erica Segre and Simon Carnell, New York: Riverhead Books, 2018 (ebook).

Russell, Stuart J. *Human Compatible: Artificial Intelligence and the Problem of Control*, New York: Penguin Random House, 2019.

Russell, Stuart J., and Peter Norvig. *Artificial Intelligence: A Modern Approach*, 4th. Hoboken: Pearson, 2020.

Sapolsky, Robert M. *Behave: The Biology of Humans at Our Best and Worst*, New York: Penguin, 2017 (ebook).

Schatzberg, Eric. *Technology: Critical History of a Concept*, Chicago: The University of Chicago Press, 2018.

Schmitt, Carl. *The Concept of the Political*, expanded edition, trans. George Schwab, Chicago: The University of Chicago Press, 1996.

Schrödinger, Erwin. *What Is Life? The Physical Aspect of the Living Cell*, Cambridge: Cambridge University Press, 1992.

Sen, Amartya. *Commodities and Capabilities*, 2nd ed., Oxford: Oxford University Press, 1999.

Shakespeare, William. *Romeo and Juliet*, ed. Sidney Lamb, New York: Cliffs Notes, 2000.

Shazeer, Noam. "GLU Variants Improve Transformer," *ArXiv*, submitted on 12 Feb 2020, ⟨https://arxiv.org/abs/2002.05202⟩.

Shimony, Abner. "Metaphysical Problems in the Foundations of Quantum Mechanics," *International Philosophical Quarterly*, 18 (1), 1978, pp. 2-17.

Simmel, Georg. *The Philosophy of Money*, ed. David Frisby, trans. Tom Bottomore, David Frisby, and Kaethe Mengelberg, third enlarged edition, London: Routledge, 2004.

Simon, Herbert. *Administrative Behavior*, 3rd edition, New York: The Free Press, 1976.

Simondon, Gilbert. *On the Mode of Existence of Technical Objects*, trans. Cécile Malaspina and John Rogove, Minneapolis: Univocal, 2017.

Sloterdijk, Peter. *You Must Change Your Life: On Anthropotechnics*, trans. Wieland Hoban, Cambridge: Polity, 2013.

Sloterdijk, Peter. *What Happened in the 20th Century?* trans. Christopher Turner, Cambridge: Polity, 2018 (ebook).

Srnicek, Nick. *Platform Capitalism*, Cambridge: Polity, 2016.

Srnicek, Nick. "We need to nationalise Google, Facebook and Amazon. Here's why," *The Guardian*, 30 August 2017, available at 〈https://www.theguardian.com/commentisfree/2017/aug/30/nationalise-google-facebook-amazon-data-monopoly-platform-public-interest〉.

Srnicek, Nick, and Alex Williams. *Inventing the Future: Postcapitalism and a World Without Work*, London: Verso, 2015 (ebook).

Stalder, Felix. *The Digital Condition*, trans. Valentine A. Pakis, Cambridge: Polity, 2018.

Stavrakakis, Yannis. *Lacan and the Political*, London: Routledge, 1999.

Stephens-Davidowitz, Seth. *Everybody Lies: Big Data, New Data, and What the Internet Can Tell Us About Who We Really Are*, New York: Dey Street Books, 2017.

Stiegler, Bernard. *Technics and Time 1: The Fault of Epimetheus*, trans. G. Collins and R. Beardsworth, Cambridge, MA: Stanford University Press, 1998.

Stiegler, Bernard. *For a New Critique of Political Economy*, trans. Daniel Ross, Cambridge: Polity Press, 2010.

Stiegler, Bernard. *Taking Care of Youth and the Generations*, trans. Stephen Barker, Stanford: Stanford University Press, 2010.

Stiegler, Bernard. *Symbolic Misery 2: The Katastrophe of the Sensible*, trans. Barnaby Norman, Cambridge: Polity, 2015.

Stiegler, Bernard. *States of Shock: Stupidity and Knowledge in the 21st Century*, trans. Daniel Ross, Cambridge: Polity, 2015.

Stiegler, Bernard. *Automatic Society: The Future of Work*, trans. Daniel Ross, Cambridge: Polity, 2016.

Stiegler, Bernard. *The Neganthropocene*, trans. Daniel Ross, London: Open Humanities Press, 2018.

Strauss, Leo. "What Is Liberal Education?", in his *An Introduction to Political*

Philosophy, ed. Hilail Gildin, Detroit: Wayne State University Press, 1989.

Strauss, Leo. "The Three Waves of Modernity", in his *An Introduction to Political Philosophy*, ed. Hilail Gildin, Detroit: Wayne State University Press, 1989.

Souda, Ronald de. *Love: A Very Short Introduction*, Oxford: Oxford University Press, 2015 (ebook).

Teasdale, Thomas W., and David R. Owen. "A Long-term Rise and Recent Decline in Intelligence Test Performance: The Flynn Effect in Reverse", *Personality and Individual Differences* 39 (4), 2005, pp. 837-843.

Teasdale, Thomas W., and David R. Owen. "Secular Declines in Cognitive Test Scores: A Reversal of the Flynn Effect", *Intelligence* 36 (2), 2008, pp. 121-126.

Tegmark, Max. *Life 3.0: Being Human in the Age of Artificial Intelligence*, New York: Alfred A. Knopf, 2017 (ebook).

Vaswani, Ashish (et al.). "Attention is all you need," *Advances in Neural Information Processing Systems* 30, 2017, ⟨https://arxiv.org/abs/1706.03762⟩.

Virilio, Paul. *The Information Bomb*, trans. Chris Turner. London: Verso, 2000.

Virilio, Paul. *Speed and Politics: An Essay on Dromology*, trans. Mark Polizzotti, New York: Semiotext (e), 2006.

Virilio, Paul. *The Aesthetics of Disappearance*, trans. Philip Beitchman, New York: Semiotext (e), 2009.

Virilio, Paul, and John Armitage. "The Kosovo W@r Did Take Place", in John Armitage (ed.), *Virilio Live: Selected Interviews*, London: Sage, 2001.

Virilio, Paul, and Sylvere Lotringer. *Pure War*, trans. Philip Beitchman, B. O'Keefe and Mark Polizzotti, New York: Semiotext (e), 2008.

Wark, Mckenzie. *General Intellects: Twenty-One Thinkers for the Twenty First Century*, London: Verso, 2017 (ebook).

Williams, Alex, and Nick Srnicek. "Accelerate: Manifesto for an Accelerationist Politics", in Robin Mackey and Armen Avanessian (eds.), *Accelerate: The Accelerationist Readers*, Windsor Quarry: Urbanomic, 2014.

Wu, Guanjun. *The Great Dragon Fantasy: A Lacanian Analysis of Contemporary Chinese Thought*, London: World Scientific, 2014.

Wu, Guanjun. "The Rivalry of Spectacle: A Debordian-Lacanian Analysis of Contemporary Chinese Culture", *Critical Inquiry* 46 (1), 2020.

Žižek, Slavoj. *Welcome to the Desert of the Real!: Five Essays on 11 September and Related Dates*, London; New York: Verso, 2002.

Žižek, Slavoj. *The Universal Exception*, New York: Continuum, 2006.

Žižek, Slavoj. *Event: Philosophy in Transit*, London: Penguin, 2014.

Žižek, Slavoj. *Disparities*, London: Bloomsbury, 2016.

二、中文文献

《白虎通》
《大戴礼记》
《管子》
《郭店楚墓竹简》
《老子》
《礼记·大学》
《礼记·学记》
《礼记·乐记》
《礼记·中庸》
《论语》
《孟子》
《史记》
《诗经》
《荀子》
《易传》
《庄子》

《左传》
阿甘本:《神圣人:至高权力与赤裸生命》,吴冠军译,北京:中央编译出版社,2016。
安乐哲:《孟子哲学与秩序的未决性》,载李明辉编:《孟子思想的哲学探讨》,台北:"中央研究院"中国文哲研究所筹备处,1995。
柏拉图:《泰阿泰德》,詹文杰译,北京:商务印书馆,2015。
布罗代尔:《资本主义的动力》,杨起译,北京:生活·读书·新知三联书店,1997。
程颢、程颐:《河南程氏外书》。
程颢、程颐:《二程集》,北京:中华书局,1981。
陈赟:《回归真实的存在:王船山哲学的阐释》,上海:复旦大学出版社,2002。
陈赟:《"藏天下于天下":"政-治"生活的境域——以先秦儒道哲学为视域》,《思想与文化》第五辑,上海:华东师范大学出版社,2005。
陈赟:《中庸之道为什么必须以诚为基础》,《思想与文化》第七辑,上海:华东师范大学出版社,2007。
德鲁里:《亚历山大·科耶夫:后现代政治的根源》,赵琦译,北京:新星出版社,2007。
董永海、毛向群等:《中国中学生自杀相关行为报告率的Meta分析》,《中国学校卫生》2014年第4期。
段玉裁:《说文解字注》,上海:上海古籍出版社,1988。
樊纲:《"不道德"的经济学》,《读书》1998年第6期。
范晔:《后汉书》。
费希、卡佩里耶:《最美的哲学史》,胡扬译,上海:上海书店出版社,2015。
福柯、德勒兹:《知识分子与权力》,谢静珍译,载杜小真编:《福柯集》,上海:上海远东出版社,1998。
福山:《我们的后人类未来:生物科技革命的后果》,黄立志译,桂林:广西师范大学出版社,2017。
高奇琦:《人工智能:驯服赛维坦》,上海:上海交通大学出版社,2018。

高奇琦、李阳:《善智:人工智能的价值目标》,《社会科学报》2017年8月23日。

高奇琦、李阳:《"智能+"是一种新的思维方式》,《解放日报》2017年8月22日。

谷宏伟、杨秋平:《收入、期望与教育支出:对当前中国家庭教育投资行为的实证分析》,《宏观经济研究》2013年第3期。

哈贝马斯:《包容他者》,曹卫东译,上海:上海人民出版社,2002。

韩愈:《师说》。

赫拉利:《人类简史:从动物到上帝》,林俊宏译,北京:中信出版集团,2014。

赫拉利:《未来简史:从智人到智神》,林俊宏译,北京:中信出版集团,2017。

赫拉利:《今日简史:人类命运大议题》,林俊宏译,北京:中信出版集团,2018。

赫拉利:《阻止全球灾难,需要重获失去的信任》,陈光宇译,《三联生活周刊》2020年第12期。

华东师范大学量子思维项目组:《量子思维宣言》,《哲学分析》2021年第5期。

贾谊:《新书·大政下》。

姜奇平:《智慧地球引领价值革命》,《互联网周刊》2009年第6期。

凯利:《科技想要什么》,熊祥译,北京:中信出版集团,2011。

柯依瑟尔、舒拉克:《当爱冲昏头》,张存华译,上海:华东师范大学出版社,2013。

孔颖达:《礼记正义》。

库兹韦尔:《奇点临近:当计算机智能超越人类》,董振华、李庆成译,北京:机械工业出版社,2011。

拉图尔:《中文版序言:从科学的世界步入研究的世界》,载拉图尔:《我们从未现代过:对称性人类学论集》,刘鹏、安涅思译,苏州:苏州大学出版社,2010。

蓝江:《数字资本、一般数据与数字异化:数字资本的政治经济学批判导引》，《华中科技大学学报（社会科学版）》2018年第4期。
李云杰：《IBM转向"智慧地球"》，《IT经理世界》2009年第6期。
李政涛：《当教师遇上人工智能……》，《人民教育》2017年第15-16期；网络全文见〈http：//news.ecnu.edu.cn/84/05/c1835a99333/page.htm〉。
列维-斯特劳斯：《序言》，比尔基埃等编：《家庭史》第一卷上册，袁树仁等译，北京：生活·读书·新知三联书店，1998。
刘慈欣：《三体》，重庆：重庆出版社，2008。
刘慈欣：《流浪地球：刘慈欣获奖作品》，武汉：长江文艺出版社，2008。
刘慈欣：《三体II·黑暗森林》，重庆：重庆出版社，2008。
刘慈欣：《三体III·死神永生》，重庆：重庆出版社，2010。
刘丽芳：《个人教育投资风险实证研究与国际比较》，《清华大学教育研究》2010年第3期。
刘熙：《释名》。
罗萨：《加速：现代社会中时间结构的改变》，董璐译，北京：北京大学出版社，2015。
罗振宇：《罗辑思维：我懂你的知识焦虑》，北京：中国友谊出版公司，2016。
马春雷、路强：《走向后人类的哲学与哲学的自我超越——吴冠军教授访谈录》，《晋阳学刊》2020年第4期。
马克思：《经济学手稿（1857-1858年）》，《马克思恩格斯全集》第31卷，北京：人民出版社，1998。
马克思、恩格斯：《德意志意识形态》，《马克思恩格斯全集》第3卷，北京：人民出版社，1960。
马文武、李中秋：《我国高等教育个人投资风险影响因素分析》，《创新》2017年第4期。
彭丹妮：《AI如何变革科学研究？》，《中国新闻周刊》总第1091期（2023年5月15日）。
钱旭红：《当奇点和量子碰撞社会科学》，《文汇报》2021年12月12日。
屈原：《离骚》。

邵雍：《观物》。
邵雍：《皇极经世书》。
施耐庵：《水浒传》。
施特劳斯、科耶夫：《论僭政——色诺芬〈西耶罗〉义疏》，何地译，北京：华夏出版社，2006。
释普济《五灯会元·七佛·释迦牟尼佛》。
斯洛特戴克、斯蒂格勒：《"欢迎来到人类世"——彼得·斯洛特戴克和贝尔纳·斯蒂格勒的对谈》，许煜译，《新美术》2017年第2期。
王竹立：《人工智能时代的教育畅想》，《今日教育》2017年第9期。
王守仁：《大学问》。
王志强：《关于人工智能的政治哲学批判》，《自然辩证法通讯》2019年第6期。
吴承恩：《西游记》。
吴冠军：《第九艺术》，《新潮电子》1997年第6期。
吴冠军：《绝望之后走向哪里？——体验"绝境"中的现代性态度》，《开放时代》2001年第9期。
吴冠军：《现实与正当之间——论施米特的〈政治的概念〉》，《开放时代》2003年第4期。
吴冠军：《正当性与合法性之三叉路口——韦伯，哈贝马斯，凯尔森与施米特》，《清华法学》第五辑，北京：清华大学出版社，2004，第46-94页。
吴冠军：《日常现实的变态核心：后"9·11"时代的意识形态批判》，北京：新星出版社，2006。
吴冠军：《一把插向心脏的刀——论意识形态批判之（不）可能》，《开放时代》2006年第2期。
吴冠军：《爱与死的幽灵学：意识形态批判六论》，长春：吉林出版集团，2008。
吴冠军：《"温故"凭什么能够"知新"》，《南风窗》2009年第24期。
吴冠军：《"全球化"向何处去？——"次贷危机"与全球资本主义的未来》，《天涯》2009年第6期。

吴冠军：《施米特的实证主义——考析〈政治的概念〉的方法论进路》，《复旦政治哲学评论》2010年第1期。
吴冠军：《如何在当下激活古典思想——一种德勒兹主义进路》，《哲学分析》2010年第3期。
吴冠军：《邓正来式的哈耶克：思想研究的一种德勒兹主义进路》，《开放时代》2010年第2期。
吴冠军：《现时代的群学：从精神分析到政治哲学》，北京：中国法制出版社，2011。
吴冠军：《政治哲学的根本问题》，《开放时代》2011年第2期。
吴冠军：《阿甘本论神圣与亵渎》，《国外理论动态》2014年第3期。
吴冠军：《生命权力的两张面孔：透析阿甘本的生命政治论》，《哲学研究》2014年第8期。
吴冠军：《施特劳斯与政治哲学的两个路向》，《华东师范大学学报（哲学社会科学版）》2014年第5期。
吴冠军：《"生命政治"论的隐秘线索：一个思想史的考察》，《教学与研究》2015年第1期。
吴冠军：《价值多元时代的自由主义困境：从伯林的"终身问题"谈起》，《人民论坛·学术前沿》2015年第4期。
吴冠军：《有人说过"大他者"吗？——论精神分析化的政治哲学》，《同济大学学报（社会科学版）》2015年第5期。
吴冠军：《像德勒兹一样阅读》，《社会科学报》2015年4月30日。
吴冠军：《"历史终结"时代的"伊斯兰国"：一个政治哲学分析》，《探索与争鸣》2016年第2期。
吴冠军：《"我们所拥有的唯一时间"——透析阿甘本的弥赛亚主义》，《山东社会科学》2016年第9期。
吴冠军：《女性的凝视：对央视86版〈西游记〉的一个拉康主义分析》，《文艺理论研究》2016年第6期。
吴冠军：《德波的盛景社会与拉康的想像秩序：两条批判性进路》，《哲学研究》2016年第8期。
吴冠军：《"大他者"的喉中之刺：精神分析视野下的欧洲激进政治哲

学》,《人民论坛·学术前沿》2016 年第 6 期。

吴冠军:《从精神分析视角重新解读西方"古典性"——关于"雅典"和"耶路撒冷"两种路向的再思考》,《南京社会科学》2016 年第 6 期。

吴冠军:《重新激活"群众路线"的两个关键问题:为什么与如何》,《政治学研究》2016 年第 6 期。

吴冠军:《从英国脱欧公投看现代民主的双重结构性困局》,《当代世界与社会主义》2016 年第 6 期。

吴冠军:《阈点中的民主:2016 美国总统大选的政治学分析》,《探索与争鸣》2017 年第 2 期。

吴冠军:《作为死亡驱力的爱:精神分析与电影艺术之亲缘性》,《文艺研究》2017 年第 5 期。

吴冠军:《再探代议民主的规范性困局》,《当代世界与社会主义》2017 年第 3 期。

吴冠军:《人工智能与未来社会:三个反思》,《探索与争鸣》2017 年第 10 期。

吴冠军:《后人类纪的共同生活:正在到来的爱情、消费与人工智能》,上海:上海文艺出版社,2018。

吴冠军:《家庭结构的政治哲学考察——论精神分析对政治哲学一个被忽视的贡献》,《哲学研究》2018 年第 4 期。

吴冠军:《"非人"的三个银幕形象——后人类主义遭遇电影》,《电影艺术》2018 年第 1 期。

吴冠军:《猿熟马驯为哪般:对〈西游记〉的拉康主义-阿甘本主义分析》,《文艺理论研究》2018 年第 2 期。

吴冠军:《话语政治与怪物政治——透过大众文化重思政治哲学》,《探索与争鸣》2018 年第 3 期。

吴冠军:《话语政治与死亡政治——"狼人杀"与政治哲学》,《南京社会科学》2018 年第 3 期。

吴冠军:《神圣人、机器人与"人类学机器"——二十世纪大屠杀与当代人工智能讨论的政治哲学反思》,《上海师范大学学报(哲学社会科学版)》2018 年第 6 期。

吴冠军：《现代性的"真诚性危机"——当代马克思主义的一个被忽视的理论贡献》，《江苏行政学院学报》2018年第5期。

吴冠军：《政治秩序及其不满：论拉康对政治哲学的三重贡献》，《山东社会科学》2018年第10期。

吴冠军：《爱、死亡与后人类："后电影时代"重铸电影哲学》，上海：上海文艺出版社，2019。

吴冠军：《在黑格尔与巴迪欧之间的"爱"——从张念的黑格尔批判说起》，《华东师范大学学报（哲学社会科学版）》2019年第1期。

吴冠军：《后人类状况与中国教育实践：教育终结抑或终身教育？——人工智能时代的教育哲学思考》，《华东师范大学学报（教育科学版）》2019年第1期。

吴冠军：《重思战争与和平——霍布斯、康德、施米特、罗尔斯的政治哲学史重疏》，《同济大学学报（社会科学版）》2019年第2期。

吴冠军：《重思"结构性不诚"——从当代欧陆思想到先秦中国思想》，《江苏行政学院学报》2019年第5期。

吴冠军：《速度与智能：人工智能时代的三重哲学反思》，《山东社会科学》2019年第6期。

吴冠军：《信任的"狡计"——信任缺失时代重思信任》，《探索与争鸣》2019年第12期。

吴冠军：《竞速统治与后民主政治——人工智能时代的政治哲学反思》，《当代世界与社会主义》2019年第6期。

吴冠军：《德勒兹，抑或拉康——身份政治的僵局与性差异的两条进路》，《中国图书评论》2019年第8期。

吴冠军：《告别"对抗性模型"——关于人工智能的后人类主义思考》，《江海学刊》2020年第1期。

吴冠军：《重思信任——从中导危机、武汉疫情到区块链》，《信睿周报》第20期（2020年3月）。

吴冠军：《科研诚信与学术声誉——基于政治哲学与博弈论的思考》，《华东师范大学学报（教育科学版）》2020年第7期。

吴冠军：《健康码、数字人与余数生命——技术政治学与生命政治学的反思》，《探索与争鸣》2020年第9期。

吴冠军：《结构性溢出：论当代西方马克思主义"溢出论"》，《人民论坛·学术前沿》2020年第23期。

吴冠军：《陷入奇点：人类世政治哲学研究》，北京：商务印书馆，2021。

吴冠军：《爱的本体论：一个巴迪欧主义-后人类主义重构》，《文化艺术研究》2021年第1期。

吴冠军：《论"主体性分裂"：拉康、儒学与福柯》，《思想与文化》2021年第1期。

吴冠军：《当代中国技术政治学的两个关键时刻》，《政治学研究》2021年第6期。

吴冠军：《为什么要研究"技术政治学"》，《中国社会科学评价》2022年第1期。

吴冠军：《共同体内的奇点——探访政治哲学的"最黑暗秘密"》，《江苏行政学院学报》2022年第1期。

吴冠军：《爱的算法化与计算理性的限度——从婚姻经济学到平台资本主义》，《人民论坛·学术前沿》2022年第10期。

吴冠军：《爱的革命与算法革命——从平台资本主义到后人类主义》，《山西大学学报（哲学社会科学版）》2022年第5期。

吴冠军：《从人类世到元宇宙——当代资本主义演化逻辑及其行星效应》，《当代世界与社会主义》2022年第5期。

吴冠军：《从规范到快感：政治哲学与精神分析的双重考察》，《同济大学学报（社会科学版）》2022年第5期。

吴冠军：《人类世、资本世与技术世——一项政治经济学-政治生态学考察》，《山东社会科学》2022年第12期。

吴冠军：《从元宇宙到多重宇宙——透过银幕重思电子游戏本体论》，《文艺研究》2022年第9期。

吴冠军：《量子思维对政治学与人类学的激进重构》，载钱旭红等著：《量子思维》，上海：华东师范大学出版社，2022。

吴冠军：《从元宇宙到量子现实：迈向后人类主义政治本体论》，北京：中信出版集团，2023。

吴冠军：《为何选出好书那么重要》，《海归学人》2023 年第 1 期。

吴冠军：《通用人工智能：是"赋能"还是"危险"》，《人民论坛》2023 年第 5 期。

吴冠军：《大语言模型的信任问题与资本逻辑》，《当代世界与社会主义》2023 年第 4 期。

吴冠军：《大语言模型的技术政治学评析》，《中国社会科学评价》2023 年第 4 期。

吴冠军：《面向大语言模型的知识实践》，《人民论坛·学术前沿》2023 年第 21 期。

吴冠军：《爱、谎言与大他者：人类世文明结构研究》，北京：中信出版集团，2024。

吴冠军、胡顺：《陷入元宇宙：一项"未来考古学"研究》，《电影艺术》2022 年第 2 期。

吴军：《智能时代》，北京：中信出版集团，2016。

许慎：《说文解字》。

许仲琳：《封神演义》。

杨国荣：《成己与成物——意义世界的生成》，《思想与文化》第十辑，上海：华东师范大学出版社，2010。

杨国荣：《广义视域中的"学"——为学与成人》，《江汉论坛》2015 年第 1 期。

扬雄：《法言》。

应劭：《风俗通》。

曾雪梅：《中学生焦虑状况的实证研究》，《教学与管理》2009 年第 6 期。

张文江：《古典学术讲要》，上海：上海古籍出版社，2010。

周红莉、冯增俊：《恩格尔定律下中国家庭收入与教育投入关系的实证研究》，《当代教育科学》2016 年第 3 期。

卓光英、徐珊：《"大学生就业难"和"民工荒"问题透视高等教育投资风险》，《武汉商业服务学院学报》2010 年第 2 期。

邹广顺、吕军城、乔晓伟：《中国中学生自杀意念检出率的 meta 分析》，《中国心理卫生杂志》2021 年第 35 卷第 8 期。

三、网络与数字媒体

"Final Report: National Security Commission on Artificial Intelligence", available at 〈https://www.nscai.gov/wp-content/uploads/2021/03/Full-Report-Digital-1.pdf〉.

"Munk Debate on Artificial Intelligence: AI research and development poses an existential threat", *Policy-Relevant Science & Technology*, 26 June, 2023, available at 〈https://youtu.be/l44uOfr4SYA〉.

"Scaling Facebook to 500 Million Users and Beyond", Facebook.com, 〈https://www.facebook.com/notes/facebook-engineering/scaling-facebook-to-500-million-users-and-beyond/409881258919〉.

"The Anthropocene", The Geological Society of London, 〈https://www.geolsoc.org.uk/anthropocene〉.

"The Economic Potential of Generative AI: The Next Productivity", McKinsey, 14 June 2023, available at 〈https://www.mckinsey.com/capabilities/mckinsey-digital/our-insights/the-economic-potential-of-generative-ai-the-next-productivity-frontier〉.

"The State of AI in 2022—And a Half Decade in Review", McKinsey, 6 December 2022, available at 〈https://www.mckinsey.com/capabilities/quantumblack/our-insights/the-state-of-ai-in-2022-and-a-half-decade-in-review〉.

Bajraktari, Yll. "Letter from the Executive Director: The Beginning of the Beginning", in "Final Report: National Security Commission on Artificial Intelligence", available at 〈https://www.nscai.gov/wp-content/uploads/2021/03/Full-Report-Digital-1.pdf〉.

Chomsky, Noam. "Noam Chomsky on ChatGPT, Universal Grammar and the Human Mind: Unlocking Language and AI Mysteries", Youtube, 29 July 2023, 〈https://www.youtube.com/watch?v=VdszZJMbBIU〉.

Delaney, Kevin J. "The Robot That Takes Your Job Should Pay Taxes, Says Bill Gates", Quartz Website, February 17, 2017, available at 〈https://qz.com/911968/bill-gates-the-robot-that-takes-your-job-should-pay-taxes/〉, pp. 4-6.

Gurman, Mark. "Samsung Bans Staff's AI Use After Spotting ChatGPT Data Leak", *Bloomberg*, 2 May 2023, available at 〈https：//www. bloomberg. com/news/articles/2023-05-02/samsung-bans-chatgpt-and-other-generative-ai-use-by-staff-after-leak〉.

Hinton, Geoffrey. "Two Paths to Intelligence," talk delivered at the 2023 Annual BAAI (Beijing Academy of Artificial Intelligence) Conference, 10 June 2023, available at 〈https：//mp. weixin. qq. com/s/_wXjuAo7q5Nkn1l_ormcmQ〉.

Johnson, Steven, and Nikita Iziev. "A. I. Is Mastering Language：Should We Trust What It Says？", *The New York Times*, 15 April 2022, available at 〈https：//www. nytimes. com/2022/04/15/magazine/ai-language. html〉.

Karpthy, Andrej. "State of GPT", talk delivered at Microsoft Buld 2023, 23 May, 2023, available at 〈https：//www. bilibili. com/video/BV1ts4y1T7UH〉.

LeCun, Yann. "Towards Machines that can Learn, Reason, and Plan", Youtube, 5 August 2023, 〈https：//www. youtube. com/watch？v = vyqX-LJsmsrk〉.

Narang, Sharan, and Aakanksha Chowdhery. "Pathways Language Model (PaLM)：Scaling to 540 Billion Parameters for Breakthrough Performance," Google Research, April 4, 2022, available at 〈https：//ai. googleblog. com/2022/04/pathways-language-model-palm-scaling-to. html〉.

Perrigo, Billy. "Exclusive：OpenAI Used Kenyan Workers on Less Than ＄2 Per Hour to Make ChatGPT Less Toxic", *Time*, 18 January 2023, available at 〈https：//time. com/6247678/openai-chatgpt-kenya-workers/〉.

Sutskever, Ilya, and Craig Smith. "Episode #116", *Eye on A. I.*, 15 March 2023, available at 〈https：//www. eye-on. ai/podcast-archive〉.

Sychikova, Yuliya. "AI in dating：Can Aritificial Intelligence algorithms help you find love？", DataRoot Labs, 26 August 2021, available at 〈https：//datarootlabs. com/blog/ai-in-dating-can-algorithms-help-you-find-love〉.

Tegmark, Max. "Keeping AI Under Control", talk delivered at the 2023 Annual BAAI (Beijing Academy of Artificial Intelligence) Conference, 9 June 2023, available at ⟨https://new.qq.com/rain/a/20230609A06A4I00⟩.

Tegmark, Max. "Keeping AI Under Control", talk delivered at the 2023 IJCAI-WAIC Large Models and Technological Singularity: Humanities and Sciences Face-to-Face Summit, 7 July 2023, available at ⟨https://mp.weixin.qq.com/s/YleVWJ1YK8-uRlnk6dcNtQ⟩.

Vella, Heidi. "Dating in the age of AI: would you let an algorithm choose your partner?", *Engineering and Technology*, 3 December 2021, available at ⟨https://eandt.theiet.org/content/articles/2021/12/dating-in-the-age-of-ai-would-you-let-an-algorithm-choose-your-partner/⟩.

Wiggers, Kyle. "Falsehoods more likely with large language models," *VentureBeat*, 20 September 2021, available at ⟨https://venturebeat.com/business/falsehoods-more-likely-with-large-language-models/⟩.

Winner, Langdon. "A Future for Philosophy of Technology—Yes, But on Which Planet?" Keynote Lecture at 18th SPT Biannual meeting, Lisbon, Portugal, 2013.

WWF, *Living Planet Report 2014: Species and Spaces, People and Places*, p. 36, available at ⟨https://www.wwf.or.jp/activities/data/WWF_LPR_2014.pdf⟩.

《"人类高质量男性"被禁言！央媒怒批：高质量还是毒流量?!》，澎湃新闻，⟨https://m.thepaper.cn/baijiahao_14182435⟩。

《"双面"马斯克：呼吁暂停AI开发后，自己搞起了X.AI?》，封面新闻，⟨https://baijiahao.baidu.com/s?id=1763420714271113094⟩。

《AI可能灭绝人类！22字声明，ChatGPT之父和AI教父都签了》，澎湃新闻，⟨https://www.thepaper.cn/newsDetail_forward_23282744⟩。

《AI教父辛顿：假设青蛙创造人类，现在占主动权的是人还是青蛙?》，澎湃新闻，⟨https://baijiahao.baidu.com/s?id=1768411445777991759⟩。

《AI热潮推动，微软鲍尔默身价达1200亿美元，超巴菲特成第六大富豪》，新浪财经，⟨https://finance.sina.com.cn/stock/usstock/c/2023-07-26/doc-imzcyezz7309620.shtml⟩。

《ChatGPT下架官方检测工具，承认AI文字无法鉴别》，澎湃新闻，⟨https：//www.thepaper.cn/newsDetail_forward_23994028〉。

《GPT-4变笨实锤！3个月性能暴减1/10，代码生成大不如前》，新智元，〈https：//baijiahao.baidu.com/s？id=1772013569574844334〉。

《GPT"逃跑计划"曝光还想接管推特？创始人称AI仍非常受控》，第一财经，〈https：//www.toutiao.com/article/7212474144447791651/〉。

《IBM暂停招聘，计划用AI取代7800个工作岗位》，IT之家，〈https：//baijiahao.baidu.com/s？id=1764739621015317592〉。

《OpenAI完成103亿美元巨额融资》，澎湃新闻，〈https：//www.thepaper.cn/newsDetail_forward_22964382〉。

《Sam Altman预言2030年前出现AGI，GPT-10智慧将超越全人类总和！》，微信公众号"新智元"，2023年9月7日。

《阿凡题〈中国中小学写作业压力报告〉，告诉你什么是亲子关系最大杀手》，中国大数据，〈http：//www.thebigdata.cn/ITDongTai/35233.html〉。

《埃隆·马斯克：人工智能将引发三战》，新浪新闻中心，〈http：//news.sina.com.cn/w/2017-09-06/doc-ifykpuui1258188.shtml〉。

《爆火出圈的ChatGPT，到底是什么?》，百家号，〈https：//baijiahao.baidu.com/s？id=1751634978114390803〉。

《博士生送外卖，千万骑手小哥现状》，百家号，〈https：//baijiahao.baidu.com/s？id=1744743212362510226〉。

《打破行业垄断？Meta联手微软、高通发布开源大模型Llama 2》，福布斯中国，〈https：//baijiahao.baidu.com/s？id=1771828488585874986〉。

《富士康裁员6万，机器人取代人工大潮已经开始》，凤凰财经，〈http：//finance.ifeng.com/a/20161018/14944376_0.shtml〉。

《狗狗会吃掉主人的尸体吗？尝到血腥味后自动开始吞食》，新浪科技，〈http：//tech.sina.com.cn/d/a/2017-07-18/doc-ifyiakwa4315629.shtml〉。

《谷歌智慧城市再曝光 这里是六个疯狂的建造细节!》，网易科技，〈http：//tech.163.com/19/0301/10/E9666T3L00098IEO.html〉。《韩正关心学生减负：孩子们太苦了，要真正减轻课业负担》，新华网，〈http：//www.sh.xinhuanet.com/2017-01/16/c_135984973.htm〉。

《呼吁暂停AI研发的马斯克，也要入局大模型？被曝为推特买了1万块

GPU》,澎湃新闻,〈https://www.thepaper.cn/newsDetail_forward_22666460〉。

《华为大模型登Nature正刊,审稿人:让人们重新审视预报模型的未来》,澎湃新闻,〈https://www.thepaper.cn/newsDetail_forward_23750729〉。

《马斯克明面上公开呼吁暂停AI研究,暗中购上万GPU加速发展AIGC》,科技圈探秘,〈https://baijiahao.baidu.com/s?id=1762938287801439684〉。

《马斯克霍金获"阻碍科技创新"奖》,网易科技,〈http://tech.163.com/16/0120/14/BDPF7DKU000915BF_mobile.html〉。

《马斯克明面上公开呼吁暂停AI研究,暗中购上万GPU加速发展AIGC》,科技圈探秘,〈https://baijiahao.baidu.com/s?id=1762938287801439684〉。

《马斯克率一众科技圈大佬发声:应暂停训练比GPT-4更强大的AI系统》,界面新闻,〈https://baijiahao.baidu.com/s?id=1761688767716274674〉。

《马斯克宣布彻底退出AI研究组织OpenAI》,凤凰网科技,〈http://tech.ifeng.com/a/20190218/45311735_0.shtml〉。

《美俄〈中导条约〉冻结,核军控路在何方》,《新京报》,〈http://news.sina.com.cn/c/2019-07-04/doc-ihytcitk9774788.shtml〉。

《牛津经济研究所报告称,全球2000万岗位将由机器人替代》,东方网,〈http://mini.eastday.com/mobile/190627175356236.html〉。

《欧盟委员会发布〈可信赖的人工智能道德准则草案〉》,腾讯网,〈https://new.qq.com/omn/20181231/20181231A0T28P〉。

《全国人大代表提议全面消灭蚊子,国家卫健委答复》,环球时报,〈https://baijiahao.baidu.com/s?id=1743919076824713724〉。

《全球气温2030至2052年上升1.5度,联合国呼吁控制碳排放》,果乐头条,〈http://mini.itunes123.com/a/20181008235402266/〉。

《首本由ChatGPT写的实体书出版,国内出版界如何应对?》,正观新闻,〈https://baijiahao.baidu.com/s?id=1759063407725941025〉。

《顺丰和淘宝相互"拉黑";专家:背后是物流数据利益之争》,央广网,〈http://www.cankaoxiaoxi.com/china/20170603/2076729.shtml〉。

《外媒:ChatGPT正接受美国联邦贸易委员会调查》,中新经纬〈https://baijiahao.baidu.com/s?id=1771379749842610643〉。

《研究成果被ChatGPT利用，消息称谷歌将限制AI论文发表》，凤凰科技，〈https：//www.ithome.com/0/690/606.htm〉。

《英雄所见不略同：马斯克和扎克伯格就AI问题吵起来了》，新浪科技，〈https：//tech.sina.com.cn/roll/2017-07-27/doc-ifyinwmp0209987.shtml〉。

《震撼！"性爱机器人"真来了，这次让我目瞪口呆!》，搜狐科技，〈http：//www.sohu.com/a/168804048_685344〉。

《中国AI达人对话AlphaGo投资人》，36氪，〈http：//36kr.com/p/5048342.html〉。

百度百科"人类高质量男性"词条，〈https：//baike.baidu.com/item/人类高质量男性〉。

百度词条"躺平"词条，〈https：//baike.baidu.com/item/躺平〉。

百度百科"双减"词条，〈https：//baike.baidu.com/item/双减〉。

百度百科"网络情人节"词条，〈https：//baike.baidu.com/item/网络情人节〉。

推特账号"Elon Musk"（@elonmusk），2022年12月4日推文。

新浪微博"棋士柯洁"，〈https：//weibo.com/2865101843/Fr11Fovym〉。

维基百科"ChatGPT"词条，〈https：//zh.wikipedia.org/wiki/ChatGPT〉。

维基百科"OpenAI"词条，〈https：//zh.wikipedia.org/wiki/OpenAI〉。

维基百科"加里·贝克"词条，〈https：//zh.wikipedia.org/wiki/加里·贝克〉。

杜峰：《机器人极速编写地震新闻，人工智能成产业升级助推器》，新浪科技，〈http：//tech.sina.com.cn/it/2017-08-16/doc-ifyixias1486233.shtml〉。

Enki：《强大的AI赋能，一个人做IP》，微信公众号"人类发明家"，2022年12月5日。

高奇琦：《中国在人工智能时代的特殊使命》，《探索与争鸣》微信公众号，2017年9月4日。

梁启超：《论小说与群治之关系》，百度百科"论小说与群治之关系"词条，〈https：//baike.baidu.com/item/论小说与群治之关系〉。

刘轶琳、熊芳雨：《"吼妈"吐槽陪读辛酸史，"牛蛙"家究竟怎么教作业?》，东方网，〈http：//sh.eastday.com/m/20170925/u1ai10882319.html〉。

吕娜：《全球数治｜首份人工智能伦理全球协议的两项关键共识》，澎湃新闻，〈https：//www.thepaper.cn/newsDetail_forward_15783613〉。

邵怡蕾：《寻找关于"现实"的真相》，华东师范大学奇点研究院主办"元宇宙、人类世与奇点哲学"研讨会（同步直播），2023年6月23日。

孙庆玲：《初中生自杀个案警醒：生命该如何"教育"》，人民网，〈http：//edu.people.com.cn/n1/2017/0327/c1006-29170255.html〉。

谭萍、王灿、姜天骐：《中学生自杀现象调查报告：5个中就有1人想过自杀》，搜狐新闻，〈http：//news.sohu.com/20140219/n395245766.shtml〉。

万维钢：《有一种解放叫禁止》，"得到"APP。

王心馨、虞涵棋：《阿尔法狗再进化：自学3天，就100：0碾压李世石版旧狗》，澎湃新闻，〈http：//www.thepaper.cn/newsDetail_forward_1828509〉。

威廉姆斯、斯尔尼塞克：《加速主义宣言：超越资本主义对技术的压制》，蓝江译，澎湃新闻，〈https：//www.thepaper.cn/newsDetail_forward_2019817〉。

吴冠军：《如果往后余生是100年，你还愿意承诺一辈子相爱吗?》，东方卫视综艺节目《36.7℃·大医药》，2023年2月19日。

吴冠军：《为什么你背着我爱别人》，Ted talk，〈https：//www.youtube.com/watch?v=XQC_ab7niHM〉。

辛顿：《通向智能的两种道路》，微信公众号"Web3天空之城"，〈https：//mp.weixin.qq.com/s/_wXjuAo7q5Nkn1l_ormcmQ〉。

《扎克伯格隔空回应马斯克"约架"：地址发我》，京报网，〈https：//baijiahao.baidu.com/s?id=1769393002570686337〉。

周飞亚、何桂锦：《柯洁："我是不规则的多边形"》，搜狐网，〈http：//www.sohu.com/a/167611196_565998〉。

人 名 索 引

安贾·阿卜杜拉	Abdulla, Amjad	173
玛丽娜·阿德莎德	Adshade, Marina	255，267
乔治奥·阿甘本	Agamben, Giorgio	83，197，333，368，445
格雷汉姆·阿利森	Allison, Graham	95，180
路易·阿尔都塞	Althusser, Louis	344
山姆·奥特曼	Altman, Sam	19，103
麦茨·阿尔维森	Alvesson, Mats	76
达里奥·阿莫代伊	Amodei, Dario	12
汉斯·安徒生	Andersen, Hans Christian	345
克瑞斯·安德森	Anderson, Chris	298
汉娜·阿伦特	Arendt, Hannah	21，58，345，375
亚里士多德	Aristotle	16，57-60，66，69，70，145，209，211，390，399，406，464，465，505
艾萨克·阿西莫夫	Asimov, Isaac	387
阿兰·巴迪欧	Badiou, Alain	223，244，447

人名索引

伊尔·巴拉塔蒂	Bajraktari, Yll	132
凯伦·芭拉德	Barad, Karen	334, 508
卡尔·巴特	Barth, Karl	378
乔治·巴塔耶	Bataille, Georges	262
鲍里斯·贝克尔	Becker, Boris	238
加里·贝克尔	Becker, Gary S.	32, 247
约书亚·本吉奥	Bengio, Youshua	5, 104, 188, 289
简·本奈特	Bennett, Jane	198, 335
亨利·柏格森	Bergson, Henri	46, 274
吕克·贝松	Besson, Luc	248
尼尔斯·玻尔	Bohr, Niels	508
路德维希·玻尔兹曼	Boltzmann, Ludwig	430
拿破仑·波拿巴	Bonaparte, Napoléon	238
费尔南·布罗代尔	Braudel, Fernand	272
格雷格·布洛克曼	Brockman, Greg	105
沃伦·巴菲特	Buffett, Warren E.	257
朱迪丝·巴特勒	Butler, Judith	198
詹姆斯·卡梅隆	Cameron, James	242
阿尔贝·加缪	Camus, Albert	274
乔治·康吉莱姆	Canguilhem, Georges	47
约瑟夫·卡尔斯密	Carlsmith, Joseph	109
肖恩·卡罗尔	Carroll, Sean	461
大卫·查默斯	Chalmers, David J.	6
陈赟		361
程颢		363
程颐		359, 363
钱信伊	Chieng, Ronny	75
诺姆·乔姆斯基	Chomsky, Noam	504
安迪·克拉克	Clark, Andy	50
鲁道夫·克劳修斯	Clausius, Rudolf	428
比尔·克林顿	Clinton, Bill	238

希拉里·克林顿	Clinton, Hillary D. R.	17, 291
曼菲德·克莱恩斯	Clynes, Manfred	48
杰奥夫·科尔文	Colvin, Geoff	203
保尔·克鲁岑	Crutzen, Paul	455
杰里米·戴维斯	Davies, Jeremy	459
厄内斯特·戴维斯	Davis, Ernest	277
斯坦尼斯拉·狄昂	Dehaene, Stanislas	125, 279
吉尔·德勒兹	Deleuze, Gills	27, 230, 332, 368, 454
雅克·德里达	Derrida, Jacques	201, 372, 435
贾雷德·戴蒙德	Diamond, Jared	67
科比·迪克	Dick, Kirby	372
赫伯特·德雷弗斯	Dreyfus, Hubert	499
段玉裁		329, 330
罗宾·邓巴	Dunbar, Robin	63
让-皮埃尔·杜佩	Dupuy, Jean-Pierre	415
保尔·爱德华兹	Edwards, Paul	412
理查德·爱德华兹	Edwards, Richard	335, 339-342
阿尔伯特·爱因斯坦	Einstein, Albert	180
安东尼·艾略特	Elliott, Anthony	191, 412
杰里米·尹葛兰	England, Jeremy	434
罗伯托·埃斯波西托	Esposito, Roberto	86
鲁道夫·欧肯	Eucken, Rudolf C.	274
塔拉·芬威克	Fenwick, Tara	335
吕克·费希	Ferry, Luc	237
路德维希·费尔巴哈	Feuerbach, Ludwig A.	398
布鲁斯·芬克	Fink, Bruce	343
詹姆斯·弗林	Flynn, James R.	75
西格蒙·弗洛伊德	Freud, Sigmund	257, 295
米歇尔·福柯	Foucault, Michel	24, 72, 344, 368, 375, 412

托马斯·弗里德曼	Friedman, Thomas L.	411
福岛邦彦	Fukushima, Kunihiko	277
弗朗西斯·福山	Fukuyama, Francis	18, 271, 509
伽利略·伽利雷	Galilei, Galileo	463
高奇琦		61, 62, 390, 391, 522
何塞·奥特加·加塞特	Gasset, José Ortega y	283
比尔·盖茨		386
安东尼·吉登斯	Giddens, Anthony	412
约翰·冯·歌德	Goethe, Johann W. von	238
布莱恩·格林	Greene, Brian	444
阿兰·格林斯潘	Greenspan, Alan	168
菲力克斯·加塔利	Guattari, Félix	215, 332
郭帆		446
于尔根·哈贝马斯	Habermas, Jürgen	24, 41, 412
郝大维	Hall, David L.	361
韩炳哲	Han, Byung-Chul	274
韩愈		318
韩正		314
尤瓦尔·赫拉利	Harari, Yuval N.	19, 81, 148, 205, 283, 322, 333, 455
唐娜·哈拉维	Haraway, Donna	25, 307, 402
格雷汉姆·哈曼	Harman, Graham	283
大卫·哈维	Harvey, David	133
戴米斯·哈萨比斯	Hassabis, Demis	12
史蒂芬·霍金	Hawking, Stephen W.	106
吉奥格·黑格尔	Hegel, Georg W. F.	519
马丁·海德格尔	Heidegger, Martin	379, 427
杰弗里·辛顿	Hinton, Geoffrey	11, 35, 90, 111, 161, 188, 275, 332, 418, 496

阿道夫·希特勒	Hitler, Adolf	14
乔纳森·侯	Ho, Jonathan	11
托马斯·霍布斯	Hobbes, Thomas	53
洪升		248
梯利·霍奎特	Hoquet, Thierry	49
阿尔夫·霍恩伯格	Hornborg, Alf	92
花千芳		167
卡尔·雅斯贝尔斯	Jaspers, Karl	13, 66
贾谊		358
金庸（查良镛）		93
安吉丽娜·朱莉	Jolie, Angelina	397
斯派克·琼斯	Jonze, Spike	296
丹尼尔·卡尼曼	Kahneman, Daniel	123
伊曼纽尔·康德	Kant, Immanuel	122, 395
恩斯特·卡普	Kapp, Ernst	414
安德耶·卡帕锡	Karpthy, Andrej	115, 118
加里·卡斯帕罗夫	Kasparov, Garry	284
柯洁		282, 325, 326, 339, 343
凯文·凯利	Kelly, Kevin	415
梅根·凯利	Kelly, Megyn	17
约翰·肯尼迪	Kennedy, John F.	164
约翰·凯恩斯	Keynes, John M.	262
莉娜·可汗	Khan, Lina	103
尼基塔·赫鲁晓夫	Khrushchev, Nikita S.	164
索伦·克尔凯郭尔	Kierkegaard, Søren	142
大卫·基希克	Kishik, David	369
娜奥米·克莱恩	Klein, Naomi	148, 176
内森·克莱恩	Kline, Nathan S.	48
艾米·考夫曼	Kofman, Amy Z.	372
哈洛德·柯依瑟尔	Koisser, Harald	238

亚历山大·科耶夫	Kojève, Alexandre	401，520
孔子（孔丘）		66，323，355
坎·库班	Kurban, Can	39
雷·库兹韦尔	Kurzweil, Ray	20，80，101，367
雅克·拉康	Lacan, Jacques	119
老子（李耳）		66
布鲁诺·拉图尔	Latour, Bruno	89，167，392，448，513
茅利齐奥·拉扎拉托	Lazzarato, Maurizio	67，332
杨立昆	LeCun, Yann	11，120，121
李世石	Lee, Sedol	101，187，195，290，326，339
戈特弗里德·莱布尼茨	Leibniz, Gottfried W.	451
安德烈·勒罗伊-古汉	Leroi-Gourhan, André	14，47
肖恩·列维	Levy, Shawn	297
李白		93
李博		131
李飞飞		278
李政涛		329
李宗盛		240
梁启超		286
林忆莲		240
刘慈欣		42
约翰·洛克	Locke, John	231
阿尔弗雷德·洛特卡	Lotka, Alfred	47
詹姆斯·洛夫洛克	Lovelock, James	452
卢冠廷		248
陆九渊		363
尼可拉斯·卢曼	Luhmann, Niklas	135
罗振宇		319，327，328
让-弗朗索瓦·利奥塔	Lyotard, Jean-François	412

马伊琍		238
克劳德·列维-斯特劳斯	Lévi-Strauss, Claude	64，443
保尔·麦克莱恩	MacLean, Paul	505
马奥尼	Mahoney, Josef G.	522，523
凯瑟琳·马勒布	Malabou, Catherine	36
盖瑞·马库斯	Marcus, Gary	277
赫伯特·马尔库塞	Marcuse, Herbert	257
盖瑞·马歇尔	Marshall, Garry	239
卡尔·马克思	Marx, Karl	293
温贝托·马图拉纳	Maturana, Humberto R.	499
西蒙·梅	May, Simon	236
梅飞虎	Mayer, Maximilian	522
马歇尔·麦克卢汉	McLuhan, Marshall	158
孟子（孟轲）		13，361
莫里斯·梅洛-庞蒂	Merleau-Ponty, Maurice	158
托尼·米利根	Milligan, Tony	236
马文·明斯基	Minsky, Marvin	276
戈登·摩尔	Moore, Gordon	77
提摩西·莫顿	Morton, Timothy	458
香特尔·穆芙	Mouffe, Chantal	60
查尔斯·菲利普·亚瑟·乔治·蒙巴顿-温莎（查尔斯王子/查尔斯三世）	Mountbatten-Windsor, Charles Philip Arthur George	238
鲁伯特·瓦耶特	Wyatt, Rupert	402
埃隆·马斯克	Musk, Elon	6，155，440，474
贝瑞特·奈鲁利	Nalluri, Bharat	239
让-吕克·南希	Nancy, Jean-Luc	229
约翰·纳什	Nash, John	177
弗里德里希·尼采	Nietzsche, Friedrich	306
贝拉克·奥巴马	Obama, Barack H.	173
史蒂芬·帕多克	Paddock, Stephen	337

西摩·帕佩特	Papert, Seymour	276
尤西·帕里卡	Parikka, Jussi	302, 460
布莱士·帕斯卡	Pascal, Blaise	239
路易·巴斯德	Pasteur, Louis	337
鲁契亚诺·帕瓦罗蒂	Pavarotti, Luciano	238
罗杰·彭罗斯	Penrose, Roger	512
菲利普·佩蒂特	Pettit, Philip	143
史蒂芬·平克	Pinker, Steven	194
柏拉图	Plato	13, 66, 223, 302, 371, 440
普罗塔戈拉	Protagoras	13, 44, 54-59, 65, 67, 71, 78, 79, 87, 96, 440
贾科莫·普契尼	Puccini, Giacomo	254
托马斯·品钦	Pynchon, Thomas R.	461
钱旭红		510
约翰·罗尔斯	Rawls, John	18
杰里米·里夫金	Rifkin, Jeremy	69
琼·罗宾逊	Robinson, Joan	214
艾维托·罗内尔	Ronell, Avital	181
理查德·罗蒂	Rorty, Richard	27, 95
弗兰克·罗森布拉特	Rosenblatt, Frank	276
让-雅克·卢梭	Rousseau, Jean-Jacques	231
卡洛·罗韦利	Rovelli, Carlo	431
伯特兰·罗素	Russell, Bertrand A. W.	274
斯图尔特·拉塞尔	Russell, Stuart J.	128, 390
释迦牟尼	Śākyamuni	66
伯尼·桑德斯	Sanders, Bernie	212
罗伯特·萨波斯基	Sapolsky, Robert M.	502
让-保尔·萨特	Sartre, Jean-Paul	274
费迪南·索绪尔	Saussure, Ferdinand de	381

埃里克·沙茨伯格	Schatzberg, Eric	43
卡尔·施米特	Schmitt, Carl	86
埃尔温·薛定谔	Schrödinger, Erwin	427
欧依根·舒拉克	Schulak, Eugen M.	238
雷德利·斯科特	Scott, Ridley	235, 393
威廉·莎士比亚	Shakespeare, William	242
邵怡蕾		94, 522, 523
邵雍		354, 359
诺姆·沙泽尔	Shazeer, Noam	11, 20
司马相如		258, 283
吉奥格·西美尔	Simmel, Georg	135
赫伯特·西蒙（司马贺）	Simon, Herbert	246
吉尔伯特·西蒙东	Simondon, Gilbert	27, 61, 513
彼得·斯洛特戴克	Sloterdijk, Peter	456
苏格拉底	Socrates	13, 66, 323
罗纳德·德苏达	Souda, Ronald de	243
戴安娜·斯宾塞（戴安娜王妃）	Spencer, Diana	238
史蒂文·斯皮尔伯格	Spielberg, Steven A.	371
尼克·斯尔尼塞克	Srnicek, Nick	78, 213, 266
菲利克斯·斯塔尔德	Stalder, Felix	287
赛斯·史蒂芬斯-大卫德维茨	Stephens-Davidowitz, Seth	291
贝尔纳·斯蒂格勒	Stiegler, Bernard	27, 28, 43, 166, 211, 304, 460
利奥·施特劳斯	Strauss, Leo	223, 341
苏武		243
伊利亚·苏茨科弗	Sutskever, Ilya	120, 500
坚恩·托林	Tallinn, Jaan	127
唐书琛		248
汤显祖		242

麦克斯·泰格马克	Tegmark, Max	36, 51, 107, 133, 162, 200, 417
阿历克西·德·托克维尔	Tocqueville, Alexis de	224
唐纳德·特朗普	Trump, Donald	17, 172
弗朗西斯科·瓦雷拉	Varela, Francisco J.	499
阿希西·瓦斯瓦尼	Vaswani, Ashish	11
保尔·维利里奥	Virilio, Paul	157, 196
安迪·沃卓斯基（后改名莉莉）	Wachowski, Andy (Lilly)	158
拉里·沃卓斯基（后改名拉娜）	Wachowski, Larry (Lana)	158
万维钢		178, 305, 524
王守仁		359, 363
王志强		189, 190
麦肯齐·沃克	Wark, Mckenzie	215
本·维特利	Wheatley, Ben	371
亚历克斯·威廉姆斯	Williams, Alex	79
兰登·温纳	Winner, Langdon	468
吴军		83, 399, 400
鲁伯特·瓦耶特	Wyatt, Rupert	402
许广平		258
徐勤根		265
徐英瑾		389, 522
许煜		444, 454, 456, 522
许志安		275
薛兆丰		328
杨国荣		358
扬雄		359
元好问		241, 242
袁野（爱潜水的乌贼）		384
张翠华		275

张洪量		275
张文江		330，353
郑玄		355
朱熹		363
朱彝尊		248
周傲英		8，21
周树人（鲁迅）		258
卓文君		257，258，283
斯拉沃热·齐泽克	Žižek, Slavoj	149，228，294，358，400
马克·扎克伯格	Zuckerberg, Mark E.	156

术 语 索 引

弃置	abandonment	69, 84, 85, 229, 230, 377, 406
加速主义政治	accelerationist politics	29, 30, 79, 89, 90, 101, 155, 187, 486
通过剥夺的积累	accumulation by dispossession	133
行动元	actant	31, 188, 193, 194, 196-200, 202, 206, 207, 213, 214, 217, 218, 221, 222, 225-227, 231, 335-338, 410, 483
行动者-网络理论	actor-network theory, ANT	31, 167, 193, 194, 196, 334, 336-338, 354, 392, 425
实在性	actuality	382
触动	affect	23, 29, 31, 33, 41, 48, 61, 65, 73, 82, 167, 193, 194, 196-199, 206, 213, 218, 222, 225, 226, 232, 332-338, 341-344, 347, 349, 350, 355, 356, 361, 416, 431, 454, 456, 466, 476, 477, 482, 507, 523, 524

能动性	agency	31, 34, 91, 193, 196-198, 207, 213, 319, 328, 330, 332-335, 337-339, 350, 355, 434, 453-455, 465, 476, 481, 482, 484, 485
能动性的聚合体	agentic assemblage	197, 207, 483, 524
人工智能资本主义	AI capitalism	171, 172, 221
人工智能焦虑	AI-induced anxiety	30, 178, 200, 396
算法	algorithm	3, 4, 8, 32, 51, 71, 73, 74, 76, 77, 83, 89, 115, 116, 129, 159, 160, 165, 169, 171, 172, 185, 190, 197, 199-201, 203-205, 211, 219-229, 232, 233, 235, 236, 241, 242, 244-247, 249-260, 263-272, 274-307, 311, 322, 338, 392, 414, 419, 420, 450, 471, 483, 495, 515, 516
算法偏见	algorithmic bias	223, 229, 235, 298, 300, 303
算法权力	algorithmic power	32, 76, 77, 185, 218, 220, 225-227, 235
算法化的社会性	algorithmized sociality	71
算法统治	algorithmocracy	226
所有命皆命	All Lives Matter	24
零度阿尔法狗	AlphaGo Zero	326, 339, 343, 345, 422, 439
阿尔法狗	AlphaGo	101, 110, 114, 127, 161, 187, 188, 195, 282, 283, 290, 325, 326, 338, 339, 386, 387, 402, 412, 417, 439, 450, 495, 515

模拟模式	analog mode	90, 92, 206, 495, 496, 498, 500, 503, 504, 506, 516
仿生人	android	49, 307
人类淫世	Anthrobscene	302, 460
人类世	Anthropocene	28, 29, 34, 42, 78, 85, 87, 89, 91, 94, 95, 169, 171, 174, 188, 257, 271, 275, 289, 302, 305, 367-370, 373, 391, 392, 407, 424, 455-476, 479, 481, 485, 486, 504
人类世文明	Anthropocenic civilization	462
人类中心主义	Anthropocentrism	13-15, 27, 28, 31, 199, 227, 289, 331, 332, 341, 343, 356, 385, 404, 460, 510
人类学机器	anthropological machine	16, 22, 33, 34, 85, 365, 368-374, 377-381, 383-385, 391-394, 398, 399, 401-406
人类技术	anthropotechnics	34, 409, 410, 474, 475, 480, 482, 483, 485-487
人类-起源	anthropo-genesis	41, 45, 50, 54, 56, 57, 64
熵人	antropy	469, 475, 477, 480, 485-487
猩-人	ape-man	34, 405
贵族制	aristocracy	41
人工制品	artifact	43, 44, 46, 49, 50, 59, 61, 470
通用人工智能	artificial general intelligence, AGI	4, 6, 24, 30, 94, 99, 101, 104, 108, 109, 113, 137, 145, 149, 171, 190, 194, 195, 200, 206, 207, 280, 323, 392, 493, 497, 507

人工智能	artificial intelligence, AI	3-5, 7-13, 18-22, 24, 27, 29-36, 39, 41, 42, 44, 49-51, 61, 63, 70, 71, 73-78, 80, 81, 83-85, 88-90, 93, 94, 96, 101-114, 126-129, 131-133, 136, 137, 141-143, 146-151, 153, 155, 156, 159-166, 171, 174-181, 183-185, 187-197, 199-206, 208-218, 220-222, 224-229, 231, 232, 236, 240, 244, 246, 272, 275, 276, 278-280, 282-289, 291, 296-298, 300-307, 311-313, 315, 320-328, 338, 347, 349, 360, 363, 368, 385-388, 390-392, 394-396, 398, 399, 401, 402, 404-406, 409, 410, 412-415, 417-419, 423, 424, 426, 439, 440, 447-450, 471-474, 480-487, 491, 492, 495, 497, 499, 506, 511, 514, 515, 523
人工神经网络	artificial neural networks	11, 74, 111, 113, 114, 118, 134, 135, 150, 195-197, 243, 275-278, 284, 294, 392, 415, 495, 515, 516
人工器官	artificial organ	46-48, 50, 51, 61, 73, 82, 438, 460, 470, 485, 486
人工愚蠢	artificial stupidity	31
人工非智能	artificial unintelligence	165, 166, 171, 172, 174, 176
人工化	artificialization	456, 458
聚合体	assemblage	26, 193, 196-199, 328, 332-335, 337-341, 354-358, 438, 454, 465
奥斯维辛	Auschwitz	21, 274

轴心时代	axial age	13, 66, 144
反向传播	backpropagation	277, 419, 420
恶之平庸性	banality of evil	375-378
赤裸生命	bare life	84, 229, 376
形成	becoming	4, 8, 27, 31, 48, 53, 59-65, 68, 71, 76, 81, 82, 89, 93, 94, 119, 123, 140, 189, 193, 197, 198, 206, 213, 226, 250, 260, 265, 276, 277, 280, 301, 319, 332-334, 341, 352-355, 357, 363, 387, 398, 454, 464, 469, 476, 496, 497, 503
存在于共同中	being-in-common	64, 83, 85, 88, 97
向死而生	being-toward-death	421, 427, 432
互相存在	being-with	64
大数据	big data	8, 32, 50, 71, 73, 76, 77, 89, 159, 165, 169, 185, 189, 190, 195-197, 199, 201, 205, 211, 220, 222-228, 266, 278, 279, 281, 287, 296-300, 302-304, 315, 324, 368, 413, 471, 482
大他者	big Other	202, 227, 228, 235, 293, 294, 296, 298, 300, 302, 305-307, 312, 313, 467, 483
二元归类	binary classification	129
生物化学算法	biochemical algorithm	94, 157-160, 183, 195, 196, 200, 201, 220, 222, 228, 241, 242, 276, 282, 392, 417, 471
生物性计算	biological computation	92, 94, 418-420, 505

生物性演化	biological evolution	47, 49, 62, 65, 123, 140, 437, 438, 441, 457, 480, 497
生物器官	biological organ	29, 46, 48, 61, 63, 70, 73, 74, 80, 82, 90, 96, 160
生物量	biomass	262
生物机器人	biorobot	49
生物圈	biosphere	452, 460, 468
共同体生命/政治生活	bios	59, 60, 84, 96, 229, 376, 389, 397, 399, 400
生命-政治	bio-politics	39
黑箱	black box	24, 127, 134-136, 241, 281-283, 285, 288, 289, 291-296, 298, 304, 305, 312, 415, 422, 505
黑命亦命	Black Lives Matter	23, 26, 462
区块链	block chain	70, 72, 73, 187, 319, 416, 491
受约束的理性	bounded rationality	164
脑机接口	brain-computer interface, BCI	19, 49, 50, 82, 106, 175, 277, 396, 398, 440
官僚制	bureaucracy	41, 67, 157, 376
取消文化	cancel culture	81
资本主义	capitalism	18, 79, 81, 90, 92, 102, 112, 130, 133, 148, 149, 170-173, 176, 177, 179, 183, 214, 216, 220-222, 268, 271, 272, 388, 401, 424, 436, 481, 520, 521
资本世	Capitalocene	271, 272, 274, 458
因果性	causality	286

肇因	cause	33, 157, 179, 214, 217, 219, 286, 316-318, 320, 345, 349, 363, 412, 460, 463, 468
编年性时间	chronological time	445
文明状态/公民状态	civil state	54
认知偏差	cognitive bias	502, 503
认知资本主义	cognitive capitalism	170, 171, 179
集体性个体化	collective individuation	61, 454
舒适区	comfortable zone	159, 491, 497, 498, 502, 515, 516
同	commonality	377
沟通理性	communicative rationality	24
能动者的共同体	community of agents	90, 91, 93, 94
人类命运共同体	community of humanity's shared future	42, 85, 87-89, 137
共同体	community	59, 64, 86, 465
计算性资本主义	computational capitalism	171, 179, 304, 305
计算理性	computational reason	246-249, 251, 254, 256, 258, 259, 272, 274, 275
构成性媒介	constitutive medium	119, 121
消费主义	consumerism	170, 461
贡献性实践	contributional practice	31, 181, 182, 184
相关性	correlation	115, 286, 287
大城市/宇宙城市	cosmopolis	60
宇宙技术	cosmotechnics	444, 454, 484
计数为一	count-as-one	339
共-个体化	co-individuation	61
创造性演化	creative evolution	47, 48, 62, 69, 73, 77, 140
创造性	creativity	204, 231, 276, 278, 347-349, 359

反人类罪	crime against humanity	14, 19, 26, 377, 378
文化存在	cultural being	43
控制论有机体	cybernetic organism	48
赛博格	cyborg	25-27, 42, 48-50, 61, 62, 82, 189, 365, 368, 396, 398, 399, 401-406, 440, 473, 480, 486
解构主义	deconstructionism	237
深度学习	deep learning	7, 11, 32, 50, 74, 90, 111-116, 119, 120, 122, 128, 130, 159, 161, 195, 232, 275-278, 283, 285, 302, 303, 328, 338, 339, 417, 439, 494-496, 500, 501
深度神经网络	deep neural networks, DNN	12, 113, 114, 122, 124, 126, 159, 194, 221, 280, 289, 294, 392, 422, 496
去功能化	defunctionalization	42, 48, 65, 69, 74-76, 79-81
民主制/民众统治	democracy	41
民主唯物主义	democratic materialism	224
民主权力	democratic power	77, 185, 225, 227
德里达式决断	Derridean decision	135, 164
描述性概念	descriptive concept	456
去领土化	deterritorialization	73, 351, 352
漫射	diffusion	11, 12
延异	différance	435, 440, 449, 486
数字计算	digital computation	91, 117, 418, 419, 421, 422, 424
数字模式	digital mode	90, 91, 93, 206, 495, 497, 500, 503, 506, 515, 516
数字网络技术	digital network technology, DNT	39

数字城市性	digital urbanity	70, 71, 73
灾难资本主义	disaster capitalism	148, 149, 176
离身认知	disembodied cognition	498, 499
耗散驱动的适应	dissipation-driven adaptation	434
蒸馏	distillation	92, 93, 117, 332, 420-422, 496
支配性的策略	dominant strategy	141
被支配的策略	dominated strategy	141
驱力	drive	210, 346, 347, 387
竞速统治	dromocracy	157, 162, 163, 185, 199-202, 214, 220, 229
竞速革命	dromocratic revolution	157, 159, 161, 163, 182, 196, 199, 220, 235
竞速学	dromology	153, 157, 159, 161, 163, 165, 188, 232, 525
地居者	Earthbound	89, 476-478, 480, 482, 483, 485, 486
生态变异	ecological mutation	78, 85, 88, 91, 289, 392, 466, 473
生态奇点	ecological singularity	29, 188, 475
采集经济	economy of captation	218, 221, 222
贡献经济	economy of contribution	481, 482
教育焦虑	education-induced anxiety	33, 178, 179, 313, 315-317, 319, 323, 325, 348, 349, 363
具身认知	embodied cognition	120, 122, 409, 499-501, 511
具身	embodiment	80, 126, 142, 173, 220, 231, 305, 306
制动	enact	213, 334, 335, 340
历史的终结	end of history	18, 220, 343, 509

努力	endeavor	23, 34, 56, 89, 96, 106, 123, 142, 155, 156, 175, 179, 181, 184, 229, 230, 254, 263-265, 267, 274, 291, 296, 301, 303, 337, 338, 343, 360, 395, 402, 404, 409, 423, 424, 427, 433-435, 437, 440, 446, 454, 459, 467, 468, 474, 476, 480, 482, 484, 491, 504, 512, 516
熵世	Entropocene	29, 172, 174, 460, 462, 463, 471, 486
熵学	entropology	440, 443, 469
熵	entropy	28, 34, 91, 427-435, 437, 440-444, 449, 453-455, 458, 460-462, 464, 467, 469-472, 474-476, 479, 483-487
认识论转向	epistemological turn	122, 409, 501
例外	exception	13-15, 24, 235, 247, 259, 306, 331, 334, 404, 494, 506
出走	exodus	446-448, 450-452
外有机体	exorganism	48, 49, 469, 470, 484
体外演化	exosomatic evolution	28, 47, 49, 437, 438, 458
器官的体外化	exosomatization of organs	44, 60, 65, 68, 438, 463
指数级	exponential	20, 33, 35, 36, 69, 73, 77, 82, 151, 189, 280, 339, 363, 367, 386, 392, 399, 409, 418, 426, 439, 448, 499
女性主义	feminism	25, 508
黑色电影	film noir	459
最终方案	final solution	18, 112, 374, 385

弗林效应	Flynn effect	75
功能性挂钩	functional couplings	48, 50, 59, 81
功能性愚蠢	functional stupidity	76, 81
盖亚理论	Gaia theory	452, 465
通用经济学	general economics	262, 263
一般智力	general intellect	211, 229, 471
通用器官学	general organology	47, 48, 61
通用理论	general theory	262
普遍化了的无产阶级化	generalized proletarianization	169, 170, 172, 211, 224
通用目的技术	general-purpose technologies	207
生成式预训练转化器	generative pre-trained transformer, GPT	5, 114
类性	generic	83, 219, 230
转基因生物	genetically modified organism, GMO	373
全球资本主义	global capitalism	92, 133, 175, 176, 178
地球村	global viliage	138, 158, 458
古法	good old-fashioned AI, GOFAI	284, 285, 301
大加速	great acceleration	456, 457, 468, 470
大脱钩	great decoupling	81
全新世	Holocene	455, 456, 476, 482
内稳态	homeostasis	432, 458, 479, 481, 484
人化	hominization	47, 293, 385, 389, 438, 464, 467, 473
神人	homo deus	37, 81-85, 87, 89, 90, 401, 403, 405, 406
神圣人	homo sacer	34, 84, 85, 89, 223, 229, 376, 377, 387, 389, 400, 406

智人	homo sapiens	1, 12, 13, 21, 28, 35-37, 51, 59, 62, 64, 65, 73-75, 78, 81-83, 85, 88-90, 92-97, 140, 143, 145, 150, 153, 171, 183, 188, 369, 370, 373, 392, 398, 399, 401, 405, 418, 420, 421, 424, 438, 440, 449, 462, 467, 481, 484, 489, 495, 508, 510, 516, 519-521, 523
人类境况	human condition	21, 345
人类例外主义	human exceptionalism	13-15, 404
人权	human rights	218-220, 401
人类主义	humanism	1, 10, 13-28, 30-36, 85, 102, 127, 130, 133, 149, 150, 216, 236, 237, 240, 243-245, 247, 260, 272, 273, 301, 303, 304, 307, 311, 313, 333, 335, 350, 351, 367, 368, 378, 379, 383, 386, 388, 391, 393, 395, 403, 404, 409, 410, 412, 423, 434, 457, 459, 460, 466, 473, 483, 484, 504, 522
杂交物	hybrid	25, 39, 48, 49, 513-515
理念主义	idealism	219
身份斗争	identity struggle	23
内在性	immanence	363, 382, 384
免疫体	immunity	86, 481, 486
估算的价格	imputed price	254
个人主义	individualism	15, 437
个体化	individuation	27, 61, 68, 82, 437, 439, 453, 454, 513

信息与沟通技术	information and communication technology, ICT	39, 40, 70, 80
信息炸弹	information bomb	159
非人	inhuman	26, 167, 216, 217, 377, 384, 405, 424, 425, 435, 436, 447, 449, 451, 452, 468, 473
无机存在/非器官性存在	inorganic being	45, 46
物联网	Internet of Things, IoT	39, 70, 71, 73, 187, 278, 319, 341
器官的人际化	interpersonalization of organs	60
介入者	intervener	199, 225, 336, 338
内行动	intra-action	33, 334, 335, 337-339, 341, 353, 354, 356, 357
内注意力	intra-attention	114
向内性	inwardness	283, 288
大语言模型	large language models, LLMs	5, 20, 21, 30, 35, 51, 91-94, 99, 102, 103, 105, 107-109, 113-120, 122-130, 132, 146, 148-151, 155, 159, 171, 187, 190, 195, 204, 206-208, 280, 284, 289, 299, 302, 312, 319, 321-323, 339, 349, 350, 392, 409, 415-417, 421, 489, 492-504, 506, 507, 510, 511, 514-516
加速回报定律	law of accelerating returns	80, 101
自由人类主义	liberal humanism	82, 86, 87
自由主义	liberalism	18, 23, 81, 86, 87, 130, 164, 197, 216, 217, 221, 223, 224, 271, 272, 333, 436, 437, 481

终身教育	lifelong eduction	33, 50, 184, 194, 324, 327, 328, 330, 347, 358, 363
终身学习	lifelong learning	327, 329, 330, 339, 340, 342, 358, 509
语言学探究与字词统计	linguistic inquiry and word count, LIWC	297
语言学转向	linguistic turn	121, 122, 498, 501
活劳动	living labour	216
知觉的后勤	logistics of perception	158, 160, 163
乐戴分子	Luddites	155, 156, 183, 203
机器学习	machine learning	105, 134, 195, 205, 275, 278, 279, 282, 285, 288, 299, 392, 439, 497
机器聚合体	machinic assemblage	215, 216
机器奴役	machinic enslavement	215
机器剩余价值	machinic surplus value	215, 216
婚姻算法	marriage algorithm	32, 246, 247, 249, 250, 252-258, 260, 262-264, 266, 268, 269, 274, 281, 282, 289, 290, 298, 304, 311
买卖婚姻	marriage by purchase	273
为爱而婚	marriage for love	237, 247, 262
唯物主义	materialism	219, 220, 334-337
物质化了劳动	materialized labour	216
矩阵	matrix	70, 121, 293, 400, 401
机械可解释性	mechanistic interpretability	30, 102, 127, 134, 136, 149
调介	mediation	515
弥赛亚时间	Messianic time	445
元宇宙	metaverse	70, 94, 168, 187, 319, 400, 401, 416
元数据	meta-data	287
现代构制	modern constitution	513-515

现代性	modernity	15、25、34、84、92、130、195、200、216、218-221、231、348、411、412、424、425、436、513
单文化	monoculture	459
怪物	monster	14、25、27、59、65、139、243、281、283、288、289、292、296、373、457、514
怪物性	monstrosity	51、52、283、284、288、289、292、307、514、515
摩尔定律	Moore's Law	77、101
杂众	multitude	476
专用人工智能	narrow artificial intelligence	114、195、279-281、495
纳什均衡	Nash equilibrium	141、174、177-179
新生性	natality	345
民族主义	nationalism	217
自然存在	natural being	43、54
自然语言处理	natural language processing, NLP	4、115
自然正确	natural right	231、371、457
纳粹	Nazi	17、26、33、84、85、87、274、374、375、377、378、385、405
负人类世	neganthropocene	469、470
负熵人	negantropy	27、467、469、470、480、482、485、487
负熵性复杂化	negentropic complex	34、418、426、434-437、439、440、449、450、452、454、469、472、479、484、485
负熵	negentropy	426-428、432-436、440-442、444-446、449、450、452、454、458、462、469、471-474、476、479、481-487

新启蒙主义	new Enlightenment	18, 22-26
非人类	nonhuman	13, 17, 33, 193, 198, 199, 205, 206, 212, 216, 217, 222, 225, 227, 328, 329, 331-333, 335, 337-339, 341-349, 354, 356, 359-361, 385, 395, 410, 435, 445, 457, 458, 485, 504, 510
非现代	nonmodern	512, 515, 516
无边界宇宙	no-boundary universe	512
对象化	objectification	16, 28, 362, 363
对象导向本体论	object-oriented ontology, OOO	458
本体论	ontology	26-28, 60, 164, 201, 228, 230, 231, 299, 339-342, 346, 352, 356, 358-360, 363, 369, 379, 381-383, 395, 425, 427, 437, 440, 447, 505-507, 519
本体-起源	onto-genesis	53, 54, 60, 63, 96, 460
有机存在/器官性存在	organic being	45, 46
有机体/器官体	organism	46-51, 60-62, 92, 375, 407, 427, 428, 435, 441, 452, 454, 463, 465, 469, 472, 473, 478, 479, 484, 486, 499
组织/组织化	organization	60
器官学	organology	37, 44, 47, 60, 65, 74, 77, 79, 80, 82
帕累托最优	Pareto optimality	140, 141
参与性宇宙	participatory universe	509
施为	performance	199, 297, 336, 339, 341
施为性矛盾	performative contradiction	156
药学	pharmacology	168, 470, 471, 474
行星尺度	planetary scale	29, 34, 68, 271, 452, 454, 459, 460, 462, 467, 485

平台资本主义	platform capitalism	221, 222, 227, 264, 266, 274, 279-281, 292, 311
多元主义	pluralism	23
城市	polis	54, 464
政治正当性	political legitimacy	33, 221, 223, 370, 374, 376, 378, 380, 381, 392, 405
政治器官	political organ	61, 67, 71, 74, 76, 79-82, 89, 90, 96, 97, 157
政治状态	political state	54, 56
政治主体	political subject	25, 217
政治神学	political theology	380
政治智慧	political wisdom	29, 30, 35, 37, 42, 58, 60, 61, 64-71, 73, 76-81, 83-87, 90, 94, 95, 102, 103, 137, 140, 143-145, 149-151, 209-211, 213, 218, 230, 231, 312, 398, 409, 462
后民主政治	postdemocratic politics	32, 185, 223, 226-229, 232, 235
后基础主义	postfoundationalism	27
后人类境况	posthuman condition	13, 21, 33-36, 62, 208, 235, 236, 306, 312, 313, 321, 323, 324, 327, 329, 331, 332, 341, 342, 345, 347, 349, 351, 359, 363
后人类	posthuman	12, 18, 26, 27, 32-35, 50, 185, 189, 220, 233, 244, 271, 275, 287, 288, 296, 298, 303, 304, 306, 307, 309, 311, 313, 326, 329, 343, 358-360, 367, 368, 378, 402, 424, 449, 450, 483, 492-495, 497, 499, 504, 512, 515, 516, 519, 521, 522

后人类主义	posthumanism	18, 25-28, 32, 33, 36, 49, 70, 85, 96, 193, 307, 313, 332-334, 337, 339, 351, 353, 357, 403, 404, 406, 410, 418, 423, 434, 436, 438, 440, 451, 458, 467, 473, 483, 489, 508, 516, 523
后工业社会	postindustrial society	218
后现代寓言	postmodern fable	445, 446, 450, 452
后自然	postnature	43-46, 54, 456
后真相	post-truth	42, 54, 88, 172, 303
后工作社会	post-work society	218, 223, 229, 230, 482
潜在性/潜能	potentiality	382, 504
潜在论	potentiology	505, 506, 516
实践性的智慧	practical wisdom	57, 65, 145
原初缺失	primary loss	45
囚徒困境	prisoners' dilemma	140, 141
进步主义	progressivism	348, 361
普罗米修斯式政治	Promethean politics	29, 79-81, 83, 90
提示工程	prompt engineering	117, 129, 131, 323
产权	property right	18, 262
义肢	prosthesis	45, 48, 50, 61, 167, 168
公共物品	public goods	72, 76
纯化	purification	513-515
准对象	quasi-object	513, 514
激进之恶	radical evil	380
理性经济人	rational-economic man	15, 164, 176, 435
理由/理性	reason	286
循环神经网络	recurrent neural network, RNN	115, 117
反思性概念	reflective concept	456, 459
再功能化	refunctionalization	42, 48, 65, 69, 80-82, 85, 96

中文	英文	页码
基于人类反馈的强化学习方式	reinforcement learning from human feedback, RLHF	129
强化学习	reinforcement learning	5, 115, 128, 129, 189, 197, 284, 302, 338
余数	remainder	23, 26
表征主义	representationalism	33, 120, 121, 331, 332, 338, 341, 343, 348, 355, 361, 363
重新大地化	reterrestrialization	476
再领土化	reterritorialization	73, 352
逆全球化	reverse globalization	31, 86, 213, 214, 218
奖励建模	reward modeling	5, 115, 128, 129, 302
机器末世	Robopocalypse	31, 102, 103, 110, 112, 126, 133, 137, 189-191
二手愚蠢	second-hand stupidity	75
自注意力	self-attention	11, 51, 74, 113-115, 118, 221
区隔	seperation	369, 374, 377, 381-383, 397, 405, 406
性爱机器人	sexbot	210, 388, 389, 392
共享真相	shared truth	72
所指	signified	122, 496, 501
能指	signifier	122, 258, 344, 381, 496, 501, 503
指号化链条	signifying chain	382, 496
单一叠加	single aggregate	249-251, 256, 273
奇点定理	singularity theorem	512
奇点	singularity	20, 21, 29, 80, 94, 96, 113, 151, 208, 236, 243, 274, 367, 368, 396, 404, 406, 510-512, 519, 523
第六次物种大灭绝	Sixth Mass Extinction	28, 112, 458, 462

智慧城市	smart city	39, 41, 62, 70, 71, 73, 76, 83, 85, 187, 220, 229, 230, 438, 470, 472
智球	smart globe	73, 85, 89
社会有机体	social organism	68, 84
团结	solidarity	95, 97, 377, 477
主权/至高性	sovereignty	177
说话的存在	speaking beings	120, 126, 496, 497, 501, 507
类存在	species-being	82, 398
紧急状态	state of emergency	161, 163, 174
自然状态	state of nature	53, 54, 56, 64, 94, 95, 139, 145
围攻状态	state of siege	163
强人工智能	strong artificial intelligence	6, 104, 126, 128, 146, 189-191, 194, 202
被设定为知道的主体	subject supposed to know	305
近月区域	sublunary zone	448, 463, 473
质核	substance	228, 235
亚人	sub-human	17, 18, 22, 23, 26, 33, 389
监督微调	supervised finetuning	5, 115, 128, 129, 302, 506
监督学习	supervised learning	279, 280, 423, 496, 497
月外行星	supralunary planet	463
符号性秩序	symbolic order	119-122, 125, 294, 295, 302, 343-347, 422, 496, 500-502
符号性宇宙	symbolic universe	508, 511
系统性愚蠢	systemic stupidity	75, 81, 90, 96, 153, 166, 168-172, 174, 175, 178, 179, 181-183, 188, 298, 304
默会知识	tacit knowledge	92
技术存在	technical being	45, 46, 48, 49, 69, 74
技术环境	technical milieu	68
技术对象	technical object	18, 20, 21, 34, 35, 194, 409, 413, 416, 418, 484

技术手艺	technical skill	44,55,57,58
技术世	Technocene	468
技术统治	technocracy	40,41,71,179,226,410,411,413,414,416,468,475,480
技术演化	technological evolution	29,47,79,97
技术智能	technological intelligence	30,37,51,65,66,68-73,75-79,81,83,85,89,90,95,96,102,312
技术奇点	technological singularity	20,21,28,29,80,147,188,208,438,510,511
技术城市	technopolis	62,71
技术圈	technosphere	468
技术人类主义	techno-humanism	29,82-85,87,404
技术-政治	techno-politics	29,35,39-42,57,59,62,65,69-71,73,74,77-79,83-85,90,93,96,101,103,470,472,478
技术-科学	techno-science	40,415,425,449,450
物自体	things-in-themsevles	122,395,501
修昔底德陷阱	Thucydides Trap	95,180,184,478
标记	token	115,116,120,126,129,130,278
标记化	tokenization	116
全面赋能	total empowerment	29,81,101,191,200,202,204,213,214,481
全权主义	totalitarianism	74,401
超越性	transcendence	378,382,384
转化器/转化者	transformer	194
超人类主义	transhumanism	49,50,85,403,404,440
转译	translation	338,343,515
特朗普主义	Trumpism	15,17,88,89,213,420,477,480

特朗普世	Trumpocene	89, 95, 165, 172-174, 181, 184, 188, 474, 475, 479
可信任性	trustworthiness	133, 134, 137, 139, 144
可信任的人工智能	trustworthy AI	30, 128, 146, 156
图灵测试	Turing test	6, 104, 150, 395, 412
无可决断	undecidable	134, 135, 142, 143, 164, 201
未意图的结果	unintended consequence	289
普遍基本收入	universal basic income, UBI	481
普遍性	universality	24
不知之知	unknown knowns	295, 298, 482, 483
无用阶级	useless class	81, 84, 87, 90, 211, 309, 323, 349, 365, 400, 401, 404, 405
速度的暴力	violence of speed	162
湿件	wetware	505
整全	whole	427
世界化成/（化）成世界	worlding	358, 498, 504, 511
自然生命	zoē	59, 60, 96, 376, 397

大众文化作品索引

(排序依照作品英文名首字母顺序)

《36.7℃·大医药》(综艺)		438
《异形：契约》(电影)	*Alien: Covenant*	33, 235, 240, 307, 393, 395
《美国派》(电影)	*American Pie*	306
《人类发明家：自由灰烬》(小说)	*Ashes of Liberty*	9
《亚洲笑星闹美国》(单口喜剧)	*Asian Comedian Destroys America*	75
《白头吟》(诗词)		258
《长生殿》(戏剧)		248
《魂斗罗》(游戏)	*Contra*	190
《大奉打更人》(小说/漫画/动画/电视剧)		292
《当爱已成往事》(歌曲)		240
《德里达》(电影)	*Derrida*	372
《外交》(游戏)	*Diplomacy*	3, 4

中文	英文	页码
《福斯特医生》(电视剧)	Doctor Foster	238
《皇帝的新装》(小说)	Emperor's New Clothes, The	345
《封神演义》(小说)		33, 381, 382, 384, 385, 393
《失控玩家》(电影)	Free Guy	297
《高阳台》(诗词)		248
《侠盗猎车手5》(游戏)	Grand Theft Auto V	295
《诡秘之主》(小说)		384, 385
《她》(电影)	Her	296
《我书写罪,而非悲剧》(歌曲)	I Write Sins Not Tragedies	255
《大白鲨》(电影)	Jaws	371
《击鼓》(诗词)		246
《结发为夫妻》(诗词)		243
《这个杀手不太冷》(电影)	Leon: The Professional	248
《流浪地球》(电影)		446
《麻雀变凤凰》(电影)	Pretty Woman	239
《迈陂塘》(诗词)		241, 242
《了不起的麦瑟尔夫人》(电视剧)	Marvelous Mrs. Maisel, The	238
《黑客帝国》(电影)	Matrix, The	33, 158, 400, 401
《巨齿鲨:深渊》(电影)	Meg 2: The Trench	371
《帕蒂谷小姐活一天》(电影)	Miss Pettigrew Lives for a Day	239
《牡丹亭》(戏剧)		242
《今夜无人入睡》(咏叹调)	Nessun dorma (Let no one sleep)	254
《普罗米修斯》(电影)	Prometheus	33, 235, 240, 307, 393
《猩球崛起》(电影)	Rise of the Planet of the Apes	33, 402
《罗密欧与朱丽叶》(戏剧)	Romeo and Juliet	242

大众文化作品索引

《罗莎姆的万能机器人》（戏剧）	Rossum's Universal Robots (R.U.R.)	389
《三体》（小说）		42, 137, 139, 174, 447
《水浒传》（小说）		127
《天龙八部》（小说）		93
《泰坦尼克号》（电影）	Titanic	242
《变形金刚》（电视剧/电影）	Transformers	207
《图兰多》（歌剧）	Turandot	254
《网络情人》（歌曲）		447
《西部世界》（电视剧）	Westworld	19, 22, 33, 110, 137, 156, 216, 388-392
《为什么你背着我爱别人》（歌曲）		275
《我的前半生》（电视剧）		238
《西游记》（小说）		14, 33, 381-385, 393
《笑傲江湖》（小说）		93
《一不小心捡到爱》（电视剧）		239
《一不小心捡到个总裁》（小说）		239
《一生所爱》（歌曲）		248

图书在版编目(CIP)数据

再见智人:技术-政治与后人类境况/吴冠军著. --北京:北京大学出版社,2024.9. -- ISBN 978-7-301-35266-3

Ⅰ.C912.4

中国国家版本馆CIP数据核字第2024M6T631号

书　　　名	再见智人:技术-政治与后人类境况 ZAIJIAN ZHIREN: JISHU-ZHENGZHI YU HOU RENLEI JINGKUANG
著作责任者	吴冠军　著
责 任 编 辑	魏冬峰　陈佳荣　余潇茜
标 准 书 号	ISBN 978-7-301-35266-3
出 版 发 行	北京大学出版社
地　　　址	北京市海淀区成府路205号　100871
网　　　址	http://www.pup.cn　新浪微博:@北京大学出版社
电 子 邮 箱	zpup@pup.cn
电　　　话	邮购部 010-62752015　发行部 010-62750672 编辑部 010-62750673
印 刷 者	涿州市星河印刷有限公司
经 销 者	新华书店
	890毫米×1240毫米　A5　19.125印张　398千字 2024年9月第1版　2024年9月第1次印刷
定　　　价	108.00元

未经许可,不得以任何方式复制或抄袭本书之部分或全部内容。
版权所有,侵权必究
举报电话: 010-62752024　电子邮箱: fd@pup.cn
图书如有印装质量问题,请与出版部联系,电话: 010-62756370